无界
BORDERLESS

不纯世界的有序见解

Margaret Atwood

永不停步
玛格丽特·阿特伍德传

［加拿大］罗斯玛丽·沙利文 著
陈小慰 译

Starting Out

中信出版集团｜北京

致阿琳、杰妮,以及 P.K.,她们的友情使我坚定

图1：从左到右依次为乔伊丝、玛格丽特（玛格丽特·阿特伍德的妈妈）和凯瑟琳·基拉姆

图2：约1948年，玛格丽特·阿特伍德的父母在新斯科舍省

图2（© Margaret Atwood）

图 3：玛格丽特·阿特伍德的父亲卡尔·阿特伍德在清洗鱼

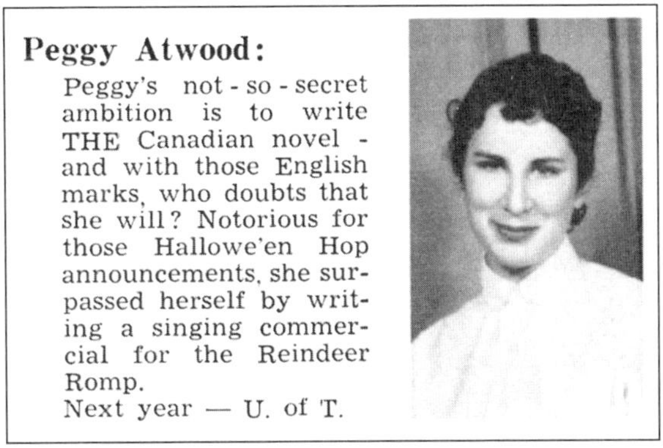

Peggy Atwood:
Peggy's not-so-secret ambition is to write THE Canadian novel - and with those English marks, who doubts that she will? Notorious for those Hallowe'en Hop announcements, she surpassed herself by writing a singing commercial for the Reindeer Romp.
Next year — U. of T.

图 4：利赛德中学年鉴《家族的召唤》(1956—1957)

图 5：多伦多大学的维多利亚学院

图 5（© Archives of the United Church of Canada / Victoria University）

图 6：1964 年，在维多利亚学院的 E.J. 普拉特研讨室，从右向左数第三位为诺思洛普·弗莱

图 7：1957 年，作为大一新生的丹尼斯·李

图 6（© Archives of the United Church of Canada / Victoria University）、图 7（© Thomas Fisher Rare Book Library）

图 8：20 世纪 60 年代初，在波希米亚使馆，从左至右依次为玛丽·金斯顿、玛格丽特·阿特伍德、某某，以及劳伦斯·斯通。表演者是西尔维娅·弗里克（泰森）

图 8（© Lawrence Stone）

图 9：20 世纪 60 年代前期，格温德琳·麦克尤恩

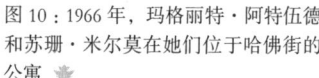

图 10：1966 年，玛格丽特·阿特伍德和苏珊·米尔莫在她们位于哈佛街的公寓

图 11：1967 年，哈佛大学毕业仪式上的吉姆·波尔克和苏珊·米尔莫

图 9（© John McCombe Reynolds）、图 10（© Margaret Atwood）、图 11（© Sue Milmoe）

图 12：约 1968 年至 1969 年，玛格丽特·阿特伍德

图 13：1970 年，玛格丽特·阿特伍德和查尔斯（查理）·帕赫特在他于卡尔加里的加拿大艺术画廊举行的展览开幕式中

图 14：1971 年，吉姆·波尔克和玛格丽特·阿特伍德在魁北克北部

图 14（© Charles Pachter）

图 15：1971 年，玛格丽特·阿特伍德在魁北克北部

图 15（© Oliver Cogswell）

图 16：1971 年，阿南西出版社，顺时针方向从左至右依次为丹尼斯·李、阿登·福特、乔治·奥尔、安·沃尔、拜伦·沃尔、雪莉·吉布森、保罗·迈耶、阿特·迈耶和克里斯蒂娜·麦克利蒙特

图 17：20 世纪 70 年代，bp·尼科尔和比尔·比塞特

图 16（© National Library of Canada）、图 17（© Eleanor Nichol）

图 18：苏珊·桑德勒和贝丝·阿佩尔多恩在位于多伦多的"长屋"书店

图 19：1977 年，作家联合会剧目《兼收并蓄的打字杂耍》。从左至右依次为玛丽安·恩格尔、露丝·克拉克、阿尔玛·李、玛格丽特·阿特伍德和皮埃尔·伯顿

图 18（© Stan Bevington）、图 19（© McMaster University Library）

图 20：玛格丽特·阿特伍德、格雷姆·吉布森和崔旭京（Wook Kyung Choi），在安大略省的阿利斯顿

图 20（© Charles Pachter）

图 21：1980 年，格雷姆·吉布森和玛格丽特·阿特伍德在多伦多的沙利文街

图 21（© Charles Pachter）

图 22：玛格丽特·阿特伍德和女儿杰丝

图 23：玛格丽特和格雷姆·吉布森

图 22（© Colin McConnell）、图 23（© Charles Pachter）

图 24：1985 年在海滨艺术中心举行的笔会慈善活动。前排从左至右依次为莫迪凯·里奇勒、爱丽丝·门罗、布伦达·戴维斯、罗自迹·戴维斯、蒂莫西·芬德利和格雷格·盖滕比。

图 24（© Harbourfront Literary Reading Series）

图 25：玛格丽特·阿特伍德和迈克尔·翁达杰

图 25（© Harbourfront Literary Reading Series）

图 26：1981 年，玛格丽特·阿特伍德在格雷西餐厅，这是查理·帕赫特开的餐厅，位于皇后街

图 26（© Charles Pachter）

目 录

序言　红舞鞋　　　　　　　　　　　III
再版序　　　　　　　　　　　　　　XV

第一章　厨房故事　　　　　　　　　001
第二章　爱书之家　　　　　　　　　017
第三章　前奏：丛林生活　　　　　　040
第四章　往事历历　　　　　　　　　060
第五章　自然佩姬　　　　　　　　　084
第六章　神谕的触摸　　　　　　　　112
第七章　加拿大俱乐部会员　　　　　134
第八章　"穿过地毯"　　　　　　　　165
第九章　哈佛大学的高墙　　　　　　203
第十章　"爱之夏"　　　　　　　　　231
第十一章　学会生火　　　　　　　　261
第十二章　神话缔造者　　　　　　　290

第十三章　惊若天人	320
第十四章　穆尔穆小镇	335
第十五章　生存下来的女人	359
第十六章　未见火车呼啸而来	378

| 后记 | 399 |
| 译者后记 | 417 |

序言

红舞鞋

记忆中,那是一个周四的夜晚,地点位于安大略湖边一角的多伦多海滨艺术中心。该中心负责文学活动的艺术总监格雷格·盖滕比组织了一场读书会,以支持位于巴黎的修道院书店,那是一家加拿大的双语书店。好些多伦多著名作家都被邀请来这里读书。

作家们坐在主楼多功能大厅前的小桌子旁,桌上铺着格子布,点着蜡烛,让人仿佛置身于巴黎的卡巴莱歌舞表演餐厅。被邀请的嘉宾中也有玛格丽特·阿特伍德。

尽管声名显赫,她却有办法悄然潜入会场,不引起旁人注意。她身材娇小,身上带着某种紧致干练的磁场。有点像鸟类。喜鹊——她有时会这样形容自己。

那天晚上,关于她的新作《别名格蕾丝》,各种说法可谓满天飞。在这之前,《环球邮报》上已经刊登了一篇冷静客观的评论文章。

她有一双蓝眼睛,很大,近乎透明。看着她与人打招呼时,我注意到她眼神中带着点焦虑。或许这只是我的揣测。我在想身为一个著名作家究竟意味着什么。写作是最具个性、最能暴露自我的艺术。在作者和读者之间没有缓冲区。作者一旦失败,只能独自咽下苦果。

彼时的玛格丽特·阿特伍德已闻名遐迩。当晚她早已得知《别名格蕾丝》将在许多国家出版。它会变成一个个陌生的文本,以她完全不懂的多种语言出版,进入成千上万她从未见过的读者内心。然而,在我看来,她似乎担心文学界会如何看待她的作品。可我为什么要对此感到惊讶呢?

格雷格·盖滕比推荐我们读一本书,大家一致认为这本书值得引起更多关注,希望它能被译成法语,在修道院书店出售。玛格丽特·阿特伍德则读了原住民作家托马斯·金的小说《芳草青青,流水潺潺》。她很搞笑,将书中魔术师一角学得惟妙惟肖。我心想:是的,她本人就是一个魔术师,热爱恶作剧,百变多面,热衷于挑战人们想当然的观念和惯例。又有谁能够真正理解她呢?

而这正是我打算做的。那时,我正着手写一本关于玛格丽特·阿特伍德的书。尽管尚不知该如何称呼这本书,但"非传记"最接近我原先的构想。

我想写她的创作生活。但我需要用一个词来描述我的"站位"。我想到了"中距离"。我会从中距离的角度来写,在塑造她的文化及其创作思想之间建立连接。这不会是一本"八卦"书。谁会告诉我那些东西呢?况且,道听途说的一点点八卦也丝毫不会引起我的兴趣。八卦只是表面上的故事,通常意在破坏和贬低他人生活。

这不是一本传统意义上的传记。我知道,真正意义上的传记只能在回顾过去中精心写就。它是一种怀旧之举,是在收集了回忆录、信件和逸事之后,对有关主人公各种观点的综述。

相反,我想写一本关于创作生活的书。对什么使创作成为可能,人们有太多的困惑。我的书应该聚焦于,是什么动力驱使玛格丽特·阿特伍德不断前行,前进道路上存在哪些疑虑与困惑,她又如何战胜它们,取得成就。此书会将阿特伍德置身于她所处的时代,那一代人曾经齐心协力,共同改变了加拿大文学的样貌。我希望用这本书表明，思维和想象力才是真正快乐生活的核心，而在我们这个注重现实的时代，这一点几乎已被人遗忘。在这个时代，关于个人的故事似乎只能在生活方式和卧室八卦的层面上被人津津乐道。

不过，我还有更深层次的动机。我想写第三本书，使前两本书的叙事得以完整。前两本书都是名副其实的传记，也都是关于女性作家，其中充满了挫折，甚至痛苦，最后归于沉默。这是我始料未及的。第一本传记的主人公伊丽莎白·斯马特在27岁时写了一部杰作，之后沉寂了30年。据她自己说，是因为缺乏自信心。她总感到有一只影影绰绰的手搭在自己的肩上，她称之为"男性文学大师"。这个幽灵告诉她，她永远都不可能做到尽善尽美。第二位作家格温德琳·麦克尤恩死得很惨，至少在很长一段时间里，她深信艺术不值得女性去付出孤独的代价。在书中，我将她们奉为杰出作家，心里却总有挥之不去的内疚感：我这岂不是在无意中延续了女性艺术家必定下场可悲的刻板印象吗？毫无疑问，我觉得，一定还有其他的叙事。我希望能写一个不同的版本。我觉得有必要写一个既独立自主，又能很好掌控艺术与生活的女性作家。

起初，当我向玛格丽特·阿特伍德解释这个想法时，她误解了我的意图。"我还没死呢。"她答道。我把自己的非传记理论讲给她听，她也只是稍稍缓和了一点情绪。她似乎最难以接受的是，我可能会把她变成一个楷模，一个榜样。而她从来没有想过要成为这样一种形象。抑或，我会构建某种叙事，借此从她生活的无数细节中创造出一种人为的秩序。多年来，人们一直在编造一个叫玛格丽特·阿特伍德的人，而此人与这个在自己的房间里独自奋笔疾书的女性毫无关联。我不就是在延续这种情况吗？

那么，我为何要写一本关于玛格丽特·阿特伍德的书？原因是，私底下我对艺术自信的奥秘非常着迷。坚信自己身为作家的力量究竟从何而来？仅仅是出于个人原因吗？为什么许多有才华的人从不敢孤注一掷，冒险踏上代价高昂的旅程，只为成为艺术家？为什么另外一些人，比如伊丽莎白·斯马特，因此而一蹶不振？是需要修养方面的支撑吗？

每当我想到玛格丽特·阿特伍德，脑海里就会泛起一件逸事：

那是1948年或1949年，一个小姑娘正坐在电影院里观看电影。那时候，看电影可是难得的享受。那是同学的生日会，家长请小朋友们看的。电影叫《红菱艳》，讲述一个名叫维多利亚·佩姬的年轻姑娘成为世界著名芭蕾舞者的故事。漂亮的维多利亚，戴着钻石头饰，穿着轻盈的芭蕾舞裙，像个公主一样，在优雅的舞厅和各个充满异国情调的欧洲城市里翩翩起舞。小姑娘看得如痴如醉，因为她自己也想变成这样的人。可突然间，她万分沮丧地瘫坐在座位上。影片中维多利亚的生活正演变为一场悲剧。大师对她横加训斥，年轻的丈夫离她而去。最后，她跳到迎面而来的火车前，被碾死了。小女孩看懂了影片传递的隐含信息，并为此震撼不已：如果你是女孩，你就不可能既当艺术家又当妻子。如果想两者兼得，最终结局就是与飞驰而来的火车相撞，落个粉身碎骨的可悲下场。

玛格丽特·阿特伍德就是那个影院里的小姑娘。在她出生的那个时代，女孩们还会因为有创作野心而遭受打压，她后来却成了一名杰出作家。这究竟是如何做到的？

听玛格丽特·阿特伍德讲述她幼年时的故事，讲她观看《红菱艳》时受到的巨大心理打击，令我着迷的一点是：她尽管为此感到沮丧，却为何没有因此一蹶不振？如果这就是她看到的图景，又是出于什么原因，通过什么途径，她能够成功逃离？许多生于1939年的年轻女孩仍然把影片中传递的思想铭记于心。而身处前女权主义时代，这个年轻女孩又是如何培养出这种天赋，毫不动摇地坚信自己的呢？

在一次采访中,玛格丽特·阿特伍德曾说:"在大西洋的这一边,我们对作家的看法多少带着点浪漫色彩。我们认为'写作'与作家做的事情无涉,而是与作家本身有关。"[1]这句话听起来无关痛痒,但一旦认真思考,会发现其含义深远。

在这些饱含深意的神秘话语中,她将长久以来赋予艺术家的浪漫主义色彩瞬间消解。这种对作家的浪漫化认知,比起其他任何事情,都值得尝试去挖掘。

作为一个年轻女孩,当她刚开始作家生涯时,要相信自己并不是件容易的事。20年前,她曾说过:"与男性相比,很少有女性在早期就有强烈的动机认真写作……'当作家'更容易被她们视为一种存在状态,而不是一种工作状态。一旦无法立刻得到认可,就很容易放弃。"[2]"尤其是女孩子,她们所受的教育让她们学会取悦和安抚他人。一旦有人不喜欢她们,她们就会认为是自己的失败。"[3]为了写好作品,"而去钻研,去探索,去接受他者规训,去迎难而上,其中包括失败的风险",在年轻女性中并不受鼓励。[4]

关于一个人如何形成自信和勇敢的态度,"没有这些,成为作家的计划是否就会变成一个笑话"的问题,她解释说:"一个人作为作家的自信,在很大程度上与其作为一个人的充分自信有很大关系……而这种自信来自其童年。"[5]那么,她的自信是根源于其童年吗?

玛格丽特·阿特伍德从一个在电影院里观看《红菱艳》的小姑娘,成长为一名在国际上闻名遐迩的成功作家,这一历程是本书叙事的一部分。在很多方面,我认为这个故事是近30年来女性作家集体叙事的一部分。以下与玛格丽特·阿特伍德同时期出生或同时期成名的作家名单令人印象深刻:A.S.拜厄特、纳丁·戈迪默、乔伊斯·卡罗尔·欧茨、安吉拉·卡特、汤婷婷、玛格丽特·德拉布尔、玛丽-克莱尔·布莱、玛吉·皮尔西、玛丽莲·罗宾逊、托妮·莫里森、艾莉森·吕里、安·贝蒂、埃莱娜·波尼亚托夫斯卡，还有其他许许多多。这些女性已经不可逆转地改变了贴在男性艺术家和女性艺术家身上的传统标签。

如果我们回顾 1948 年上映的《红菱艳》，当时战争片充斥着银幕，电影工业也在争相寻找新的主题，我们很容易就会把这部电影看作对女性在艺术中所扮演角色的思考。最初的剧本由埃默里克·普雷斯伯格撰写，讲述了由莫伊拉·希勒饰演的维多利亚·佩姬的芭蕾舞生涯。维多利亚是一个志向高远的年轻舞者，被著名导演和编舞鲍里斯·莱蒙托夫雇用。他是一位老派大师，惯于用无情的戒律和刻意的羞辱培养舞者。艺术对莱蒙托夫来说是一种宗教信仰，而维多利亚则是他创作的作品。

莱蒙托夫为她写的芭蕾舞剧《红舞鞋》，改编自汉斯·克里斯蒂安·安徒生的童话故事。他是这样向她描述这个故事的："一个女孩从吉卜赛人那里买来了一双红色舞鞋，一心想穿着它跳出成就。一开始她跳得很开心，后来她累了，想回家。但红舞鞋不累。它们不知疲倦，带着她不停地跳，从室内跳到野外。时间匆匆而过，爱情匆匆而过，生命匆匆而过。但红舞鞋仍在不停不歇地跳着。最后她死了。"

这个故事构思极其巧妙，简直就是一个关于女艺术家宿命的寓言。莱蒙托夫怀着嫉妒心和占有欲，把维多利亚视为自己创作的作品。她是能保证其名声不朽的可塑之材。但维多利亚犯了一个弥天大错，她爱上并嫁给了公司的年轻作曲家。她成了两个男人争斗中的棋子。莱蒙托夫愤怒地高喊："身为舞者，一旦沉溺于人类之爱那可疑的安逸之中，便永远无法成为伟大的舞者。绝不可能！"丈夫则要维多利亚为了他放弃艺术。他需要她陪在身边，作为他的缪斯和灵感。维多利亚试着选择艺术，但这个决定毁了她。在电影结尾，维多利亚似乎选择了事业而不是婚姻，她走向舞台入口，表演起芭蕾舞剧《红舞鞋》。但突然之间，红舞鞋仿佛拥有了自己的意志。带着她来到阳台,俯瞰着她丈夫即将离开的火车站,又让她跃过阳台的栏杆。在她奄奄一息之际,她恳求丈夫为她脱掉红舞鞋。

显然,女性生来就应该是缪斯,而不是大师。难怪 50 年前,年幼的玛格丽特·阿特伍德会坐在影院的座位上垂头丧气。是什么导致一个拥有自己艺术事业的女性如此高危?答案很简单。在业已成为传统的行事方式中,女性只能充当被动的灵感来源,因为没了女人当缪斯,男人便无法从事创作艺术。

1948 年,妇女在获得劳动力解放之后,又不得不重新回到加拿大各地的大小厨房,把自己从事的工作留给从前线回来的男人。对于那些享受过公众生活的女性来说,继续假装自己从未迈出过家门,一定感觉像是患上了某种无情的失忆症。而《红菱艳》表明,艺术也必须当仁不让地被重新确立为男性的专属特权。

男性艺术家的形象到底是什么?它从何而来,为什么必须被如此拼命地加以保护?

男性艺术家的传统形象可谓是浪漫得令人难以释怀。当然,我们对艺术家的概念一直以来都是陈腐的,还是那个从 19 世纪早期浪漫主义中演化而来的形象。我想到了雪莱,最早也是真正的波希米亚诗人之一。随着工业中产阶级把艺术家推到了社会的边缘,唯一的出路就是浪漫的叛逆。艺术比生活更重要。它是一种宗教信仰。艺术生活是一种巨大的牺牲。(与此相矛盾的是,它又是一种极大的放纵。)于是,这样一位致力于自我表达的波希米亚艺术家便诞生了。

在那个世界里,女人必不可少,但只是作为缪斯而存在。而那位以滥交著称的男性艺术家,则需要众多女性陪伴其左右。女性被这种天才使女的角色所吸引,因为这意味着通过了艺术家的挑选——这种挑选通常以美貌为基础。任何渴望成为艺术家的女人都是他的竞争对手,而不是使女。

倘若一个女人真的有足够的自信来实现这样的愿望，她就必须被打倒。毕竟，她想要让自己的艺术和男人的艺术同等重要，这便构成了威胁。

但世界真的就只能照此模式运转吗？当然，上述之说通常只是作为一种带有主导性的陈腐神话。尽管如此，它早已深入人心，根深蒂固，令人瞠目。其结果是，艺术成了男人的专属游戏。女性艺术家过去在艺术界没有一席之地，将来也不会有。除非有足够多的勇敢女性挺身而出，消灭这种陈词滥调，这种现象才有可能改变。

玛格丽特·阿特伍德这一代的女性打破了这种刻板印象，也许更重要的是，她们摧毁了第二种刻板印象。在女性形象史上，母亲和孩子的形象断然排除了艺术创作的可能性，除非作为被描绘的对象。社会普遍认为，女性不可能既是母亲又是艺术家。就在玛格丽特·阿特伍德之前的上一代人中，许多女性都深信，兼顾生育和事业是不可能的。比如，梅维丝·加伦特为了能够写作，选择在巴黎独自生活。简·里斯、玛丽安娜·穆尔、弗兰纳里·奥康纳等女性作家都没有生育孩子。当然，的确有许多女性可以做到两者兼顾，但这一事实似乎从未进入集体想象。多丽丝·莱辛在决心成为作家后，带着自己的一个孩子由南非来到英国。但在异国，她不得不面对独自抚养孩子的艰难处境。这么做并没有使她能与广泛流行的神话相抗衡。艺术家的生活注定就是偏执狂般的单身生活。据说这需要一种近乎贪婪的自我中心意识。如果有孩子，就等于要牺牲自己的艺术。时至今日，独自抚养孩子仍然不易。但好在在像玛格丽特·阿特伍德这类女性的世界里，至少孩子可以存在。与此同时，女性还可以不受干扰地持续进行创造性探索，而又不违反艺术准则。

我认为，艺术与生活的分离，助长了大量关于"艺术生活的神话"阴魂不散。20世纪60年代，我还在上大学的时候，我们被灌输的仍然是，伟大的文学作品是由禀赋不凡的人书写的，他们与普通大众全然不同，其中大部分是男性。他们是天才。他们生活在另一个世界。与此同时，有人曾告诉我："文学不是生活。"作家的作品被生生切割开来，飘浮在超越三维的空间之中，与作者没有丝毫关联。这些作品被称为"精心制作之瓮"，是孤立存在的人类器物，被封在密闭的空间里，这个空间有一个名字：不朽。艺术从未与现实世界相关联。但这是个错误。我们未能理解，艺术就是生活，由数以百计的家庭小摆件、构成我们自身存在的景观和记忆共鸣而成。

一旦明白了这一点，我开始对女性的声音产生了极大兴趣：这些声音是否被人听到了；它们是否被听者歪曲；它们是否从说话者身上充分显现出来，或是被内心的自我怀疑削弱了。

如果你听过玛格丽特·阿特伍德说话，你就一定会记得她的声音。她说话语调单一，面无表情。这种声音经常被模仿成平淡无趣、居高临下或不屑一顾，因为如果你不仔细倾听，往往会错失其中的风趣机智。她往往表现得成熟老到，拒绝被逼入绝境，因为她清楚这是世人的企图。这个声音清楚地表明，这个女人不会耐着性子听愚蠢之人的唠叨，反而很可能会极尽讽刺之能事反唇相讥。但是，在得到真诚的回应时，她也会表现得坦率直接，令人为之惊叹。

多年来，玛格丽特·阿特伍德一直是许多描述投射的对象。一开始，她被形容为拉斐尔前派画作中的人，有着随风飘动的秀发。但这一人设从来没有真正起到过任何作用，因为她不似维多利亚时代女主人公那般千依百顺。此外，她总是在纳闷，什么样的男性作家的头发会成为每篇评论文章的关注对象。后来，在她写出《权力政治》一书时，人们称她是惊世骇俗的绝代天才，目光犀利。她也曾被描述为"厌世者"，"她的东西暗淡、黑暗、消极"。再后来，她被形容为"趣味盎然"，最后，她又变得"充满母性"。[6] 随着时代的变化，人们对她的描述也发生了变化，尽管她从本质上并没有改变，还是那个阿特伍德。

面对这一连串的攻击，很多人或许会被激怒，但她置若罔闻，我行我素，不屈不挠地继续前行。当然，幽默感肯定给了她很大帮助。但她能够持久保持不懈韧劲的真正原因在于，她一直都有一种内在的自信，对自己的创作深信不疑。事实上，她的信念始终如一。她的声音属于加拿大人，属于女性，最重要的是，她的声音能在读者心中唤起某种独特的影像，引起某些深刻的共鸣。

在我的脑海里，我仿佛看见玛格丽特·阿特伍德立于一座桥上，丛林在她的背后，城市在她的面前，她同时支配着两个世界。水下有沉尸，桥下有巨魔。当然，这是我虚构的一个荒诞形象，但它让人联想到一个女性的形象：经过多年的训练和专注，这位女性的写作有着深厚的神话根源。她说话犀利，其中隐隐蕴含着挑衅的乐趣。她为人坦荡直率。她是一位名副其实的作家。

我认为这本书是一种思考，旨在探索一个特定女性对她所在文化及其读者所具有的意义，她纯粹借由写小说这一行为进入了读者的生活。它旨在通过探索，努力发现造就作家及其写作生活的奥秘，同时伴随着喜悦之情，欣赏一位杰出作家的职业生涯图景徐徐展开。

与第一个故事如影随形的还有第二个故事。这本书也是对新一代的写照。阿特伍德开始她的职业生涯时，加拿大人还处于殖民主义的冰封之中，才刚刚开始意识到他们也有属于自己的文化。她这一代人使一切得到改观。

到了20世纪60年代，那个被过度描述却依旧难以把握的十年，一切都发生了变化。虽然这个年代被形容为充斥着战争和迷幻药的十年（当然，这是故事的一部分），但也不乏其他叙事。当时随着世界各国兴起解放伦理，这一思潮似乎同时冲击了所有地域，但加拿大却有属于自己的独特经历。那是加拿大文化民族主义的时代，加拿大已不同以往，再也不是原先的加拿大了。

从 1966 年开始，到 20 世纪 70 年代末，加拿大的文学经历了天翻地覆的变化。在 1960 年，这个国家出版的小说数量用一只手就能数得过来。诗集会多一些，因为诗集的制作成本相对低廉。到了 1966 年，小型出版社、文学杂志和新剧院开始如人们日常食用的"蘑菇"般迅速涌现，风头强劲。到 20 世纪 70 年代末，加拿大作家有了明确的文化归属。曾经被诺思洛普·弗莱失望地称为"长在想象力根基处的冻疮"的殖民主义思想已然融化，充满自信的本土文化随之出现。

那时候出现了许多特立独行的年轻人，阿特伍德就是其中之一。对她写作生活的叙述不可避免地成为对一种文化和一代人的叙述。

这本书记录了一位女性作家在一个特定时期的写作经历。它止于 20 世纪 70 年代末。那时的玛格丽特·阿特伍德已经成为今天我们所熟知的国际作家。那个时候，滋养了她的文化，也因天时地利，得到了应有的承认。戏剧性的开头总是最能引人入胜。阿特伍德曾经这样评价那些岁月："一切都十分开心有趣，但至关重要的是我们意识到自身作为加拿大人的存在。"[7]

注释

1 乔伊斯·卡罗尔·欧茨,《玛格丽特·阿特伍德访谈》,选自《纽约时报书评》,1978年5月21日;转载于《玛格丽特·阿特伍德对话录》,厄尔·G. 英格索尔编(安大略威洛代尔:萤火虫出版社,1990年),第72页。(若无特殊说明,本书注释皆为原书注。)

2 《论文与随笔》,阿特伍德文稿,29号档案盒,56号档案。多伦多大学托马斯·费希尔珍本图书馆。

3 芭芭拉·韦德,《玛格丽特·阿特伍德访谈》,选自《麦考林》课堂培训项目,1981年。阿特伍德文稿,58号档案盒,56号档案,第2页。

4 《论文与随笔》,阿特伍德文稿,29号档案盒,56号档案。多伦多大学托马斯·费希尔珍本图书馆。

5 芭芭拉·韦德,《玛格丽特·阿特伍德访谈》,选自《麦考林》课堂培训项目,1981年。阿特伍德文稿,58号档案盒,56号档案,第1页。

6 《追根究底:玛格丽特·阿特伍德》,选自《生活与工作访谈录》,布鲁斯·迈耶和布赖恩·奥赖尔登编(安大略温莎:黑苔出版社,1992年),第2—3页。

7 本书作者罗斯玛丽·沙利文(下文简称为本书作者)对玛格丽特·阿特伍德的采访,1997年2月12日。

再版序

英国小说家劳伦斯·达雷尔曾经声称,作家的想象力在 17 岁时便已定型。如果此言不虚,那么,玛格丽特·阿特伍德的想象力在她 10 岁之前,便在加拿大荒野地带与家人共同生活的岁月中被逐步塑造了。她的父亲是一位昆虫学家,研究森林里的虫害防治。1939 年,也就是阿特伍德出生的那一年,第二次世界大战全面爆发,她父亲的工作被视为打赢战争的重要一环。阿特伍德六个月大的时候,就被放在背包里,开始她人生的第一次北方森林之旅。之后每年的 3 月到 10 月,全家人都会回到林地,住在帐篷或小木屋里,大部分时间离群索居,与其他人没有来往。

这种经历对一个有创造力的人来说是丰富的素材。阿特伍德与父亲和哥哥一道在森林里跋涉,对那里每一棵树和每一朵花的名字都了如指掌,甚至还知道花草树木背后的一些故事。父亲叫她不要碰毒芹,还说苏格拉底就是死于这种植物的。母亲则在早上给孩子们上课,之后便任由他们随心所欲,爱做什么做什么了。他们可以在丛林里读格林童话,林中可能真的有女巫和鬼魂;也可以试着辨认可食用的植物,以便迷路时派得上用场;他们还可以用香蒲花粉做煎饼。在丛林里和在生活中一样,以下经验至关重要:"切勿惊慌。眼观四周。物尽其用。"[1]

冬季,全家人会回到城里,回到一个社会习俗远比丛林生活更让她感到陌生的世界。因为有这样的童年经历,阿特伍德可以从远距离审视别人,

将其视为习性古怪,甚至充满危险的生物。她的朋友,后来成为她第一任丈夫的吉姆·波尔克是这样说的:

> 她是名副其实的丛林之子。这种生活背景,让她看待事物的眼光仿佛与事物隔开很远……她似乎可以通过自己独特的视角看待一切。可以随心所欲地将其变成一出喜剧,或者以一种奇特的、超现实的、安静的、哥特式的方式看待普通事物。[2]

阿特伍德生长在一个爱读书的家庭,她立志成为一名作家,自然毫不奇怪。她的母亲还记得女儿六岁时写的一个剧本:"一个角色说'要是我说谎,就让月亮掉下来'。下一句便是'巨响'。"[3] 被家人称为"佩姬"的阿特伍德,一直就认为自己是个作家;写作对她而言再平常不过。曾经有一位作家同行问她:"你是什么时候开始认为自己是个作家的?"阿特伍德答道:"我不明白这话是什么意思,因为我真的不知道,可能我从未对此产生过怀疑。"[4]

但事情并没有那么简单。20世纪50年代,阿特伍德在上中学时,震惊地发现,女人是不应该写书的。所谓的作家(男性)往往是某个孤僻的天才,注定要为他的艺术而生活在痛苦之中。女人则是天才的使女,充当着缪斯或妻子的角色。阿特伍德被告知,作为女孩,野心会使她性格扭曲,让她失去女性魅力,把她变成一个古怪的另类。但她决定,如果要付出这样的代价,她心甘情愿。这一决定有时会带来痛苦,但她在辛辣的幽默中找到了坚定的信心。在丛林度过的童年给她上了重要一课:每年11月,当她看着母亲以科学家妻子的身份,穿上城里人的服装,像城里人那样举手投足时,她明白了,作为女性本身就是一场表演,其脚本按照文化传统写就,而非按照她本来的身份。

当被问及诗歌时，阿特伍德曾说过，写作"不是布道，不是解决问题，甚至不是分析"。[5]写作更像一面镜子或镜子反射出来的影像。她尝试过多种文学形式：鬼怪故事、反乌托邦小说、推想小说。她说，有时讲故事就像做代数题：给定"x"，然后是"y"。一旦情节确定，故事便有了自己的动力。但似乎作家总是在与自己的文化进行对话或交谈。像所有作家一样，阿特伍德总是在追问生而为人究竟意味着什么，对此，她的视野宽广而深邃。

20世纪70年代初，阿特伍德在《权力政治》组诗中通过剖析爱情故事，探讨了个人命运如何与政治相关联。她说："我们可悲地以为生活只属于我们个人，但其实我们所做的许多事情不过是复制外部世界的权力游戏和权力斗争罢了。""更可悲的是，我们还想方设法，对自己和彼此掩盖这一点。"[6]我们将社会的文化神话引入爱的领域，使权力的失衡得以代代相传。我们希望爱情成为一个史诗般的故事，有自己独特的剧本：烛光晚餐，点缀着盆栽绿植的酒店，恋恋情歌。而阿特伍德粉碎了这些神话，揭露了各种想当然的预设及其所掩盖的权力不平等现象。

玛格丽特·阿特伍德的任务似乎是要拨乱反正，变革人类思维，因为她的许多作品都是对人类思维奥秘的探索。她的早期诗集之一《地下的程序》提出了这样一个问题：我们如何由思想表面进入心灵深处？生活中虚假的部分公然发生着，而自我不可满足的需求却藏而不露，欲说还休。同样，在人类和爬虫的大脑深处都潜藏着鬼怪和神灵——两者在我们身上合居一体。阿特伍德曾经说过，她相信超自然现象："这是人类心理中有价值且必要的一部分。"[7]一旦我们能够无所畏惧地看待宇宙，宇宙才是神圣庄严的。

阿特伍德曾经说过："何以为人？我们是否当之无愧？"[8]人们常常没有意识到，"人"是一个必须努力达成的状态。也许我们应该有这种认识。

在 26 岁的时候，阿特伍德已经开始撰写有关物种大规模灭绝的文学作品。她称这些垂死的动物为被人类摧毁的"脆弱的神灵和遗物"，是我们"神圣而过时的象征"。[9] 经过几千年进化形成的东西，却被人类遗忘，将永远不再出现。人类大脑到底出了什么问题，让我们可以轻视对大自然的破坏？

在她的小说《浮现》中，叙述者看到了黑皮肤的森林之神曼尼图。它凝视着她，"黄眼睛，狼的眼睛，深邃而明亮"[10]，说除了关于自己的事实，它没有其他什么可以告诉她的。说我们只是大自然的一部分未免令人扫兴，但这却是人类因其狂妄自大而尚未达到的认识。大自然是不分等级的；人类并非高高在上、俯视众生的万物之首。人类不过是大自然进行（且很可能失败了）的实验之一。与其他生物一样，人类也可能灭绝。

在她的反乌托邦小说《使女的故事》中，玛格丽特·阿特伍德设想人类世界变成了一个充满杀气的噩梦。这部小说在 2017 年被改编为精彩绝伦的电视剧，甚至对那些从未读过原著的人来说也成为一种象征。阿根廷、英国、爱尔兰支持堕胎的活动人士，以及美国各地的反特朗普抗议者，都像阿特伍德笔下的使女一样，佩戴白色头巾，身着红色长袍。这本书自 1985 年出版以来，（到如今的 2019 年）34 年间从未改变过，但读者和它周围的世界已全然不同。人类已经迎头赶上了书中所描绘的一切。

当玛格丽特·阿特伍德坐下来写《使女的故事》时，她给自己设定了一个挑战：她想写一本反乌托邦小说。小时候，她虽然读过很多这类书，但她要写的这一本将全然不同。在她的书中，叙述者将为女性。

20 世纪 80 年代中期，她开始剪贴收集报刊文章，这些文章是关于科学界痴迷的一个话题：不孕不育症。科学家们声称，环境中的化学污染正在破坏人类的生殖系统。用不了多久，西方，即所谓的第一世界，将经历灾难性的出生率下降。

凭着一双慧眼，阿特伍德立刻看出不孕不育会是她计划中那本反乌托邦小说的完美主题。当不孕率达到某种程度，像流行病一样肆虐开来时，会发生什么？当然，掌权者会设法确保对生育的控制权，仍拥有生育能力的女性将成为稀有且珍贵的财产。谁能生育将成为问题所在。一旦精英阶层的妻子无法生育，就必须寻找替代品。

每个极权主义体系都有自己的意识形态。阿特伍德称她笔下的神权政体为基列（"基列"意为"见证之山"）共和国。重读《创世记》时，她想起了撒莱的仆人，埃及女奴夏甲。作为一个代孕"生殖容器"，夏甲堪称阿特伍德笔下使女们的完美典范。至于将使女包裹在袍子里使其隐姓埋名的想法，则来自她和丈夫格雷姆·吉布森的一次喀布尔之行。那次旅行途中，她买了一件紫色的长袍，就为了体验裹在这种衣服里会是什么感觉。

下一个问题是小说的背景应该设置在哪里。阿特伍德曾经说过，为了给小说创造一个背景，她必须实际到过那里，或者至少到过一个类似的地方。阿特伍德曾经到过的地方，曾经做过的事，为她笔下的人物提供了活动的空间，尽管这些人物本身均为虚构。

但如果要写的是未来的噩梦，背景设定便可能出现问题。她想起了马萨诸塞州的剑桥市，她读研究生时曾在那里生活过多年。她很清楚美国是一个起源于清教神权而非民主政体的国家，因此她认为书中虚构的基列国的思维模式应该接近17世纪的清教徒，而这些清教徒实际上也是她自己的祖先。当然，他们会是现代版，类似于极端的右翼原教旨主义者。但她需要一个地方作为这个宗教帝国的总部。她选择了哈佛大学——一个虚构，但仍然可以辨认出其原型的地方——作为小说背景。故事中执行死刑的那堵墙，显然是哈佛大学的围墙。

《使女的故事》出版时，大家都视其为一部女权主义小说。事实上，某位书评人就称它是"未来女权主义的复仇幻想"。是的,这当然是父权制的可怕幻象,人们无法生育,无法繁殖,于是小说中的世界变得可怖而凶残,将女性掌控和奴役起来。整套做法与奴隶制本身极其相似——女性被迫与子女分开,被视为私人财产,不被允许读书,被迫扮演某个特定角色,包括"坏女人"——她们被遣送去清理有毒核废料,一直劳作到生命结束。

三十多年后,我们开始看到这本书的本来面目:一个关于极权主义如何运作的样板,堪比一幅"蓝图"。一个国家实行军事化管制,等级森严,盲信狂热,由秘密警察掌控。这个国家的敌人不只是女人,而是所有独立思考的人。事实上,使女奥芙弗雷德的丈夫是书中最令人同情的人物之一。

独裁是从人口逐渐分化开始的。对人的精神控制缓慢地发生,很少有人觉察到。首先是教育发生改变,监控强化,高墙耸立,最终金融机构完全崩溃。人们会发现,自由建立在无比脆弱的基础上,危若累卵,不堪一击。

阴谋论比比皆是,人们渐渐难以分辨真相和谎言。被刻意操纵的恐惧是一个因素(建造高墙将他者拒之在外),被煽动至狂热的爱国热情是另一个因素。但极权独裁实际上只与那些掌握着权力和特权、处于社会顶层的人有关。政治和宗教正统的清规戒律被强加于人,但充满虚伪——权力掮客仍然通过性统治来娱乐自己。最终,所有的独裁者都变得暴力、凶残,充满虐待倾向——没有任何法律和道德可言,只剩下大主教们,用怀旧的口号"让国家回归伟大"来欺骗其臣民继续保持顺从。《使女的故事》引起了人们的共鸣,是因为它问出了众人的心声:这一切究竟是怎么发生的?

最让玛格丽特·阿特伍德感到恐惧,也理应让我们恐惧的是这种末日来临的感觉。这是黑暗的日子,也许是人类星球的暮年——至少我们知道是这样。我们继续发问：人类是如何走到这一步的？在玛格丽特·阿特伍德的书中，不乏这些问题的答案，但很难相信有谁会及时听从她的警告。

——罗斯玛丽·沙利文，2019年6月

注释

1 埃尔斯沃思·耶格,《原始森林知识》(多伦多:麦克米伦出版社,1945年)。
2 本书作者对吉姆·波尔克的采访,1997年7月24日。
3 迈克尔·鲁博,《阿特伍德与家人》,国家电影委员会,1985年。
4 苏珊·斯旺,《玛格丽特·阿特伍德:作为诗人的女性》,选自《公报》,1975年5月,第9—11页。
5 玛格丽特·阿特伍德,《权力政治随感》,选自《维多利亚院刊》第97卷,第2期(1973年4月),第7页。
6 同上。
7 本书作者对玛格丽特·阿特伍德的采访,1994年2月12日。
8 格雷姆·吉布森,《玛格丽特·阿特伍德》,选自《十一位加拿大小说家》(多伦多:阿南西出版社,1973年)。
9 玛格丽特·阿特伍德,《巨龟挽歌》,选自《那个国家的动物》(多伦多:牛津大学出版社,1968年)。
10 玛格丽特·阿特伍德,《浮现》(多伦多:麦克莱兰-斯图尔特出版社,1972年),第201页。

第一章　厨房故事

"我不会用'寻常'和'不寻常'来思考问题。当然，我做过的许多事情若是都照别人的方式去做，而不是按照我自己的，对我而言便不寻常。"

——玛格丽特·阿特伍德[1]

为满足新书推荐广告的作家和采访记者的要求，玛格丽特·阿特伍德曾将其履历简要概括如下：

1939 年，在"格雷杯"加式足球比赛结束后不久，我在渥太华总医院出生。才六个月大，我就被放进背包，带入魁北克丛林。整个童年，我出入于丛林，出入于渥太华、苏圣玛丽和多伦多，就这么成长起来。一直到八年级我才完整地上过一年学。这显然是我的一个优势。[2]

切记，大约 60 年前，被背在背包（有时情况略有不同，她会被放入箱子）里进入森林与普通意义上的休闲运动无关，当然，父母也不会带着一个六个月大的孩子进入加拿大的丛林，这在当时和现在都不是一种旅游消遣活动。1939 年，第二次世界大战全面爆发，加拿大是同盟国中最早参战的国家之一。尽管玛格丽特·阿特伍德简洁的概述似乎语不惊人,但它的确描绘了一个非同寻常的开头。

这些成年人是谁,竟然可以如此随意地跳出他们所处时代的规范制约?要想跻身那个世界一窥究竟,我们必须从更早的地方开始。我们普遍认为,人的生命早在出生前便已开始,始于我们称之为祖先的人,是他们从实际意义上和象征意义上造就了我们。然而,从祖先的角度,又能在多大程度上解释我们的存在呢?一代又一代陌生的先人更迭,我们究竟是谁的传人,又是如何变成了今天的自己?我们用"根"和"枝"来比喻这种关系,就好像把自己比作植物一样。但由于基因遗传神秘莫测,也许最重要的是,祖先赋予我们故事和神话,而我们以此来解释自身。

1692 年至 1693 年,历史上曾经发生过臭名昭著的塞勒姆女巫审判事件,其间,近 200 人被指控施行巫术,19 人被处决。[3] 而在这场审判发生的 10 年前,阿特伍德最喜欢的祖先就被当作女巫审判了。那是一个敢于对抗权威,以非凡的坚韧在残酷现实中生存下来的女人。即便阿特伍德想为自己虚构一个祖先,怕也不能编得比这更好。

玛丽·里夫·韦布斯特是阿特伍德的外祖母奥拉·路易丝·韦布斯特的祖先,住在马萨诸塞州的哈德利。1670 年,她与 53 岁的威廉·韦布斯特[4]结婚,起初几年的生活似乎十分富裕。但根据公共档案语焉不详的记录,他们后来变得一贫如洗,穷到需要公共救济的地步。这一状况将他们置于非常危险的境地。根据新英格兰的清教徒法律,穷人可以向镇里申请救济,城镇居民则必须提供援助。每个居民都要轮流为穷人提供住宿、食物或其他必需用品。但是,殖民地居民对这种公共慈善非常抗拒,为了减少公共责任风险,城镇方通过了法令,禁止接待陌生人,也禁止在未经当地政府官员许可的情况下将土地出售给陌生人。如果有哪个穷人恰好"落在了镇上"——当地是这么说的,那么,当地公民有权教导他们如何过上井然有序的生活,因为在那时,贫穷被认为纯属个人的缺点与不足。[5]

穷困潦倒的玛丽·韦布斯特得到一位名叫菲利普·史密斯的人的照管和监督,由他来安排她的贫困救济事项。史密斯身兼数职——法官、教堂执事、军队中尉和哈德利的地方官员。显然,玛丽"对史密斯给予的公正照料心怀不满,并出言不逊,为此史密斯表示担心自己会受到她的伤害"。[6] 如此恩将仇报、侮辱村里的保护人显然不是什么明智之举。

很快就有人指控玛丽是个巫婆和泼妇。当时的法庭记录记载了她的罪行,这听起来稀奇古怪,但很快人们意识到这些都是致命的指控。比如,马匹走近她家时,往往畏缩不前,不愿经过。在这种时候,赶车的人会进到房子里揍她,只有这样,马匹才肯继续前进。一时间谣言四起。有一次,一车干草侧翻在她家门口,当拉车人进屋抽打她时,一只看不见的手把干草车扶正了。还有人说她只是看了邻居的孩子一眼,就让孩子腾空飞起三次。还有人说有一次,一只母鸡顺着烟囱飞了下来,被烧死了,随后人们便发现玛丽·韦布斯特被烫伤了。[7]

玛丽被带到北安普敦的法庭,由菲利普·史密斯等人担任法官,在提供许多证词之后,她被指控为女巫。1683年4月,她被押往波士顿监狱,5月22日由助理法庭审判。体检时,人们发现她长着魔鬼的乳头。形成这样的痕迹可以有各种原因,可能是痣,也可能是跳蚤咬后的红肿,但人们坚信,再没有比这更确凿的证据了。这些痕迹表明,邪恶的使者曾在夜里来吮吸她的身体。

指控罪名是这样写的:"她蔑视上帝,没有对上帝表现出应有的敬畏。她受魔鬼的唆使。这个魔鬼化身为黑猫潜入村镇。她与魔鬼亲密相处,让小恶魔吮吸她的乳头,或是她的私密处的印记。所有这些,都是在公然挑衅我们至高无上的主之安宁。"[8]

第一章 厨房故事　003

玛丽被关进监狱，等待进一步审判，最后于9月4日再次出现在助理法庭，被判无罪。记录没有解释原因，但法庭记录的附注显示，她被判支付23英镑15先令2便士作为审判费用和往返波士顿的交通费。

然而，玛丽的厄运并未到此结束。两年后，也就是1685年，菲利普·史密斯去世，玛丽再次被指控用巫术对他施行了谋杀。她的案子非常有名，甚至被清教徒传教士兼作家科顿·马瑟报道过。

他在报道中这样描述，1月初，史密斯"开始变得非常虚弱，坐骨神经疼痛难忍"。最终病情发展到精神错乱，他"不停地喊叫，（据说）还使用了各种语言"，称玛丽就是折磨他的罪魁祸首。[9] 许多不祥的迹象表明，史密斯的死是由超自然原因造成的。床底下发现了别针，空气中弥漫着明显的麝香气味，时而传来神秘的抓挠声。床上还出现了不明原因的火苗。厨房里装着受害者药片的罐子被神秘地倒空了。

为了减轻史密斯的痛苦，哈德利的一些年轻人去了玛丽家，把她拖出来，围着脖子吊起来，直到她差点儿断气，然后又把她放下来，扔进雪地里，还用雪将她埋起来。凭借运气和非凡的意志，她活了下来。

这种"雪地审判"是一个众所周知，但很少被使用的反巫术。大概是通过把女巫埋在厚厚的雪地里，拷打者们就能冻结她的超自然能力。据说在玛丽经受苦难的过程中，史密斯的痛苦减轻了许多。[10]

史密斯最终在患病的第三天去世，据目击者说，他的尸体青一块紫一块，血从他的脸颊往下流。经过尸检，史密斯一侧乳房肿胀，使它看起来像女人的乳房；"他的私处好些地方受伤或烧伤。在他的背上，除了淤伤，还有几处像是用锥子或别针扎破的洞。"[11] 看来，受人尊敬的菲利普·史密斯不仅是一个出了名的疑病症患者，而且很可能还是一个自残和自我鞭笞者。

逃脱绞刑后，玛丽凭一己之力似乎逃过了当地人的进一步迫害。1696

年,她在哈德利去世。玛丽本人应该想不到她会对历史产生影响。1990年,她仍然被认为是哈德利公共档案上的一个污点,她的一位后裔还曾要求将其名字从家谱中删除。显然,他是想洗清自己的家族历史。同样令人始料未及的是,另一个遥远的后代却成了她的辩护者,并通过文学作品为她辩护。

在1995年出版的《早晨在被烧毁的房子里》中,阿特伍德写了一首诗献给玛丽·韦布斯特,名为《被吊到半死的玛丽》。一旦了解阿特伍德写的是自己的祖先,这首诗顿时产生了某种神秘莫测的冲击力。她以第一人称写作,想象着玛丽被彻夜吊在绳索上,受尽折磨的经历。

……
晚上8点

这根绳索只是一时之便。
随着时间的推移,他们会想到斧头。

我像一颗被风吹落的果子朝反方向升起,
像一颗变黑的苹果被重新安放到枝头。

捆绑的双手,塞住我嘴巴的抹布,
一面旗帜升起向月亮致敬,

垂老的女神,骨感面庞,年代久远的原型,
曾经以血换取食物。

镇上的男人们昂首阔步往家前进，
为宣泄了仇恨而欢愉，

他们内心的邪恶被翻转出来，宛如一只手套，
而我却正戴着它。
……

清晨8点
当他们前来收尸，
（张开嘴，闭着眼）
割断绳索，放下我的躯体，
目瞪口呆，惊诧不已：
我居然还活着。

运气真背啊，诸位，
我了解法律：
你们不能两次处决我
因同一个罪名。多好。

我倒在苜蓿上，深吸它的气味，
朝他们龇牙咧嘴，
露出肮脏的笑意。
可以想象那一笑的杀伤力。

此刻我只需看向

他们,透过我天蓝色的双眼。

他们看到自己的恶意

正凝视他们的额头

于是落荒而逃。

之前,我不是女巫。

但此刻我是了……[12]

1980年,在拉德克利夫大学的校友演讲中,阿特伍德谈到了自己的祖先:"玛丽·韦布斯特获得了自由。我想,如果在试图吊死她之前,大家就都已认为她拥有神秘的力量,那么在她被吊而不死后,他们对此便更加深信不疑。她是我最喜欢的祖先,在我心中甚至比那些私掠海盗和被屠杀的法国新教徒还要珍贵,要说我希望从她那里继承什么的话,我希望能继承她的脖子。"[13]

然而,对阿特伍德来说,新英格兰并不是家族和传奇开始的地方,新斯科舍省才是。1635年,阿特伍德家族的祖先乘船来到马萨诸塞州,1760年,家族的某一分支搬到了新斯科舍省。母亲这边的一个亲戚奥斯汀·基拉姆在1637年来到该省的塞勒姆,他的一个后代约翰·基拉姆于1766年也移民到了新斯科舍省。

新斯科舍省是一个半岛,由一条陆地线与后来成为加拿大东部的陆地边缘连接。每每谈起,阿特伍德总会深情地说,新斯科舍省是一个充满"异国情调的地方":从16世纪开始,英国人和法国人就像狗一样不断争斗,只为抢夺这个通往大陆的门户。直到1758年,以亚伯拉罕平原战役闻名的詹姆斯·沃尔夫将军攻占了法属路易斯堡要塞,争端就此告终。在它的全盛时期,新斯科舍省兼港口、要塞和战时新兴城市于一身,挤满了来自西

第一章 厨房故事 007

印度群岛的英国水手、海盗和商船船员。它曾卷入了两场战争：美国独立战争和1812年的美英战争。在这个多姿多彩的省份里，阿特伍德可以追溯造就了如今这个她的所有线索。

1766年，约翰·基拉姆从马萨诸塞州来到新斯科舍省，他是后来被称为前保皇派的一员。英国政府发出公告，将1755年被驱逐出去的法国阿卡迪亚人（保守估计有6 000人）留下的土地提供给新英格兰人。英国人为了让非天主教徒在新斯科舍省定居，引入了"外国新教徒"，其中就包括新英格兰人。约翰·基拉姆在雅茅斯的契戈金湾的一个农场定居下来。契戈金湾是雅茅斯一个贫瘠的海湾。（当然，当地人以此为家，并将其称为"伊萨戈金"，即"货物之地"。）外来者与当地居民的关系很不稳定。当地的传说基本与绑架有关。其中流传最广的是一个年轻女孩的家人被印第安人掳走的故事。据说，这个连名字都没留下的女孩，出去采浆果，正好不在家。等回到家，才发现家人全都不见了。契戈金人完全没有想到，她会选择逃到印第安人那里，还就此留了下来。多年以后，那位老妇人会和印第安人一起来到镇上，约翰·基拉姆家族的村民们一眼认出了她，并视其为当地的一位奇女子。[14]

基拉姆有十个孩子，他的后代不断繁衍，对新斯科舍省产生重要影响。其子小约翰成为雅茅斯的商人和船主，并协助建立了海上保险公司。后来，小约翰的儿子托马斯（1802年出生）加入了家族企业，他们在北美和大英帝国之间的危险贸易中赚得盆满钵满。到19世纪中期，托马斯·基拉姆拥有了大约60艘商船，尽管其中25艘最终遭遇海难，沉入大海。之后，托马斯的儿子弗兰克当选为当地的立法机关成员，其他的基拉姆家族兄弟都成为显赫的船主（他们在沃特街的办公室，被认为是雅茅斯如今最重要的历史建筑）。约翰·基拉姆的曾孙阿尔伯特成为一名法官，搬到温尼伯后，他曾在马尼托巴省的高等法院审理并听取梅迪人起义领袖路易·里埃尔的上诉案。(当然,法庭维持了对里埃尔的判决,他于 1885 年 11 月 16 日被处以绞刑。)再到下一代,就连女孩子也不甘示弱,奋起直追。莫德·基拉姆·尼夫就读于纽约女子医学院,于 1896 年获得医学博士学位,并由加拿大女子卫理公会派遣到中国成都,成为一名医疗传教士。

在这样一个以进取心著称的家族中,最有代表性的莫过于托马斯的孙子伊萨克了。他于 1885 年出生在雅茅斯。虽然家境不算富裕,但在十二三岁的时候,伊萨克便独具慧眼,预见到报业的辉煌前景。当时雅茅斯有三四份当地周报,各种日报得由火车从哈利法克斯和圣约翰运来。他获得了供应这些日报的特许经销权,到 15 岁时已经垄断了市场。16 岁那年,他改行了,到哈利法克斯联合银行雅茅斯分行做一名初级职员,从此一发不可收。29 岁时,他取代马克斯·艾特肯(后来受封为比弗布鲁克勋爵),成为皇家证券公司的总裁,这家公司是加拿大最有影响力的投资机构之一。伊萨克和妻子多萝西搬到了蒙特利尔,和十个帮佣一起住在斯坦利街的豪宅里,房子用灰色石头砌成。他送给妻子的礼物充满传奇色彩,其中包括一颗曾经属于法国亨利二世的水滴形钻石,以及绝代富豪约翰·阿斯特之妻的珍珠——她从即将沉没的"泰坦尼克号"跳下救生艇逃生时,手中紧紧攥着的就是这串珍珠。

大约在 1760 年,阿特伍德夫妇——乔舒亚和玛丽,由马萨诸塞州的特鲁罗搬到了南岸的巴灵顿,他们到得比基拉姆一家略早一些,之后就此定居下来。[15]

据阿特伍德称,她们家族的祖先之一是康沃利斯·莫罗,其父是一个被法国修道会开除的修道士。而且,据说他是 1749 年在新建殖民地哈利法克斯诞生的第一个白人孩子。[16] 康沃利斯是一个修道士的儿子,或许这正是吸引阿特伍德的一点。

1749 年,法国第戎的让-巴蒂斯特·莫罗抵达哈利法克斯,担任圣公会传教士。很明显,他之前曾经是一名本笃会修道士。在进入布雷斯特附近的圣马蒂厄修道院之前,莫罗已经不再对天主教的教义和行事方式抱有幻想,并因同情胡格诺派新教徒而受到迫害。他逃到英国,结了婚,1749年6月,他与康沃利斯勋爵及跟随他的定居者一起沿坎宁河航行。康沃利斯有志于在新大陆建立一个英国城镇,作为抵御法国侵略的堡垒。与莫罗同行的还有他怀有身孕的妻子伊丽莎白,以及四个仆人。

他们到达的殖民地几乎是一片荒野,这里多种语言混杂,只有少数法国新教徒、德国人和一些英国人定居于此。莫罗按照英国圣公会差会[17]指派的任务,在加拿大第一座新教教堂——新圣保罗教堂,为法国新教徒传教。之后,他与大约1600名说法语和德语的移民——同时也是"外国(欧洲)新教徒"一起前往卢嫩堡的新殖民地。据他所说,尽管他殚精竭虑,努力"让野蛮人接受我们神圣的宗教",但他在米克马克人身上并未遇到多少好运。

莫罗神父之子康沃利斯于1749年12月出生,是新殖民地出生的第一个孩子。康沃利斯后来成为卢嫩堡民兵的上尉,一直活到了91岁。他作为神父的父亲在新斯科舍省的影响比他的儿子更为长久。第一次世界大战时,哈利法克斯港口军火爆炸,城市遭到毁灭性破坏。圣保罗教堂西侧走廊的窗户被击碎,残骸的轮廓神似一个头颅——众人纷纷传言,那个头颅轮廓像极了莫罗神父。

到阿特伍德父母这一辈,新斯科舍省已经发生了巨大变化。她父亲的家族在南岸扎下根来,阿特伍德这个姓在当地变得很常见。在新斯科舍省最南端的沙格港附近,甚至还有一条阿特伍德小溪。基拉姆一家则住在北边的安纳波利斯河谷。

阿特伍德出生于1939年11月,是"二战"时期的孩子。然而,与有些孩子的父亲不同,她的父亲并没有消失六年。其父是一名科学家,在联邦土地和森林部干着必不可少的工作，于是整个战争时期他都待在加拿大。但是，对于阿特伍德一家来说，战争也意味着与家人的隔离。阿特伍德曾形容她的父母是来自新斯科舍的"大萧条"难民。老家没有工作可干而由于战时的汽油配给，他们也不可能再回去了。除非官方派遣，一个人不可能长途旅行。在阿特伍德稚气的想象中，2 000千米外的新斯科舍省才是她的家，那里居住着神话人物，他们写信给阿特伍德，描绘家族传奇。当这些信件在餐桌上被大声念出来时，口述的家族史"连同土豆泥一起被端了上来"。从家庭相册中，阿特伍德可以辨认出发出这些声音的面孔。他们变得像故事中的人物——"对我来说，"她后来写道，"他们就像书中的人物一样熟悉；我们住得偏僻，又经常搬家，所以比起我实际遇到的大多数人，我更熟悉他们……我一直关注着我的姨妈、姑姑，还有我的姨姥姥、姑奶奶，我的舅舅、叔叔，还有我的堂表兄妹和远房堂表兄妹……我成长在一个由许多隐身人组成的大家庭里。"[18]

基拉姆家族的族长是哈罗德·埃德温·基拉姆医生。1906年他从达尔豪西医学院获得学位后，在肯特维尔行医40年，同时他也在奥尔德肖特的国王县民兵队中担任医务官。他还是著名的果农，他的苹果园被认为是安纳波利斯河谷最好的果园之一。阿特伍德从母亲那里听说，这位"严厉、令人敬畏，但可亲可爱的外公……在土路上乘着马拉的雪橇，冒着暴风雪，又是在夜半时分接生婴儿，又是帮人锯胳膊锯腿，要么就是在缝合裂开的伤口，都是被电锯啊打谷机啊割的——这些东西我连认都不认得"。[19] 她的母亲在提到自己的父亲时经常用"制定条规"这个词，阿特伍德会想象她的外祖父像摩西一样，在餐桌上放两块刻有十诫的大石板。他和妻子奥拉·路易丝·韦布斯特有五个孩子：两个儿子，弗雷德和哈罗德，三个女儿，玛格丽特（阿特伍德的母亲，生于1909年）、乔伊丝和凯瑟琳。

阿特伍德的母亲很会讲故事，她女儿形容她是"一个讲故事高手，模仿能力非凡"。就这样，在母亲惟妙惟肖的讲述当中，阿特伍德仿佛看到母亲一家居住的白色大农舍，农舍里有谷仓、马车房，还有一个带食品储藏室的厨房。母亲还记得，过去面粉是用桶装的，烘焙都是在家进行的。她还听到了母亲三姐妹的趣闻逸事，以及她们在山谷里的种种淘气行为。阿特伍德解释说："那时我自己还没有妹妹，姐妹关系的神秘感对我产生了很大影响。"[20]

根据母亲的描述，姐妹们越轨行为的头目和策划者通常是凯瑟琳，"她是最聪明的"。1930年，19岁的凯瑟琳在多伦多大学获得了历史学硕士学位，之后，父亲提出资助她去牛津大学进一步深造的想法，她却拒绝了，接着便结婚生子，当了六个孩子的母亲。阿特伍德当时还是个孩子，听到凯瑟琳姨妈的故事，小脑袋瓜里满是困惑：为什么聪明的凯瑟琳就不能既生六个孩子，又去牛津大学读书呢？

这里，吸引我的是阿特伍德如何为这些故事添枝加叶。如何看待自己的童年很重要，因为我们会借此创造自我的神话。

1945年，阿特伍德六岁时，她开始了期待已久、前往新斯科舍省的汽车之旅，并终于见到了这些家人。令她震惊的是，母亲神话中的这些人物都是普通人。在新斯科舍省的这个大家庭度过的假期在她的记忆中留下了深刻印象。在一篇回忆往事的记述中，她如此描述了那个趣味盎然的生活圈子：

> 在我母亲还是个孩子的时候，她和家人曾坐着马车越过北山，从安纳波利斯河谷到芬迪湾的岸边去过暑假。我们一家人也沿着母亲小时候的足迹，故地重游去了一趟，不过我们是开车自驾去的。我们住在外祖母的小屋里，小屋坐落在悬崖上，俯瞰芬迪湾和一个延伸至海湾的木船坞，这个船坞可以保护小渔船抵御强风巨浪和有时高达十六

米多的潮汐——众所周知,这是世界上最高、最危险的潮汐。

在我们逗留期间,众多表兄弟姐妹都来了,把农舍挤得满满当当。在他们的陪伴下,我做了许多如今根本没有勇气、精力或胆量去尝试的事情。涨潮时,我们在海湾游泳,浸泡在芬迪湾的亚北极海水中,直到全身紫得发亮。退潮时,我们在绵延无尽且光滑的岩石海滩寻奇探险,那里有潮汐池和渔民筑起的堰坝,还有垂直放下的渔网。潮水迅速退去时,各类鱼儿,甚至还有稀有的鳐鱼和水母,都会被困在网里。我们爬进悬崖上的洞穴,寻找紫水晶,几乎完全把大人们的警告置之脑后,忘了曾有孩子被汹涌的潮水困在洞里,无法得到救援,继而被冲进海里的可怕先例。再长大一些后,我们还乘着表兄妹他们自己建造的船只,驶进芬迪湾,还曾有一次侥幸躲过了飓风,幸免于难……

与在安纳波利斯河谷的家族成员进行了全方位的深入交流之后,我们又开车沿着海岸到父亲家去,他们住在谢尔本附近的南岸。那里的地形截然不同。海岸沿线的港口犬牙交错,而不像芬迪湾沿岸那样线条流畅。到了内陆,四处是茂密的黑色针叶林和蔓越莓果丛,与河谷一片郁郁葱葱的景象形成强烈反差。一片片白色的沙滩交错散落在岩岬之间,你若站在高处向下朝南看,会发现此处和南美洲之间一览无余。[21]

她在南岸的祖父母住在一个偏僻的农场里,这个农场自 19 世纪以来就没有多大变化。房子里仅靠煤油灯照明,做饭则用一个烧柴火的炉灶,水得用手动泵压上来。一切都通过手工完成。祖母会用木制搅拌器自己制作黄油,再把黄油倒进各色模具里,做成不同形状来享用。她还按照代代相传的图案和传说,自己缝制拼布床单。

作家们有一种特殊的记忆力。记忆会化作一个个故事。趣闻逸事、质地纹理、风貌景观、感官图像等都被储存在脑海中，哪怕是几十年后，必要时能随时唤起。当阿特伍德开始写小说《别名格蕾丝》时，她祖母家房子的细节和那些手工拼接被子的质地会回到她的脑海当中，成为她创作19世纪中叶世界的素材，而格蕾丝·马克斯便生活其间。

阿特伍德的父亲也有一些关于南岸世界的虚构故事。比如，"他小时候曾认识一个隔壁邻居，是个女巫，只要在椅子上藏了一枚别针，她就决不会坐上去；还有一个人，他有一个圆形的牲畜棚，牛屁股都朝内，这样便省了堆粪的工夫；还有一个人买了一整桶不搭配的纽扣，纯粹因为这样算起来每颗纽扣都便宜些"，[22] 等等。

在阿特伍德看来，新斯科舍省"到处都是怪人，他们的怪癖表现在实际生活中的一举一动"。直到今天，他们的社交风格仍然是她所说的"面无表情、讽刺挖苦、怀疑一切、简洁干脆"，这种风格包含了"一种慷慨大方和乐于助人的精神，当你作为一个游客来到这里，明显不带恶意，又不是什么大傻瓜时，这种精神就会展现出来"。[23] 或许，"基因遗传是决定性的"，这一说法不无道理。许多人都用同样的话来描绘阿特伍德本人。她也遵守着新斯科舍省的基本道德准则——反对浪费，不仅是反对浪费东西，同时也是反对浪费自己的才华、时间或人生。

注释

1 瓦莱丽·迈纳,《玛格丽特·阿特伍德的多面人生》,选自《女主人》,1975年6月,第69页。

2 乔伊斯·卡罗尔·欧茨,《玛格丽特·阿特伍德访谈》,选自《纽约时报书评》,1978年5月21日;转载于《玛格丽特·阿特伍德对话录》,第70页。

3 戴维·D.霍尔编,《17世纪新英格兰的猎巫运动:文字记录的历史1638—1692》(波士顿:美国东北大学出版社,1991年),第4页。

4 "祖先档案(TM)第416页",《谱系图》,耶稣基督末世圣徒教会,1993年。

5 理查德·韦斯曼,《17世纪美国马萨诸塞州的巫术、魔法与宗教》(波士顿:马萨诸塞大学出版社,1984年),第76页。另见卡罗尔·F.卡尔森,《以女性形象出现的"魔鬼":新英格兰殖民地的巫术》(纽约:W.W.诺顿出版社,1987年)。

6 科顿·马瑟,《值得纪念的天意》,选自《1684—1706巫术案记》,乔治·林肯·伯尔编(纽约:查尔斯·斯克里布纳之子出版社,1914年),第132页。

7 塞缪尔·G.德雷克编,《新英格兰巫术编年史》(纽约:本杰明·布卢姆出版社,1967年;初版于1869年),第169—181页。

8 《美国马萨诸塞湾殖民地助理法庭记录1630—1692》第一卷。约翰·诺布尔协助印刷(波士顿:萨福克郡,1901年),第229页。

9 塞缪尔·G.德雷克编,《新英格兰巫术编年史》(纽约:本杰明·布卢姆出版社,1967年;初版于1869年),第176页。

10 萨莉·史密斯·布思,《美国早期的女巫》(纽约:黑斯廷斯出版社,1975年),第84页。

11 同上书,第155页。

12　玛格丽特·阿特伍德,《被吊到半死的玛丽》,选自《早晨在被烧毁的房子里》(多伦多:麦克莱兰-斯图尔特出版社,1995年),第58—59页;第66—67页。

13　玛格丽特·阿特伍德,研究生协会奖章获得者演讲《女巫:备受爱戴的祖先的强壮脖子》,选自《拉德克利夫季刊》,1980年9月,第5页;转载更名为《女巫》,收入玛格丽特·阿特伍德,《次要的话:批评散文选集》(多伦多:阿南西出版社,1982年),第331页。由于家族谱系只能追溯到约翰·基拉姆(生于1740年8月16日),与玛丽·韦伯斯特的联系仍只是一个"厨房故事"。

14　J.R.坎贝尔牧师,《新斯科舍省雅茅斯史》(新不伦瑞克省圣约翰:J.& A.麦克米伦出版公司,1876年),第21—22页。

15　小伦纳德·H.史密斯上校和诺尔玛·H.史密斯公司,《1867年之前的新斯科舍省移民》(手稿)(马里兰州巴尔的摩:家谱出版公司,1992年),第128页。

16　瓦莱丽·迈纳,《玛格丽特·阿特伍德的多面人生》,选自《女主人》,1975年6月,第33页。

17　贝弗利·J.弗里曼,《让-巴蒂斯特·莫罗神父》(马萨诸塞州奥本:弗里曼出版社,1984年),第18页。

18　玛格丽特·阿特伍德,《了不起的姨妈们》,选自《家族肖像:二十位杰出作家的回忆》,卡洛琳·安东尼编(纽约:双日出版社,1989年),第4—5页。

19　同上书,第5页。

20　同上书,第4页。

21　玛格丽特·阿特伍德,《登陆:新斯科舍省》,选自《纽约时报杂志》,1984年3月18日,第100页。

22　同上文,第101页。

23　同上。

第二章　爱书之家

对大多数人而言，在某个阶段的家庭照片中，父母几乎成为某种饱含象征意义的存在，尤其是在我们小时候或出生前拍摄的照片里。那些充满浪漫气息的人都是谁啊？在生活和岁月不可逆转地改变他们之前，他们是那么地精力充沛、充满期待。对这样的照片，我们会萌生一种不可与他人言的浪漫情感。它们不仅仅是照片。它们是存在于家庭之外的个人神话，千变万化，难以捉摸，总是想从我们渴求的掌握中逃脱。

1996 年，阿特伍德写了一本加了虚构成分的回忆录，名为《拉布拉多惨败》。是在其父亲去世后写的，书中充分表达了她对父亲的敬意，感人至深。其中提到了两张照片。照片上的年轻人都是一副林中居民的模样：

> 在房子的某处有一张父亲的单人照——也许是在相册的后面，和其他没来得及放进相册的快照摆在一起。照片上父亲看上去比现在年轻 30 岁的样子，正乘着独木舟旅行或做其他事……显然他正在渡过浅滩。他没有刮胡子，头上缠着一条大手帕，想必是为了防黑蝇和蚊子，他背着一个沉重的背包，前额上是一条宽宽的背物带。黑头发，黝黑的脸庞被晒得发亮，当然谈不上我们平日所称的整洁干净。他看起来有点邪恶，就像一个海盗，或者更确切地说，就像一个北部丛林的向导，那种可能会在半夜狼群到来之前，卷走你最好的步枪后突然消失

的人,但他又是个清楚自己在做什么的人……

父亲还有一张照片,可能是在同一趟旅行中拍摄的,因为也有浅滩,头上还缠着同样的大手帕。照片里的他对着镜头咧嘴笑着,佯装用斧头刮胡子,借此夸张地突出两点:一是他的斧头像剃刀一样锋利,二就是他的胡须坚韧无比,唯有斧头才能将其刮去。当然,那纯属胡闹,不过是一个独木舟旅行里特有的玩笑,虽然他私下里曾对此深信不疑。[1]

阿特伍德的故事之所以动人,是因为在她笔下,虚构的小说和真实的生活只隔了薄薄一层。卡尔·阿特伍德一生的大部分时间都在北部丛林度过。这是他的激情和职业所在。在关于他的各种趣闻中,总是充斥着各色相关用具和设备——有用来建造避难小屋的木工刨和水准仪,有用来做飞蝇钓饵的羽毛,还有用来制作飞箭的石头。在阿特伍德的故事中,她的父亲是一个能够在丛林中勇敢面对危险并战胜危险的人。用她父亲的话来说,"在极端情况下,必须充分利用自己的聪明才智"。除此之外,她的父亲也有自己的幽默方式,这是他留给女儿最重要的遗产之一。

卡尔·阿特伍德于1906年出生在新斯科舍省的克莱德里弗。在母亲的鼓励下,他通过函授课程完成了高中学业。起初他想从事教师职业,就读于特鲁罗师范学校,在那里获得了阿卡迪亚大学的奖学金。对一个来自新斯科舍省边远农场的年轻人来说,这已经足够了不起了,但他并未就此止步,而是再次获得奖学金,进入麦吉尔大学,随后又进入多伦多大学,并于1933年获得了理学硕士学位。大学期间,他在联邦农业部担任初级昆虫学家,靠勤工俭学供自己读完大学。从1930年到1935年,每个夏天,他都要回到安纳波利斯-康沃利斯河谷,调查该地区蜜蜂对苹果授粉的情况。他有可能也去了基拉姆医生的苹果园。他很早就认识美丽的玛格丽特·基拉姆。20世纪20年代两人在师范学校时便已相识。不过有个家族故事说，卡尔·阿特伍德第一次见到她时，她不过是个正沿着楼梯扶手往下滑的孩子罢了。

从他1933年发表的文章《新斯科舍西部蜂科研究——以苹果授粉情况为例……》中，人们可以想象在那些夏天里，卡尔·阿特伍德如何在草丛和低矮的草本植物中匍匐爬行，寻找蜜蜂的小洞穴，研究它们的筑巢习惯，试图了解其社会组织结构。或者在肯特维尔的试验站解剖蜜蜂，然后将它们装进甘油或香脂瓶里留做标本。[2] 他在多伦多大学研究某种飞蛾——地中海粉螟的寿命和繁殖习性，并于1937年获得博士学位。他的论文是为了证明目前的"伴性致死理论"（持续的近亲繁殖）不足以解释其生育率的下降问题。阿特伍德后来说，她对变形这一主题的兴趣可能就始于父亲对飞蛾的热爱。

当他的论文最终发表时，卡尔·阿特伍德，如今的阿特伍德博士，在论文中对玛格丽特·基拉姆在单调的记录工作中提供的宝贵协助表示了感谢。实际上，看到玛格丽特·阿特伍德的母亲在实地考察中帮助他收集数据也丝毫不足为奇。

在家族故事中，玛格丽特·基拉姆"身手矫捷而大胆，敢于在栅栏上和谷仓屋梁上行走"，但她非常害羞，害羞到躲在谷仓里不让陌生人看见。所有恶作剧的策划者都是妹妹凯瑟琳，她是领头的，所有恶作剧都必须瞒着她们的医生父亲，因为那是犯下了"马鞭罪"，要遭打的。玛格丽特可谓是基拉姆家族的美人，有着拉斐尔前派的画风：波浪般的头发，妩媚动人的双目，雕塑般的颧骨，外加高鼻梁——这点遗传给了她女儿。不仅如此，她还有聪明的头脑。

基拉姆医生是位传统式的家长，虽然他支持玛格丽特的妹妹凯瑟琳上大学，却认为玛格丽特"生性浮躁、爱玩爱闹，不够踏实"。[3] 但玛格丽特以聪明才智向父亲证明了自己。17岁时,她在特鲁罗师范学校获得学位,然后去了一所只有一间教室的校舍教书。她在镇上寄宿,每天骑马上班。她花了两年时间攒够了钱,在新不伦瑞克的蒙特爱立森大学读完了一年的家政学位课,还获得了学校的奖学金,借此她得以在多伦多大学完成了学位。她很快在多伦多总医院找到工作,成为一名营养医师。

卡尔和玛格丽特(当时她26岁)于1935年结婚,婚礼是和妹妹凯瑟琳的一起办的,然后,正如女儿所渲染的那样,卡尔和玛格丽特夫妻两人便"乘独木舟"沿着圣约翰河出发,开始了他们的游牧生活。两人之所以等了那么长时间才步入婚姻殿堂,是因为当时正值经济"大萧条",他俩手头拮据,办不了婚礼。玛格丽特总是会把家里微薄的工资收入分成四份,装入四个信封:房租、食物、其他支出,仅留十美分用于娱乐。他们的儿子哈罗德出生于1937年2月,以祖父的名字命名。其女玛格丽特·埃莉诺在两年半后出生,以她母亲的名字命名。为了避免混淆,家里人都叫她佩姬。他们的第二个女儿露丝于1951年出生。

哈罗德出生后不久,阿特伍德教授在渥太华的联邦土地和森林部找到了一份正式工作。森林被视作至关重要的战争资源,因为造船业需要健康强壮的树木。出于这个原因,第二次世界大战期间,他主要在魁北克西北部进行研究。

阿特伍德幼年的生活节奏是由父亲的职业决定的——研究食树的昆虫。这个家庭生活在两个世界里,一个是她在渥太华童年时代的城市世界,冬天只有寒冷和积雪;另一个是偏远的丛林世界,在她父亲工作期间,他们经常在那里度过春天、夏天和秋天的时光。

虽然渥太华是加拿大的首都,但在20世纪40年代初,它还是一个专注于木材生产的小省城。在阿特伍德努力唤起的回忆中,最早的童年记忆是刚砍下的树木锯末的气味。

对于成年人来说，战争意味着物资匮乏，因为经济重心转向了军需品生产。住房建筑业尚未从"大萧条"中恢复过来，往往达不到标准。天然气定量配给。到 1943 年，拥有私家车的人每年只能得到约 546 升的汽油。乘公共汽车只能局限在往返约 80.47 千米的区间。政府限制人们迁往外地，比如说，如果不能证明迁移的原因与战争有关，就禁止人们从温哥华搬迁到多伦多。糖、黄油、咖啡、茶和肉等食品也是定量配给。

但对于一个年幼的孩子来说，渥太华与战争有关的迹象就是偶尔响起的防空警报，以及大人们听到收音机里的新闻时焦虑的情绪。

阿特伍德一家住在贝尔蒙特大道。阿特伍德两岁时，他们住在帕特森大道 1 号，这是渥太华格勒贝区一条很漂亮的街道，绿树成荫。他们的二层公寓位于里多运河边上的一套复式公寓单位里。对阿特伍德来说，渥太华是一座积雪重重的城市，孩子们在雪堆里挖出一条条隧道。隧道并不安全，有时甚至会坍塌，还曾有孩子被埋在里面，窒息身亡。但孩子们乐此不疲，每个加拿大孩子都知道，爬进这些白色隧道能给人带来某种不可思议的神秘感觉，隧道里非常温暖，就像重回母亲的子宫。还有那条运河，在她的童年记忆当中，那是一条冰河。她曾在那里滑冰。当时的孩子们都裹着厚厚的雪地服，活像一个个充气轮胎。滑冰时，靴子上还得套上双板滑雪板。

但对阿特伍德来说，真正占据童年中心的是她在丛林里度过的春天、夏天和秋天。多年后她撰写了一篇名为《真正的北方》的文章，用引人入胜的文字再现了故地景观："对我来说，昔日的北方几乎就等同于特劳特克里克的木材加工厂。一堆堆刚砍下的树木才是通往北方的真正大门，再往北些是诺斯贝，说直白点，就是个野蛮之地。在那儿，人们会拿牛肉三明治配浇了肉汁的白面包和豌豆罐头。"[4] 那时候的旅游业不那么正规，有点敷衍了事。人们可能会在路边的加油站看到一些被关在笼子里的动物——毛发蓬乱的熊、浣熊、鹿,甚至是臭鼬,供游客赏玩。孩子们会把热狗或冰棒伸进笼子的栅栏喂给动物,而他们的父母则在一旁给车子加油。阿特伍德记得曾见过一只发了疯的狐狸,在路边的笼子里狂躁地走着"8字"形。过了诺斯贝,除了绵延数千米的树木,别的什么也没有,直至到达魁北克边境的渥太华河。

"在魁北克和蒂米斯卡明区的边界处,可以看到在我童年记忆中留下深刻印象的画面:堆积如山的锯末。我一直想从这座锯末山上滑下来,后来我真的滑了,才发现锯末不像沙子那样干爽细滑,而是又湿又黏,很难从衣服上抖掉。这给我上了一课,让我第一次认识到何谓'错觉'。"[5] 在这个产业单一的城镇,阿特伍德会看到魁北克的伐木工乘着马拉的雪橇,进入丛林,建立木材营地,然后把木材拉到冰面上,以便开春后顺流运送出去。

"有时我们会走另一条路,穿过树林去萨德伯里。一路上,只见树林范围变得越来越小,最后到达那儿时,树林会完全消失不见。萨德伯里是我童年记忆中另一个神奇之地。就像星际旅行,我们当时喜欢这么想象,在那个年代,星际旅行的确还只是想象。那地方有成堆成堆的矿渣和光秃秃的石肩,看起来很像月球。"[6]

在大多数春天里,卡尔·阿特伍德博士会启程前往他在魁北克北部的研究站,家人会把他们的生活用品打包装进大大小小的箱子里,堆在汽车后座上,和他一起离开。如果是传统式的母亲,可能会选择待在城里,那里有医院,有朋友,甚至可能还有伴随家人的公务员职业而来的茶话会。但阿特伍德的母亲并非传统之人。她的父母就像游牧民族,家里的住所往往是临时搭建的,生活也是多变的;根据卡尔·阿特伍德的说法,两人都巴不得尽可能地远离文明社会。[7]

从来没有迹象表明阿特伍德夫人另有他求。阿特伍德相信母亲找到了她想要的世界。为什么？因为她已经摆脱了那个墨守成规、这不准那不行的古板世界。在新斯科舍省的童年时代，作为一个医生的女儿，这种束缚是理所当然会加在她身上的。在阿特伍德看来，母亲勇敢坚定，有一种发自内心的远见卓识，能够赋予人力量。回想起来，她会称母亲为"假小子"。"母亲喜欢丛林里那种无拘无束的生活。做饭是一项艰苦的工作，又要拾柴，又要劈柴，还得取水和生火，没完没了，所有这些事情都要花费大量时间。"[8] 40 年后，在阿特伍德写《别名格蕾丝》时，她发现在这本关于谋杀案的小说中，与她自己个人生活最贴近的地方就是主人公洗衣服的片段。"我生活在加拿大北部期间，衣服是在浴缸里洗的，洗衣服的水是在柴火炉子上加热的，我像格蕾丝这么大的时候，大部分衣服都是自己洗的。可以肯定，当格蕾丝看到一排干净的白色衣物在微风中飘动时，她的快乐直接发自内心。"[9]

从阿特伍德的描述来看，丛林里的生活非常安稳有序。一家人先是住在帐篷里，卡尔·阿特伍德则着手搭建足够一家人用的小木屋；等他们搬进木屋，父亲就会开始建造更大的木屋。每当父亲搬到一个新的地方，这个过程就会重新来一遍，再平常不过。阿特伍德曾经意味深长地说："父亲喜欢砍木头。"[10] 她解释说，从 1936 年到 1948 年，她的父母搬了 20 次家：早春搬到丛林里，深秋又搬回城里。每当车子驶近林中地带，那里矗立着粉红色花岗岩，周围遍布高大的黑云杉树，她的父母都会高喊："我们快到家啦。"[11] 这个家永远是临时性的。可以是他们落脚的任何地方。在她的记忆中，童年充斥着各种气味——沉甸甸的帆布帐篷的焦油味、篝火的烟味、父母划船时她坐在船底闻到的鱼腥味，还有雀巢克宁速溶奶粉的永恒味道，这个牌子的奶粉在那些年里非常流行。

童年景观奠定了我们心智的基础。而阿特伍德的童年景观是北部的丛林。对于一个年幼的孩子来说，丛林深处往往隐藏着恐惧。同样，对于电闪雷鸣、熊、森林大火甚至河流,阿特伍德都怀有一种正常的恐惧。然而,丛林也是家,大人们熟练地在其中随意穿梭。丛林自有其强大的魔力,宛如一处迷宫。但凡在那里待过的人都知道,北部的丛林充满生命,几近一个万物有灵的存在。这些林中神灵就像潜意识一样,就在你身后——如影随形,总是在默默注视着你。这种印象又为阿特伍德的心智添上一种层次。忆起往事,她说道:

> 我最自在的时候是在飞机上,在三百多米的高空,轻盈地飞过下方的针叶林。放眼望去,是一片又一片的湖,接着是沼泽、散落四处的低矮山丘、蜿蜒的河流,还有从河岸上蔓延开来的冰。尤其是一旦冰面很大,硬如岩石,周围树木稀疏,这个地方就是危险之地,你会很容易迷路,绕着圈子走不出来,最后冻死……从飞机舷窗往下看:白茫茫一片荒凉,瞬间让人心生恐慌。这样的景象会让你感觉坐在飞机上格外安逸,自在感油然而生。[12]

令她高兴的是,她的名字与这一童年景观特别相契。"Atwood"(阿特伍德)源自"Atter wode",意为"林中珍珠"。她会高兴地向人解释:"这是一个古老的英文名字,大概可以追溯到14世纪甚至更早。"[13] 这名字也会让人想到纳撒尼尔·霍桑笔下的珠儿,那个宛若林中精灵般的姑娘,估计与小时候的阿特伍德相差无几。

丛林里的生活自有其规律。白天,阿特伍德博士会乘摩托艇前往研究站考察昆虫。有时他会外出进行实地考察,一去就是好几天,偶尔还会更久些。在她的短篇小说《黑兹尔飓风》中,阿特伍德以一个孩子的视角对这些记忆进行了文学加工:

一直以来，我们生活如常……父亲有时乘着丛林飞机飞进山谷，山谷的侧面非常陡峭，飞行员必须关掉发动机才能俯飞进去；有时他在嶙峋陡峭的巨大岩石中穿行，艰难地跋涉于浅滩之上；有时他会在急流中差点儿翻船。还有一次他被一场森林大火围困了两个星期，幸得天降大雨把他救了出来。在等雨停的时候，他只能坐在帐篷里，把换洗的袜子像烤香肠一样放在火上烤干。这些都是他回家后讲给我们听的故事。[14]

每当父亲去偏远地区出差时，家人无法跟随，于是，整个家的重担就落在母亲肩上。林中没有电话，没有电，没有自来水，万一遇到紧急情况，连去医院或得到其他人的任何帮助都谈何容易，想必母亲有时一定也会感到焦虑。这样十万火急的情况，阿特伍德仅仅公开提过一次。那是在她6岁的时候，当时他们住在苏必利尔湖以北的一座小木屋里。哥哥哈罗德也记得这件事。

父亲在苏圣玛丽城外的圣玛丽河边买了一块地。哈罗德回忆说："父亲单枪匹马，靠自己修了一条路，还在途经的沼泽地上搭了一座桥，又用两星期时间盖起了一座小木屋。之后便外出做研究了。我们几个待在小木屋里，食物放在附近的帐篷里。一天，母亲听到外面有声响。她向窗外望去，只见一头熊正偷偷摸摸地向小屋靠近。而房门仅靠一根绳子和一枚钉子扣着。"于是，母亲大喝一声："滚开！"熊居然被吓跑了，但逃跑前又把帐篷里储存的食物都糟蹋了。在哈罗德的记忆中，母亲曾让他和妹妹去海滩上告诉路人，让路人帮忙传递消息，告诉科考站他们需要食物。[15]而阿特伍德则记得，是母亲派他们去树林里寻找任何可用来饱腹的东西，还设法捡回了足够多的土豆做早餐。一家人平静地坐下来吃饭，好像什么事也没发生。后来，熊又回来过一次，母亲冲过去，大喊道"滚

开!",熊又逃走了。阿特伍德说:"如果母亲手边有枪,她可能会打死那只熊。她的枪法蛮过硬的。"¹⁶

兄妹俩都记得他们在早春离开学校后,或者在秋天晚些时候被送回学校前,是由母亲给他们上课的。似乎没有人对此有过异议。在那些日子里,没有关于孩子需要"同辈群体"的理论,也没有人强调所谓"社会化"价值。况且,不管怎么说,阿特伍德太太毕竟曾在新斯科舍省教过书。阿特伍德认为这种教育方式很好,培养了她"自我管理"的能力。她会先完成必须做的功课,然后自由安排做其他自己想做的事情,比如绘画。更重要的是,用阿特伍德的话来说,她借此摆脱了女孩子必须"傻乎乎"的同辈压力,毕竟当时的观念认为,聪明一点儿都不时髦。¹⁷

父亲也会对他们进行非正式的教学。比如父亲会头戴那顶他常戴的帽子,以防虫子掉到头上,吹着贝多芬的曲子,带着孩子一起在丛林里散步,这都不失为自然知识的一堂课。"我们通过观察来学习。比起其他孩子,我们与父亲待在一起的时间要多得多,毕竟我们的父亲不用去办公室上班……他会在树下放一块橡胶垫,用斧背敲击树木,这样毛毛虫和其他虫子就会纷纷掉落到垫子上,我们再把它们捡起来。"¹⁸这使她不至于过于娇气,也让她在男孩子们面前有了某种优势,毕竟男孩子们总想着能用蜘蛛之类的东西吓唬女孩子。而阿特伍德不仅不会被吓着,还会冷静地识别其"属"和"种"。父亲也会教他们关于植物的知识,同时添加些趣闻逸事。他会指着毒芹说:"顺便告诉你们,苏格拉底就是死于这种植物的。"跟父亲在一起,她们决不能只说,"那是一棵树",而是必须知道具体是什么树,以及如何将它与其他树区分开来。父亲还会发出一连串轻微而怪异的叫声,然后咧开嘴笑。他似乎了解每一种鸟和大多数动物的叫声,还能惟妙惟肖地加以模仿。就这样,阿特伍德锻炼出了一种赋予事物名字的能力,以及一种精准而严格的观察力,这对作家来说可谓极具价值。

作为孩子,我们的世界是固定的,画地为牢,不得逾越。我们所能做的就是努力在这有限的空间中找到自己的位置。对阿特伍德来说,她的位置体现为她在三个孩子中排行老二,比哥哥哈罗德晚了两年半出生。排行老二意味着什么?一方面,第二个孩子总会想着赶上老大,他们会通过模仿而学得很快。另一方面,他们也强烈渴望独立,以便摆脱哥哥或姐姐的阴影。第二个孩子会培养出坚强的意志,以及强烈的个人边界感,不容他人逾越。当然,这样的表述过于简单粗暴。但阿特伍德确实培养出了异常坚强的意志。她的母亲会说:"没有人指导过佩姬。我觉得也没人能指导佩姬。"[19] 对于一个日后会成为作家的年轻女孩来说,排行老二是一件幸事。哥哥是她的盟友,因为在漫长的丛林生活中,她是哥哥唯一可以一起玩耍的伙伴。由此也可以合理地推测,哥哥也是阿特伍德的对手,她必须不断证明自己,这也不失为一种很好的训练。

阿特伍德与哥哥的关系很好,但有一件事让她对哥哥的依恋增加了一个维度。哈罗德三岁时曾掉进湖里,差点淹死。母亲声称,幸好那天风平浪静,她才能听到哈罗德在水下冒泡的声音。这个几乎酿成悲剧的故事给阿特伍德留下了毁灭性的印象:她的哥哥突然变得脆弱起来。她开始心怀焦虑地紧跟其左右,警惕地守护着哥哥,为此,她在家人中赢得了"小影子"的称号。

每天上午上完母亲的"正课"后,剩下的时间里兄妹俩就可以随心所欲地发明自己的游戏了。在阿特伍德的记忆中,他们有各种异想天开的消遣方式。在丛林里,他们只能自己找乐子。他们会一起看漫画书《美国队长》和《黑鹰》,哈罗德自己也创作了漫画书,书中充满了科幻小说中的人物,还有各种笔记和详细的绘图,描绘着在他想象的星球上的各色植物和动物。[20]

当然,那儿没有电视,偶尔会有一台与研究站通信的收音机。不过由于距离很远，能收到信号就算是幸运。像大多数孩子一样，阿特伍德把广告歌唱得滚瓜烂熟："白速得，白速得，消除黄斑牙，一刷就得。"

在妹妹眼里，哈罗德是一名业余博物学家。（他长大后成为一名神经生理学家。）阿特伍德曾说过："哥哥还真的会把虫子带到床上，把蛇藏在枕头下。"有一次，乔伊斯姨妈来访时，哈罗德把一条蛇带到床上，蛇溜出了被窝，爬进了温暖的柴火炉里。清晨，母亲打开炉子生火时，发现蛇在里面，还随口说了句："我想蛇会更乐意待在外面。"多年后，阿特伍德围绕这一逸事还与姨妈合作出版了一本儿童读物，书名就是《安娜的宠物》。[21]

阿特伍德坦言，正是从哈罗德那里，她学会了阅读，并从此爱上书本。五岁时，她就创作了自己的书：从涂鸦本上剪下几页，缝在一起，再把她记住的所有诗歌都誊写进去，最后再加上自己写的几首诗。她记得最后的成品"着实令人满意"。她六岁时就写了一部小说，讲的是一只蚂蚁乘着木筏顺流而下的故事。她和哈罗德还写剧本，在临时搭起的木偶舞台上表演。

至于宠物，她和哈罗德养过青蛙、蛇、小龙虾和松鸦，它们会吃他们手上的东西。长大些后，他们还用桦树皮搭了个帐篷，并绘制了森林地图，为那些不知名的湖泊和河流起了名字。[22]

在丛林中的那些夏天里，兄妹俩一起长大，哈罗德掌握的技能越来越多，这些技能也传给了妹妹，从游泳和划独木舟，到剥鱼皮和去除鱼内脏，再到弯弓射箭和使用步枪。最后，哈罗德还教她如何下国际象棋，以及一点儿希腊语的皮毛。多年后，阿特伍德写了《蓝胡子的蛋》，书中收录了四篇带有自传色彩的故事，《黑兹尔飓风》就是其中之一。在这个故事中，她回忆起了那些希腊语课程，描述了哥哥如何用希腊语打趣妹妹：

当时哥哥自己也在学习希腊语,他比我高两个年级,就读的是其他中学,一所只招收男生的学校。他从字母表开始教我。像往常一样,我学得总是不如他期待的快,所以他开始在房间里四处留下字条,用希腊字母代替英语字母。在我要洗澡的时候,会在浴缸里也发现一张字条……(字条上的话翻译过来就是:"关掉淋浴器"。)或者在我关上的房门上贴上一句话,警告我在打开门时,会有什么东西掉在身上,一条湿毛巾,一团煮熟的意大利面,等等。我没有正儿八经地学过多少真正的希腊语,但我的确很快学会了翻译。[23]

哈罗德记得,在八年级或九年级时,他确实在学校学习过希腊语的字母表,还和朋友们一起把它用作密码。他也曾教过自己的妹妹。这故事和事实也基本对应得上,但阿特伍德的版本显然是虚构的,读来令人愉快,却纯粹是她的原创。他认为自己从来不会那么喜欢恶作剧。

像所有母亲一样,阿特伍德的母亲也有她最喜欢的关于子女的逸事。一是关于阿特伍德如何一边扭动着身子穿上睡衣,一边说:"快点,妈妈。我正在给自己讲故事,我等不及故事的结局啦。"她还记得哈罗德刚上幼儿园时,她曾经短暂地担心过哥哥不在阿特伍德会不会感到孤单。可等把哈罗德送到学校回来后,却见"佩姬哼着歌,活像一只心满意足的小母鸡,正忙里忙外,把她自己的那堆东西到处摆放。我说:'佩姬,你唱得很开心啊。'她说:'哦,是啊,我脑袋里有好多这样的小曲儿在跑来跑去呢'"。[24]

有一次,一位记者问阿特伍德的母亲,是否有迹象表明阿特伍德会成为什么样的人,她回答说:"没有迹象。"只是阿特伍德一学会写字就开始写作,使用的是注音方式。二年级的时候,她"痴迷于小猫",写了一本诗集,取名为《押韵的猫》。她在一年级还是二年级时还写过一个剧本。

母亲问记者:"想听听我认为最好的台词吗?剧中一个角色说:'要是我说谎,就让月亮掉下来'。下一句便是'巨响'。"[25]

母亲曾经回忆,有一次她受邀去渥太华,参加政府组织的茶话会,类似官方聚会,参加者都是公务员家属。她请不起保姆,就把孩子们带来了,尽管孩子可能暗地里也帮了她大忙,毕竟母亲不喜欢这类社交活动。茶话会为孩子们专门准备了饼干,饼干是小兔子的形状,上面用糖霜画出了小男孩的短裤和小女孩的裙子。母亲曾经把当时的场景说给一位采访记者听,说的时候阿特伍德就坐在一旁。母亲说:"当时她挑了一块饼干,一个人带着它去了一个角落。有位太太注意到她,走过去问:'你怎么不吃饼干呢?''嗯,不吃。'阿特伍德回答,'我就坐在这里跟它说说话。'"[26]

母亲关于阿特伍德的逸事——至少那些记录下来的,似乎都是关于一个未来将成为作家的孩子的想象。(有可能是经过编辑的记忆,但更有可能是一幅准确的画像。)不管我们怎么假装,我们都无法进入孩子们的内心世界。阿特伍德是一个富有想象力和足智多谋的孩子,在她个人的内心世界里早已经独立自主。阿特伍德的母亲是位有天赋的母亲,她知道如何在不侵犯孩子们隐私的情况下鼓励他们。她允许阿特伍德自己去发现事物。明智的是,她似乎已经明白,尊重其自主权正是女儿所需要的。

这幅年轻女孩的艺术家肖像,当然与年轻男孩艺术家的肖像并没有太大不同。在艺术家的童年故事中,孤独似乎是一个必要的母题——孩子独自一人,建立他或她自己的幻想世界。阿特伍德的孤独,并非因为她在一个特殊的家庭中与众不同,而是因为她的家庭在她父亲所说的一个不正常的世界中与众不同。父亲是个早期的环保主义者,对人类存在的问题持悲观态度,而当时世界的确正处于全球战争之中。

在阿特伍德的孩提时代,书籍成了她必不可少的伙伴。六岁时,父母就从邮购目录上订购了一整套的《格林童话》。令他们沮丧的是,拿到手的是未经删节的 1944 年万神殿出版社版,里面有约瑟夫·沙尔的哥特式插图——骷髅、刽子手、女巫、食人魔和其他怪诞丑陋的图片,无奇不有。父母有点儿担心她和哥哥还没有准备好面对"到处都是钉子、烧红的鞋子、可拆卸的舌头和眼睛、同类相食和各式各样的开膛手术"。阿特伍德回忆道,"父母以为我们会被这些东西吓着,他们忘记了孩子们就喜欢受惊吓"。用她自己的话来说,"在一生的阅读当中",《格林童话》是她读得最多的书。[27]

她最喜欢的是《杜松树》和《菲切尔的怪鸟》。这两个故事是最恐怖的。《杜松树》讲述了一个小女孩的故事,邪恶的继母杀死了小女孩的哥哥,并把他做成晚餐让其父亲吃下去了。最后,男孩复活,变成一只美丽的鸟儿向世人讲述自己的故事。小女孩很爱自己的哥哥,一直保存着他的骨骸。显然阿特伍德将自己代入这个女孩了。《菲切尔的怪鸟》是蓝胡子故事的一个古老版本,这个故事一直萦绕在阿特伍德的心头,其主题可以在她后期成熟的作品中找到。

这些邪恶怪诞的小故事准确地记录了孩子的内心生活,记录了在往往无法压抑的情绪冲击之下,孩子不可避免地感受到的动荡。孩子的世界是由夸张构成的。在童年的原始世界里,我们比以往任何时候都更快乐,更恐惧,也更相信魔法。世界是神秘的,因为我们看不到它的动机。

阿特伍德后来说,她之所以喜欢童话故事,是因为它们提供了神奇的魔力和令人心安的特质,"任何人都可能变成你想象中的另一个人……即便落入深渊,勇气和信念也能战胜一切"。[28] 但是哥特式元素也满足了她的想象。像许多孩子一样,她喜欢这些故事带给她的恐惧。在她自己的丛林世界里,也有真正的恐惧:你可能会在灌木丛中迷路走失,再也出不来。在那些背景常是森林的故事里,动物会说话。在她自己的世界里,无论是早晨初升的太阳定会照在黑色的云杉上,还是夜晚潜鸟在水面上哭泣,其中都有其神秘之处。

在她阅读的《格林童话》的未删节版中，小女孩们通常都拥有神奇的力量。当然，她当时并不觉得这有什么特别。公主往往和王子一样，能够用智慧、聪明和毅力来解救别人。阿特伍德评价道："这些故事中的女孩可不像后来在'净化版'中的那样毫无生气。"作为一个孩子，她理所当然地认为女孩一样也可以充满力量。

那些哥特式童话故事给她的想象增添了难以忘怀的画面，成为她看待世界的方式的一部分。它们就像她童年的其他一切一样真实可触。她曾说过，它们"深深地印在我的脑海里，不断在我心中生根发芽"。[29]

像大多数作家一样，阿特伍德对读书十分痴迷，她很快养成了晚上在被窝里用手电筒阅读的习惯。她读完了所有适合女孩子阅读的书，如《樱桃埃姆斯》《年轻护士》《波比西双胞胎》，以及给男孩们阅读的书《金银岛》《格列佛游记》，还有查尔斯·G.D.罗伯茨和欧内斯特·汤普森·西顿写的动物书籍。

除了书，阿特伍德家族还有其他故事。阿特伍德把这些故事称为"厨房故事"，这些故事也为她幼小的心灵提供了宝贵滋养。

在阿特伍德对其成长的描述中，我不断注意到，她一直在倾听成人世界的诱人声音，偷听家族秘密。这些故事充满诱惑，令人兴奋不已，它们包含着禁忌的知识。她倾听着，对成年人的审查规则全然不知。这些故事提供了一种概念：生活本身就是故事性的，可以轻易与其他书面叙事交织在一起。很快，她就已发现母亲是讲故事的高手。母亲是第一个讲故事的人，成为女儿缪斯的原型。有一次被问到其缪斯女神是男是女时，阿特伍德回答："哦，她是个女的。"[30]

并非每个在母亲膝前听故事的女孩都能成为小说家。但正如弗吉尼亚·伍尔夫所说："一个女作家会通过自己的母亲来思考过去。"对许多女性来说，这种联系被阻断了。当我们发现许多童话故事缺乏真实性时，我们几乎会同时发现母亲并不具备力量。但阿特伍德的世界并非传统世界。在她的家里几乎不存在性别刻板印象。这一点有多么不同寻常，当时的阿特伍德不太可能知道。

当然，和所有年轻女孩的成长过程相同，阿特伍德家中一样有母亲和父亲各司其职的独立世界。它们互不相关，各有各的优先项。阿特伍德的经历之所以不同寻常，是因为这两个世界同样强大。

在丛林里度过数月经年的年轻女孩慢慢浮现，完全成了女性传统惯例的局外人。阿特伍德说自己太迟才意识到传统社会赋予女性的角色，所以从没有将其误认为是自然状态。

一家人在寒冷的冬季回到渥太华时，阿特伍德看着母亲换上了"与她在北部丛林里完全不同的服装，也换上了完全不同的身份"。以身处20世纪40年代的孩子的眼光，她就已经能够看出，当母亲来到城里，穿上裙装时，她同时也加上了更多盔甲。"我想我从中得到的想法是，一切都不是既定的，没有什么已成定局，不可更改。你可以重新安排自己，可以改变自己的外在表现。这对你的本质并不会产生特别致命的影响。你可以同时做好几件事，成为好几种人，有好几种外表，但仍然是同一个人。"[31]

女性是善变的艺术家，这一发现与其说令人不安，倒不如说让人着迷。当阿特伍德接近青春期时，她开始收集女性时尚杂志，反复研究，并用她千方百计收集到的各种奇装异服和扮相的图片装饰卧室墙壁。事实上，女人是有可塑性的生物并非问题所在。回首往事，她会说："被迫相信社会所要求的行为模式才是本质，才是你自己，这才是问题所在，才是我们所有人都需要抵制的。"[32]

像大多数拥有幸福童年的孩子一样，她从未质疑过母亲的一生。但母亲对自己的生活应该怎么过的确表示了存在其他可能。在为一本名为《母亲们与女儿们》的书接受采访时,母亲曾说:"如果我有转世的机会,我会想去做一名考古学家。就在前几天,在花园里捡石头时,我还发现了一个史前的箭头。"[33] 阿特伍德在她的短篇小说《母亲生命中的重要时刻》中就记录了这种幻想。

"如果有下辈子,"我母亲曾经说过,"我想成为一名考古学家,周游各地,挖掘文物⋯⋯"她的这句话让我大吃一惊。这是我第一次听母亲说,她可能想成为别的什么人,而不是现在的样子。那时我一定已经有35岁了,可当得知母亲可能并不完全满足于完成命运赋予她的角色,也即作为我母亲的角色时,我仍然感到震惊并颇感不快。我想,一说到母亲,我们哪个人不是立刻便回到了童年呢?[34]

然而,阿特伍德明白,总体而言,母亲对自己的生活是满意的。母亲是个讲究实际的女人。考虑到当时的另一种生活——那个时候,年轻已婚妇女在生完第一个孩子后通常就不工作了,丛林为她提供了不那么僵化的生活方式。她一向性格开朗,做事富有成效,她把这些美德看得比什么都重要。

1983年,阿特伍德44岁,那时她自己也已经身为人母,她决定自己来写自传。她一直都小心翼翼,不让自己的作家生活成为别人臆想和编造的对象。下决心由自己来自我叙事后,阿特伍德写了几篇关于童年的、带有自传色彩的故事。在她的故事中,虚构的母亲有一种弗吉尼亚·伍尔夫笔下《达洛维夫人》的特质:她的世界是一个颠覆性的世界,女人是坚强的,男人往往是脆弱的,被女性沉默的共谋无声地保护着。

有一些故事,在有男人在场的时候,我母亲是不会讲的:她从不在饭桌上讲,也不在聚会时讲。她只对女人们讲,通常是在厨房里,当大家在帮忙洗碗、剥豌豆壳、掐掉豆角筋、剥玉米的时候。她会压低声音讲述,既不靠手舞足蹈,也不靠绘声绘色。但这些故事中充斥着浪漫的背叛、意外怀孕、各种可怕的疾病、婚姻不忠、精神崩溃、悲惨的自杀、骇人听闻的凌迟之死等。它们没有丰富的细节,也没有添油加醋的点缀,全都是赤裸裸的事实性描述。女人们双手放在脏盘子或削下来的蔬菜皮中,神情严肃地点头附和。

大家都心照不宣,其中一些故事是不能说给我父亲听的,因为这会使他心烦意乱。众所周知,女人能比男人更好地处理这类事情。男人不应该被告知任何会让他们觉得太痛苦的事情。人性的隐秘深处,或是肮脏的肉体,都可能会压倒或摧毁他们。比如,男人们不习惯看到自己的鲜血,所以常常会晕倒。因此,在红十字会捐献诊所排队时,你绝不应该站在男人后面。出于某种神秘的原因,男人总觉得自己的生活比女人的更难。(我母亲也相信这一点,尽管她的故事中充斥着各种受困、患病、失踪或被遗弃的女性。)必须允许男人在他们自己选择的沙盒类游戏里玩耍,尽可能快乐地玩耍,不受干扰,否则他们会变得暴躁,饭都吃不下。有太多太多的事情,男人根本不具备理解它们的能力,所以为什么要对他们有这样的期待呢?并不是所有人都对男人持这样的看法,不过,这种看法却自有其用处。

"她把房子周围的灌木都挖出来了。"母亲说。这是一个关于破碎婚姻的故事,这可是个严肃的话题。母亲的眼睛瞪得溜圆。其他女人身体前倾。"只给他留下了浴帘。"众人集体发出一声叹息,然后长长吐了口气。这时父亲走进厨房,问茶什么时候能好,女人们齐齐转向他,摆出茫然的笑脸。没过一会儿,母亲端着茶壶从厨房出来,把它在桌上的老地方放好。[35]

阿特伍德本人永远无法生活在这样一个世界里：它属于另一代人。她这一代人会觉得，在这种需要保护男人的虚构当中，自己的威信会丧失太多，当然也就导致女性要去掩饰自己的力量。但是，按照她的排序，她认为最强大的还是女性的世界。

当然，有一件事阿特伍德确信无疑，那就是父母之间的真诚情感和相知默契。在她的小说中，父母似乎都很天真淳朴，叙述者看待他们的方式有一种怀旧感和保护欲，就好像他们俩固定站在一幅画面中，她必须保护他们不受"在他们身后陷入混乱"的未来世界的伤害。将小说叙述者和作者的声音混为一谈向来充满危险，但在这里，人们可能会看到属于玛格丽特·阿特伍德的一些东西。这种需要足够强大来保护他人，甚至是她能干无比的父母的立场，可能是她童年留下的特殊遗产之一。她的朋友们会把这称作玛格丽特·阿特伍德"女童子军"特质的一部分。

注释

1 玛格丽特·阿特伍德,《拉布拉多惨败》(伦敦:布卢姆斯伯里出版社,1996 年),第 13、19 页。

2 卡尔·阿特伍德,《新斯科舍西部蜂科研究——以苹果授粉情况为例……》,选自《加拿大研究杂志》第 9 期(1933 年),第 442 页。

3 玛格丽特·阿特伍德,《了不起的姨妈们》,选自《家族肖像:二十位杰出作家的回忆》,卡洛琳·安东尼编(纽约:双日出版社,1989 年),第 7 页。

4 玛格丽特·阿特伍德,《真正的北方》,选自《星期六晚报》,1987 年 1 月,第 143 页。

5 同上。

6 同上文,第 144 页。

7 瓦莱丽·迈纳,《玛格丽特·阿特伍德的多面人生》,选自《女主人》,1975 年 6 月,第 68 页。

8 苏·福克斯,《玛格丽特·阿特伍德:童年时光》,选自《纽约时报杂志》,1994 年 5 月 7 日,第 50 页。

9 玛格丽特·阿特伍德,《〈别名格蕾丝〉的读者指南》(多伦多:双日出版社,1996 年),第 2 页。

10 本书作者对玛格丽特·阿特伍德的采访,1997 年 2 月 12 日。

11 玛格丽特·阿特伍德,《近似家的地方》,选自《写作之家:加拿大笔会选集》,康斯坦丝·鲁克编(多伦多:麦克莱兰-斯图尔特出版社,1997 年),第 7 页。

12 同上书,第 6 页。

13 杰夫·汉考克,《玛格丽特·阿特伍德访谈》,选自《工作中的加拿大作家:访

	谈录》(多伦多:牛津大学出版社,1987年);转载于《玛格丽特·阿特伍德对话录》,厄尔·G. 英格索尔编(安大略威洛代尔:萤火虫出版社,1990年),第212页。
14	玛格丽特·阿特伍德,《黑兹尔飓风》,选自《蓝胡子的蛋》(多伦多:麦克莱兰－斯图尔特出版集团旗下的海豹出版社,1983年),第21页。
15	本书作者对哈罗德·阿特伍德的采访,1998年3月26日。
16	玛格丽特·阿特伍德,《我的母亲,我的朋友》,选自《女主人》,1985年5月,第93页。
17	卡拉·哈蒙德,《访谈》,选自《关于诗歌》,1978年7月8日;转载于《玛格丽特·阿特伍德对话录》,厄尔·G. 英格索尔编(安大略威洛代尔:萤火虫出版社,1990年),第100页。
18	同上。
19	瓦莱丽·迈纳,《玛格丽特·阿特伍德的多面人生》,选自《女主人》,1975年6月,第68页。
20	苏·福克斯,《玛格丽特·阿特伍德:童年时光》,选自《纽约时报杂志》,1994年5月7日,第50页。
21	凯瑟琳·谢尔德里克·罗斯和科里·比曼·戴维斯,《访谈》,选自《加拿大儿童文学》第42期(1986年);转载于《玛格丽特·阿特伍德对话录》,厄尔·G. 英格索尔编(安大略威洛代尔:萤火虫出版社,1990年),第155页。
22	瓦莱丽·迈纳,《玛格丽特·阿特伍德的多面人生》,选自《女主人》,1975年6月,第66页。
23	玛格丽特·阿特伍德,《黑兹尔飓风》,选自《蓝胡子的蛋》(多伦多:麦克莱兰－斯图尔特出版集团旗下的海豹出版社,1983年),第29页。
24	卡罗尔·寒林,《玛格丽特·阿特伍德和她的女儿,玛格丽特·阿特伍德》,选自《母亲们和女儿们》(多伦多:双日出版社,1997年),第63页。另见瓦莱丽·迈纳,《玛格丽特·阿特伍德的多面人生》,《女主人》,1975年6月,第33页。
25	迈克尔·鲁博,《阿特伍德与家人》,国家电影委员会,1985年。
26	玛格丽特·阿特伍德,《母亲生命中的重要时刻》,选自《蓝胡子的蛋》,第

15 页。

27　玛格丽特·阿特伍德,《最具影响力的书》,选自《纽约时报杂志》,1983 年 6 月 12 日,第 43 页。

28　同上。

29　赫米奥娜·李,《玛格丽特·阿特伍德:作家对话录》(伦敦:当代艺术学院;罗兰收藏,伊利诺伊州诺斯布鲁克,1983 年)。

30　本书作者对玛格丽特·阿特伍德的采访,1993 年 4 月 23 日。

31　列·安妮·施赖伯,《访谈》,选自《时尚》,1986 年 1 月,第 208 页。

32　同上。

33　卡罗尔·塞林,《玛格丽特·阿特伍德和她的女儿,玛格丽特·阿特伍德》,选自《母亲们和女儿们》(多伦多:双日出版社,1997 年),第 63 页。另见瓦莱丽·迈纳,《玛格丽特·阿特伍德的多面人生》,《女主人》,1975 年 6 月,第 65 页。

34　玛格丽特·阿特伍德,《母亲生命中的重要时刻》,选自《蓝胡子的蛋》,第 17 页。在一次与赫米奥娜·李的电影采访(《玛格丽特·阿特伍德:作家访谈录》)中,玛格丽特·阿特伍德谈到了《蓝胡子的蛋》:"我尝试写一些自传式的故事——第一篇、最后一篇和另外两篇。写作的背景是我熟悉的,但通常并非源于个人经历或自己的真实生活。我加入了亲生父母的元素,是因为人们将他们与《浮现》里的父母混为一谈了,后者因为是鬼故事,人物形象比较隐晦。"

35　玛格丽特·阿特伍德,《母亲生命中的重要时刻》,选自《蓝胡子的蛋》,第 11 页。

第三章　前奏：丛林生活

丛林始终是阿特伍德一家人生活的一部分，城市却发生了变化。1945年，全家人短暂地搬到了苏圣玛丽市。他们在那里租了一套房子，而卡尔·阿特伍德则帮助联邦土地和森林部建立了一个森林昆虫研究实验室。就在那时，他买下了苏必利尔湖旁的一小块土地，这是他们一家之后几年经常回去的地方之一。1946年11月，他们搬到了多伦多。阿特伍德的父亲在多伦多大学动物学系获得了教授的职位。

他们11月到达多伦多时，多伦多已经进入冬季。阿特伍德后来说，她对多伦多的首次体验就是到那里便开始呕吐。夏天在丛林里，他们从不生病。疾病随着城市生活而来，在城里他们完全没有免疫力。记忆中留下的是腮腺炎和没完没了的感冒。[1]

因为这些记忆，她小时候很讨厌多伦多。在她的脑海中，它唤起的是种种不愉快的回忆："站在泥泞中，湿气渗进靴子，灯笼裤令人发痒，灰色潮湿的天空，如果你记不住英国海军军歌《统治吧，大不列颠》中的歌词，学校里上年纪的女学究们就会用尺子的金属边缘敲打你的指关节。"[2]

1946年，由于士兵们都已复员回家，多伦多的人口已经远远超过了其所能容纳的限度。战争已于前一年8月结束，从前线回来的人要求恢复他们的工作。年轻记者多丽丝·安德森说，她刚从大草原来到这里，期待着看到一个国际化的城市，但多伦多令她失望。它"充满乡气、自以为是、沉闷无聊"。³那个夏天里唯一发生的大事是7月12日一年一度的新教徒传统"橙带游行"活动，游行队伍穿过市中心，由身披华丽缎带的市长率领。

礼拜天是主日，神圣不可侵犯。伊顿百货商店的橱窗都有窗帘，按照创始人的命令，每逢礼拜天窗帘都会拉上。在坚信主日里"民众的虔诚不应被商业主义污染"的人当中，蒂莫西·伊顿可谓典型。在1946年，公共餐馆还是一种奇怪的事物。布劳大街最受欢迎的一家餐厅起了一个开胃的名字"节食厨房"。当时仅有一家剧院——皇家亚历山德拉剧院，但没有职业演出公司。（多伦多的第一家演出公司于1954年在巅峰剧院成立。）当时只有一个音乐厅，就是梅西音乐厅。尽管多伦多是一座水上城市，但人们不会下到河滩上，因为水中满是杂物碎片，根本不适合游泳嬉戏。

公平地说，不同类型的潮流也还是有的——年轻人可以去"大礼帽"和"卡萨罗玛城堡"跳舞，或者参加皇家约克酒店的晚餐舞会。所有这些地方都实行禁酒制。多伦多的第一家鸡尾酒吧"银轨"直到1949年才开业。⁴

还有观看爵士乐表演的地方。你可以去加拿大国家展览会大剧场听爵士乐手比克斯·贝德贝克和美国著名爵士鼓手吉恩·克鲁帕在城里的演出，加拿大广播公司总是播放他们在湖岸皇家宫殿演出的节目。画家兼雕塑家马克·雷诺兹还记得1946年贝西伯爵在那里演出的情景。也记得当时不允许黑人进入舞厅。⁵

有些人可能会提到欧内斯特·麦克米伦爵士领衔的多伦多交响乐团；还有多伦多美术馆，那里常举行小型但充满活力的艺术表演；此外，每年夏天都会有纽约大都会歌剧院前来巡回演出。他们列举这些来表明多伦多不是一个沉闷的城市。但毫无用处，多伦多在政治上十分保守，属于典型的白人盎格鲁-撒克逊新教徒派。

城里孩子们的生活以漫画书或广播节目为中心，如《隐秘圣殿悬疑系列》《杰克·本尼》《弗雷德·艾伦》《说谎的麦基和莫莉》《伟大的吉尔德斯利夫》。如果孩子们生病在家，他们可以听妈妈们的节目：《欢乐帮》《玛·珀金斯》或《海伦·亨特（年过40的女人还能找到幸福吗？）》，等等。在城市的街道上，在秋日的暮色中，孩子们玩着捉迷藏，冬天则打雪仗。男孩学体育，女孩学芭蕾和踢踏舞，除此之外，孩子们很少上其他课外培训班。艺术被认为太娘娘腔，甚至有点儿自以为是。唯一的儿童剧院是多伦多儿童剧团，在伊顿礼堂演出。（1945年12月，格伦·古尔德在那里首次公开演出。）

在城市北部居住了一段时间之后，1948年，阿特伍德一家搬到了多伦多本宁顿高地的一所房子里，靠近湾景大道的南端。因为房子还在建，他们不得不等着，在丛林里一直待到11月中旬，还在一家汽车旅馆里短暂地住了一段时间。这将是他们在多伦多唯一拥有的房子。

再往北一个街区就是环境优雅的芒特普莱森特公墓，占地四千多平方米。它于1876年开放，多伦多的许多精英都长眠于此。在房子后面不远的希斯大街尽头，有一座人行桥。在那里，阿特伍德可以爬下茂密的灌木丛，进入摩尔公园峡谷，这条峡谷蜿蜒穿过城市的东部。那儿还有一条最终汇入唐河河谷流域干流的小溪，当时还没有修建高速公路，如果她沿着小溪走，就能到达唐河河谷流域砖厂和建于1827年的老托德莫登磨坊。

虽然本宁顿高地后来变成了一条商业大街，时尚精品店鳞次栉比，但在20世纪中叶，它位于市中心的边缘地带，显然是中产阶级居住的地方。阿特伍德家的房子是一座朴素的砖砌平房，有一个可用来养花种草的宽敞院子。对于后来回忆起它的游客来说，这所房子让人感觉简朴却十分温暖，客厅里铺着耐用的粗花呢，椅子配有瑙加海德革椅套，中间是熊熊的炉火。壁炉架上放着外祖父基拉姆做的樱桃木雕刻品。墙上还挂着未加装裱的英格兰和苏格兰历史地图。

只有精选的影像、逸事和景观能从童年的失忆中幸存下来。在我们的记忆当中，它们处于显著位置，可以随时随地召之即来。阿特伍德六岁时开始行走的那个城市，会在她的脑海中形成重重叠叠的景观，多年后，她将能够召唤出那些画面，赋予其小说丰富的纹理脉络和气质神韵。审视这些景观以及注入其中的记忆，让我们得以观察作者心灵的成长。

1988年创作小说《猫眼》时，阿特伍德曾说，她"想建造一个文学之家，来存放那些从我童年时代消失的东西——弹珠、伊顿百货的商品邮购目录、《看着你的守望鸟》漫画书，还有各种气味、声音、颜色和纹理气韵。小说创作的一部分是纪念我们已知的物质世界——若你描写的是过去，那便是一个已然消失的物质世界。因此，写作冲动在一定程度上好比挽歌。某种意义上，这是一种阻止时间或让时间倒流的尝试"。[6]

对一个孩子来说，城市是什么？城市是一幅拼贴作品，由某些能引起共鸣的景观、充满神秘色彩的建筑和激发人想象力的瞬间组成。阿特伍德时代的多伦多还包括记者罗伯特·富尔福德戏称的"隐藏之城"——多伦多的绿色地底世界，数百条沟壑提供了隐秘的地下生活。正如富尔福德所言，"没有哪个大城市有如此繁多的自然元素，在城市肌理中如此错综复杂地相互交织"。[7]多伦多建在六条河流之上，从西边的怡陶碧谷河到东边的胭脂河。因其峡谷与旧金山著名的山丘相呼应，又被称为"颠倒的旧金山"。在上一个冰河时代之后，从北部橡树岭冰碛流出的溪水将这片土地雕成树木繁茂、地形陡峭的峡谷，这些峡谷就像深深的切口，从表面上几乎看不见。一旦你深入其中，城市便似乎消失了。这些沟壑是浣熊和野狐狸的繁殖地，是黄腹吸汁啄木鸟等鸟类的繁殖地，是蕨类、野花和各种稀奇古怪的植物的繁殖地，比如猩红色的凤尾花和带斑纹的含羞草。在矗立着的枯树上布满啄木鸟挖的洞，那是洞巢鸟和无数松鼠家族的安身之地。当然，对于一个孩子来说，这些地方可能是恐怖之地，也可能是冒险之地。

阿特伍德曾经写道:"走进这些地方,就像进入梦乡,远离那些有意识的电气化生活。峡谷更幽暗了,即便在大白天也是如此。"[8]

在多伦多公园管理处用天然步道驯服这些峡谷之前,它们是荒芜而可怕的去处,孩子们可能会在泥泞的斜坡上失足滑倒,滚下去,被蜿蜒的溪流冲走。摇摇欲坠的破旧桥梁考验着过桥人的胆量。

阿特伍德的家就在一座这样的桥边上。峡谷的上部延伸至墓地,向南穿过一条路,便是一条流经涵洞的小河。春天河水上涨时,穿着胶靴的孩子们会互相挑战,看谁敢穿过那个涵洞——因为那里危机四伏,到处都是旧瓶子、旧轮胎零件,偶尔还会有死去的动物。这条河流最终通向砖厂。你可以坐在一张大纸板上,沿着螺旋形的坑顺流而下。

在她的小说中,孩子们有时会进入那个神奇的世界,全然不顾父母的禁令——小女孩们往往被警告说,要提防那些像巨魔一样生活在峡谷里的危险男人;这种男人也许存在,但很少有人真正见到,这反而增加了惊险刺激的程度。这座城市错综复杂的地下网络深深地嵌入了阿特伍德的脑海,并在日后成为一个明显的地形隐喻。这是《猫眼》中的伊莱恩在科迪莉亚手中经受磨难的地方,也是《在我的峡谷里》这首诗中的流浪汉们度日的地方。

阿特伍德夫妇明确意识到他们的孩子非常聪明,并显然有意识地设法不让孩子们的头脑闲着。皇家安大略博物馆有一个周六晨间俱乐部,阿特伍德九岁时便正式加入其中。一起报名的还有她的好朋友梅格·格雷厄姆,她父亲沃尔特·格雷厄姆博士是希腊考古系的主任。她们去的博物馆大楼原本是位于布劳大街和女王公园拐角处的古老哥特式建筑,于1914年开馆,并由查尔斯·特里克·卡雷利担任馆长。在20世纪的前25年,卡雷利一直在外考察,足迹遍布埃及、克里特岛和小亚细亚,其间收集了数量可观的珍贵藏品。[9]

周六晨间俱乐部的孩子们会聚集在博物馆地下室的指定地点，每个人会被分到一张木制折叠椅——阿特伍德对这些椅子印象尤其深刻，因为只要一坐下，它们就会随着你的坐姿妥帖折叠。他们会被带到楼上的一个展品区，坐下来，听博物馆员讲解展品，这些展品被装在外表布满灰尘的玻璃柜里。有传统仪式使用的面具，有盔甲，还有埃及神灵的石像，他们会试着依样画出来。接着他们会回到地下室，用油漆、胶水、纽扣和羽毛，制作出展品模型。

那时，博物馆尚未对文物展开修复工作，也没有引入特技照明和视频等现代技术，里面的文物零乱摆放着，却给人不事雕琢的天然怡人之感。它以圆顶玻璃入口而闻名，这一特色也潜移默化地渗透进阿特伍德的脑海。多年后，她将那个空间描述为一个"疯狂的人工大脑"，一个"金色颅骨"，在那里，她徘徊于神灵和骷髅的碎片之间，沿着人类历史，被拖曳至"思想的死角"。[10]

对一个孩子来说，这个博物馆就像一个时间胶囊，充满戏剧色彩："比如，在地下室里，有整个印第安部落居民的灰泥泥偶，蹲在绉纸做的火堆旁，再往上走几层楼，有一个装埃及木乃伊的盒子，盖子开着，里面是一具真正的干尸，用膏布包裹。博物馆里还有各种器械——剑、铳、弩弓。最令人兴奋的是，那里有满满一房间的恐龙，那是当时我最喜欢的野生动物，还有一幅全景图，描绘一群史前剑齿虎被困在柏油坑里的场景。"[11]

最好的时光是上完艺术课后。阿特伍德会和梅格·格雷厄姆一道回到格雷厄姆博士的办公室。两个小女孩刻意避开管理员，自个儿在博物馆里探索。

> 这个空间似乎没有尽头，迷宫般错综复杂，空无一人，到处都是雕像、神像和"隐形人"穿的衣服，到处都是我只在探险故事中才见

到过的东西：弩弓、吹矢枪、从墓地里挖出来的项链、洞熊、头骨。当然，我们最喜欢的是埃及木乃伊，我们小心翼翼地挨近它们，怀着某种既恶心又美妙的恐惧之感，心想：它们会动起来吗？[12]

阿特伍德把皇家安大略博物馆称作她的"博物馆初恋"。几十年后，它出现在阿特伍德写的诗歌和小说中。在《人类以前的生活》中，博物馆本身俨然就是书中人物之一。

另一个对阿特伍德充满神奇魅力的去处，是她父亲在多伦多大学校园里的那栋大楼，后来被拆除了，那栋大楼是动物学系的所在地。从大楼的后窗可以俯瞰校园林荫道，还有省议会大厦，看起来就像"一个超大的布丁模具"。孩子们会在那里观看圣诞老人的游行队伍经过女王公园。她和哥哥哈罗德，以及被邀请的朋友们，都会坐在窗台上，看得如痴如醉，窗台下则是嘶嘶作响的散热器。每当阿特伍德为了写小说而回忆起这些时刻时，总会留意到有几样东西奇特地摆放在一起：黑色长方形桌子上摆着显微镜，玻璃箱子中摆满各种罐子，罐子里是泡在福尔马林里的牛眼、蛇和颜色灰白的各种器官，而窗外，仙女和冰雪宫殿则列队经过。[13]

阿特伍德六岁开始上学。她曾短暂地在多伦多北部的约克公爵学校就读，当时多伦多北部尚未被开发。在她的记忆中，那儿的周围几乎是农田。全家搬到本宁顿高地后，她就读于惠特尼公立学校，然后就读于本宁顿高地小学。她跳过了七年级，这在当时对于聪明的孩子来说并不罕见。但她八年级的班上仅剩八个学生。这一点却非同寻常。

显然，学生们接受了很好的训导，但这些学校有一个特点，只有在回想起来时才会显得卓尔不凡。在教育方法和态度上，它们仍然是"大英帝国"的殖民前哨。学生们要学会背诵英国所有国王和女王的名字，要会画英国国旗，会唱《统治吧，大不列颠》。教室的墙壁上，英国国王和女王从画像中俯视其臣民。自大傲慢的种族主义深深植根于学校的课本当中。例如，学校的读物上有这样一对联句："小小印第安人，苏族或克里族人，难道你不想成为我吗？"对英国的忠诚被灌输在诸如《枫叶永恒》等歌曲中："很久以前，从大不列颠海岸／无畏的英雄沃尔夫扬帆而来／在加拿大美丽的领土上／牢牢插上大不列颠国的旗帜。"[14] 在这些学校里，与英国人的联系很被重视。孩子们常常会为饱受"二战"余波之苦的英国贫困家庭捐献物品。

但是，放学后，孩子们则感受到来自另一个方向的文化吸引力，那就是美国。孩子们会阅读以"美国队长"等超级英雄为主角的漫画书。在这些漫画中，坏人是德国人和日本人，好人总是美国佬。当然，阿特伍德回想起来时可以拿这点开玩笑："我们懂得了所有日本人临死前都会大喊'哎哟……'，而德国人临死前则会说'啊啊……'。"[15] 但是，这些孩子对自己国家的历史，甚至风景都一无所知。没有人教会孩子们具备自己是加拿大人的意识。正如她后来所说：

> 关于宇宙的真相包含在这些漫画书中，"蝙蝠侠""黑鹰""霹雳火""塑胶人"和"惊奇队长"。由于反复不断的借阅，书的封皮都快脱落。我们知道这些漫画书是美国的，因为偶尔会出现一些灰白两色印制的加拿大仿制品，质量低劣。对我们来说，加拿大不同于美国，在这里，没有冰棍袋优惠，每样东西都要多收 10 加分；这些漫画书好比新闻简报，记载着边境线那头发生的各种大事，我们可以观看，却无法参与。[16]

对于一个作家来说，这种被排斥的感觉是一把双刃剑。回想起来，它既是愤怒的来源，同时也是一种催化剂。身份的空白需要有人来填补，阿特伍德与她那一代的其他作家要做的恰恰就是这件事。

在阿特伍德就读的新教学校里,有一位教"宗教知识"的老师,他每周来一次。每天课前都要大声朗读一段《圣经》,唱诗班练习中也会唱赞美诗。

阿特伍德不想被排除在朋友们的活动之外,于是她发起了第一次反叛。她坚持要父母允许她去主日学校。[17]父亲起初非常反对,但最终还是同意了。她就读于一所长老派-卫理公会主日学校,在那里他们会阅读《圣经》,还会写文章。(她关于戒酒的文章还获了奖。)卫理公会推出了一份主日学校的报纸,报纸上有一个图标,上面画着来自世界各地的小孩子围成一个圆圈跳舞的场景。显然,这是他们宗教宣传的一部分。后来,在阿特伍德开始创作《圆圈游戏》时,她回忆起此事,只觉那是一个邪恶的意象。但是,在小的时候,那个严谨的世界给了她一种短暂的归属感,尽管有负面影响,但她却逐渐认识到,在追求高尚品德的主日学校度过的日子,在她身上培养了一种理想主义,而这种理想主义对她以后的生活大有益处。

事实上,就像大多数孩子一样,宗教思想自有其魅力。有时还可以拿来纯粹当作玩笑。阿特伍德回忆起后来在中学时,她曾经用以下难题向自己的女伴发起挑战:

> 如果天堂是一个好地方,比地球更好,为什么谋杀好人是坏事?难道不是恰恰帮了他们一个忙,因为这样的话他们就能早点儿到天堂了?只有谋杀坏人才是坏事,因为反正他们也上不了天堂。但如果他们够坏,他们当然该杀。所以从各方面来看,谋杀好人和坏人其实都是好事;对好人来说你是在伸出援助之手,对坏人而言则是他们罪有应得。[18]

阿特伍德从小就学会说话具有鼓动性。她善于建立自己的地位,而不是隐藏自我。她思维敏捷,会有意识地表现得叛逆、不同寻常,还会刻意区分那些喜欢或不喜欢公义谋杀的教师。当然,她想对朋友表达的观点是,宗教有可能失控。她的朋友回答说:"上帝是人性中的善。"她反驳道:"就像牛奶中的维生素一样?"

从14岁到21岁,阿特伍德会尽可能地去到所有类型的教堂。这是她的个性。一旦有什么事物引起了她的兴趣,她就必须亲自去了解探索。她有作家的研究本能,这些实地走访在后来她虚构人物时派上了用场。在《神谕女士》中的约旦堂,教士们会招魂术,整个情节大致是基于她曾经见过一个这样的教堂,一个后来被认定为灵恩运动的五旬节派的教堂。在那里,她收到了一位白发女士的留言,她说:"我有话要告诉观众中一位叫玛格丽特,但大家都叫她佩姬的人。"她一时被打动了。这条神秘的信息写道:"9个月后一切都将时来运转。"[19]

阿特伍德越来越想成为和女伴们一样的人。过去的那么多个夏天,她身边没有一个女友。如今她加入了女童子军,在潮湿的教堂地下室里度过冬夜,坐在曾经只是想象中的篝火旁,唱着夏日的歌曲。她还获得了所有森林知识测试的奖励徽章。当然,论这方面的知识,她足以胜任那些成年领队的老师。那个时候,女童子军领队也被称为"棕色猫头鹰"。但是,对这些富有想象力和孤僻的孩子来说,他们渴望归属,不想显得离群古怪。她开始在夏天参加女童子军夏令营。在小朋友们眼中,阿特伍德一定像是一位无所不知的天才。

在公立学校,她曾经做过一个项目,从中可以清楚地看到她对森林知识的了解是多么精确。她把12页的论文分成了几个章节:第一章讲动物足迹;第二章研究对象是昆虫。同时,她还仔细地用图画对自己的描写进行说明。

第一章 动物足迹

棉尾兔

棉尾兔的足迹似乎总与实际方向相反。这是因为它在奔跑或跳跃时用前腿作为"杠杆",后腿借力向前蹬,从而将后腿置于前腿之前。(很难描述,但这对棉尾兔来说再自然不过。)[她为此还专门附上一张描绘棉尾兔足迹的详图。]

在描述白尾鹿时,她解释说:"白尾鹿的痕迹为花瓣状(阿特伍德老是爱犯拼写错误,这个词"petallike"被错拼为"pettallike"),非常精致美丽。鹿被归为'趾甲行者'一类,因为它确实用趾甲走路。"[20]

在阿特伍德的脑海里,她早已把丛林和书本紧密地联系在一起。父亲的许多朋友会来她家,他们和父亲一样对科学感兴趣,还会一起乘独木舟旅行。其中有西格德·奥尔森,他写的《孤独的土地》,讲述了在萨斯喀彻温省丘吉尔河上的一次航行;还有保罗·普罗文彻,一位林务官和艺术家,也是《我生活在丛林里》的作者,那是结合了个人回忆和林地传说的一本书。他曾与阿特伍德父亲一道,在安大略湖北岸进行过一次探寻虫害爆发原因的历险之行。阿特伍德特别喜欢普罗文彻。共进晚餐时,阿特伍德一家听他讲述在北方的冒险经历,比如他住在蒙塔格奈人家中时吃了发酵的驼鹿肚,会笑得从椅子上摔下来。作为一个天性敏感的孩子,阿特伍德正在接纳以下事实:这些与父亲一样热爱科学的人也是冒险家。思想的生活与学术无涉。知识是一种亲历和体验的激情。

阿特伍德的家里摆满了关于丛林的书籍,都是她父亲的熟人们所写。12岁时,她迷上了埃尔斯沃思·耶格的《原始森林知识》,烂熟于心,几乎把整本书倒背如流。[21]

《原始森林知识》厚达五百多页,是专为青少年所写。书中详细说明了如何成为一名专家级的林中居民,并配有插图。(这通常不是一个会让小姑娘痴迷的题材。)耶格解释说,在丛林里生活,最好的服装是鹿皮,防雨又保暖,还能很好地抵御刺藤和荆棘。他还指导年轻读者如何制作鹿皮外衣。首先,需要给鹿剥皮,然后再用印第安人的传统方式加工。"要做到这一点,"他写道,"你需要用到鹿脑,也许还有它的肝脏以及皮肤。"他还解释了如何建造冬夏两季的临时住所:"千万不要在大树下搭建营地。"(会有遇到雷电的危险。)"冬天,要把住所建在面对悬崖的地方。"(悬崖会把热量反射到帐篷里。)他还介绍了如何使用各种手工制作的工具生火,至少提供了七种方法,从弓形钻火棒、泵式火钻到火锯。他教会大家如何识别鸟类和动物的声音,并描述了如何呼唤驼鹿、鹿、麝鼠和海狸,如何用动物的生皮和石头诱捕它们。一旦你迷路,饿极了,又没有生皮,就可以挖洞来诱捕它们。最令阿特伍德感兴趣的是,这本书列出了一长串森林里可食用的东西,包括坚果、树根和"充饥食物"。书中有一章标题为"迷路",开头便写道:"记住,你没有迷路。你只是找不到营地而已。"

对她的大多数城市女伴们而言,与丛林最接近的经历不外乎避暑小屋或夏令营,但阿特伍德不同。她和父母在丛林中一住就是几个月。在丛林里,她最喜欢做的事情有辨认、采挖、捕捉、烹饪和品尝耶格描写到的许多天然食物品种,还给它们打分:"马勃菌子和印度黄瓜可以得 A,炖蒲菜和岩石苔藓只能得 D。湖蛤泥很多,小龙虾很好吃,不过你得吃很多才能充饥。"[22] 她和哥哥用蒲菜花粉做煎饼,还想尝尝豪猪的味道,但一只也抓不到。显然,她觉得在荒野中迷路有可能真的发生,但正如她曾经说过的那样,有了《原始森林知识》这本书,她就知道该怎么做了。

耶格在书中鼓励读者们学会临危不乱,强调急中生智的重要性:"切勿惊慌。眼观四周。物尽其用。"对此阿特伍德格外赞同。多年后,这种智慧在她的作品中找到了某种隐秘的表现方式。《浮现》中的无名女主人公是个驾驭独木舟的好手,知道如何在没有地图的情况下了解丛林状况,了解气候云象,比滥杀动物的人更能熟练地辨别动物的种类。她也不会矫情感伤地对待大自然。

在我的脑海里,我望着这个年轻女孩,她的缜密周全给我留下了深刻印象。我也想到女孩的母亲,可以任凭自己的孩子们自由生长,随意在树林里烹饪各种食物的大杂烩。不过阿特伍德的母亲的确不必担心。孩子们自有抵御丛林危险的能力。而对于这个年轻女孩来说,书是真实之物——她可以检验书中的内容,并身体力行。年轻的阿特伍德显然深切地感受到了自给自足的强烈需求,并在森林中展现某种掌控力,因为意想不到的混乱状况就近在眼前。她曾经说过:"我学会了不被逼入绝境。"[23]

第二位帮助塑造她年轻想象力的是19世纪的作家欧内斯特·汤普森·西顿。西顿出生于1860年,本质上是维多利亚时代的人,有一种既实际又神秘的奇特气质。他着迷于神话和传说,但同时也是一位训练有素的博物学家,"博物学家"这个词对他来说,是幻想与科学的和谐共鸣。[24]

他在与阿特伍德相类似的环境中长大。他的家人于1866年从英国移民到加拿大,很快就在多伦多的唐河河谷附近买了一套房子,当时唐河河谷还是一片杳无人烟的荒野。他先是在安大略艺术学院学习艺术,后来又在英国皇家艺术学院学习。他当过自然科学插画师。(作品《动物解剖艺术研究》出版于1896年。)他还撰写了游记(《北极大草原:两千英里独木舟寻鹿记》)和几十本动物故事书。但他热衷于一个独特的追求:想把孩子们都训练成"森林通"。在1910年美国童子军创立的过程中,他发挥了重要作用,尽管他在1915年因指控童子军军国主义而被开除出该组织。

年轻的阿特伍德对他的《我所认识的野生动物》爱不释手。这本书从动物的角度讲述了动物自己的故事。西顿在1898年版的序言中写道:"既然动物是一种生物,它们必然也有欲望和情感,只是在程度上与我们不同。它们理应拥有自己的权利。这一事实现在逐渐开始为白人世界所认识,但早在两千多年前,佛教便已对此予以强调了。"他补充说,他书中的故事都所言非虚。"事实上,正因为这些故事都是真实存在的,我们才说所有这些都是悲剧。野生动物的生命总是以悲剧告终。"[25]

西顿通过试图理解动物思维来描述它们"不为人知的隐秘生活"。青春期的阿特伍德一定对他那种耐心观察的方法很感兴趣。通过观察他养的黑色牧羊犬,西顿解释了他如何发现宾戈犬会通过复杂的信号站系统来获取和传递信息。对犬类来说,气味是一种精确的电报语言。还有雷德夫鹂鸫,这是唐河河谷的一种常见鹂鸫,早在将近一个世纪之前,就已经探索着来到阿特伍德生活的世界:罗斯代尔溪,当时那里长满了白桦树;还有弗兰克城堡和切斯特丛林,现在是通往多伦多东区的地铁站。多年后,当阿特伍德开始创作诗歌《那个国家的动物》时,她一定想起了西顿笔下那些悲惨的动物:"它们的眼睛 / 在汽车前灯下闪过一次 / 就不见了。/ 它们死得并不优雅。/ 它们的脸 / 不属于任何人。"[26]

阿特伍德完全被西顿和耶格的书迷住了。就凭她个人的科学爱好,她可以轻松地获得西顿颁发的"森林通"称号。她和哥哥当然也曾花时间对耶格的一些教导付诸实践,加以检验,包括如何用河泥制作陶罐。但她同时还产生了另一个兴趣:因为她突然意识到,讲故事可以既神奇,又实用。

她发现,在书的世界里,自己感觉最为从容自在,如鱼得水。她的阅读内容广泛,似乎没有什么禁忌。在学校的儿童图书馆里,她用埃德加·爱伦·坡的书来吓唬自己。她会溜到家中的地下室,翻父亲的书架。她不读所谓的女生读物。她曾经说过:"我是在历史书堆中长大的。父亲是个历史迷。地下室里到处都是历史书。所以我12岁的时候就读了隆美尔的传记。十四五岁的时候就已经把温斯顿·丘吉尔关于第一次世界大战的五卷本回忆录都读完了。"[27]

另外,她身边也总有好榜样不断激励她。父亲总是在从事这样或那样的研究,总有几个晚上他要熬夜批改学生的作业。阿特伍德后来还曾在他的油印教案和试卷的背面写下了她早期的一些诗作。在地下室里,她的哥哥建造了自己的实验室。那个年代,人们可以在商店柜台上买到各种有毒物质,他常在地下室制作各式各样的东西,周围都是燃烧的硫黄,弥漫着一股难闻的气味。

童年的时光就像全息影像一般存在于作家的脑海中,供其任意调用。当然,这样的时刻将从自传体现实主义的基石中挣脱出来,听命于艺术,以各种方式被重塑。这类时刻曾经在许多阿特伍德的诗歌和小说中出现,对此我特别着迷。那是有一年夏天,她的哥哥哈罗德在湿地里给自己建了一个实验室,以便研究霉菌。霉菌在没有阳光的潮湿环境中生长得最好。他在罐子里的面包片上培养这些细菌,在容器外标上日期,然后把它们放在橙色的板条箱里。当霉菌完全出霉时,他就会打开罐子进行实验。哥哥蹲在黑云杉和蚊子中间,对着发霉的罐子沉思的情景深深印在阿特伍德的脑海里。我很想知道,在这么多时刻中,为什么那个时刻引起了如此强烈的共鸣,在她的作品中一再被重塑使用,包括她第一部未出版的小说《在如此蔚蓝的空中》,以及后来的小说《浮现》和诗歌《实验室》。

有时哥哥会邀请她到实验密室的圣地中去。她知道,对一个处于青春期男孩堆里的女孩来说,这是一种特权。她是妹妹,小了哥哥两岁半,她一定也感受到了被垂青和被排斥兼有的情绪。和哥哥在一起,她会产生一种健康的好胜心;希望能够赢得他的尊重,但不无矛盾的是,她又想把自己与哥哥区分开来,成为一个不一样的个体。当她尚未被邀请进入湿地实验室时,她会说自己更喜欢游泳。

我们学习建立自主和权威的方式甚是微妙。事实证明,当她试图定义自己时，哈罗德扮演了善良兄长的角色。有一个信息再明确不过：阿特伍德将不会与女性顺从的世界有任何关联。

在后来的日子里，她会思考科学激情，即稚嫩的年轻科学家在黑暗沼泽中发现生命秘密时的那种"确定无疑的狂热"。她当时读的许多书中都有这个主题，比如玛丽·雪莱的《弗兰肯斯坦》。在阿特伍德后来撰写的小说和诗歌中，她对世界将科学与艺术分离的倾向提出了批评。她的父亲广泛涉猎人文学科和自然科学方面的书籍，为女儿树立了一个榜样，父亲的例子清楚表明，这种僵化的区分毫无必要。

那么，这个年轻女孩究竟是谁呢？这个女孩在本宁顿高地安宁的郊区世界里长大，却在北部丛林里度过许多漫长的夏天，在那里，自得的城郊往往被残酷的荒野无情打击。

"我感兴趣的，"阿特伍德会说，"是边缘、逆流和各种排列，我喜欢把那些可能被视为古怪或非主流的东西拉到中心。"[28] 她后来成了一个总是在城市与丛林、理性与情感、恐惧与同理心之间寻找立足之地的人。她从那个荒凉的世界中学到了她所谓的"开裂见光的时刻"——那是一种"天空中豁然洞开的感觉"。她会说，对她而言，城市世界才是一个可怖之地，在那里她必须学习神秘的行为准则，而这些准则被其他人视为理所当然。

但她毕竟是个女孩，成长于20世纪四五十年代。十岁时，她就认为自己可能会成为作家或画家，尽管少女时期的宣传风向和那部电影《红菱艳》给她造成了短暂的创伤。她明白电影传递的信息：一个女孩倘若没有遭受巨大的痛苦，或者说在某种意义上，一个女孩倘若"正常"，就不可能成为艺术家。你可以是一个艺术家，或者，你可以是一个女人，但如果你想两者兼得，最终只能面朝风驰电掣呼啸而来的火车，纵身一跳。但阿特伍德与众不同的地方或许在于，她从一开始就本能地理解了这部电影要传达的信息。没有多少女孩能够这么快明白。

然而，这一课正是社会教给她的。她在家中没有学到这点。阿特伍德的家庭与众不同，没有人会给孩子灌输性别刻板传统教育，当然，这也有其不利之处，因为这让她对现实世界毫无准备。她回想起来时曾说：

> 在家里，我从来不会对男性构成威胁。他们从未表现出自我怀疑。我可以做任何我喜欢做的事。我没有被迫扮演一个专属于女性的角色，尽管我从来没有怀疑过自己是个女孩。……当一个人在男人并不缺乏自信的家庭中长大，比如我们家，根本就不会想到有些男人居然还会害怕、焦虑和发抖，简直不可想象。发现男人如此脆弱，真是令人瞠目结舌。我刚才说什么来着？[29]

她会解释说，自信取决于孩子是否被当作一个人来理解和看待。许多人在最初的热情冲动过后便失去了激情，因为他们没有信心。女孩们更是被培养成会刻意去取悦他人的人。一旦有人不喜欢她们，她们便认为是自己的错。阿特伍德震惊地发现，大多数父母都不像她的父母那样仁慈，更常见的是极端挑剔的父母，他们总是试图塑造孩子。而阿特伍德接受的是对自己的能力不可动摇、基于现实的坚定信念，以及做自己想做的事情的信心。阿特伍德一家可能属于中产阶级，但他们发明了自己对中产阶级的定义。

这个年轻女孩最吸引我的地方是，她没有继承任何女性的负疚感。她曾经说过："我的父母从来没有把内疚当作武器来对付我，因此我在成长过程中从来没有感觉到内疚。对我来说，这一直是一种无用的情感。"[30] 什么是女性的内疚感？那当然是一种被凝视着的感觉——别人会怎么想？由此留下的可能是被压抑的愤怒。认识到这一点或许要花些时间（她将不得不度过青春期的泥沼），但作为一个年轻女性，她可以做到公平正直。需要时,她又会富有同情心。她当然不需要对他人曲意逢迎。阿特伍德没有接受过取悦他人的训练。她曾幽默地说:"如果你没有遭到某个人讨厌,那你就不算真正地活着。"[31]

当佩姬·阿特伍德变成玛格丽特·阿特伍德时,作家、加拿大电影制作人迈克尔·鲁博试图拍摄一部名为《阿特伍德与家人》的纪录片。影片在加拿大地盾区域中心的家庭小屋拍摄,镜头长久地停留在阿特伍德身上,她独自坐在独木舟上,在波浪起伏的深色湖面上用船桨划出完美的"J"形。鲁博试图寻找的是一位充满浪漫气息的艺术家——一个出身悲惨的人,一个不断被某种记忆侵扰的人,一个备受折磨的灵魂。他认为玛格丽特·阿特伍德是一个待解之谜,他在寻找线索。可是她也帮不上忙。她很快意识到,自己的父母表现得如此仁慈,几乎成了一种过错。毫无疑问,自己父母的仁慈对鲁博一心要挖到的谜底起了反作用。

我们沉迷于对童年的病态解读,也许是因为太多的童年都充满病态。然而,事实可能是,我们对现实的解读充满了心理上的影响,因为我们的内心仍然浪漫——我们觉得理想状态是存在的,每个人都达不到,但如果我们付出努力,依旧是有可能实现的。

然而,阿特伍德一家似乎非常务实。他们的处事方式充满坚忍与幽默。在影片中,阿特伍德往头上戴了一个袋子,家人对她进行采访。当被问及这袋子里的女人是谁时,她的父亲回答说:"有人伪装成了玛格丽特·阿特伍德。"袋子里的无名女子是世界编造出来的作家。真正的佩姬藏在下面。这个时刻引人注目的地方在于,这家人对鲁博先生的自负完全不加理会。他成了被取笑的对象。家庭团结的力量是强大的,但这不是一个花很多时间去守护其弱点的家庭。如果你敢冒风险,就得准备好承担后果。还得准备好反击。这对作家来说是一种不错的训练。

注释

1 《气球》，阿特伍德文稿，90号档案盒，22号档案。

2 玛格丽特·阿特伍德，《多伦多，重新发现的城市》，选自《纽约时报》，1982年8月8日，第14版。

3 多丽丝·安德森，《叛逆之女》（多伦多：基·波特图书出版社，1996年），第81页。

4 同上书，第95页。

5 本书作者对约翰·麦库姆·雷诺兹的采访，1998年2月23日。

6 厄尔·G. 英格索尔，《访谈》，选自《安大略评论》第32期（1990年春夏）；转载于《玛格丽特·阿特伍德对话录》，厄尔·G. 英格索尔编（安大略威洛代尔：萤火虫出版社，1990年），第236页。

7 罗伯特·富尔福德，《边缘城市》（多伦多：麦克法兰·沃尔特-罗斯出版社，1995年），第37页。

8 《峡谷》，阿特伍德文稿，90号档案盒，22号档案。

9 查尔斯·特里克·卡雷利，《让远古不再遥远》（多伦多：赖尔森出版社，1956年）。

10 玛格丽特·阿特伍德，《安大略皇家博物馆之夜》，选自《那个国家的动物》（多伦多：牛津大学出版社，1968年），第20—21页。

11 玛格丽特·阿特伍德，《我的博物馆初恋》，选自《环球邮报》，1987年5月9日。

12 《安大略皇家博物馆》，阿特伍德文稿，90号档案盒，21号档案。

13 《牛眼》，阿特伍德文稿，90号档案盒，22号档案。

14 阿特伍德文稿，91号档案盒，20号档案。

15	《战争》,阿特伍德文稿,92号档案盒,6号档案。
16	玛格丽特·阿特伍德,《民族主义、边界和加拿大俱乐部》(1971年),转载于《次要的话:批评散文选集》(多伦多:阿南西出版社,1982年),第84页。
17	伊丽莎白·米斯,《采访》,选自《黑色战士评论》第12期(1985年);转载于《玛格丽特·阿特伍德对话录》,厄尔·G.英格索尔编(安大略威洛代尔:萤火虫出版社,1990年),第182页。
18	玛格丽特·阿特伍德,《神学》,选自《此刻》,1985年9月26日—10月2日,第29页。
19	玛格丽特·阿特伍德,《访谈》,选自《出版商周刊》,1976年8月23日,第6页。
20	阿特伍德文稿,2号档案盒,3号档案。
21	埃尔斯沃思·耶格,《原始森林知识》(多伦多:麦克米伦出版社,1945年)。
22	《通信》,1989年10月20日,阿特伍德文稿,147号档案盒,6号档案。
23	赫米奥娜·李,《玛格丽特·阿特伍德:作家对话录》(伦敦:当代艺术学院;罗兰收藏,伊利诺伊州诺斯布鲁克,1983年)。
24	威廉·托伊编,《牛津加拿大文学指南》(多伦多:牛津大学出版社,1997年),第1054页。
25	欧内斯特·汤普森·西顿,《我所认识的野生动物》(多伦多:麦克莱兰-斯图尔特出版社,1898;1991),第iv页。
26	玛格丽特·阿特伍德,《那个国家的动物》,选自《那个国家的动物》(多伦多:牛津大学出版社,1968年),第2页。
27	伊丽莎白·米斯,《采访》,选自《黑色战士评论》第12期(1985年);转载于《玛格丽特·阿特伍德对话录》,厄尔·G.英格索尔编(安大略威洛代尔:萤火虫出版社,1990年),第182页。
28	列·安妮·施赖伯,《访谈》,选自《时尚》,1986年1月,第209页。
29	迈克尔·鲁博,《阿特伍德与家人》,国家电影委员会,1985年。
30	朱迪思·蒂姆森,《了不起的玛格丽特·阿特伍德》,选自《女主人》,1981年1月,第64页。
31	朱迪思·蒂姆森,《阿特伍德的成功》,选自《麦考林》,1988年10月3日,第60页。

第四章　往事历历

那是20世纪50年代初期。50年代是"精神分裂症"盛行的十年。第二次世界大战爆发至结束的五年后，每个人，至少在北美的每个人，似乎都在努力假装秩序已然恢复。但在这种幻觉之下的，是既暗淡无光又错综复杂的十年。

1950年，朝鲜战争爆发。1951年，道格拉斯·麦克阿瑟将军公开要求轰炸中国在东北地区的目标，因此被美国总统哈里·杜鲁门解职。这场战争一直持续到1953年。约瑟夫·斯大林于1953年3月去世，成千上万的人从斯大林时代的牢狱中蜂拥而出。苏联部长会议第一副主席拉夫伦蒂·贝利亚在随后的权力斗争中以叛国罪被处决。政变潮和军事独裁成了拉丁美洲的潮流，其间不时还得到美国的支持，包括海地（1950年）、古巴（1952年）、玻利维亚（1952年）、哥伦比亚（1953年），以及危地马拉（1954年）、巴拉圭（1954年）和阿根廷（1955年）等国。这些局部冲突被视为个别异常现象而被忽略，但它们在后来的几十年里浮出水面，成为长期困扰北美的问题。[1]

20世纪50年代初是麦卡锡主义的时代，直到1954年才结束，当时电视上连续36天转播了针对军人麦卡锡的听证会，揭露了这位发起"猎巫行动"的美国参议员，使他颜面扫地。他的形象残留在多部影片中。现如今，他凶猛残暴的叫嚣和嘲笑一切的恶行看起来几乎像个滑稽小丑，但当时他确实在美国实施过恐怖统治。加拿大也有他的同党,没有他那么臭名昭著,但也一样摇唇鼓舌,挑起人们对共产主义蔓延的普遍恐慌。他们都认为中国已经沦陷,很快欧洲也会沦陷,因为西方政府充满了叛国的亲苏分子。

当然,这十年的真正噩梦是核军备竞赛。1951年,美国陆军开始在拉斯维加斯西北一百二十多千米处的内华达试验场进行大气层核武器试验。1959年,加拿大与美国签订条约,建立了远程预警雷达网(DEW),在从格陵兰岛到阿拉斯加的北极地区建立了大约50个跟踪、预警和控制网点。作为北美大陆防御系统的一部分,公园里安装了防空警报器,地下防空洞风靡一时,每个人都想在自家后院里挖上一个。几乎所有人都渴望拥有一个城郊后院和一个防空洞——也许,这比任何东西都更能体现这十年"精神分裂"的特征。

20世纪50年代,正值阿特伍德长成青春少女时,成为郊区居民的梦想已经占据了主导地位。她父母那一代的成年人在"大萧条"的动荡不安中度过了他们的童年,又眼睁睁地看着自己的6年青春白白献给了战争。从前线回来的男人们,以及为了打赢战争而在工厂和办公室工作、如今又回到厨房的33%的女性,都决心重建梦想中的家。各种宣传机器,从宗教领域到商贸行业,从报刊的问答专栏到文艺小说,都异口同声地鼓励他们。从1945年到1960年,婚姻和家庭的价值飞涨,并不断被神化。[2]

郊区住房就是为了承载这个梦想而诞生的。那些年依靠战争得以发展的工业转而开始在小块土地上建造廉价的预制房屋,这些土地以标准化的褶状从城市边缘蔓延开来。成千上万的人搬入新居,多数靠的是以军人退休补偿金形式发放的政府资助。整齐划一是当时的原则。

充斥着品牌名称、神奇的合成产品和混乱的消费主义的时代就此开始。功能主义定义了现代主义。亚宝来复合材料防火板、富美家塑料材质贴面、美国刚果嫩姆公司生产的聚乙烯塑胶地板和梦梵丽复合木地板取代了天然木地板，沙发的表层用上了乙烯基面料。厨房里堆满了各种电器——弹出式烤面包机、电煎锅和搅拌器。在那个时代，不仅有新发明的电视，还有电视宣传的分层物品搁架，以及带有内置脚凳的躺椅。设计类杂志的文章建议："不要做颜色的懦夫。大胆给你的家添色加彩。"那个时代的主色调是粉红色、海蓝宝石色和蓝绿色。[3]

道路也经过了改造。多伦多的加德纳高速公路建于1955年，由城市边缘穿城而过。而唐河河谷公园路于1964年开通，穿过阿特伍德的秘密峡谷世界。汽车成为成功的象征，配备V8型引擎和宽大的后掠翼，它们动力强大，却极不安全。

到1955年，安大略许多家庭都拥有了电视。时尚潮流诸如黄雨衣、敞口橡胶套鞋和呼啦圈来而复往。1959年，芭比娃娃问世，并始终保持时尚地位。"同辈"的概念被创造出来，每个人都参与到同辈认可的消费当中。

刘易斯·芒福德称郊区为"保存幻象的避难所"。专家们正忙着为这一新现象命名。他们想出了"Populuxe"（庸俗而奢侈）这个词，来指"美国找到了一种在流水线上制造幻想的方法"。[4] 20世纪50年代是一个推崇从众和标准化的时代，其背后是一种建立在不安感的基础之上的理想主义：世界大战已经发生了两次，不能再发生了。而这一切不安感都集中体现在创造婚姻和家庭的神话上。

这就是阿特伍德1952年开始上学时，笼罩着利赛德中学的意识形态世界。有见识的孩子上贾维斯中学，有钱的孩子上森林山中学，这两个学校的学生都有点儿瞧不起定位于中产阶级的利赛德中学。由于跳了一个年级，阿特伍德比其他同班同学年纪要小。每天早上，她从家出发，步行15分钟到达位于埃格林顿大道上的利赛德中学。途中，她要经过连针头线脑等小商品都卖的伍尔沃斯百货公司，再经过I.D.A.药店和当地的电影院，孩子们在那里看战争电影和爱情片。在森尼布鲁克购物广场,到处可见来自利赛德中学"寻欢作乐"的孩子们在那里四处溜达,这是该地区第一家大规模的购物广场。

利赛德中学的校长诺曼·麦克劳德管理学校的方式,就好像学校是他的苏格兰家族的一支,他取麦克劳德式苏格兰格子花呢上的三种颜色——黑、黄、绿作为学校的官方颜色,学校的徽章上还镌刻着苏格兰盖尔语谚语。学校年鉴名为《家族的召唤》。麦克劳德之所以出名,是因为他曾拜访苏格兰的邓韦根城堡,并曾在那里与女王、爱丁堡公爵和玛格丽特公主共进午餐。他还有幸成为公主的午餐伙伴。[5]

利赛德中学规定学生在校必须穿校服:女生是方领黑色束腰外衣、白衬衫,春季和秋季还要穿及膝袜,冬季穿黑色长筒袜。由于女孩们总想把外衣用腰带往上提,以提高下摆,为此校方还专门出台了一项规定:束腰外衣不得短于膝盖以上7英寸(约18厘米)。学校里的毛拉博士是一位住校牧师,教拉丁文,并在体育馆集会上主持诵经和祈祷。体育馆也是学生们考试的地方,它的构造十分奇特,颇为吓人,因为就在距学生头顶三米多的地方,有一条横跨四面墙的铁制梯道。[6] 多年后,阿特伍德在其充满残忍与邪恶的小说《使女的故事》中,还开了个外人听不懂的玩笑,她挖掘出那座体育馆、那条梯道的记忆,将其设定为使女们睡觉的地方。

学校里还有一个室内步枪靶场,狭长的通道一直延伸到二楼的一侧,利赛德步枪俱乐部的学生会员和成年会员每周有四个晚上在这里练习打靶。在那些夜晚,任何进入学校的人都可能听到恐怖的枪声。在一名参与者意外身亡后,学校最终撤掉了该俱乐部。

当时的加拿大公立中学公开推行新教,并仍旧实行大英帝国的课程制度——学生们学习古希腊、古罗马、古埃及、中世纪欧洲、英国和美国的历史。加拿大历史是到十三年级才学的课程,那时许多学生都已辍学回家。

阿特伍德永远记得她中学时读的加拿大历史课本《当今世界中的加拿大》，封面上画着一架飞机。她评价道："课本里主要讲小麦由谁种植，以及我们对议会制有多么满意，等等。那时候的课本没怎么提及有些人对说法语可能存在的不满，也不太涉及印第安人可能在一些强迫性的土地交易中成为输家的事。"[7]

格雷伯爵剧团由格雷先生、格雷太太以及其他一些成年演员组成，每年都来礼堂演出莎士比亚戏剧，这通常是为十三年级的考试准备的。学生们可以自带床单，出演《裘力斯·凯撒》的群众演员。阿特伍德所在的学校合唱队曾上演过音乐剧《俄克拉何马！》以及《蓬岛仙舞》，戏剧社团还上演了百老汇戏剧《让活力四射》。[8]

一些头脑聪明的孩子，像阿特伍德，修读了法语，尽管老师讲的法语是巴黎口音，而不是魁北克口音。文学课学的是英国文学，从莎士比亚一直到当代作家；美国文学和加拿大文学则没有提及，要等到非强制性的十三年级才能选读，而能读到那个年级的学生通常只剩下些天资聪慧的孩子，届时他们会读到加拿大在世诗人 E.J. 普拉特的作品。唯一造访过利赛德中学的加拿大诗人是年迈的威尔逊·麦克唐纳，他每年都到学校朗诵《滑雪之歌》和《红枫树》。在中学里，学生们对加拿大文化的缺失漠然视之，毫不在意，认为真正的历史和文学都是在国外创造的。

阿特伍德刚到利赛德中学时，还是个"又小又瘦、其貌不扬"的12岁女孩。她花了很长时间才适应学校生活。在学校年鉴九年级班级照下面附的一首打油诗中，学校的才子们写道："玛丽喜欢黑眼睛的男生。佩姬喜欢学习。约翰·B 抓苍蝇最在行。"[9] 她早年的一位老师史沫特莱小姐后来曾玄而又玄地指出，在年少的玛格丽特·阿特伍德身上，没有任何物质能让人预料到她日后会成为什么样的人。

阿特伍德的代数总得满分，植物学成绩优异。像其他十几岁的小姑娘一样,她也有那个年龄段再熟悉不过的焦虑。她对自己的头发耿耿于怀,觉得它又硬又乱,殊不知这种发型在 20 年后变得非常流行。于是,当时的她把头发剪短,有时把头发用手帕扎起来。像其他孩子一样,她看着年长一些的女孩们在克雷斯吉百货公司的化妆品柜台买的紫红色指甲油和橘红色口红,内心定是羡慕至极。

阿特伍德的与众不同表现在其他方面。当时她养了许多宠物,其中有一只名叫莉诺(以埃德加·爱伦·坡笔下同名诗作中女主角之名命名)的螳螂,她将螳螂养在一个大罐子里,用勺子喂它昆虫和糖水。莉诺让她经历了人生最尴尬的时刻之一。当时她 14 岁,电视刚问世不久。她的隔壁住着一位女子,是加拿大广播公司有线电视频道的一档节目《宠物角》的制片人,阿特伍德曾经为她照看过孩子。她邀请阿特伍德参加她的节目。和当时的许多节目一样,这个节目为现场直播,只有一台摄像机供工作人员使用。阿特伍德尽职尽责地描述了螳螂的习性,其中包括雌螳螂在交配后吃掉雄螳螂的习性。

大概是对她与动物的相处方式印象深刻,《宠物角》又再次邀请了她,这次是协助另一场宠物表演。一位嘉宾带着一只温顺的小飞鼠来到表演现场,在简要介绍之后,正准备引导它飞起来,但因为小飞鼠是夜行动物,被演播室的灯光吓坏了,立即寻找黑暗的庇护所,于是沿着阿特伍德的外衣前襟滑进去。摄像机拍摄了阿特伍德的校服腰带上方某处慢慢鼓起,不断移动着往下拱,直到宠物主人从她衣服后面将飞鼠掏出。幸运的是,这个节目是在上课时间播放的,阿特伍德最担心的就是被学校里的朋友们看到。[10]

她的父母或许在丛林里才华尽显,但他们对城市缺乏兴趣,对新的郊区理想也意兴阑珊。阿特伍德家没有电视,直到上了大学,阿特伍德才发现还有餐馆这种东西。她自己挣零花钱。虽然一开始免不了做照看小孩的工作，但她志向远大。12岁的时候，她和一个朋友参加了一门课程，学习制作牵线木偶。很快，他们就有了"木偶生意"，为孩子们的生日聚会表演木偶戏。

事情是在不经意间开始的。一位邻居的小女儿一心想在生日那天看一场木偶戏，妈妈找不到专业的木偶表演师，于是来和阿特伍德商量。阿特伍德完全被这个想法迷住了。于是两个女孩子把报纸撕成条，蘸着面粉和水糊成木偶脑袋，晾干后，再用蛋彩画颜料涂上颜色，使它们看起来栩栩如生。诚然，这些木偶"脸蛋青绿，模样阴森可怖"。她们又做了一个可折叠的舞台，无奈这个舞台有个坏习惯，老是爱倒。她们又用一只长长的黑色丝袜盖住夹在舞台后面的灯泡，模拟夜间舞台灯光。阿特伍德写的剧本通常基于童话故事，如《三只小猪》《糖果屋历险记》或《睡美人》，辅以戏剧化的声音效果，令人听了毛骨悚然。[11] 后来，她的父亲总爱和朋友开玩笑说，阿特伍德在表演中使用了真的血。[12] 两个小姑娘的木偶戏表演技艺日臻熟练，很快就有公司的圣诞晚会邀请她们前去表演。

在学校年鉴里十二年级的照片下面，编辑者以稀有鸟类观赏指南般的风格，用讽刺的口气逐一对其同学进行个性化的描述。他们对阿特伍德的形容可谓传神："佩姬·阿特伍德：羽毛——乱蓬蓬的一头羽毛。叫声——'我们来做点儿具有独创性的事吧！！！'"[13]

为了挣钱，阿特伍德还在加拿大国家展览馆兼职打了一份短工。加拿大国家展览馆位于多伦多海滨，由一系列仿罗马式建筑和拱门组成。在那里曾举办过各种（通常是贸易）展览。每年8月份，这里都成为展销会的举办地，并因此而闻名。阿特伍德之前没有去过这里，因为她每年夏天都去北方，况且，随着20世纪50年代初小儿麻痹症的暴发，父母们都不让孩子们去。每次疫情暴发时，患病的儿童只能依靠"铁肺"人工呼吸机苟活的恐怖新闻，以及小尸体被包裹在巨大金属圆筒里的照片，都会登上报纸,直到 1953 年,新研发的实验性小儿麻痹症疫苗首次投入使用,这种可怕的流行病才算结束。那个年代,展览馆最著名的展品之一是一个安装了巨大铁肺的病人。数千人排队观看,参观者只能看到那个人的头,他靠在一个皮枕头上,双眼凝视着头顶上镜子里的那一小片世界。机器发出可怕的喘气声。

阿特伍德的兼职是在运动展览分馆,为了赶去那里上班,她得到学校门口搭公共汽车,然后乘有轨电车沿着巴瑟斯特街去国家展览馆。她的工作是为射箭场出租箭矢。回忆起来,她是这样描述的:

> 他们想聘用一个女员工,帮助顾客把箭头安在弦上并对准正确方向。顾客射击的是钉在稻草靶子上的气球,有时,我去射箭场收集箭矢时,他们会出于失误或开玩笑似的向我射击,尤其是趁我转身背对他们时,他们射来的暗箭最难防。休息的时候,我会喝哈密瓜汁,吃热狗,看"户外小姐"表演。她往往身穿过膝水靴,方格子衬衫紧紧地塞进去,摆出各种姿势,风情万种。有时我会漫步到竞技场,听海豹"沙基"在一组风笛上演奏国歌,让人感觉特别放松。[14]

阿特伍德一直坚信自己会从事一份职业。起初,她想当画家,然后又想成为服装设计师,但在中学时,正如她所说,她必须自谋生计的观念遭受到了打击。顺便说一句,这一概念并未"冲击"其他年轻的中产阶级女孩,她们往往按部就班地走了大众熟悉的路线,为婚姻筹集嫁妆,准备迎接婚姻赋予她们的新的生活角色。

问题是,指导类教科书上只列出了五种适合女孩的职业。(阿特伍德记得这本教科书是灰色的,象征了灰暗的现实性原则。)一个女孩可以是护士、教师、空姐、秘书或家政人员。阿特伍德决定主修家政,因为这个职业的收入最高。在家政课程中,她被教导"每餐饭都应同时包括棕色、白色、黄色和绿色的食材,做饭时不可用勺子品尝味道,裙子衬里和外面做工一样重要"。[15]

即便如此,阿特伍德的独创性也常有显现。她会在家政课上扯下所有的拉链,设计出自己的裙子。其他女孩用的是花纹布料,但她在自己的衣服上用橙色和蓝色画了远古穴居人和蝾螈的彩绘。

在利赛德中学,阿特伍德很快就以务实能干的形象出名。学校年鉴将她形容为一个多才多艺、全面发展的加拿大女孩楷模:她加入了校篮球队,是校"联合国俱乐部"的成员,在十二年级时是学校年鉴的编辑人员。她同时还是"三重奏"乐队的一员,在扶轮社午宴上巡回演出,唱着《来吧,跟你走》之类的歌。

校"联合国俱乐部"是专为勤奋好学的学生设立的社团组织。在上加拿大学院冰冷的房间里,学生们顶着飕飕而过的穿堂风,参加各种会议,为第三届联合国模拟大会做准备,然后去市中心的议会大厦参加大型辩论。利赛德中学的 16 人代表团代表比利时。

1956 年,该俱乐部开始参与救济匈牙利流亡者的工作。苏联第一书记尼基塔·赫鲁晓夫就约瑟夫·斯大林造成的重要问题发表"秘密报告"后,在共产主义运动中引发了大规模倒戈浪潮,并席卷了东欧。其导致的最明显的后果就是匈牙利事件。当苏联人开着坦克到达时,将近 20 万人流亡国外,其中许多人来到了加拿大。利赛德中学的"联合国俱乐部"为救助匈牙利筹集了近 200 美元,这在当时称得上是一大笔钱。

显然,阿特伍德早有宏大志向,要踏入利赛德中学之外的广阔世界,她早早显露出作为未来小说家的道德责任感。联合国在加拿大尤其受欢迎。1956 年,加拿大总理莱斯特·皮尔逊因提议在苏伊士运河战争期间,动员联合国维和部队占领苏伊士运河,阻止英国、法国和以色列军队对埃及多管齐下的进攻，获得了诺贝尔和平奖。

在就读十二年级和十三年级期间，阿特伍德开始为校报《家校新闻》撰写专栏文章。她负责的《头条新闻》栏目让同学们得以及时了解正在发生的大事。她报道了学校集会、入会仪式、学校选举和各种俱乐部的活动，包括"联合国俱乐部"，并提供舞会信息和体育活动信息。她后来说，在校报上发表文章确实让她面临过一些成为作家终要面对的问题，即"人们会认为你头脑不正常"。你要明白，最好的应对之道是"不事声张，永远不必理会任何人的反应"。[16]

加拿大的20世纪50年代基本上是一个纯真的时代。利赛德中学的孩子们会在万圣节派对和春季派对上，随着"彩缎纸盒"等乐队的音乐起舞。女孩们为寻找合适的舞会礼服和染成彩色的缎子鞋而苦恼。这里也没有毒品。偶尔会有学生因酒驾死于车祸，也会有女孩怀孕后消失的事，但那是一个保守的、安全的、受保护的世界。

聪明的女孩子在利赛德中学都表现出众。在《头条新闻》栏目中，阿特伍德专门报道了一些获奖女生：简·马修斯和凯伦·惠托克在加拿大国家展览馆和《多伦多每日星报》赞助主办的植物学竞赛中获奖；埃莉诺·科布尔迪克赢得了帝国石油学院的奖学金。参加1956年联合国模拟大会的主要代表团成员中有四名女生和一名男生。甚至还有女生获得了女子运动奖，尽管阿特伍德在描述获奖者时向读者保证，她们看起来与人们对"肌肉发达的女运动员的固有印象"完全不相符合。当然，她的每个专栏都有一段内容是专门报道校男子加式足球队的。

当时学校的整体建制存在结构性的性别歧视，但它在很大程度上是无意识的，也没有人予以承认。至于性别歧视是如何起作用的，最好的说明也许来自阿特伍德多年后讲述的一件逸事。她讲到和一个朋友参加消费者燃气公司举办的"明日主妇小姐比赛"的经历。她俩被选为家政课的代表。

比赛分三项技能展开：用煤气熨斗熨衬衫，用煤气炉做饭，还有第三件用煤气做的事，她记不清了。关键是看谁能最快完成这三项任务。

她和朋友穿上必不可少的围裙，开始把衬衫上的褶皱熨平，接着做晚餐，有肉饼、冻豌豆和烤土豆。她们输了比赛，但得到了一个带有小金铃的手镯作为补偿奖。她们从来没有想到这种生活和自己有什么关联。她们不会成为家庭主妇；她们将拥有真正的生活。即便在那时，阿特伍德也看到了这个幻想场景的荒谬之处：丈夫下班回到家，他快乐的贤妻奉上熨烫好的衬衫和做好的肉饼。不过，阿特伍德还是尽职尽责地努力去赢得比赛。[17]

20世纪50年代是充满各种竞赛的年代：少女小姐、羊毛小姐、伏特加小姐和世界小姐。这些竞赛的全部目的就是为像消费者燃气公司这样的公司推广其旗下的产品，不过这一点在当时表现得还不太露骨。对女孩屈尊俯就的态度——比如那些补偿性的吊坠手镯——也不那么明目张胆。这个神话太强大了，很少人知道如何去对其表示质疑。如今，少女玛格丽特·阿特伍德在舞台上疯狂熨衣服的画面只会让人难以置信和引发哄笑。

在阿特伍德的心目中，利赛德中学始终是"20世纪50年代中期中产阶级的中间阶层……"，而这个乏味的中产阶级世界并不属于她。她所属的世界来自书本。当时她正如饥似渴地阅读经典名著：《呼啸山庄》《卡斯特桥市长》《弗洛斯河上的磨坊》（这本书她几乎能背下来），还有《德伯家的苔丝》。

十二年级时，她找到了英文老师比林斯小姐，所有年轻作家都会渴望聆听其教导。比林斯小姐陶醉于自己教的文学课，她讲课生动形象，别具一格。阿特伍德发现，自己可以追求文学生活，而不必"变成一个蓬头垢面的邋遢女人"。[18] 她放弃了缝纫课，也不再去上生物课。

她描述了自己如何在1956年，突然之间成了一名诗人：

我成为诗人的那天是一个晴朗的日子,没有什么不祥的预兆。我穿过加式足球场,不是因为我心念运动,也不是因为我打算躲到更衣室后面抽根烟——这是其他人去那里的唯一理由,而是因为这是我放学回家的必经之路。我像往常一样不声不响,自顾自埋头走着,没感觉有什么不对劲,这时一只看不见的大拇指自天而降,摁在我的头顶上。一首诗由此形成。那是一首颇为忧郁的诗,年轻人的诗通常如此。这首诗是一份礼物——一份来自匿名捐赠者的礼物,因此,既令人兴奋,又令人不安。

我怀疑所有的诗人都是这么开始写诗的,只是他们不愿承认,所以他们编造了各种解释,要么更理性,要么更浪漫。但我说的是实话,不容任何人反驳。

我在那个意义重大的日子里所作的诗,虽然完全没有价值,甚至不具备任何潜力,但还是有一些特点的。韵脚节奏齐整,因为我们在学校学过韵律和格律。它与拜伦勋爵和埃德加·爱伦·坡的诗歌相类似,又有点雪莱和济慈的诗歌的味道。事实上,在我成为诗人的时候,我对20世纪之后写的诗读得很少,对现代主义和自由诗更是一无所知。我不知道的还不只是这些。我不知道自己即将步入一套先入为主的观念和社会角色,比如,诗人应该是什么样的,他们应该如何表现,以及诗人必须作一身黑色打扮,等等。所有这些我都是后来才知道的。我16岁时,世界很简单。诗歌存在,因而人可以将其写出来。没有人告诉我——或者说尚未有人告诉我——那许许多多的我不能写诗的理由。[19]

她开始在自己早期作品的右下角打出"首次版权仅限北美"的字样。[20]她不确定这些权利的具体内容是什么,但她咨询的文学杂志告诉她,这是作家应该做的事。在学习了艾米丽·勃朗特和埃德加·爱伦·坡等19世纪大师的作品后,她想写一些让人毛骨悚然的诗,于是开始在她家对面的墓地流连。她还写了关于雪、绝望和匈牙利事件的诗。

当她在学校食堂向几位女友宣布自己想当一名作家时,大家都安静下来。没有人开口说话。几年后,一位朋友告诉她,大家当时都感到震惊,不是因为阿特伍德说了什么,而是因为她有勇气大声说出来。

父母也为她的选择感到沮丧:她如何能靠写作谋生呢?他们经历过"大萧条",知道人需要从事一份正式的职业,以防万一。但不用说,尽管父母认为她的决定从经济角度来看并非明智之举,却没有阻止她。"没有人指导过佩姬。我觉得也没人能指导佩姬。"她母亲解释说。[21]

多年后,她的父亲在接受采访时进一步解释道:"我们并没刻意以任何特定的方式抚养佩姬。婚姻市场完全没有道理。在我们看来,独立性和自由度更为重要。我们特别喜欢丛林生活,原因之一就是我们必须在没有外界帮助的情况下解决许多问题。许多时候我们只能依靠自己。"[22]

阿特伍德不得不忍受周围一些自以为是的人。他们想当然地认为,她终究会抛弃当作家的古怪想法。她母亲的一个朋友说:"嗯,那很好,亲爱的,因为你可以在家里做这件事,对吧?"面对这样的闲言碎语,她发现主动进攻是最好的防御。有一次,她被问及同学们是否把她当作家看待,她说:"反正大家都很怕我。他们并没有拿我不当回事。我伶牙俐齿。人们通常不敢惹我。"[23]

阿特伍德决定成为作家后,发现家政越来越没有意义。她想涉足各种形式的写作,于是为学校的舞会写广告歌,这些广告歌通过学校的校园广播系统公开播送,她写的《驯鹿嬉闹》在学校年鉴中被专门提及。很快,她发现了一个巧妙的方法来颠覆自己的家政课程。

家政教师里克小姐布置了一个特别的课程项目。她建议学生们制作毛绒熊,但失算的是,她邀请全班同学进行民主投票。阿特伍德说服全班同学投了反对票,认为应该演一出家政轻歌剧。里克小姐默认了,但坚持至少主题必须相关。

阿特伍德决定写一部关于合成纤维的轻歌剧。起名为《合成织物:独幕轻歌剧》。她把歌剧场景设定在合成纤维织物的王宫里。在王宫里,煤炭国王、王后和他们的三个女儿——奥纶、尼龙和涤纶——围坐在一张桌子旁喝茶。父母拿着温水酱汁、冰冻清洗液和一瓶四氯化碳溶液,讨论着宝宝洗衣液和汰渍洗衣液的优点。一旁的孩子们则对谁最成熟争吵不休,抱怨父母把他们当孩子一样对待,尽管他们已经问世很长时间。这时,威廉·羊毛爵士像白马王子一样赶到了。然而,他有个致命缺陷——一洗就缩水。有人提议他与奥纶结婚。两人的结合可以生产出华达呢。[24]

这出戏在学校礼堂上演,由阿特伍德担任导演。16岁时,她就开始写讽刺小说了。当其他青少年可能在写浪漫情诗时,她更喜欢取笑这"庸俗而奢侈"的周围世界。

回首往事,阿特伍德认为,决定成为一名作家对一个年轻女孩的影响尤其巨大。首先,她是否能成为一个优秀的作家谁也说不上,纯属冒险;其次,在那个时候,她满心相信她绝不可能既结婚生子,同时又成为一名作家。她看过电影《红菱艳》。这对一个16岁的孩子来说是一个难以接受的沉重现实。

> 我开始写诗的时候,没有读者,也想象不出谁会成为我的读者……那是1956年,女孩的正途是准备好瓷制餐具等着结婚,尽管我身边有朋友打破了这一成规,一个想当医生,一个想当精神科医生,一个想当演员,但没有人想成为诗人……我有一些模糊的想法,想写出来,但不知道是否有人愿意阅读……起步阶段没有"行业资格证书"

是可怕的事……但当时我认为只要动笔写,就能找到解决一切问题的答案;我认为这个想法棒极了。"[25]

当阿特伍德说她感到了结婚的压力,并为此付出了很大的代价时,她并没有在夸大其词。20 世纪 50 年代长大的人,都受到婚姻崇拜的影响。

历史学家道格·奥拉姆在一本丰富多彩的书中概括了那个十年,描述了痴迷婚姻是多么普遍的现象。"到了 20 世纪 50 年代中期,女孩们从 15 岁就开始考虑结婚生子的问题。"当时的社会学家、心理学家和引领生活方式的大师们大肆宣传婚姻的好处;战后,一些美国的大学甚至设立了"婚姻系"。圣斯蒂芬学院的首席"婚姻导师"亨利·鲍曼出版的婚姻指导手册在美国和加拿大成为大受欢迎的畅销书。许多像《成功婚姻:爱情、性和家庭生活的现代指南》之类的书于 1955 年纷纷面世。(在第二次世界大战后的十年里,北美出版发行了一千多本此类图书。)[26]

根据亨利·鲍曼的说法,没有结婚的人要么是自恋者,要么是掠食者,要么就是不够成熟。他们是受困于恋父恋母情结或根深蒂固的自卑感的受害者。性别角色突然变成了一种困扰。医学专家开始讨论单身汉和老处女的病症。"未婚的人会受到折磨,就像疾病或精神疾病的受害者一样。"[27] 没有结婚的人有患性取向障碍的风险。他们可能成为潜在的同性恋者。谁都看得出来,单身汉往往喜欢挑剔,老处女则男子气十足。

专家们的观点得到了善于投机取巧的广告商们的支持。从炉灶到漱口水,家用商品的消费与浪漫、亲密、实现梦想紧密关联起来。"只要有一点儿想象力,就可以将数量惊人的产品与成功的婚姻联系在一起……曾经有一则肥皂剧广告是这么说的:'她订婚了!她好可爱!她用旁氏护肤品!'或是什么'又有一个男人从我指缝间溜走了!'。"这则广告是在劝说顾客购买漱口水。[28]

当然，女孩子们的工作就是结婚，她必须把束缚的绳套系在任性的男子身上，广告产品是针对女性消费者的，杂志小说是针对女性读者的。各种媒体都在告知年轻女孩，她们必须在 20 岁到 24 岁结婚，并至少生 2.4 个孩子；从 15 岁起，女孩就得开始追求这个目标。1948 年出版的一本畅销书《赢得并留住你的男人》，为那些 23 岁还没有结婚、因真命天子尚未出现而前景凄凉的人提供了安慰。1959 年，芭比娃娃问世——这个青春期前市场上"庸俗而奢侈"的巅峰象征有着完美的粉色胸部和纤细的腰肢，对青春期前的女孩来说无疑是一个颇有点儿奇怪的玩具，但却似乎是对那个十年的总结。[29]

在加拿大，当时广受女性喜爱的杂志是《妇女家庭杂志》和《女主人》。《妇女家庭杂志》专门报道优雅的生活——礼仪和餐桌摆设十分重要。（阿特伍德说自己的女伴们在收集瓷制餐具，她是认真的。）杂志中描写的所有已婚妇女都兴高采烈，而几乎《女主人》的每一个故事，全都以婚姻为结局。

在《女主人》杂志工作的年轻女记者们，如多丽丝·安德森和琼·考尔伍德，都寻求突破。20 世纪 50 年代初，经说服，产科医生玛丽昂·希利亚德博士同意以她的名字为考尔伍德写的系列文章署名，这些文章全都关乎女性健康问题。《性——女性最大的危险》和《疲劳——女性最大的敌人》如期发表，登载文章的杂志销售一空。这表明尽管女性表面上显得无比满足，实际上她们内心所想并非如此单一。[30] 但顺从是规则，反抗者保持沉默。1957 年，多丽丝·安德森获得某个杂志奖项时，她的老板弗洛伊德·查默斯说："我喜欢多丽丝的一点是，她外表像女人，举止像淑女，工作时卖力得像条狗。"[31]

安德森对年轻女孩教育的描绘更贴近现实些。据她说，像她自己妈妈那一辈的母亲给女儿的传统建议是，嫁给一个有稳定收入、能养家的男人，不要期望太高。女性可能从事的职业（通常为当老师）都只不过是一种权宜之计。既然只有美貌才能在婚姻这种抽奖中发挥作用，那如果不是一个大美人，最好不要太野心勃勃。每一位亲戚都可以任意对一个年轻女孩的外貌指指点点，评头论足。"最好拿块砖头压在她头上，"她们会说，"她长得太高了，男孩子们不喜欢"或者"不要鼓励她表现得太聪明。用糖比用盐能抓到更多的苍蝇。嘴巴甜比什么都重要"。[32]

在阿特伍德所读的中学课本，尤其是《心理健康与卫生》中，女性被定义为与男性平等，但各不相同的存在。认为女孩是软弱和脆弱的生物这一刻板印象正在消失。1954年10月，16岁的游泳运动员玛丽莲·贝尔横渡安大略湖，一举成名。但提供给女性的工作一如既往，仍有未来家庭主妇的美德灌输其中——你先工作，然后结婚，然后辞职。当时的风气是每个家庭只能有一人工作。

阿特伍德在这个世界上备感孤立。多年后，她显然是针对自己的经历有感而发，说道："你会觉得别人都不同意你的想法。（你会被视为）疯狂、古怪、奇特，与常人不同，脑袋瓜过于聪明。"大约15年后，女权主义才开始改变一切。"我现在很坚强，"她补充说，"但我不是一直都很坚强，当时如果有人支持我，我会不尽感激。"阿特伍德对婚姻崇拜不以为然。她认为结婚意味着一种死亡。但社会没有提供其他选择。"没有妇女解放运动告诉你可以两者兼得。"[33]

20世纪50年代，同样具有毁灭性的是，对女性身体的新崇拜也随着对婚姻的迷恋发展起来。1954年1月，第一期《花花公子》出现在报摊上，封面是玛丽莲·梦露的裸照。这本杂志的目标读者为城市年轻的单身男性，是对当时道德保守主义的反叛。男孩们趋之若鹜，争相购买，但对年轻女孩来说用处不大。她们中的大多数人从这本杂志的刻板呈现中得知的是，她们的三围不是36/24/36英寸（约90/60/90厘米），没有达到完美的标准。

以今天的厌食症标准来看，这听起来太古怪了。年轻姑娘们偷偷拿出了卷尺。那些有胸的女生学会了如何把课本紧紧抱在胸前，这样胸部就可以更往上翘。平胸的女孩则暗地里去克雷斯吉百货公司的女装部买带衬垫的胸罩。尽管阿特伍德后来被称为拉斐尔前派画风的美女，但她并不拥有能在那个时代大行其道的美貌。她就属于那个邻居们会说"只要她肯打扮打扮自己，就会很有魅力"的女孩。当然，这话很伤人，毕竟当时她正处于极其看重别人的看法的年龄。[34]

在她的半自传体小说《黑兹尔飓风》中，她描述了那个年代年轻女孩对男孩的看法。他们"虽然隐约令人兴奋，但也让人不安"。有"懦夫"也有"讨人厌的混球"，其他的要么是"可爱"，要么是"梦幻"。最受欢迎的女孩穿着毛茸茸的粉色毛衣，领子上挂着小绒球，她们往往是加式足球比赛的啦啦队队长。她们喜欢约会。最好是一个开着时尚鱼鳍车的男孩约会，车通常是男孩的父亲的，然后两人一起去汽车电影院，吃完爆米花后依偎在后座上。女孩必须阻止那只探索的手；她有责任不让这个男孩长驱直入，因为男孩没有自控力。两人会进行长时间的、口齿不清的电话式交谈，只有停顿和单音节，双方都感到难为情，无法结束谈话。最终，女孩便听之任之了，或者戴上男孩的识别手环，就像一条军犬戴上了标签。

阿特伍德的世界正受到 20 世纪 50 年代中期青少年文化的影响。那时，阴暗忧郁的身影突然出现在电影屏幕上。1954 年，马龙·白兰度主演的《飞车党》上映，1955 年，詹姆斯·迪恩主演的《无因的反叛》上映。1956 年，"猫王"埃尔维斯·普莱斯里出现在电视综艺节目《埃德·沙利文秀》上。有趣的是，这些影视节目实际上是心理学新热潮的产物；它们主要刻画男孩们如何在一个成年人主导的世界里感到无能为力和无所适从的情况。普莱斯里并没有在他的跟随者中留出女性的位置。当人们发现摇滚乐天王之一杰瑞·李·刘易斯的未婚妻是他 13 岁的表妹时，丑闻爆发了。但在当时的统一文化中，摇滚乐给人一种解放的感觉。它占领了学校的舞会，大家都想穿得与众不同，这就意味着大家穿得都和其他人一样。男孩们开始穿牛仔裤和皮夹克，手里炫耀似的夹着一根晃来晃去的香烟；女孩们则穿着马鞍鞋和衬裙——当时还不允许她们穿牛仔裤。

但是，尽管有这些引人注目的偶像，早已被固定编码的性别世界仍然令人困惑，普通的青少年仍然生活在对 20 世纪 50 年代安全世界的期望当中。阿特伍德在《黑兹尔飓风》中完美地捕捉到了这一点。在她的记忆当中，男生和女生一样困惑和脆弱。事实上，在她的故事中，虚构的巴迪比叙述者更深陷困境，难以自拔——他被困在一个母亲的期待中，母亲狭隘的生活将使他自己的生活也痛苦不堪；他还被困在一个父叔家长式的社会中，这个社会期望他找到一份工作，自谋其力；他还被困在性的神秘中，对此他完全无能为力。他希望有一个女孩能继承并保护他的身份，连同他的"识别手环"，因为他无法想象该如何定义自己。阿特伍德将逃离这个世界，主要是因为她对这个世界有更多的期待，但"巴迪们"却陷入了困境。

在她的故事中，她戏剧性地利用了多伦多历史上的一个创伤时刻，为叙述者与巴迪的关系的结局提供了情感隐喻。此举可谓神来之笔。

1954 年 10 月 16 日星期六的清晨，就在阿特伍德 16 岁生日之前，多伦多发生了历史上最严重的自然灾害——飓风"黑兹尔"袭击了这座城市。在怡陶碧谷郊区，坐落于亨伯河洪泛区旁的 16 座砖房被 6 米高的海浪卷走，造成 36 人死亡。整个多伦多地区，83 人被夺走生命。[35] 大约 30 年后，阿特伍德回忆着这个 10 月的早晨，将记忆和想象糅合在一起，做了如下描述：

> 新闻上，说汽车被掀翻，司机被困，房屋被毁，到处是肆虐的洪水、灾害和被冲走的钱财，听了之后，我和哥哥赶忙穿上胶皮雨靴，

沿着坑坑洼洼的旧陶器路向前走,想亲眼去一睹浩劫。

　　眼前的景象并不像我们希望看到的。的确有树木倒了,树枝折断,但数量并不多。唐河被洪水淹没了,河水浑浊不堪,但是,那些半沉在河里的汽车零部件、破损的卡车轮胎,还有被洪水冲下或散落在已经开始退潮的地面上成堆的树枝、木板和各种杂物碎屑,很难分辨它们是新出现的,或只是我们早已看习惯的垃圾。天空仍然阴沉;我们的靴子在泥泞中发出咯吱咯吱的声响,并没有人从泥里伸出手来……夜里确实有两个人在那里淹死了,但直到后来我们才知道此事。[36]

　　前一天晚上,故事的叙述者因为暴风雨太过猛烈而取消了她和巴迪的约会。她写道:"巴迪说如果我不能在飓风期间和他一同出去,就说明我不够爱他。"这句话巧妙地表达了青少年世界的所有辛酸,尤其是他们顽固的唯我主义。飓风过后的清晨,地面上出现的残骸碎片不仅仅是自然灾害的结果,也不仅仅是两人关系破裂的象征。它代表了巴迪本人,他的样子:"模样普通的残骸,波澜不惊的水面,忧郁的光线。"巴迪在汽车修理厂工作,准备和一个打字员结婚,这符合当时人们对婚姻的崇拜,不是因为他可能希望这么做,而是因为从来没有人引导他去考虑还有其他选择。在这个故事中,巴迪得到了极大的同情。

　　但阿特伍德自己则收获了一条新的法则:决不能被困。绝对不能做的事就是在鱼鳍车的后座发生意外(这在当时是怀孕的委婉说法)。那个噩梦的结局便是,带着孩子和洗衣机住到郊区。

　　阿特伍德会去上大学。在她家里,女性接受大学教育已成为一个传统。她姨妈19岁时就在多伦多大学获得了历史学硕士学位。外公基拉姆曾向阿特伍德的母亲玛格丽特明确表示,他认为她生性浮躁,不会送她上大学。于是玛格丽特自己挣钱供自己读完了大学。运用自己的智慧是一种道德强制令。父母都认为阿特伍德有望获得奖学金；如果她没获得，父母会感到失望。当其他父母鼓励女儿收集精美瓷制餐具、成为啦啦队队长、做好结婚准备时，阿特伍德则被鼓励成为独立的人。她的父母不是女权主义者。这个术语当时尚未被发明出来。他们只是认为自己的女儿有义务接受尽可能多的教育。

阿特伍德说，在利赛德中学，她学到了课堂里不一定能学到的两样东西：灵活性与水平思考法。你需要知道在必要的时候如何"换挡"。[37]在1956年到1957年的学校年鉴中，专门有一个部分贴有毕业班照片，并写着对所有毕业生的简单介绍。在那里，我们看到了阿特伍德。她穿着高领白衬衫，留着短发，看起来相当端庄。她的同学写道："佩姬的野心，是写一本了不起的加拿大的小说，这早已不是什么秘密——她有那么好的英文成绩，谁会对此有任何怀疑呢？"[38]

注释

1 戴维·布朗斯通和艾琳·弗兰克,《战争时间轴》(波士顿:利特尔－布朗出版社,1994年)。

2 道格·奥拉姆,《生逢其时:婴儿潮一代的历史》(多伦多:多伦多大学出版社,1996年),第18页。

3 同上书,第77—78页。

4 同上书,第79页。

5 玛格丽特·阿特伍德,《英语教师的演讲》,选自《委婉言辞》第11期(1986年3月1日),第9页。

6 本书作者对戴维·卡彭特的采访,利赛德中学,1998年1月29日。

7 阿特伍德文稿,91号档案盒,20号档案。

8 玛格丽特·阿特伍德,《英语教师的演讲》,选自《委婉言辞》第11期(1986年3月1日),第9页。

9 《家族的召唤》第一卷,第4期(1952—1953),第87页。

10 《玛尔塔·库尔克的尴尬故事》,阿特伍德文稿,16号档案盒,16号档案。

11 《家族的召唤》第一卷,第6期(1954—1955),第24—25页。

12 本书作者对M.T.凯利的采访,1997年11月3日。

13 《家族的召唤》第一卷,第7期(1955—1956),第28页。

14 《危险经历》,阿特伍德文稿,90号档案盒,22号档案。

15 《玛格丽特·阿特伍德致1983届毕业生赠言》,选自《多伦多大学公报》,1983年6月20日,第9页。

16 芭芭拉·韦德,《玛格丽特·阿特伍德访谈》,《麦考林》的课堂计划,1981年。

阿特伍德文稿，58号档案盒，56号档案，第2页。

17　玛格丽特·阿特伍德，《近似家的地方》，选自《写作之家：加拿大笔会选集》，康斯坦丝·鲁克编（多伦多：麦克莱兰－斯图尔特出版社，1997年），第5—6页。

18　玛格丽特·阿特伍德访谈，纪念利赛德中学成立40周年视频，1985年。

19　玛格丽特·阿特伍德，《神谕之手：我如何成为诗人》，选自《优涅读者》，1996年9—10月号，第79页。

20　玛格丽特·阿特伍德，《九个开始》，选自《作家其人及其作品》，珍妮特·斯滕伯格编（伦敦：悍妇出版社），第79—80页。

21　瓦莱丽·迈纳，《玛格丽特·阿特伍德的多面人生》，选自《女主人》，1975年6月，第68页。

22　同上。

23　玛格丽特·阿特伍德访谈，纪念利赛德中学成立40周年视频，1985年。

24　《合成织物：独幕轻歌剧》（1956年），阿特伍德文稿，3号档案盒，3号档案。

25　《诗歌与听众》，阿特伍德文稿，56号档案盒，2号档案。

26　道格·奥拉姆，《生逢其时：婴儿潮一代的历史》（多伦多：多伦多大学出版社，1996年），第21页。

27　同上书，第13页。

28　同上。

29　同上书，第14页。

30　多丽丝·安德森，《叛逆之女》（多伦多：基·波特图书出版社，1996年），第119页。

31　同上书，第129页。

32　同上书，第54页。

33　吉姆·戴维森，《访谈》，选自《米宏津》第37期（1978年）；转载于《玛格丽特·阿特伍德对话录》，厄尔·G.英格索尔编（安大略威洛代尔：萤火虫出版社，1990年），第96页。

34　玛格丽特·阿特伍德，《我的母亲，我的朋友》，选自《女主人》，1985年5月，第94页。

35　罗伯特·富尔福德，《边缘城市》（多伦多：麦克法兰·沃尔特－罗斯出版社，

1995 年），第 35 页。

36 玛格丽特·阿特伍德,《黑兹尔飓风》,选自《蓝胡子的蛋》(多伦多：麦克莱兰－斯图尔特出版集团旗下的海豹出版社，1983 年)，第 45—46 页。

37 玛格丽特·阿特伍德访谈，纪念利赛德中学成立 40 周年视频，1985 年。

38 《家族的召唤》第二卷，第 1 期（1956—1957），第 20 页。

第五章　自然佩姬

1957年秋，阿特伍德进入多伦多大学学习。她像所有青年学生一样，怀抱天真幼稚的想法，走进这所结构错综复杂的权力机构。当时，除了专业学院外，它还包括四所文科学院，这些学院仍然按照不同宗教信仰或是否具有宗教信仰被加以划分。例如，圣迈克尔学院，也叫圣迈克学院，是天主教的学院，被放逐在校园一个偏僻的角落里。常有未在该学院注册的学生斗胆跑来该学院，就为了蹭那里的古典文学课程，教课的是一位爱尔兰牧师。阿特伍德记得他老是把"亚里士多德"（Aristotle）说成"海里士多德"（Hairy-stotle，"Hairy"一词在英文里指"多毛"，听起来就像"多毛的－士多德"）。三一学院是英国圣公会的学院，属于英加建制，学生都穿学位袍。大学学院与任何宗教信仰都没关系，因而吸引了来自不同种族背景、流动性大的工人阶级的学生。维多利亚学院属于联合教会，学生们来自中产阶级，彬彬有礼。[1] 它最初是一所卫理公会学校，但与三一学院或圣迈克学院不同，它从不要求信仰测试。（而且，还有一点与其他学院不同，该学院对招收犹太人的人数从来没有设定过限额。）

维多利亚学院始建于1836年，前身是上加拿大学院，坐落在女王公园和议会大厦对面的一座罗马式圆顶建筑里。在它的门上，用哥特式字体镌刻着院训："真理赐你自由。"大学四年里，阿特伍德穿梭进出于学校大门，入口两侧竖立的纪念匾上，刻着154位在两次世界大战中阵亡的学生名单。

维多利亚学院的英语系闻名遐迩,被公认为是该校实力最强的一个院系,其中最著名的大牌学者当属批评家诺思洛普·弗莱。阿特伍德说:"我当然了解维多利亚学院的特色,知道那里有诺思洛普·弗莱。只要清楚什么对自己有好处,我就认定应该去那里汲取养分。"[2] 她和大多数刚起步的18岁年轻人一样单纯天真,未来计划可能尚不明晰,却有非凡的直觉。对有志写作的人而言,维多利亚学院无疑是一个绝佳的起点。

她这样形容当时的自己:"在很多方面,我都是个乡巴佬(from the sticks)——不仅指利赛德中学,还有在那之前真正的'森林'。"突然之间置身于大学校园生活,令她感到茫然和不知所措。"在大学里,我几乎对所有的一切心生畏惧。红色唇膏和珍珠按扣耳环让我害怕;还有黑色高领毛衣……我总是怀疑有什么事情,有什么秘密,是别人知道而我却浑然不知的。"[3]

到20世纪50年代末,"垮掉的一代"这股风潮从美国蔓延到加拿大的校园,把学生们分成了众所周知的红海。一边是学院风,尽管这个词当时尚未发明出来。这部分学生大多来自中产阶级地区的劳伦斯公园中学。男生穿夹克打领带,女生着羊毛衫,涂红色唇膏,戴珍珠耳环,蹬高跟鞋,还穿着带装饰线的尼龙长袜。他们有的在公共休息室里喝咖啡、打桥牌,有的在足球场上观看比赛,膝上盖着熊皮围毯,手里挥舞着学生队的彩旗,同时大口喝酒,酒藏在校运动衫下的银色瓶子里。另一边则是愤世嫉俗的男女学生,他们身穿着黑色高领毛衣,手里拿着让-保罗·萨特的《恶心》或萨缪尔·贝克特的《等待戈多》。他们玩的不是桥牌,而是存在主义的心理游戏。[4] 阿特伍德依然故我,穿着必不可少的黑色长筒袜,把头发挽成一个发髻,不涂口红。但正如她所言:"阴郁开始袭来。"[5] 她喝咖啡则会去新学生会大楼的威米尔伍德咖啡店。她当时完全没有想到,30年后这家咖啡店会以"猫眼"命名,以表达对她的敬意。

她继续走读，但家人不会让她在家里表现出太多的焦虑。阿特伍德借用小说描绘了她的学生时代，她笔下的人物这样说道："我不得不躲在地窖里，这样母亲就不会在我陷入沉思时出现，叫我出去走走以促进血液循环。这是她对付任何消沉情绪迹象的解决之道，哪怕只是细小轻微的一点点儿迹象。在她看来，只要在布满枯叶、狂风呼啸，或雨夹雪的野外轻快地全力跑上一趟，就没有什么是不能治愈的。"⁶这当然是属于阿特伍德母亲的道德准则。

对于像阿特伍德这样深具潜力的学生来说，多伦多大学校园里没有其他任何一个地方能像维多利亚学院这样适合她。学院里到处都是聪明绝顶的怪人。学院还聘请了女教授。在这方面，即便是以思想自由著称的大学学院也无法做到。

维多利亚学院自 1884 年开始招收女生。事实上，安斯利学生宿舍楼建于 1903 年，是一座外观奇特的角楼，坐落于维多利亚学院操场边上，当时是专为女生建造的。正如纪念碑上所写的那样，建这座楼的目的是，"在高雅的社会文化氛围中，为卫理公会的女儿们提供一个高水准的家"。因此，女性也可以在维多利亚学院教书似乎再自然不过。

阿特伍德要到多年后回想时，才会意识到步入英语系对她多么重要，在那里她可以找到善于思考的杰出女性，她们同时还能够自食其力，养活自己。在整个 20 世纪 50 年代，妇女外出工作的权利在加拿大仍然是媒体广泛争议的热点话题。1951 年之前的加拿大，法院陪审团没有任何一位女性陪审员。1958 年，下议院还只有两个席位给女性议员。直到 1967 年，自由党政府的莱斯特·皮尔逊成立了皇家妇女地位委员会，妇女的法律权利才被提上议事日程。当时的多数大学里，男教授们对女大学生们的普遍期待仍然是，一旦拿到学位，就重新恢复家庭主妇的角色。

但即使是维多利亚学院，即便是聘用了女性，也做不到顺理成章地让她们在职称上得到晋升。阿特伍德的老师之一凯瑟琳·科伯恩后来成为研究塞缪尔·柯勒律治的世界级权威，但她经过了许多年才得以晋升为正教授。[7] 这是另一种《红菱艳》的寓意所在：那个年代里，你如果既想当女性又想当教授，还不如朝着迎面飞驰而来的火车纵身一跳。幸运的是，阿特伍德早已清楚自己不想成为"研究柯勒律治的专家"。[8]

尽管如此，维多利亚学院仍有一种宽容奇特的品质，能够给学生滋养。智力上高人一等的势利现象在大学生活中十分常见，但在这里却很少被见到；英语系为加拿大作家们提供了一席之地，这在当时闻所未闻。踏进学院庄严的门厅，你会看到加拿大第一位史诗诗人 E.J. 普拉特的巨幅肖像，他曾是维多利亚学院的学生，1953 年退休之前一直在那里教书。阿特伍德刚来的时候，还能在餐厅里被称为"高桌"的教授和贵宾用餐区见到普拉特，那里总有一把椅子向前倾着，等候他落座。还有许多与他相关的故事。其中一个说，过去每逢维多利亚学院考虑聘用某人时，都会邀请他到普拉特博士家共进晚餐。在饭后到书房抽雪茄的当儿，大家会要求年轻的候选人用普拉特博士的一页博士论文来点火。一旦他犹豫不决，工作就算泡汤了。[9] 这是维多利亚学院自谦内敛的一面。不允许任何人自命不凡。它给人一种奇特的舒适感，体现了典型的加拿大风格。

1957 年，英语语言文学专业只有七名新生，其中五名是女生，两名是男生。阿特伍德担心只专注英语课程会让自己视野狭隘，所以又选择了哲学课程。不过，英语课她是和维多利亚学院的同学们一起上的。（她要到第二年才正式加入他们。）

这是了不起的一群人，尽管当时他们对此尚不知晓。许多人最终都从事学术工作，取得了杰出的职业成就。桑迪·约翰斯顿后来成为研究中世纪的学者，最终还担任了维多利亚学院的院长，他形容这里是一个神奇美妙、免受外界纷扰的温室环境，在那里，年轻女生会感觉自己"被赋予了力量"。"我们都来自期望成功的家庭。我们互相学习,互相鼓励。我们被当作有思想的人对待。"[10]

约翰斯顿还记得阿特伍德那副学院派的神气,以及她仿佛生活在两个世界里的日常状态。虽然阿特伍德是走读生,但她从不提起家人。(约翰斯顿隐约知道阿特伍德的父亲是一位科学家。)在最初的几年里,她仿佛把自己的生活分成了两部分,仿佛生活在她自己制造的障碍之后,这障碍无疑来自一种不安全感。显然,在这个阶段,如果她想成为的诗人,就要保护自己,就有必要加以伪装。约翰斯顿还觉得,她可能对自己的中产阶级身份感到有点儿尴尬,因为这不符合那时人们对诗人的刻板印象。

她很害羞,她的不安全感是女孩子们都熟悉的。多年以后,阿特伍德和桑迪·约翰斯顿还常拿头发开玩笑。约翰斯顿有一头深棕色的长发,笔直滑溜,绾成法式盘发。阿特伍德说过,她曾经多么羡慕那头秀发,她则试图将自己那头杂乱无章的卷发剪得接近发根。在那些日子里,约翰斯顿觉得她既慷慨大方又滑稽古怪。尽管阿特伍德偶尔会在宿舍过夜,以免走很长的路回到本宁顿高地,但大多数时候她都待在咖啡店里,写诗,或在笔记本上胡写乱画。

丹尼斯·李是英语语言文学专业的学生之一,后来成为著名诗人。他在来维多利亚学院上学前就已经名声在外。他来自怡陶壁谷,普通的多伦多郊区之一。据传他在中学毕业考试中取得了99分的好成绩,并获得了威尔士亲王奖学金。(他曾就读于多伦多大学附属中学,那里的入学标准非常严苛,500名精英申请者中,仅有90人被录取。)阿特伍德记得自己当时对他敬畏有加。他们俩是在新生联谊会上认识的。两人戴着角框眼镜,目光交错,一边"像螃蟹一样在地板上跳狐步舞",一边聊着天。他告诉阿特伍德,他打算成为联合教会的牧师。但阿特伍德很快就发现他还有另一个鲜为人知的人生目标:他同样热切希望能成为一名魔术师。16岁时,他去了加拿大国家博物馆,观看了众多魔术大师的表演——其中包括了不起的曼齐尼,从中学习他们的魔术。李也有他滑稽的一面,这一点在他后来写的儿童读物中得到了体现,这些书里的内容后来成了加拿大孩子们的口头禅:"我的花园尽头有几位小矮人,每天晚上他们都来拉小提琴。一个叫莫莉,一个叫多莉,还有一个拉稀的咧嘴笑嘻嘻。"[11]

对他们俩来说,在维多利亚学院度过的第一年是令人兴奋的智力挑战。就在这一年,弗莱出版了《批评的剖析》,似乎一下子便蜚声世界。杰伊·麦克弗森推出了她的著名诗集《船夫》。当她把齐腰长发绾成一个发髻、匆匆走过时,学生们将其视作一位更加和蔼可亲的艾米莉·狄金森。她心地非常善良,但有点儿害羞。她是大学教师,住在学校的教师宿舍里。住校学生有时会看见她在深更半夜里,穿着睡衣将他们的期末论文送到宿舍门口。

在维多利亚学院第一年的课程侧重人文。两到十五名学生要学习盎格鲁-撒克逊历史、美国文学,以及至少十几部莎士比亚戏剧。他们阅读了课程上的所有书目,很少缺课,因为课程充满挑战。在那些英语课上,有一种年轻人思想激情澎湃、热切求知的感觉。丹尼斯·李了解阿特伍德的思想和才智。在他的回忆中,阿特伍德很聪明,虽然不是绝世无双的那种。她决心坚定,但他却并不完全理解其源自何处,所能及的程度又有多高。她有勇气,有独立思考的能力。[12]他们很快就开始合作,一起为学生文学杂志《维多利亚院刊》和戏剧俱乐部工作。

就20世纪50年代而言,阿特伍德在课外时间进入的社交圈显然平淡无奇。她和其他学生一起在维多利亚学院的图书馆学习,那是一栋石头砌成的屋子,配着彩色玻璃窗,近似一个教堂。墙上还挂维多利亚学院杰出校友的肖像。绿色玻璃台灯像哨兵一样排列在学习桌上。她经常被男生约出去喝啤酒,但她怀疑这些男孩们只是想把她当作进入国王科尔啤酒屋的通行证。啤酒屋位于布劳街公园广场酒店下面,学生们常去那里喝酒。李也记得那个地方。女性不得进入的"男性专区"阴冷恶臭,但根据安大略省复杂烦琐的管理条例,男性需要一名女性陪同,才可进入气氛更加惬意舒适的"女士加陪伴"区。他们会去那里下棋,喝十加分的生啤酒,在上面撒一点盐来减少泡沫。[13]

像多数大学生一样,阿特伍德需要在暑期打工来供自己读书。她曾经在夏令营工作过,先是在一个残疾儿童营地担任领队,然后是1958年,在乔治亚湾的休伦大略营地担任服务生。(后来任多伦多市长的约翰·休厄尔还记得他和阿特伍德当时如何为营地的时事讽刺歌舞剧撰写歌词。)[14] 这些经历后来成为她的短篇小说集《荒野指南》中故事的背景,这些故事情节涉及餐厅女服务生、廉价通俗杂志、性爱与背叛,还有一个在湖中溺亡的孩子。

大二快结束时,阿特伍德通过邻居克罗尼克医生找到了一份工作。克罗尼克医生是一名牙医,他的女儿与阿特伍德是好朋友。克罗尼克的哥哥乔在多伦多东北部的哈利伯顿地区为犹太儿童开办了一个名为"白松营"的夏令营。它的广告口号是"美丽的哈利伯顿,白松营永远阳光普照"。营地包括工作人员在内至少有600人,还有42间为营员准备的小木屋。聘用阿特伍德是要让她负责设计自然课程。

白松营是改革派犹太教夏令营,男女生同营。它更注重培养营员的社会意识,而不是游泳、马拉松、徒步旅行或划独木舟的技能。这在很大程度上是20世纪50年代的产物。第二次世界大战及其直接给多伦多犹太人社区造成的恐惧,通过这十年巨大的经济繁荣成就逐渐得以缓和。许多在市中心斯帕迪纳服装区血汗工厂中长大的人,终于能实现财富腾飞,迁居到北部埃格林顿大道富裕的犹太人区。同化主义之风在社会上蔓延,犹太人正以在从前根本不可能的方式融入主流社会文化当中。

参加白松夏令营的许多孩子都来自埃格林顿以南的巴瑟斯特街的改革派犹太教堂——圣花神庙。查理·帕赫特就是其中之一，他后来成为加拿大最杰出的视觉艺术家之一。被聘为营地工艺美术总监的助理时，他还是一个15岁的孩子，但也快到16岁了。在那里，他遇见了阿特伍德。

在夏令营，大家都称阿特伍德为"自然佩姬"。她工作的地方在"自然工坊"。这是一间阴湿的小棚屋，位于泥泞不堪、蚊虫遍地的沼泽地边缘，曾经是一个工具棚。帕赫特记得他们第一次见面的情形："她穿着橡胶靴，一件有点炫酷的衣服，头上裹着头巾。她坐在那里，脚边一群孩子围蹲着，她正在鼓励孩子们摸摸她手里抓着的一只癞蛤蟆。这堂课的内容是'触摸癞蛤蟆不会长疣子'。孩子们不断喊着，'恶心，恶心，我可不想摸'，这时她喊我过去。'来，你来摸摸。'她说道。"虽然万般不愿，帕赫特还是答应了。他回忆道："那时她身上就有一种奇特的魅力。""营地里的其他女孩都在模仿美国童星选秀类节目《米老鼠俱乐部》中的安妮特·弗奈斯洛，或者是影片《初恋》里的纯洁女孩娜塔莉·伍德。而有着美丽肌肤和清澈蓝眼睛的佩姬，则像生物学家和动物保护活动家简·古道尔。"

帕赫特发现阿特伍德有一种令人难以置信的能力，不论是什么问题都能给出答案，比如"帐篷杆子上的绳子缩回去后怎么办，怎么把它拽出来"。阿特伍德会非常平静地解释每个步骤。他们会坐在码头上，拍着蚊子，他会述说对中学美术课老师的不满，因为老师给了他不及格的分数。阿特伍德则回答："你可以在天上为上帝画壁画，让老师在地狱里被煎烤。"阿特伍德为他提供各种充满青春期幻想的复仇方式。

她总是给人支持和鼓励，让人有一种瞬间悟透的感觉，几乎就像缪斯降临。他发现只要在阿特伍德身边，自己的灵感就能得到激发。而自己则会逗她开怀大笑。"她和我在一起时就像一个小女生，发出要命的笑声。如果话说得过头，她也会骂我：'不能这么说。'当然，我就会偏要那么说。"

我们有点儿像格劳乔·马克思和玛格丽特·杜蒙。有一丝共生的味道。"[15]

多年后,他为阿特伍德画了一幅绢印彩画肖像,画中的"自然佩姬"长着一对粉红色翅膀,上面布满毛细血管般的精细的纹路,她还戴着副昆虫眼形状的墨镜,双手伸出,捧着一只毛毛虫,脸上带着充满诱惑又不无邪恶的微笑。

阿特伍德自己形容她在白松营的角色是"自然辅导员"。大部分时间都在与蛇、蜗牛、蜥蜴、青蛙和蠕虫打交道。每当孩子们捕到它们,就会跑到阿特伍德身边说,"看我抓到什么了","看,那东西爬得满手都是"。她只好忙不停地"把紧紧攥在孩子们手心里的小动物解救出来"。为了让孩子们保持兴趣,她举办了"猜猜是什么?"的竞赛活动。奖品是一个用青蛙、蜘蛛、蝾螈等装饰的蛋糕,这是她在营地厨房糕点师的协助下制作的。[16]

但营地本身就像是一个文化缩影。白松营里有好几代犹太人:有经营该夏令营的成人,有"大萧条"时期民粹主义政治的继承者;有营地辅导员;再有就是孩子们自己,他们大多来自多伦多的富人区。大人们教孩子们唱西班牙内战时期的歌曲,他们当然听不懂。阿特伍德自己并不知道这些歌曲背后的传统,只觉得这就是些歌曲而已,但它们的影响却渗透进了她的思想,使她的政治敏感性得到积累和培养。每当驱使她创作小说和诗歌的愤怒浮现,记忆便立刻召之即来:谁受到了伤害,谁受到了虐待?

在营地里,许多课程多少与政治有关。乔·克罗尼克每周组织一次讲座,作为他的《生存法则》课程的一部分。演讲者都从城里请来,演讲内容从非暴力哲学到存在主义神学,无所不有。乔常用团队中年轻的成员所说的"社会学声音字节"来描述这个营地:正如它的信头上所标示的,营地生活应该是"一种独特的小团体生活体验"。为期五天的专题课程真诚体现了人类的手足情谊。

对帕赫特而言，关于白松营的记忆主要与一些滑稽可笑的逸事有关。据他说，乔认定小男孩们应该配备女性辅导员，因为现在让男孩们离开妈妈身边还为时尚早。他们按小木屋分组，这些小木屋的名称有：几维鸟、考拉和海豚等。阿特伍德负责照看七岁到八岁的孩子。一天晚上，她回到小木屋，发现地上有一坨粪便。她怀疑是某个人干的，但又无法证明。这是部门主管的工作，于是她清理了粪便，向主管做了汇报。"让我来处理，佩姬，"他说。他走进木屋，让小男孩们排成一排，对他们说："男子汉们，你们都明白我在说什么。获得尊重是生活中的一件大事。我会私下挨个询问是谁干的，我会尊重那个说是他干的人。我希望那个人主动'坦白'。"阿特伍德退到门廊边，看到主管出来，她连忙问："怎么样，是爱德华吗？"主管看着她，一脸窘迫的表情："他们都说是自己干的。他们都想得到尊重。"

白松营似乎有点像梅尔·布鲁克斯营地，年轻聪明的辅导员们喜欢嘲弄打趣、表演滑稽短剧，讲各种离谱的笑话。"我们喜欢干坏事。"帕赫特说。

每年辅导员们都会组织一个仅限于营地范围内举行的节目。在此期间，例行活动会停止三天，营地里一派狂欢气氛。节目必须从一些让人兴奋的戏剧性事件开始。有一年他们决定来一场外星人入侵游戏。其中一位辅导员菲尔来自美国的密歇根州，是个人人都喜欢的大学生运动员，个子高大威猛。他去哈利伯顿的消防部门租了一套防火石棉服。待他们把计划告诉乔·克罗尼克时，他担心会吓到孩子们，坚持说，如果准备告诉孩子们，他们的父母都被外星人谋杀了，最好能确保孩子们感到安全。

警报在夜半响起，营员们被叫醒，从床上拖起来，穿着浴袍和拖鞋来到大操场。辅导员们奔走相告："火星人登陆了。"他们生了一堆篝火，浇上煤油，从篝火里走出两个穿着石棉衣服的男人。"我们来自某某星球，"他们说，"我们认为，地球人的表现太坏，给你们7天时间来进行和谈。"这时扩音器里传来一个声音，宣布多伦多已经被占领，他们已经与哈利伯顿的警方取得联系,但不用担心。如果他们在接下来的几天里与外星人友好相处就没有问题。一些小营员吓得开始哭起来,但紧接着,一个叫查理·哈尼克(后来他成为安大略省律政厅长)的孩子喊道:"是菲尔!"[17]

在这些滑稽举动和一本正经的态度之下,这个营地还有不为人知的一面,这一点阿特伍德能够觉察到。厨房里有个削土豆皮的男人。他除了削土豆皮什么也不做,胳膊上文着数字。人人都知道他在厨房,但谁都不去谈论他。他是"禁忌之人"。战争和集中营在时间上尚不遥远,现在还不能谈论。围绕着这个男人的情感十分复杂,有敬畏,有崇敬,甚至还有恐惧——恐惧于一个在极度恐怖中幸存下来的人可能真的疯了。

阿特伍德也知道安大略省的反犹偏见。帕赫特提到过一件事。有人来到白松营,测试孩子们是否能获得红十字会的游泳徽章。"他是一个盎格鲁-撒克逊系的白人新教徒精英,喜欢胡言乱语。"阿特伍德让孩子们排好队后,那人说:"你总能一眼看出谁是犹太人。"她说:"哦,真的吗?他们就是考试前会紧张的人吗?那些想方设法找借口逃避考试的人?"他回答说:"我总能将他们挑出来。""光看外表你就能知道他们是不是犹太人?"她问。于是,她让孩子们在码头上站成一排:有红头发的,还有长雀斑的校运动选手,有胖有瘦,各不相同。她说:"所以,你是怎么挑的?"当他挑了几个后,她说:"不对。你错了。他们全都是犹太人。"根据帕赫特的说法,阿特伍德不能放任这种偏见出现在自己面前,听之任之,因为这是"她女童子军人格的一部分",帕赫特很欣赏这一点。

帕赫特和阿特伍德回到多伦多后,两人之间的友谊仍在继续。他身材高大,幽默风趣,但比他年长三岁的阿特伍德还看出他的另外一面,知道这个男孩即将踏上以艺术为职业的道路。阿特伍德显然为他这种转变感到高兴。帕赫特在他的壁橱里发现了一个洞,这个洞通向他藏身的阁楼。每次他都得穿过母亲的重重衣服去到那里。(母亲把所有的衣服都挂在他的衣柜里。）他是一个喜欢收藏东西的人，会用丝绸包裹自己的"宝贝"，还会把朋友们带到那里，点上蜡烛。他最初在墙上作的画之一，所画的就是两加元钞票上的风景，这让他的母亲深感不解。

两人保持着友谊，没有感到任何不自在。但在内心深处，他们都清楚想在加拿大成为一名艺术家意味着什么。在加拿大，通常都认为绘画或任何艺术追求可不是什么人人都合适的职业，尤其不适合帕赫特这样的中产阶级家庭，更不适合男性。如果真有人从事艺术，那也都是早已作古的欧洲人在别国从事的职业。人都需要防御盔甲来保护自己。帕赫特天性中就有闯入并占领禁地的特质，阿特伍德对此很高兴。帕赫特和她想法一致。她后来写道：

> 这就是当时帕赫特成长的环境，一个以友善著称的加拿大，平淡无奇的外表掩盖着某种野性，某种哥特式的怪异，甚至暗含着某种威胁。任何一个加拿大人看到帕赫特的画，看到画中海滩上看似享受着田园般日光浴的人们，他们背对着观众，眼睛盯着一望无际的蓝色水域，就会知道湖面下有人溺水了。事实上，这种事每年夏天都在发生。[18]

但他们也成了有趣的伙伴。帕赫特很快就晋升为白松营艺术项目的负责人。他经常组织 19 世纪末加拿大本土"七人画派"画作的幻灯片放映，把那些树木和天空的影像放在真实事物的背景下，营造一种奇异的感觉，让他乐在其中。他还有了自己的戏剧排练工作坊，名为"帕赫特公平屋"，并被要求组织演出像《热铁皮屋顶上的辅导员》这样的滑稽短剧。

在这一年里，他和阿特伍德会去哈大沙妇女国际犹太复国主义组织的集市为他的演出寻找服装，还会用五加分买下所有的薄纱礼服和破旧的坎肩。阿特伍德也喜欢扮装，她会一边试衣服、帽子和假发，一边开怀大笑。

他们会把这些东西先拿到阿特伍德在本宁顿高地的家,在那里,来自新斯科舍省的姨妈们可能正同她母亲一起喝茶。"我像疯子一样冲进来,"帕赫特自己形容,"大喊:'你能相信这些衣服只卖五加分吗?'"阿特伍德说她的姨妈们对那个场面记忆犹新。她们总是说:"真是个不同寻常的年轻人!"

帕赫特喜欢去阿特伍德家,因为按他自己的话说,他家过于杂乱无章。(他随即开始模仿他母亲吓唬孩子的模样。)"'刚买的甜甜圈,你就吃了。放过它们吧。它们还那么新鲜。'我会说:'那我们该怎么做,等甜甜圈变质了再吃吗?'我喜欢去佩姬家,大家都彬彬有礼,'请''谢谢'挂在嘴上,牛奶和饼干不断,一切井井有条。人们只有在别人跟他们说话的时候才会说话。"对帕赫特来说,这一切简直就像魔法。他从未见过这样的场景。在他自己家里,他根本插不上嘴,因为"每个人都争相引起注意,不顾一切地抢着说话"。

阿特伍德的父亲博闻广识,是个取之不尽的信息来源。"无论你提到什么,"帕赫特回忆道,"他都有一堆东西要告诉你,无论是仰光的污水处理系统还是1812年的战争。他非常和蔼可亲,听他说话总是令人愉悦。他就像个智者。"帕赫特认为他是个快乐的悲观主义者——如果这两种特质可以并存于一个人身上的话。"他知道人类一错再错,把自己弄得一塌糊涂,但他还是在一片片棕色的土地上建造了自己的小屋,培育了自己美丽的花园。"虽然阿特伍德的父亲是教授,但从不浮夸,也不学究气。对帕赫特来说,他几乎就像是从美国电视综艺节目《嘻哈》中走出来的人物,这个节目以乡村音乐和幽默为特色。你总以为他会穿着背带裤,抽着玉米棒子烟斗。但他非常非常博学。在帕赫特的脑海里,阿特伍德的父母的形象是跳苏格兰乡村舞的大人。他们对与自己不同的人总是兴趣盎然,不带丝毫种族主义。"即便你是犹太人,"帕赫特说,"他们也一视同仁。"

偶尔，帕赫特也会尝试吓唬阿特伍德，但没有用。她始终镇定自若。有一次他带阿特伍德去见一个认识的应召女郎。他母亲曾经把家里的一个房间租给这个来自奥沙瓦的女人，她叫斯特拉。帕赫特回忆道："斯特拉是乌克兰人，很漂亮。看起来像白雪公主。"他十岁还是十一岁的时候，经常看斯特拉用唇刷把嘴唇涂得鲜红，还记得有一次斯特拉用熨斗尖熨胸罩。他有时闹着玩，斯特拉就会用毛巾打他。搬出去后，斯特拉把名字改成了斯泰西，做了应召女郎，住在亚瑟王子大道的马车房客栈，旁边就是后来的因纽特人画廊。阿特伍德不相信帕赫特会认识一个真正的红唇应召女郎，所以帕赫特带她上门拜访，还调皮地介绍她为"M.E."，那时阿特伍德已开始写诗，开始投稿，这是她署名用的首字母缩写，斯泰西回答说："哦。艾米。很高兴认识你，艾米。"

帕赫特和阿特伍德成为一生的朋友，偶尔还一起合作。让帕赫特印象最深的是，从一开始，阿特伍德就有强烈的自我价值感。他觉得自己和别人常常会陷入自我怀疑，但阿特伍德的自我感觉一直非常积极健康。"也许是受她父亲的影响，"他说，"我对她有完全的信心。看着她成长为一名艺术家真的是很开心。"

到了大二，阿特伍德已经融入了学院的许多社交活动，包括唱歌和表演学生讽刺剧。维多利亚学院有个传统，叫"波波会搞笑剧"。"波波"实为鲍勃（罗伯特）·贝尔，是19世纪维多利亚学院聘用的大楼管理员，为学院服务了将近40年。维多利亚学院图书馆的钟面上有献给他的拉丁铭文。为了纪念他，1874年这里举行了第一次鲍勃派对。它后来演变成了"波波会"，一个取笑新生和教职工的综艺节目。成为取笑对象的人则被称为"被'波波'了"。

1957年，后来成为演员的唐纳德·萨瑟兰参加了搞笑剧的演出。1958年，该综艺节目的主题为《俊男与财富》，阿特伍德在剧中饰演格特鲁德·温普尔，一个充满幻想、踌躇满志的一年级新生，漫不经心地闯入各种校园活动，笨手笨脚地参与其中。在节目单里，阿特伍德和丹尼斯·李受到了表扬，他们"呕心沥血"地认真修改剧本，付出了"鲜血、汗水和眼泪"，尽管李记得自己最初着实是害怕原作者，甚至不敢告诉她剧本一塌糊涂。第二年，"波波会"制作了以《狂热粉丝》为主题的节目，其中有阿特伍德写的滑稽短剧《一个小山羊诗人的画像》。她还为节目单设计了封面。

到了大三，阿特伍德在校园里已经成为名人，不仅因为她在学院杂志《维多利亚院刊》和《海滨杂志》上发表了小说和诗歌，还因为她开始了自己的丝网印刷业务。突然之间，她为大学戏剧节目制作的海报开始风靡校园，产生了惊人效应。她还在戏剧俱乐部演出。杰伊·麦克弗森记得她曾经参演本·琼森的《沉默的女人》。虽然只是一个小角色，但她对喜剧感的时机把握得恰到好处，令人难忘。

那个时候，多伦多大学到处是才华横溢的怪人。除了弗莱本人。还有圣迈克尔学院的马歇尔·麦克卢汉。学生中除了唐纳德·萨瑟兰，还有特蕾莎·斯特拉塔斯（当时叫阿纳斯塔西娅·斯特拉基斯）。正如斯特拉塔斯常说的那样，1938年，她出生在父母的餐桌上，那是在乔治街和邓达斯街拐角处一家中国洗衣店楼上的公寓里。她四岁时就在父亲餐馆的柜台上演唱《随身配枪的妈妈》，算是非正式的出道首秀。1958年到1959年，阿特伍德读大学二年级时，她正在攻读音乐学院的学位。

在维多利亚学院，诺思洛普·弗莱可谓隐在暗处的掌舵人，多数人见到他都会望而却步。他体态圆胖，身穿灰色西装，看上去就像周末兼职的联合教会牧师。他很腼腆，出了名的不喜欢寒暄，因此，和弗莱博士一起乘坐电梯，会是件很折磨人的经历。他不太会与学生打成一片。但在课堂上，他会判若两人，变得滔滔不绝，毫无保留地分享自己的渊博知识。学生们都在背后亲切地喊他"诺里"。第三年,阿特伍德选修了弗莱的有关弥尔顿的课程。很久之后,阿特伍德仍记得他对自己产生的深刻影响:

> 弗莱教授有关弥尔顿的课程。但"教"这个词并不准确。弗莱一开口,说道:"让弥尔顿来吧,瞧,他就现身在那儿了。"他是这么做的:站在教室前方。向前一步,把左手放在桌子上,再向前一步,把右手放在桌子上,接着后退一步,把左手拿开,再后退一步,把右手拿开,循环重复这个模式。他在这么做的同时,口中会不断有连珠妙语源源流出,这些名副其实的美言金句如纯净的散文般沁人心扉。他不像我们多数人那样说话老是喜欢"嗯,嗯"个不停,也不会不把话讲完,更不会纠正自己的错误。我过去从没听人这么说话。就像看到魔术师用帽子变出小鸟一样。你会一直想绕到弗莱身后,或者钻到桌子下面,看看他是怎么做到的……
>
> 不过,你很难会被像弗莱这样容易难为情的人完全吓倒……弗莱,当他不幸在教室外与某个学生迎面碰上时,他口中一篇抑扬顿挫的完美散文就会变成含糊不清的喃喃自语,令人无比安心。"它们害怕你,就像你害怕它们一样。"我父母曾经这样形容大黄蜂。这个话也适用于弗莱。[19]

弗莱一点儿也不因循守旧,涉猎范围极广。他讲课时往往面无表情,却又透着某种顽皮,可以从《圣经》穿越到威廉·布莱克的诗歌,然后又猛地扯到漫画和流行歌曲。他无所不读,包括《维多利亚院刊》,里面的有些内容他可能会在讲课时顺便提到。

阿特伍德惊奇地发现,弗莱非常重视加拿大文学及其年轻作家。多年来,他一直为《多伦多大学季刊》撰写《加拿大的文学》专栏,并在《加拿大论坛》上发表对加拿大诗歌的评论文章。像他这样才华横溢的人本来完全可以离开多伦多这样相对守旧的城市另谋高就,但他还是留在了维多利亚学院,因为那里很适合他。此外,他认为教育工作者最好扎根于自己的故土,阿特伍德也觉得这一决定同样适用于艺术家,因为她绝不会永远离开自己的家乡。

弗莱的思想与阿特伍德有点类似,也是跳跃式的。当意识到自己的教授在某些方面和她有一样的思想,她一定很为此兴奋。阿特伍德也读过所有的格林童话,了解从"神奇女侠"到"蝙蝠侠"这类文化偶像,还能识别来自《圣经》的引文。阿特伍德还很高兴他也来自新不伦瑞克的沿海地区。她知道那种"面无表情的讲课方式",那种带着讽刺意味的单调声音下面,实际隐藏着某种顽皮不羁甚至是妙不可言的笑话,还有那种对社交礼节的不适应——这些也是她的家族传统。[20]

弗莱从不把文学分为高级和低级,也不见他身上有任何"象牙塔"综合征。他坚持认为,人类是通过自己的故事了解自己的。所有的故事情节都有相近之处,无论是《李尔王》还是日常的肥皂剧。这些都是我们构建自身文化神话的素材。阿特伍德本能地明白,人类都是被神话驱动,而这种想法影响了她后来的写作方式。

阿特伍德特别赞同弗莱的一个看法。在谈到艾米莉·狄金森时,他摒弃了人们普遍认为她神经质,把自己隐藏在新英格兰州阁楼里的正统派说法。"也许我们应该从另一个角度来看待这点,"他建议道。"这些都是使她能够写诗的条件,是她创造写作条件的唯一途径。"阿特伍德完全认同这一说法。"他没有假设是因为你有什么问题,所以你写作,而是认为写作本身是一件好事,如果为了写作,你不得不重新安排你的生活,你必然会选择这么做。"当她在《维多利亚院刊》上发表文章,想到伟大的弗莱也在读时,她感到兴奋不已。他说得很清楚,所有的文字都是有价值的。

对此阿特伍德说："在一个因循守旧的社会里，写作要么是不道德，要么是轻浮之举。（弗莱的肯定）的确保护了我。"[21]

然而，即便在维多利亚学院，拥有艺术抱负也是反叛之举。在学生中，很少有人敢公开宣称写作是自己的未来志向。为数寥寥的这批人迅速找到了盟友。很快，阿特伍德也加入进来。"得知自己的一篇小说在《维多利亚院刊》上发表，我对自己可是满意极了……尽管回忆起来，那不过是一篇没什么大不了的平平之作。""回想起来，没有哪篇作品能比它给我更大满足。"[22] 与她给"波波会"写的剧本和小说不同，她所有的严肃作品——诗歌和评论，都是以"M.E. 阿特伍德"署名发表的。

原因很简单。在 T·S·艾略特和 W.B. 叶芝的时代，这些平淡无奇的首字母是一种时尚，也是一种掩饰性别的方式。她仍然需要两个版本的自己——其中一个严肃正经，下面隐藏的则是另一个自己，"自然佩姬"。

你如果是一个想从事写作的年轻女性，要想塑造自己的形象是十分复杂的。当她走过中学加式足球场，脑子里突然灵光闪现，创作出第一首诗时，写作似乎是一种神圣的礼物，一种上天赐予的东西。她是个纯粹主义者。艺术是纯属个人的，是私下进行的活动，而获得社会认可，则意味着在身后能够永垂不朽。在 1958 年，人们不会想到当作家可以成名。"我原以为我的未来是在三流杂志上发发文章……幸运的话，也许能出版一本书。我从来没有想过能够靠写作养活自己，这对我来说可能是件好事。换句话说，我的目标是理想主义的，只专注于写作。我想成为一个伟大的作家。"她是这么说的。[23]

她读的是 19 世纪的文学作品，所以她从来没有想过女人不会写作。乔治·爱略特，勃朗特姐妹，还有简·奥斯丁，都是女性写作传统的核心人物。在那个时候，似乎只有加拿大人不会写诗和小说，因为这方面的诗歌和小说她读到太少了。这个缺憾似乎更容易克服。

她早期的那些诗歌,是在进大学不久后发表的。她这样描述那个时候:

> 过去我没有意识到自己的女性读者对象,但现在我意识到,自己的写作和性别在两点上是相交的。一是我用首字母缩写来署名并发表作品,因为我害怕女作家会被退稿。人人都知道女作家的命运和女画家一样糟糕;二是我确信自己永远不会结婚。女性作家的传记中写得清清楚楚:你要么写作,被归类为神经质;要么选择结婚,获得满足。获得满足听起来乏味至极。[24]

这个问题很复杂。对性别的贬低是很微妙的。从中学时代开始读莎士比亚起,"女人衣裳"[25]这个说法就一直让她不无恼火。"这种说法暗示说女人就像一片空地,上面野花随处盛开,不值一顾,却经久不衰。"[26]大概,女人们的经历太微不足道了,无法被纳入艺术经典之中。她不想被贴上"女作家"的标签,然而,作为一名女性,她怎么能让自己的作品远离被人鄙夷的"女人衣裳"呢?

阿特伍德对这种压力的反应令人惊叹。她受自己的写作欲望深深驱动,并没有因此而感到沮丧。她有时可能会感到恼火,却并未因此感到特别困扰。这种状况也确实意味着她培养出伶牙俐齿的本领,作为一种防御策略来保护自己。几十年后,她回顾年轻时的自己:"年轻时我极不宽容。但这种不宽容几乎是一种必要;年轻人需要它来为自己提供可资信任的证明。"[27]

但更为复杂的问题是如何成为一名作家,因为她的榜样全都是浪漫主义作家,而所有浪漫的天才诗人往往不到30岁便英年早逝。她从约翰·济慈和艾米丽·勃朗特那里染上了浪漫的通病。她不确定自己会不会疯掉,但确信自己会在30岁前死去。后来她笑着回忆这段经历:

> 我曾经认为拥有这么好的父母是一种劣势，毕竟所有这些书都与人们经历过的可怕童年有关，所以我必须使用其他人的可怕童年……男人都是有结核病的天才，女人们则总是受到某种伤害，或是性格扭曲，或是充满自杀倾向。倘若不是如此，他们就算不上是真正的作家。这几乎就好比让人用死来证明自己。[28]

更紧迫的是需要确定为什么加拿大没有作家。当阿特伍德开始对此加以深入研究时，她读了 A.J.M. 史密斯的《加拿大诗集》，发现里面不乏加拿大作家，他们一直都在，问题在于加拿大的殖民文化对其存在无动于衷。即便是在维多利亚学院，在 20 世纪小说与诗歌课上，哪怕只把一本加拿大作家的小说或诗集挤进阅读书目清单，也仿佛是一种冒险的让步。像许多其他年轻的加拿大作家一样，阿特伍德花了好些年时间，试图理解加拿大人对自己文化作品的冷漠态度——如果不说是蔑视的话。

在这样一个时期，能够遇见真正出版过书的作家是很重要的。

杰伊·麦克弗森的存在本身就对她产生了巨大影响。她们成了朋友。"我不记得佩姬是否被称为'甲壳虫'，或者我只是把她当成一个甲壳虫般的角色，"麦克弗森说，"她身穿一件棕色的冬季外套，很少脱下。这是一种伪装。她走路弯着腰，快步疾走，本意是不想引人注目，结果反而更引人注目。"即便在那时，麦克弗森也认为阿特伍德仿佛得到"神谕的触摸，直觉极其旺盛"。"大学的最后两年，"她认为，"她的创造力格外出色。不停地写作。灵感的火花不断从她身上迸发。"[29]

诗人詹姆斯·雷尼也成了她的朋友。他比阿特伍德大很多，1956 年来到多伦多，在诺思洛普·弗莱的指导下攻读博士学位时，他已经在马尼托巴大学任教。雷尼是一个特别独特有趣的人。他来自安大略西南部，个子矮小，精力充沛，身上保留了一种神童般的顽皮与才情。在雷尼热情洋溢的世界里，万事皆有可能。担任助教期间，他喜欢举办诗歌教学研讨会。他会说："大家对自己的想象进行图解。梦想和神话是通往现实最独特的捷径。"他会复述《强盗新娘》的神话，然后问："谁是你生活中的强盗新娘？"³⁰

雷尼记忆中的阿特伍德非常害羞，也极其聪明，会把自己写的诗给他看，引起他极大兴趣。他能感觉到诗中的韵律和节奏，但其背后总还另藏深意。"那些诗是有根基的，"他说。他很清楚，诗歌需要有新元素加入。"眼前所见到处是男性的身影，加上《时尚先生》男性形象的不断驱赶推动，诗人们早已精疲力竭。"他期待阿特伍德能为他带来新元素。³¹

阿特伍德决心成为一名作家，凭借她从家族中学到的坚韧精神，她如愿以偿。早在1958年3月，在她上大一的春天，她就向学生杂志《维多利亚院刊》提交了一篇小说并得以发表。《维多利亚院刊》是一本品味高雅、制作精良、小范围发行的杂志，主要刊登教授和学生的论文和作品。每年发行两到三期，编辑部位于伊曼纽尔学院底层的一个小办公室里。

阿特伍德的第一篇小说名为《水晶鞋》，共两页，是一篇趣味横生的小品文。一个年轻姑娘穿着亮闪闪的高跟鞋站在一个公共汽车站台上，两位表情严厉的妇人不满地盯着她看。小说中这样写道："姑娘慢慢地来回踱着步，微微转动着闪闪发光的拱形双脚，使那两位坐在长凳上、无精打采、体态笨重、一本正经的妇人顿时黯然失色，更显单调乏味。两个妇人好比坚实的外部社会，而她只管将二人的不满当作王冠戴在头上。"³²一个年轻女大学生的猛烈抨击在这里显得妙不可言：敌人是"坚实的"中产阶级行为规范，而高跟鞋则为武器，让她们胆战心惊。阿特伍德已经具备了作家的本能，懂得如何充分利用意象细节。

1958年12月，她发表了第二篇小说《朝圣》。其中一句话让我们看出这位年轻作家身上蕴藏着无限潜力。《朝圣》讲的是一个年轻女孩回去看望小学老师,她觉得老师当年的冷漠摧毁了她童年时代的自信,也毁了她的生活。这位老师如今已衰老年迈,身上散发出一种薰衣草香水的气息:"她那优雅的、年轻得令人惊讶的双手,可能多年来一直规规矩矩地交叠着,放在凉爽的雪松抽屉底部。"[33]

在1959年2月发表的第三篇小说中,讲的是一个小女孩在公共汽车上遇到了一个邻居,她的女儿不得已奉子成婚,其中有一句:"你的微笑让我隐约想起了口臭广告,她心想,或者是报纸背页上那些关于假牙的小广告。"[34]

到1958年秋季,丹尼斯·李已经是《维多利亚院刊》的主编之一(那年他们计划出版四期)。阿特伍德荣登11月号刊的头版,大名赫然列在"插图"下面。这期的封面设计是她做的。那是一张哥特式的维多利亚学院图,画面上有黑色的剪影和幽灵般的白色树木轮廓,看起来相当邪恶,底部一变而成通往学院台阶的小路。维多利亚学院的受托人看了肯定不会感到高兴。

根据李的说法,在他们一起为《维多利亚院刊》工作之前,他和阿特伍德一直小心翼翼地回避对方,彼此都被对方吓坏了。"佩姬花了很长时间才得以在没有披上几层外皮的情况下四处闯荡,把真实的自己完全暴露在他人面前的确是一种可怕的感觉。发现两人居然可以一起工作,我想我们都很开心——我们都有各自忙的事,都被各种东西束缚,对未来都感到困惑和茫然,并且一样关心所有那些令人紧张和担忧的问题。例如:'你能成为自己想成为的人吗?'我们俩都不太善于社交。但发现我们对一些傻气、幼稚和愚蠢的东西所见略同。"

她和丹尼斯·李组合两人的姓氏,编了个笔名"莎士比特·李特威德",并用这个笔名写讽刺作品。她称这是一个"疯狂的文学笑话,源于大二学生幼稚的幽默感"。阿特伍德喜欢恶作剧和开玩笑。他们首先尝试的是探索现代诗歌中的时尚潮流,包括"可乐派"和其他滑稽搞笑的趋势。

到了大三,阿特伍德以其一贯的务实精神,开始向外投稿。她发现诗歌是有受众的。虽然群体不大,但还是愿意购买并热爱"小众"杂志。当时只有八家全国范围内发行的期刊接受诗歌,分别为《蕨菜》,米尔顿·威尔逊主编的《加拿大论坛》,《美洲落叶松评论》,路易丝·杜德克主编的《德尔塔》,《女王季刊》,《棱镜》,乔治·伍德科克主编的《加拿大文学》,以及詹姆斯·雷尼新近创办的《字母表》。

1958年11月,《加拿大论坛》的主编米尔顿·威尔逊录用了她的诗《小安魂曲》,并告诉她:"我们认为这首诗有一种冷酷的魅力。"[35] 该刊曾经在不久前的9月份发表了她的诗《硕果》,这是她在专业刊物上发表的第一个作品。

作家潜在的力量就这样展露。在生物课上,阿特伍德的父亲可能是要求学生观察马蝇的头部,而在他布置的作业纸背面的草稿中,正是阿特伍德发出真实声音的开始。上面有一些极具个性的诗歌:"不久,歇斯底里将繁花盛开。"又或者是这首名为《侦探故事》的诗:

> 我的爱,在你的头骨里
> 有许多
> 秘密的捕食者
> (我也在其中)[36]

那个读《格林童话》,养螳螂当宠物的小女孩开始浮现。这是属于阿特伍德的想象。平静的水面下一具人体正在溺亡。她发现,正如爱丽丝·门罗曾经精彩地描述的那样,平凡的生活就是"铺着油毡的深洞"。她要到深洞里去看个究竟。

和李合作撰写了两期专栏之后,她开始用"莎士比特·李特威德"的笔名自己写文章。在一篇题为《表达行为》的小文中,她列举了关于写作的各种老生常谈。学者们说诗歌充满暗指。于是她写了一首由脚注组成的诗。浪漫主义者说:"从生活中写作。"于是她接受了"来自蒙特利尔的先知"(大概是暗指欧文·雷顿)的建议,带着一支铅笔和一个小小的信封去了一家咖啡店,写下了她的所见。从中她得出结论:"艺术家既不关心文学,也不关心生活;他只关心自己。""我的自我准备表达自己了。"于是她烧掉了那首诗。[37] 阿特伍德似乎喜欢挑战。她甚至对诺思洛普·弗莱进行了文学模仿,将他的文学批评原型理论应用到当时的埃贾克斯公司的产品广告中。"我不怕反击,"她回忆说,"我想弗莱会和我一样觉得好笑。"[38]

杰伊·麦克弗森担任维多利亚学院女生指导老师时曾住在宿舍楼,但在 1960 年夏天,她在离校园四个街区的地方买了一套小房子。尽管当时要过一年才能住进去,但房子价钱很合算,她手头太拮据,舍不得放弃这笔交易。正好当时阿特伍德也感觉,到她这个年龄,家有点小了,而且校园里晚上开展的各种活动也让她不再喜欢徒步走回本宁顿高地。了解到这些情况。麦克弗森建议让阿特伍德照看她的房子。

房子里几乎空空如也。麦克弗森从救世军二手商店里买了几件家具,可等阿特伍德在最后一年春天搬进来时,还是觉得简直就像到野外露营。毕业后,她留了下来,整个夏天,麦克弗森都来帮忙整修房子。她记得两人一起刮掉了厨房里可怕的墙纸,墙纸上野马奔腾,似乎跑满了整个厨房(她们异口同声地称之为"消失的大草原")。

她们坐在厨房的桌子旁,一杯接一杯地喝着咖啡,聊着书。麦克弗森把她的一些书放在家里,阿特伍德当然可以看。麦克弗森说:"我想她选择了书架上荣格的书,还有格雷夫斯的《白色女神》,以及所有的加拿大现代诗歌。"

她们之间有一种奇妙的创造性共生关系。麦克弗森成为阿特伍德早期作品的读者之一，看到了她开始创作的小说《在如此蔚蓝的空中》的初稿，并阅读了《双面冥后》的手稿。麦克弗森很喜欢这些诗的哥特式风格。"人在年轻的时候，"她说，"总是想做一些能赋予自己力量的事情。"

事实上，她们都有一种偏爱哥特式风格的本能。阿特伍德推荐麦克弗森观看贝洛·鲍尔托克的歌剧《蓝胡子公爵的城堡》，还送给她一幅自己画的水彩画《强盗新郎》。麦克弗森明白哥特式风格对阿特伍德的影响。它提供了工具，让人得以理解令人不安的现实。对麦克弗森来说，哥特式小说的基本原型是该隐和亚伯的故事，亚伯杀死了自己的兄弟，并被永久流放。这种自相残杀反映在人类的心灵当中：自我分裂的两半，陷于永恒的斗争中。哥特式风格给人一种灵魂破碎感，一种需要重新找回自我的各个碎片的感觉。她说："黑暗的阴影会回到表皮下，往往会因为被放逐和被否定而复仇心更甚。""我想起威廉·布莱克说的话：'我的幽灵日夜缠绕着我。'"作为作家的阿特伍德，总是追逐着那些阴险的影子，探索表皮之下、书页之下的东西。

李会说，对他自己和阿特伍德来说，大学的最后一年是与怀疑和困惑搏斗的一年，是确定什么会阻止他们前进脚步的一年。他们不想浪费自己的才华。有时，他们会哀叹自己选择了更为保守的维多利亚学院，而不是大学学院，因为大学学院发生了真正激进的事情。他们不知道——当然，身在其中的他们不可能知道——人们回想起来，会把20世纪50年代后期的维多利亚学院视为黄金时代。

注释

1 玛格丽特·阿特伍德,《20世纪50年代的维多利亚学院》,选自《大学英语协会评论》第42卷,第1期(1979年11月),第19页。
2 同上。
3 同上。
4 同上文,第21页。
5 玛格丽特·阿特伍德,《母亲生命中的重要时刻》,选自《蓝胡子的蛋》,第17页。
6 同上书,第18页。
7 本书作者对萨姆·索莱茨基的采访,1997年1月3日。
8 玛格丽特·阿特伍德,《20世纪50年代的维多利亚学院》,选自《大学英语协会评论》第42卷,第1期(1979年11月),第20页。
9 本书作者对亚历山大·约翰斯顿教授的采访,1997年3月27日。
10 同上。
11 玛格丽特·阿特伍德,《丹尼斯·李》,选自《加拿大杂志》,阿特伍德文稿,74号档案盒,2号档案。见丹尼斯·李,《尼古拉斯·诺克和其他人》(多伦多:麦克米伦出版社,1974年),第20页。
12 本书作者对丹尼斯·李的采访,1997年3月7日。
13 《草稿》,阿特伍德文稿,90号档案盒,22号档案。
14 本书作者与约翰·休厄尔的对话,1998年2月27日。
15 本书作者对查尔斯·帕赫特的采访,1997年11月13日。
16 凯瑟琳·谢尔德里克·罗斯和科里·比曼·戴维斯,《访谈》,选自《加拿

	大儿童文学》第 42 期（1986 年）；转载于《玛格丽特·阿特伍德对话录》，厄尔·G. 英格索尔编（安大略威洛代尔：萤火虫出版社，1990 年），第 160 页。
17	这是查尔斯·帕赫特的叙述。里克·萨鲁蒂尼也是白松营的辅导员，他在《边缘笔记》中记录了一个略为不同的版本。（多伦多：莱斯特－奥彭·丹尼斯出版社，1984 年，第 28 页）
18	玛格丽特·阿特伍德，《前言》，选自《查尔斯·帕赫特传》（多伦多：麦克莱兰－斯图尔特出版社，1992 年）；博戈米拉·韦尔什－奥夫恰罗夫著，第 4 页。
19	玛格丽特·阿特伍德，《我眼中的诺思洛普·弗莱》，选自《次要的话：批评散文选集》（多伦多：阿南西出版社，1982 年），第 400 页。
20	玛格丽特·阿特伍德，《20 世纪 50 年代的维多利亚学院》，选自《大学英语协会评论》第 42 卷，第 1 期（1979 年 11 月），第 21 页。
21	本书作者对玛格丽特·阿特伍德的采访，1997 年 2 月 12 日。见玛格丽特·阿特伍德，《我眼中的诺思洛普·弗莱》，选自《次要的话：批评散文选集》（多伦多：阿南西出版社，1982 年），第 401 页。
22	玛格丽特·阿特伍德，《20 世纪 50 年代的维多利亚学院》，选自《大学英语协会评论》第 42 卷，第 1 期（1979 年 11 月），第 20 页。
23	比阿特丽斯·门德斯－埃格勒，《访谈》，选自《玛格丽特·阿特伍德：反思与现实》（泛美大学出版社，1987 年）；转载于《玛格丽特·阿特伍德对话录》，厄尔·G. 英格索尔编（安大略威洛代尔：萤火虫出版社，1990 年），第 165 页。
24	《诗歌与受众》，阿特伍德文稿，56 号档案盒，2 号档案。
25	此处原文为"women's weeds"，"weeds"一词在莎士比亚时代可指"衣裳"，但该词多有"杂草"之意，暗含贬低意味。——译者注
26	玛格丽特·阿特伍德，《那种被称作女友的东西》，选自《纽约时报书评》，1986 年 5 月 11 日，第 3 页。
27	《阿特伍德 90（第一部分：访谈）》，阿特伍德文稿，4 号档案盒，30 号档案。
28	邦尼·莱昂斯，《访谈》，选自《谢南多厄》第 37 期（1987 年）；转载于《玛格丽特·阿特伍德对话录》，厄尔·G. 英格索尔编（安大略威洛代尔：萤火虫出版社，1990 年），第 226 页。
29	本书作者对杰伊·麦克弗森的采访，1997 年 5 月 20 日。

30　本书作者对詹姆斯·雷尼的采访，1997年10月27日。

31　同上。

32　玛格丽特·阿特伍德，《水晶鞋》，选自《维多利亚院刊》，第82卷，第3期（1958年3月），第16页。

33　同上。

34　玛格丽特·阿特伍德，《一月的老生常谈》，选自《维多利亚院刊》第83卷，第4期（1959年2月），第7—9页。

35　米尔顿·威尔逊致玛格丽特·阿特伍德的信，阿特伍德文稿，1号档案盒，84号档案。《小安魂曲》，见《加拿大论坛》，1959年12月，第202页。

36　阿特伍德文稿，4号档案盒，30号档案。

37　莎士比特·李特威德，《表达行为》，选自《维多利亚院刊》第85卷，第3期（1960年4月），第16页。

38　玛格丽特·阿特伍德，《我眼中的诺思洛普·弗莱》，选自《次要的话：批评散文选集》（多伦多：阿南西出版社，1982年），第403页。

第六章　神谕的触摸

到了1960年，阿特伍德成长的城市开始发生变化。多伦多一直被称为"猪城"，表面上是因为城市西边一角充斥着屠宰场，但实际上是因为它是一个思想狭隘的清教徒式的小城市，仅有七十多万居民，仍然冻结在殖民主义的永久冻土中。英国艺术家温德姆·刘易斯曾于20世纪40年代在多伦多居住，称该城市为"一台伪善的冰柜"。记者罗伯特·富尔福德说，这是一座致力于秩序和清洁的私家城市，一座沉默无语的城市。不准开设路边咖啡馆，几乎没有公共假日。市政法律禁止市民在自家后院喝啤酒。正如富尔福德所言，许多人把多伦多的沉默寡言误认为是美德，但这只对那些当权者是好事。[1]

加拿大只有一个地方会有事情发生，那便是蒙特利尔。一谈起这座城市，多伦多人就有强烈的自卑感；他们认为只有在魁北克才有文化。而这在"猪城"当然是不可能会有的。

在20世纪60年代之前的几十年里，蒙特利尔是"一个欢快自信、潇洒放荡，教堂和夜总会相安共存的小镇"，这是威廉·温特劳布在他热情洋溢的颂词《独一无二的城市》[2]中所描述的。20世纪40年代，正是在那里，脱衣舞女莉莉·圣西尔在欢乐剧院声名鹊起，她的背景是一座寺庙，道具是香火和一尊佛像，还有用来解开贞操带的大钥匙。她的"自杀"之作总是在她单相思的哑剧结束时达到高潮，她威胁说要从窗台上全裸跳下去，把吓坏了的观众全都从座位上拉起来，他们齐声高喊："莉莉！别跳！"她是个尤物，吸引了众多游客。

蒙特利尔有清教徒式的高级教士，比如红衣主教莱热，他抱怨市里的夜总会比教堂还多；还有臭名昭著的暴徒式人物，比如拉奇·卢恰诺的朋友弗兰克·佩特鲁拉，他经营海洛因生意；城里有犯罪调查侦探和打击犯罪的律师，也有在选举之夜砸窗户的打手队。

只有在讲法语的蒙特利尔，英国诗人才有可能出名。弗兰克·斯科特是麦吉尔大学的法学教授，也是一位著名诗人。1957年，他在最高法院就臭名昭著的魁北克"挂锁法"向总理莫里斯·杜普莱西斯提出了挑战，并胜诉了，结束了只要怀疑哪里在搞共产主义宣传，警察便可以将任何房子挂锁封屋的权力。（至于什么构成了共产主义却从未明确说明。）经此一举，斯科特成为一位公众英雄。麦吉尔大学校园里，学生们拉起横幅迎接斯科特凯旋，横幅上写着："骑士 F.R. 斯科特击败欺世独裁杜普莱西斯"。[3]

还有蒙特利尔的诗人欧文·莱顿，以崇拜希腊神话中生殖之神普里阿普斯著称，比起"垮掉的一代"，他更像是放荡不羁的波希米亚派。他的抒情诗为其赢得了社会先知和酒神情人的声誉。一些意式浓缩咖啡吧和咖啡馆是诗人们聚会的地方，像科利布里、卡门、帕姆帕姆和大学区的咖啡馆，还有克拉克街的厄尔科尔蒂霍。这些咖啡馆后来成为年轻的波希米亚人莱昂纳德·科恩的代名词，他在1956年出版了《召唤神话的四十四型》一书，从这些咖啡馆中脱颖而出。那年他22岁。

在蒙特利尔，诗歌是一项充满血腥的艺术运动。你可以站在欧文·莱顿、莱昂纳德·科恩和路易丝·杜德克这一边，也可以站在多伦多形式主义者杰伊·麦克弗森和年轻的达里尔·海因这一边。这些分歧在很大程度上是一种修辞上的辩论和形式上的争斗，毕竟麦克弗森和海因并未意识到自己属于某一阵营。但这起码意味着诗人们觉得诗歌至关重要。

第六章　神谕的触摸

许多人认为，在腐败且独裁的莫里斯·杜普莱西斯政权下，魁北克的极端政治生活得到了反对派神职人员的支持，这在年轻人的头脑中培养了一种知识分子式的激进凶猛之感，比如来自乌特勒蒙区的皮埃尔·埃利奥特·特鲁多，或是勒内·莱韦克，这是说英语的加拿大区乏味的政治永远无法效仿的。还有人则羡慕蒙特利尔丰富的犹太传统，在市中心圣于尔班街的贫民区，培养出了有趣的作家莱顿或莫迪凯·里奇勒，在上城区，则孕育了莱昂纳德·科恩等作家。

在与蒙特利尔的对比中，多伦多自愧不如，但到20世纪50年代末，这里也发生了一场文化的革命。当新出现的爵士俱乐部如颠覆性的即兴表演一样纷纷开业时，这座城市的长老会教风开始破裂。此时，海湾大街的汉堡之家和阿斯奎斯街的一幢旧马车房的一楼俱乐部聚集了一批寻求逃离主流文化的人。接着，民谣现象开始出现在像"乡村角"这样的地方，在那里，唐·弗朗克斯和他年轻的替补吉他手伊恩·泰森一起演奏。最后，1960年6月1日，波希米亚使馆在离韦尔斯利大街不远的央街西头的一间仓库里开业，仓库位于当时一条鹅卵石小巷的尽头，那条小巷叫圣尼古拉斯街。

这里是杰勒德街村的中心，大约有四个街区，是多伦多唯一一个放荡不羁的地方，是人们在"猪城"解闷消愁的去处。这个村的历史可以追溯到"二战"前，当时艺术家的工作室布满了村庄的街巷，艺术家们聚集在马洛尼的鸡尾酒吧里喝酒，比如"七人画派"中的弗雷德·瓦利。但是，这个村庄到20世纪50年代初才开始成为一处景观。当时画家阿尔伯特·弗兰克和他的妻子搬到了位于杰勒德街94号的一所破旧的小房子里，那里也是弗兰克的店铺。弗兰克是荷兰人，他通过修复画作谋生，被亲切地称为"老荷兰清洁工"。从杰勒德街开始，他走街串巷，足迹遍布多伦多的街巷，绘制他的城市编年史。

年轻的画家们像铁屑被磁铁吸引一般来到村里，拜谒弗兰克-哈罗德·汤、沃尔特·亚伍德和中村一雄。1956年，画家巴里·克纳曼在杰勒德街开设了当代艺术画廊，为随后的艺术热潮奠定了特有风格：天花板是黑色蛋格式的，画廊里展示了各种前哥伦布时期的艺术作品和日本艺术家葛饰北斋的画作，还有开香槟酒的庆祝方式。整个地区富有特色，这些特色之所以成为特色，正如哈罗德·汤所说，是因为他们"完全不知道怪癖也是一种商品"。这里有灯具制造商威利·费迪奥，能够通过观察茶叶渣来预测未来的爱丽丝夫人，还有南希·波科克和她的宠物臭鼬——波科克因她画的一个裸女而出名，这个裸女有一天跑过她的门口，后来告诉法官她是隐形人。[4]在那里，总有事情可做，很容易就能加入这个艺术村落。

因此，波希米亚使馆在圣尼古拉斯街7号开张时，并没有特别引人注目。创办人唐·卡伦二十八九岁的年纪，在加拿大广播公司的电视新闻部做文案工作，撰写周日晚间的国内新闻报道。当时公司同事们在三小时的午餐时间里，通常消磨于位于贾维斯街的名人俱乐部，吃饭、喝酒、玩飞镖。卡伦的想法是创办一个无酒精夜间俱乐部，一个与名人俱乐部截然不同的去处——他仍然沉浸在昔日"原教旨主义"的思维里，认为它行得通。电视新闻部的五位员工每人凑了100加元，波希米亚使馆就此诞生。卡伦在学院街的伊顿百货买了两个配有14个杯子的铝制渗滤式咖啡壶和一个电炉，并在一台基士得耶速印机上印制了大量广告传单。他会去大学体育场的加式足球比赛现场，一边分发传单一边宣传："您想来点颠覆性的文学作品吗？"[5]

波希米亚使馆位于二楼，要经过两段没有扶手的窄台阶，内部就像谷仓一样，墙壁被漆成了黑色。这座建筑始建于使用马匹的时代，外面有一个滑轮，可以通过墙上的一个洞把货物拉上来，如今洞已经被木板封住了。谁有空就在门口帮忙收费（会员资格是每年2.25加元）。有几张小桌子，上面铺着红格子桌布,蜡烛插在著名的意大利基安蒂红葡萄酒瓶里,还有大约120把椅子,后面有一个舞台,配有一个类似音响系统的东西。洗手间是一个小隔间,正对着大厅,但是并没有锁,你必须学会边用一只手摁住门上边小便,否则你就会发现自己脱了裤子,在头顶上方摇摇晃晃、没有灯罩的灯泡眩光照射下,在大庭广众之下与人面面相觑。

波希米亚使馆是一家私人俱乐部,警察不喜欢这种工作时间之外的聚会,一直想方设法让其关门大吉。只要纽约市有哪家咖啡馆被查获毒品,又或者某个议员的女儿在凌晨三点回到家说"我在波希米亚使馆",多伦多的警察肯定就会不甘示弱,找上门来。俱乐部经常受到关门停业的威胁,甚至有法官建议他们以警察迫害为由发起反诉。很容易分辨出听众里的便衣警察,他们没有多少事情可做,因为波希米亚使馆从不出售含酒精的饮料,也禁止使用毒品。卡伦对此态度坚决。他认为,有些天才式人物,倘若过早地在当地酒吧的混乱中放纵自己,可能就会被彻底毁了。波希米亚使馆要培养新人。它是反资产阶级的——卡伦偶尔会收到一些来信,有人误以为这是一个真正的大使馆,来咨询签证问题,这让他感到非常有趣。这个地方给人一种天真直率的感觉。现在回想起来,卡伦觉得它非常奇特,既"真诚又亲切"。

波希米亚使馆每周有固定的营业时间,为晚上十点,一直到早上六点,这段时间城里大部分地区已寂静无声。周一晚上为开放夜,没有固定的活动安排;有段时间是找了一位表演老师教大家表演,后来又有了击剑课。周四是文学之夜;周五是民谣之夜;周六则是爵士乐之夜。这里会定期举行社会讽刺剧和即兴喜剧表演。这个俱乐部的长处就在于什么都愿意尝试。让·热内的北美版《女仆》的首演地就在这里,戴维·弗伦奇和戴维·弗里曼写的第一个剧本也在此处上演。

不久,许多人都慕名前来,加入了这个俱乐部。其中包括莎伦·洛伊丝与布拉姆乐队的莎伦和布拉姆，布拉姆还在那里演出过；《妈妈和爸爸》里的丹尼·多尔蒂；还有《爱的勺子》里的扎尔·亚诺夫斯基。一位来自美国的年轻黑人喜剧演员比尔·科斯比把这里当成了家。一些偶然路过多伦多的人，比如莱昂纳德·科恩或哈里·贝拉方特，最后都到了波希米亚使馆。阿特伍德后来说，听众都是些希望通过音乐和诗歌来逃避"落魄的资产阶级和体面的工薪束缚"的青年人。[6]

丹尼斯·李记得他在当地报纸上读到关于这个完全不具多伦多特色的俱乐部的报道，于是告诉给阿特伍德。她喊李一同去波希米亚使馆看个究竟。这是她嗅探事物的一个途径。他说："我想我可不敢贸然前往。"远离那些穿着驼毛大衣和两件套西装的中产阶级，他们听着爵士乐，欣赏民谣和诗歌。对于21岁的他们来说，波希米亚使馆真是个令人陶醉的去处。

波希米亚使馆首次为多伦多作家提供了聚在一起谈论文学的场所。场地不大，让人有一种同处社会边缘共患难的感觉。当时大多数人都写诗。1960年和1961年，加拿大出版的小说数量寥寥无几，用一只手指就可以数得过来。那个年代，加拿大似乎无法养活一个职业作家。小说家莫迪凯·里奇勒因为加拿大的文化结构过于单薄而流亡到英国。加拿大真正的创作活动主要集中在诗歌上，因为出版费低廉，人们可以自费出版诗集。

1960年11月，阿特伍德首次在该俱乐部公开朗诵诗歌。记忆中，那次经历是一场可怕的折磨。虽然她在维多利亚学院表演过讽刺剧，从未怯场，但在这里，她感觉自己暴露在众目睽睽之下，"没有可以躲避的地方"。人们不停地走来走去，取咖啡，煮咖啡，聊天。在台上，她感觉手足无措，恶心得想吐。她说："如果你能在波希米亚使馆挺过来，你就可以在任何地方朗诵。就在你读到（诗中）最伤心之处时，肯定会听到有人冲厕所或开咖啡机的噪声。"多年来，当众朗诵常常给她带来作家特有的噩梦：自己站在台上，打开笔记本，却发现里面全是看不懂的中文。[7]

但是，阿特伍德张口朗诵的那一刻，还是有许多人意识到这是一个不容小觑的人物。他们开始关注：这个戴着角框眼镜、朗诵得如此认真、充满智慧的年轻女性究竟是谁？

在大学校园之外的这样一个环境中，阿特伍德自然会遇到许多人，并在日后与他们成了亲密的朋友，这是一种滋养。那里有老一辈的诗人，如詹姆斯·雷尼、杰伊·麦克弗森、菲莉丝·韦布、阿尔·珀迪和玛格丽特·阿维森，也有年轻诗人，如戴维·唐奈、格温德琳·麦克尤恩和乔·罗森布拉特。女性和男性的数量几乎不相上下。这个圈子很小，似乎任何有才华的人都可以进入。

然而，俱乐部的潜台词却并不那么吸引人。很难对此进行评论，因为没有人完全弄清楚它是如何起作用的。尚无语言能够准确描述这种微妙的破坏力。对女性的态度依然伪善，即便不是刻意为之，也是自相矛盾。所有的宣传仍然坚持创造力属于男性。回想起来，阿特伍德说："作为一个女人，甚至连艺术界都不给你一个可行的选择。"[8]

所有这一切都模棱两可，莫衷一是。"波希米亚"到底是什么？俱乐部在传单上招揽顾客的广告语是"在令人振奋的颓废氛围中放松。帮助行将倒闭的事业复苏：多伦多的文化，机智的对话，不拘礼节，星际友谊，颠覆常规，等等"。[9]

当然，在经过20世纪50年代的循规蹈矩之后，俱乐部似乎是一种不同寻常的反叛，的确如此。但是，如果一个女人不想让自己成为追星女粉丝的角色，她就必须小心翼翼，努力寻找自己的出路。

俱乐部的绝顶天才米尔顿·阿肯，无疑（即便是无意识之举）患有严重的厌女症。这位诗人来自爱德华王子岛，后来被称为"人民诗人"。他占据着俱乐部的霸主地位，就好像是俱乐部专门为他开设的一样。阿肯总是大步流星地走进俱乐部，一眼望去就像一幅滑稽漫画——一副伐木工、劳动大众的诗人形象——总是穿着工人常穿的格子衬衫、牛仔裤、跑鞋或胶靴，粗短的手指间夹着一支雪茄。他的脸像一块嶙峋的岩石，由于神经性的抽搐而显得比例失调，似乎只有浓密的眉毛固定不变。他是个特立独行的人，酗酒，玩乐。以他那原始人的勇敢形象著称，如过时的古董一般，但坚韧耐久。倘若哪个晚上正好碰上喝得酩酊大醉的阿肯闯入，俱乐部便必将乱成一团。他培养了自己卓尔不凡的名声。阿特伍德虽然尊重他的才华，但对他咄咄逼人的傲慢态度却不置可否："他属于那种精力充沛的卡车司机流派。认为'如果你想成为诗人，你就不能上大学。你得是个卡车司机'。而我会想：'他以为他在和哪个性别的人说话？'他这句话传达的信息似乎是，你成不了诗人，应该是这个意思。好吧，我当过服务生。当过服务生行吗？我过去会这么想。那时类似的逆向势利思想十分盛行。"[10]

不过，阿肯到底想表示什么？当时来波希米亚使馆的也有一些出色的女诗人。其中，韦布、阿维森、麦克弗森都是令人印象深刻的作家。然而，别人是如何看待她们的呢？阿特伍德还记得与欧文·莱顿的一次晚宴，他在诗人中名声最响。莱顿称玛格丽特·阿维森"一副鬼祟样子"，因为她知道自己正在侵犯男性领地。对阿特伍德来说，莱顿似乎在暗示，不是女人不能写诗，而是她们根本就不该写诗。[11]

莱顿的妻子阿维娃还记得她丈夫和阿特伍德的第一次正面交锋，大约是在 1969 年。[12] 在一个没完没了的聚会上——这种聚会当时很常见。阿维娃记得，当她第一次见到阿特伍德时，简直被她的美貌惊呆了。她穿着一件黑色天鹅绒连衣裙，头发柔顺，皮肤如瓷器般光滑，看起来就像拉斐尔前派作品中的女主角。（阿特伍德一定很是沉迷于对表演服装的热爱。）莱顿一看见她，就感到气不打一处来。他本能地感觉到危险。第一次参加她的诗歌朗诵时，她在台上朗诵，莱顿就特意在观众席上大声读自己写的诗，然后很快睡着，鼾声大作。但阿维娃说，阿特伍德似乎并不受其影响。

莱顿在公开场合和私下判若两人。私下里，他可能很善良，但在公开场合，却极为在乎维护自己的声誉，而阿特伍德的出类拔萃似乎对他构成了威胁。多年后，欧文·莱顿向儿子传授与女性打交道的策略。"你必须先削弱她们的信心，然后再树立其信心，"他解释道，"那样她们才不会离你而去。"[13]那个时代，要想成为一名艺术家，你必须是个酒鬼和好色之徒。哈罗德·汤，这位在艺术界占据主导地位的先锋画家，就是完美男性艺术家的典范，他的情妇一个住在多伦多海港中心的中心岛，另一个住在多伦多市区。[14]

要问怎么会这样吗？20世纪60年代初期妇女尚未解放。那些年的性解放运动与女性解放毫不搭界。非要说的话，波希米亚的世界是为男人发明的。

在美国，当时的主流声音包括杰克·凯鲁亚克和诺曼·梅勒。他们对叛逆的看法集中在作家的代表性形象上，即酗酒、阳刚的男性形象。梅勒刺伤了他的第二任妻子，对此，他的名言是："用刀做这件事需要极大的爱。"这一切都是出于狂热，就好像男性受到了威胁，就好像他们已经感觉到这个代表性形象正在消亡。

阿特伍德开始明白，在这场性革命中，女性几乎没有立足之地。回想起来，她会说："那是1960年，《花花公子》在男性中大受欢迎。男性解放始于唾弃女性。如果你回头去读《姜饼人》或者《在路上》，你会发现全是这些内容。《在路上》里的完美女人是这样的，让她的男人随心所欲地来来去去，离开又回来，还始终保持微笑。这才算是个女人。哪个真正的女人会那样呢？又有哪个女人愿意那样呢？"[15]一直到20世纪80年代，当那个场景中的女性开始写书时，我们才开始看到发生了什么。1990年，杰克·凯鲁亚克《在路上》的主人公原型尼尔·卡萨迪的妻子卡罗琳·卡萨迪终于出版了自己的回忆录《不在路上》，这位女性在波希米亚式的背景下的荒谬地位变得显而易见。卡罗琳本人在遇到尼尔·卡萨迪时曾是一名有抱负的艺术家，但随后变成了"追星女粉丝般的妻子"。她被卡萨迪那波希米亚式的文化极端主义所吸引，成了这种极端主义的受害者。在抚养孩子、照顾家庭的过程中，她失去了自己在艺术方面的机会，而卡萨迪则以原始体验为名，在毒品天堂和多个情妇之间来回穿梭。在这个过程中，两个人都被毁了。

作为年轻女性，阿特伍德希望成为艺术世界的一分子，但男女之间的性别政治仍然是一个核心问题。

女性们只能私底下在自己的圈子中探讨这个问题，即便如此，也只是泛泛而谈。用于理解它的语言尚未被探索出来。整个社会当然更不会提供帮助。1960年，加拿大广播公司取消了对西蒙娜·德·波伏瓦的访谈节目，仅因为她赞成离婚并主张男女平等。

在波希米亚使馆，阿特伍德与年轻女诗人格温德琳·麦克尤恩成为挚友。阿特伍德说，对自己和麦克尤恩而言，最困难的事情是在一个本质上属于男性的世界里为女性的创造力寻找空间。[16] 困扰她们的问题包括：女人的创造力是什么？为什么没有伟大的女性画家或伟大的女性作家？男性和女性的创造力不同吗？女性具备创造力吗？20世纪60年代漫长而艰辛的对话才刚刚开始。

与此同时，还有一个切身的私人问题。你打算怎么谋生？俱乐部里相对年长的女作家，如菲莉丝·韦布、玛格丽特·阿维森和杰伊·麦克弗森（杰伊·麦克弗森虽然只有29岁，但已经是一位知名诗人），都遵循这样的模式：如果一个女人决定写作，她就必须独自追求自己的艺术。不论是出于什么个人原因，总之，她们没有结婚，没有与人同居，没有孩子。

那时，神话是波希米亚使馆里每个人都痴迷的主题。它源自于罗伯特·格雷夫斯的《白色女神》和诺思洛普·弗莱在多伦多大学演讲的影响。

人人都读过莱昂纳德·科恩的《召唤神话的四十四型》(1956)、杰伊·麦克弗森的《船夫》(1957)，以及玛格丽特·阿维森的《冬日太阳》(1960)。格温德琳·麦克尤恩正在写《魔术师朱利安》，阿特伍德则在创作《双面冥后》。

《白色女神》出版于1946年，格雷夫斯解释说，该作旨在成为"诗学神话语言的历史语法"。他的论点是，诗学神话的语言"古时候流行于地中海和北欧，是一种神奇的语言，与纪念月亮女神或缪斯的流行宗教仪式有关……如今它仍然是真正的诗歌语言"。这是一本革命性的书，因为他是第一个突破犹太－基督教和纯粹古典传统的诗人兼评论家之一。他坚持认为，当父系制度被母系制度取代时，诗歌的语言便已经被篡改了。乍一看，这似乎不错。他认为诗学神话来自母系文化。尤其是古典诗人，他们已经背弃了"给他们灵感的月亮女神，她要求男人应该向女人致以精神和性的敬意"。但很明显，事实上，这是对一种古老厌女症的精彩阐述。格雷夫斯是这样写的：

> 女神是一个可爱、苗条的女人，鹰钩鼻子，煞白脸孔，花楸浆果一样猩红的嘴唇，金色长发，蓝眼睛美得惊人。她变化无常，顷刻之间会摇身变成母猪、母马、母狗、雌狐狸、母驴、黄鼠狼、蛇、猫头鹰、母狼、母老虎、美人鱼或令人讨厌的母夜叉。有无数的名字和称呼……可以说，检验诗人眼光的标准是他对白色女神和她统治的岛屿的描绘是否准确。当人们创作或朗诵一首真正的诗歌时，为什么会头发竖立，热泪盈眶，喉头紧缩，起鸡皮疙瘩，脊背发凉，是因为真正的诗歌必然是对白色女神或缪斯的祈祷，她是万物之母，代表了恐惧和欲望的古老力量——好比雌蜘蛛或蜂后，她的拥抱即为死亡。[17]

阿特伍德曾经挖苦道:"啊,是的,月亮女神。男人行动/女人存在。"。(后半句亦是格雷夫斯另一本书的书名。)不用说,女性仍然不是诗人,而只能是缪斯。月亮女神一生有三个阶段:情人、母亲和丑老太婆,而独立女性的唯一处境就是悍妇(阿特伍德自己也发现,当她的作品越来越出名时,她越来越多地获得这个称号)。阿特伍德解释说:"(女人)不仅必须是女神,她还必须是毁灭男人的女神。因为白色女神所做的就是咬掉你的头。每年春天和秋天,我忘了是什么时候——这种咬头现象一年会发生两次。弄死一个,再来下一个。"[18]

当作家是女性时,缪斯的实质究竟是什么?阿特伍德和麦克尤恩越来越痴迷于理清这个问题。

> 我自己一直认为缪斯是女性……如果女诗人的缪斯是女性,与性相关的联系就会消失,除非这个女诗人是同性恋。缪斯这一形象更像是另一个自我,双胞胎,一位母亲,一位睿智的老妇人。可以是以上任何一种。我曾经做过一项调查,了解人们心目中的缪斯,结果很具启发性。大多数人,无论男女,他们的缪斯都是女性。情况就是如此。或许如果你希望从心理学上分析,那代表着一种声音,母亲的声音。我们学会说话的方式,通常来自我们的母亲。[19]

阿特伍德从母亲那里听到的女性声音总让她感觉强大而自主,她本能地在这种女性传统中看到了自己。当然,这将为她提供某种自由。

与阿特伍德不同,麦克尤恩认为她的缪斯是男性。但是,这却导致了诸多问题。她一直把自己遇到的男人看作缪斯。几个世纪以来,女性一直扮演缪斯的角色。她们通常很容易接受这一形象塑造,并心甘情愿地充当男性艺术家的使女。她们对此感到受宠若惊,尽管她们总是惊讶地发现自己轻易就被人取代。但是，对女人来说，男人却复杂得多，要把缪斯的形象投射到他身上没那么容易，因为大多数男人都不乐意接受这种投射。他们一直被灌输需要掌控女性的权力，而这种投射却分散了这一权力。这使得性政治的领域——情爱的权力游戏——对麦克尤恩这样的人来说越发复杂。阿特伍德会耐心地听她讲述痛苦的感情故事。但阿特伍德太冷静了，不可能有这种极端的浪漫主义情感。如果她要有情人，那也只是情人而已。尽管如此，她一开始对女性作家的生活有一些非常混乱的概念。回顾过去，她再现了曾为自己设定的场景：

我读了她们（女作家们）的传记，读后感到沮丧且扫兴。简·奥斯丁始终没有嫁给达西先生。艾米丽·勃朗特英年早逝，夏洛特·勃朗特死于难产。乔治·爱略特从未有过孩子，还因为与已婚男人同居而遭世人排斥。艾米莉·狄金森东躲西藏；克里斯蒂娜·罗塞蒂透过裹尸布的虫洞观察生命。也有些人成功地将写作与我所认为的正常生活完美结合起来——比如盖斯凯尔夫人、哈丽雅特·比彻·斯托——但众所周知她们并非一流作家。我的选择一方面是卓越与厄运，另一方面是平庸与安逸。于是我咬紧牙关，迎风而上，放弃了浪漫真爱，戴着角框眼镜，板起脸来，以免被误认为是个胸中无一物的肤浅之人。

就在这种心情下，我读完了罗伯特·格雷夫斯的《白色女神》，这使我更加害怕。格雷夫斯没有摒弃女性。事实上，他将女性置于诗歌理论的中心；但她们是灵感来源而非创造者，而且还是一种滑稽古怪的灵感来源。她们是白色女神的化身，时而爱意绵绵，时而无情毁灭，但凡与她们有过交往的男人都面临风险——被开膛剖腹，甚至遭遇更坏的下场。女人有可能——注意，是有可能——成为一名好诗人，但前提是她也具备白色女神的特质，千方百计勾引男人，让他们精疲力竭,最终被夺命。这些听起来颇为吃力,似乎排除了家庭幸福的可能性。关于男女应该如何相处,这不是我的想法。我本想的是像我的妈妈和爸爸一样,一同在后院扫落叶。但我又是谁,如何能够反驳专家?如何才能成为作家?即便是女性?在我周围,没有其他人可以给我任何建议。只有格雷夫斯这些话在耳边回响。

这么说,那便会是我的生活了。除了阁楼和肺结核,我又加上了神秘和孤独的元素。我会穿黑色的衣服。我要学会抽烟,尽管抽烟让我头疼、咳嗽。还要学会喝一些虽然浪漫、但对我特别有害的东西,比如苦艾酒。我会一个人住在粉刷得恰到好处的(黑色)阁楼里,我会有一些情人,并以适当的方式抛弃他们,尽管我不会让流血事件发生。(毕竟,我是一个善良的加拿大女孩。)我永远不会有孩子。最后这点让我很是困扰,因为之前我一直想要孩子,这似乎不公平,但白色女神们没有时间照顾孩子,因为她们太沉迷于吃人的性爱,并且唯艺术为大。我永远,永远不会拥有一台自动洗衣烘干两用机。我敢肯定,萨特、萨缪尔·贝克特、卡夫卡和欧仁·尤内斯库,他们都不曾用什么大型家用电器,而这些人正是我最崇拜的作家。至于怎么洗衣服,我尚没有具体想法,但要洗的只有我自己的衣服,想到此我悲从中来——没有毛茸茸的枕巾,也没有小小的儿童T恤——这些细节可以以后慢慢解决。[20]

阿特伍德的确尝试过抽烟,只抽了六个月,但她很快就意识到,也许罗伯特·格雷夫斯对女诗人的评价并非至理名言。

显然,这个时刻需要理清疑虑和困惑,并反问自己这样一个问题:有什么能够阻止你?精力充沛的阿特伍德决定继续向前。1961年,在朋友的帮助下,她用平板印刷机设计并印刷了自己的第一本诗集《双面冥后》。

它有七页纸。由于字母"a"不够用于整本书，每一页都必须重新排字，分开打印，封面是胶版的。印刷了250本，在书店以每本50加分的价格出售。在那个年代，由于诗歌出版物非常稀缺，甚至还有人为《双面冥后》撰写诗评。加拿大广播公司广播电台的艺术制作人罗伯特·麦科马克一直在寻找新作，最终买下了它的播出权，并付给阿特伍德45加元。

在《双面冥后》中，阿特伍德继承了宫廷爱情诗的传统——充满探索精神的骑士和他的爱人——并用现代方式加以表现。这些诗采用了戏仿的手法，而背后的想法却十分高明：女主角不是骑士顺从的情妇。相反，她是一个"有蛇发女怪般特异魔力的女孩"。阿特伍德从字面上对罗伯特·格雷夫斯做了解读。在她的诗里，古希腊神话中的冥后珀尔塞福涅是一位双面女子——既邪恶又充满诱惑；她是格雷夫斯笔下同时具有悍妇特征的女神，尽管可能是他并不希望化身于现实的人：

> 他的真爱，永不凋零，
> 等他干瘦到只剩下骨头，她却得意地笑着
> 独自在雪地上逍遥游荡，
> 在他的骨架上弹拨乐曲……[21]

> 跳舞的姑娘是个干瘪的老妪；
> 但她魅惑的微笑
> 诱惑了大地的生命，天空的雨水，
> 她藏起邪恶的镰刀；而
> 那些旁观者却兴奋得热血沸腾
> 等待着，成为她目光的中心……[22]

欢快的双足在草地上淌血

所到之处即留下斑斑冻痕

采集如带刺般无情的话语

她和她的独角兽一起游荡……[23]

读到这些诗后，格温德琳·麦克尤恩写信给玛格丽特，表达了自己的兴奋之情：

> 冥后珀尔塞福涅给了我极大的冲击，女神和悍妇的两面都是。我终于明白，在有时看似天真无辜的骷髅下，其实是非常微妙和邪恶的真实……我想说的是"非常喜欢这首诗"——一部分原因是我喜欢剥去玫瑰花瓣，在下面发现虫子——不是为了虫子本身，而是，通过它们与花的对比来强调花的美好。忘掉那些隐喻吧，但我确实在《双面冥后》中看到了玛丽－克莱尔·布莱斯同父异母的姐妹（如果你读过她的原版或是译本），她也看到了魔镜不那么令人愉快的另一面。这一点很重要……比起男诗人，或许女诗人更需要强调反樱草花和棉花糖……还有发带等诸如此类的事物——我想这些东西会对女诗人造成阻挠。能够用干净利落、毫不妥协的态度看待事情，本身就是一种成就。（很精彩的句子，对吧……）[24]

可是，如何避开发带等诸如此类的事物，获得作为女性的真正意义，而不屈从于要求女性美丽、顺从、不具威胁性的浪漫准则和行为规范？如果某个人拿这一人格冒险，她的私生活会付出什么代价？谁会有勇气这么做？阿特伍德读本科的最后一年，在《维多利亚院刊》上发表了一篇题为《孤岛》的小说，开始面对这些问题。这并不一定表示她特别勇敢；只是她没有其他方式来看待这个世界。尽管《孤岛》的标题带着本科生的稚嫩，而且受到萨缪尔·贝克特作品的启发，它却是一篇非凡的小说，是她第一个拥有自己独特声音的故事。

在故事中，不知名的主人公与一个年轻小伙在城市港口划独木舟。虽然没有什么情节发生，但主人公童年的闪回与现在的场景并置，充分展现了阿特伍德惊人的想象力和对文字的娴熟把控。

> 人们被埋在沙子下面，她心想。他们被密密麻麻地埋着，一个挨着一个，长长的杂草是他们的头发，它们从沙子里长出来，虽然人已死，但头发还在继续生长。浮木是他们的骨头……不对，浮木什么也不是；尸骨才让人震撼。

两人停下来在海滩上休息时，遇到了一只死海鸥，女人想："所有红色的东西都意味着死亡，然后死人会变成白色，像骨头、烟雾或碎波断流。"年轻男子想要享受一下亲密时光，至少在沙滩上相拥互吻一下。"他用赤裸的手臂搂住女人的腰"，但女人却深陷在对世间万物内核皆空的遐思中不能自拔。

> 蟋蟀是水中死人的声音。我自己的声音似乎卡在喉咙里，细微而生硬，表面像昆虫闪闪发光的背部，腿在翅膀上发出刺耳的声音；死亡的低语像沙子一样弥漫在我们的头顶……
>
> 蟋蟀在8月的花香中不停鸣叫……[25]

那女孩沉默不语，不作解释。她有自己的幻想和思索，却找不到合适的语言来传达给男孩。用弗洛伊德理论来分析，会认为这是一个有关压抑的故事。而更明智的解读应该是,这是一个陷入自己幻想阵痛的年轻女性,对她来说,这个男人暂时是次要的。

阿特伍德曾经说过,在丛林中长大的她觉得人类是奇怪、神秘,甚至危险的生物。有时,她会着迷地看着他们,男人和女人,几乎像看外星人一样,心下暗想:原来他们是这样行事的。大多数男性都不习惯女性的这种审视。

像所有年轻女孩一样,阿特伍德也在寻找自己的伴侣。她和麦克尤恩曾谈到两人有同一个噩梦:在郊区结婚,与洗衣机相伴相守。她们希望能出去做点儿什么,希望成为艺术家。不到一年,麦克尤恩就嫁给了米尔顿·阿肯。她遵循了与导师结婚的模式。(阿肯比她大将近20岁。)但很快婚姻生活变为灾难。事实证明阿肯的精神很不稳定,于是她借阿肯偶然犯下的一次不忠行为与他分手了。但整个过程异常痛苦。读研究生时,阿特伍德曾与杰伊·福特订婚。他是多伦多大学哲学专业的年轻学生,也是她父亲认识且很喜欢的世交。但她想到传统婚姻带来的一切,而且随着那个未来变得越来越真实,她感到无法容忍。两人的关系于1964年结束。

借住在杰伊·麦克弗森家期间,阿特伍德可以随意进入麦克弗森的书房,如饥似渴地阅读各种图书。在那个书房里,她阅读了许多作家的诗歌,包括P.K.佩奇、安娜·埃贝尔、玛格丽特·阿维森、菲莉丝·韦布、安妮·威尔金森、杰伊·麦克弗森、伊丽莎白·布鲁斯特、米里娅姆·沃丁顿、凯·史密斯和格拉迪丝·唐斯,等等。她证实了自己早期阅读的先驱作家,如苏珊娜·穆迪、凯瑟琳·帕尔·特雷尔和被称为"降世的玛丽"的玛丽·居雅尔告诉她的:你不可能在阅读加拿大文学的同时忽略女性。那一年,阿特伍德第一次读到两本加拿大的实验小说:一本是希拉·沃森的《双钩》,另一本是玛丽-克莱尔·布莱斯的《疯狂的影子》,这两本书所包含的黑暗象征意义或许给了她创作《孤岛》的勇气。女性作家就在眼前。女性能够写作。哪怕只是暂时性地，她可以将有关女性作家的悲惨生平搁置一边。

在加拿大，似乎身为加拿大人才是真正的障碍，而非身为女性。虽然加拿大的确拥有自己的作家，但其文化本身对加拿大本土精英人才完全漠然视之。加拿大的主题被认为是无聊或保守的。小说家们被频频告诫，要将他们的小说设定在世界各地（这意味着欧洲或美国）。诗人们稍好一些，还可以指望把书卖给自己的朋友。至少男性和女性都处于同样的困境当中。

在阿特伍德的大四学年即将结束之际，她考虑了自己的选择。她想过从事新闻工作，但其险恶之处在于，多数女性最终会沦为仅为社会新闻专栏或讣告专栏撰稿的写手。她会打趣说，这是"在扮演属于女性的古老角色——掌握生死、装饰婚床、清洗尸体"。[26]

是诺思洛普·弗莱帮助她做出最终决定，继续攻读研究生。她的另一位教授曾问她："（你）难道不想结婚吗？"[27] 但弗莱却给她鼓励。阿特伍德还记得那次会面：

"接下来什么打算？"弗莱问道，当时我们站在走廊里，出于某种原因，两人都盯着脚下的地板。

我说我会去找个活儿，这是当时被认为适合加拿大年轻作家做的事：比如，去英国当餐馆服务生，这样晚上就可以舒适地待在阁楼里撰写大作。

弗莱认为去读研究生或许更为有效，因为可以有更多的时间写作。

我说，这合乎社会道德吗？

弗莱认为是的。不管怎么说，他觉得要酝酿和写成一部伟大作品，依靠奖学金或许是一种不那么累人的方式。[28]

毕业时，她收获了许多奖项：维多利亚学院校友奖和 E.J. 普拉特奖，E. J. 普拉特奖是多伦多大学含金量很高的诗歌创作奖。她寄给普拉特一本《双面冥后》作为感谢，他妻子回信说普拉特认为她未来前途无量。

英语语言文学专业的学生有交换毕业照的传统，但阿特伍德不喜欢自己的照片。相反，她把自己画成一个长着铁丝般坚硬头发的小巨魔，并将那幅画交了上去。[29] 她还获得了伍德罗·威尔逊奖学金，有了这笔奖学金，她即将于秋季前往哈佛大学攻读硕士学位。

虽然阿特伍德在维多利亚学院度过了愉快的时光，但她对学术生活心存矛盾。毕业几年后，她做了一个梦："我梦见自己死了，被埋葬了，又在维多利亚学院的草坪上复活了。我走进图书馆，浑身是泥，处于半腐烂的状态，但人们视而不见。"[30]

注释

1 罗伯特·富尔福德,《边缘城市》(多伦多:麦克法兰·沃尔特－罗斯出版社,1995 年),第 1—2 页。

2 威廉·温特劳布,《别样城市:20 世纪 40—50 年代蒙特利尔的日日夜夜》(多伦多:麦克莱兰－斯图尔特出版社,1996 年),第 6 页。

3 同上书,第 284 页。

4 哈罗德·汤,《阿尔伯特·弗兰克:街巷的守护者》(多伦多:麦克莱兰－斯图尔特出版社,1974 年),第 19 页。

5 本书作者对唐·卡伦的采访,1993 年 3 月 2 日。

6 本书作者对玛格丽特·阿特伍德的采访,1993 年 8 月 8 日。另见玛格丽特·阿特伍德,《黑暗中的伊希斯》(伊希斯为古埃及的丰饶女神——译者注),《荒野指南》(多伦多:麦克莱兰－斯图尔特出版社,1991 年)。

7 布伦达·朗费罗,《影子制造者:格温德琳·麦克尤恩》,纪录片,格尔达制作公司,1998 年。另见《泰森演唱会》,阿特伍德文稿,2 号档案盒,13 号档案。

8 本书作者对玛格丽特·阿特伍德的采访,1993 年 8 月 8 日。

9 波希米亚使馆广告词,1960 年。

10 本书作者对玛格丽特·阿特伍德的采访,1993 年 8 月 8 日。

11 本书作者与玛格丽特·阿特伍德的通信,1998 年。

12 本书作者对阿维娃·莱顿的采访,1997 年 2 月 13 日。

13 本书作者对戴维·莱顿的采访,1995 年 7 月 12 日。

14 多丽丝·安德森,《叛逆之女》(多伦多:基·波特图书出版社,1996 年),第 122 页。

15 本书作者对玛格丽特·阿特伍德的采访,1993 年 8 月 8 日。

16 同上。

17 罗伯特·格雷夫斯,《白色女神》(伦敦:费伯－费伯出版社,1961 年),第 24 页。

18 本书作者对玛格丽特·阿特伍德的采访,1993 年 8 月 8 日。

19 同上。

20 玛格丽特·阿特伍德,《远大前程的反面》,选自《女士》,1987 年 7—8 月号,第 79 页。

21 玛格丽特·阿特伍德,《双面冥后》(多伦多:霍克斯黑德出版社,1961 年),第 1 页。

22 同上书,第 4 页。

23 同上书,第 7 页。

24 格温德琳·麦克尤恩致玛格丽特·阿特伍德的信(1961 年),阿特伍德文稿。

25 玛格丽特·阿特伍德,《孤岛》,选自《维多利亚院刊》第 85 卷,第 3 期(1961 年 2 月),第 6—11 页。

26 《阿特伍德的演讲》,阿特伍德文稿,56 号档案盒,3 号档案,第 3 页。

27 同上文,第 2 页。

28 玛格丽特·阿特伍德,《20 世纪 50 年代的维多利亚学院》,选自《大学英语协会评论》第 42 卷,第 1 期(1979 年 11 月),第 22 页。

29 本书作者对亚历山大·约翰斯顿教授的采访,1997 年 3 月 27 日。

30 《草稿》,阿特伍德文稿,90 号档案盒,22 号档案。

第七章 加拿大俱乐部会员

1961年秋天，21岁的阿特伍德来到马萨诸塞州的剑桥市，开始了在哈佛大学的研究生生活。她搬进位于阿庇安路6号名为"创始人之家"的女研究生宿舍，这是一座杂乱无章的新英格兰式隔板楼房（后被拆除），位于拉德克利夫学院前。她的宿舍在阁楼，每天她必须通过用绳子做的楼梯扶手爬上自己住的房间。

最初的几天里，她天天步行出去熟悉环境，不买自行车，是因为她感觉剑桥和波士顿的交通会让她性命不保。有一条路可以沿着阿庇安路走到花园街，这条路在1630年被称为大沼泽路。那里的剑桥广场有一块乔治·华盛顿将军的纪念牌匾。1775年7月3日，华盛顿指挥一支由志愿者组成的军队，并在当天将这支部队命名为大陆军团。林肯铜像矗立在广场中央，以纪念他的葛底斯堡演说。然后阿特伍德会经过建于1756年的基督教堂。这是逃离者的教堂，对她来说，这赋予了它特殊意义。美国独立战争期间，大批英国军队撤离波士顿，多数教堂的会众随英国人逃离。其中许多人最终去了加拿大。阿特伍德的父亲总是开玩笑说，美国一直未从1776年的人才流失中完全恢复过来。由于阿特伍德特别喜欢墓地，她偶尔会有意绕道穿过旧墓地，也有人称其为"上帝的土地"，那里的墓碑可以追溯到17世纪。历史的机缘多么离奇。她自己的祖先，阿特伍德一家和基拉姆一家，要是没有在美国独立战争前离开，而是留下来，她也就成为美国人了，那将意味着什么呢？

最后她来到主校园哈佛园。园里的一对四方庭院凝结着哈佛大学的历史：自信而又内敛，新旧交相辉映，是一座心灵的纪念碑。在新广场的南端，她走上台阶，穿过怀德纳纪念图书馆的12根科林斯式圆柱。（哈佛大学的学生打趣说，建筑师霍勒斯·特朗鲍尔有宏大建筑情结。）该图书馆是以哈佛大学1907届学生哈利·埃尔金斯·怀德纳的名字命名的。他于1912年死于"泰坦尼克号"沉船事件。他母亲为纪念儿子捐赠了建造资金。它是世界上最大的图书馆之一，藏书包括一本谷登堡版《圣经》和一本莎士比亚戏剧的首版对开本。阿特伍德对此印象深刻。她写信给查理·帕赫特说图书馆太棒了。然而，对于挂在主楼梯顶部的约翰·辛格·萨金特的画作，她忍不住评论道："这些画是你见过的最可怕的东西。借由柔和的水彩，胜利战胜死亡，在'一战'中，国家之子选择了荣耀。"就连现代旅游指南也称它们是美国著名画家所作的最糟糕的公共艺术作品。"顺便说一下，"她在信中补充道，"防空洞在这里也引起了很大争议。"[1]

1961年8月12日，就在阿特伍德准备离开多伦多前往哈佛大学之际，民主德国几乎在一夜之间建起了柏林墙，关闭了东柏林与西柏林之间的边界，冷战在世界各国的想象中牢固确立起来。当年11月的学生报纸《深红报》以"哈佛大学应该建防空洞吗？"为大标题；《哈佛大学讽刺报》刊登了《爱丽丝漫游奇境记》里的毛毛虫坐在蘑菇状的核弹云上，抽着水烟筒的漫画。总之，1961年不是个好年份。这一年，约翰·肯尼迪总统承诺以顾问身份和提供物资的形式，向西贡政权提供直接军事援助，以支持越南内战。这一年，"反共"的古巴流亡者在迈阿密发动了灾难性的吉隆滩战役。同年，桑地诺游击战争在尼加拉瓜爆发。在南非，沙佩维尔事件发生一年后，南非非洲人国民大会也开始了游击战争。事实上，20世纪60年代是游击战的十年，从越南到蒙特利尔。在革命骨干人士中，首字母缩写成了流行别称,如 FLM(妇女解放运动)、ANC(南非非洲人国民大会)、PLO(巴勒斯坦解放组织)、FLQ(魁北克解放阵线),等等。整个世界正在升温,阿特伍德即将进入通常被称为第一世界的权力中心。

但是,作为一名女生,她的处境颇为奇特。《深红报》刊载的另一篇头条新闻——"克利夫女生争取多获得一些灵活宵禁时间",就很好地彰显了这一点。新闻说的是拉德克利夫学院的女本科生们正在到处游说,要求推迟她们的宵禁时间。她们想要取消晚上 11 点的宵禁限制,要求将目前的一小时灵活时间数增加到 30 次。她们还要求在考试期间取消 6 点的正式晚宴,取消瓷制餐具严格摆放、着装规范和餐后必须喝小杯咖啡等规定。她们不满神秘复杂的签到和签退条例,特别是"烧焦的尸体簿"这一条例——如果有哪个女孩在夜间拜访这座楼的任何住宿生,她必须签到。这样,万一宿舍着火,就可以解释为什么在烧焦的废墟中会有多出来的尸体。学生们正在挑战校方对年轻女性的期望。这一切一定都令人厌烦。当男生们被允许参与重大事件时,女生们却还陷在鸡毛蒜皮的琐事之中。

阿特伍德每天往返于拉德克利夫学院和哈佛园,没过多久,便对它们之间的距离了如指掌了。哈佛大学成立于 1638 年。(有趣的是,1653 年的捐献者名单上有一个叫奥斯丁·基拉姆的人,或许是阿特伍德的祖先之一。)这所大学一直都只招收男生,是一所非常男性化的大学。这样持续了近两个半世纪后,直到 1878 年,才成立了附属女子学院,也就是拉德克利夫学院。那里的女生,也被称为"克利夫女生",是哈佛大学的流亡者。早些时候,校规甚至要求她们前往哈佛广场时,必须戴帽子和手套,以避免"不适当的交叉感染"。(一位 1934 届的哈佛大学毕业生如是说。)[2] 哈佛大学的教授们得费力穿过剑桥广场来到拉德克利夫学院,重复前一个小时刚给男生教授的课程。怀德纳图书馆一般禁止女性在内逗留,但凡有哪个女生使用图书馆,即便称不上大逆不道,也会被视为前卫和轻狂。拉德克利夫学院的女生被告知，只要进入哈佛大学，她们就应该认为自己已然是先锋。女舍监忠告她们切勿忘恩负义。1947年从这里毕业的小说家艾莉森·卢里写道："对于我那个时代的拉德克利夫女生来说，关于哈佛大学，最突出的事实是，它显然不属于我们。我们的处境就像住在大庄园围墙外的穷亲戚：身份尊贵的亲戚有些会屈尊资助我们，有些对我们抱隐忍态度，其余的则冷落和回避我们。生活中几乎每个细节都在表明，我们是二等公民。"[3]

多年后，那些撰写回忆录的女性会极为震惊地回忆起，她们是多么轻易地就安然接受了这一切。1966年从这里毕业的希瑟·杜布罗写道："我在哈佛大学完成了本科和研究生学业，在那儿的9年里，只有一位女教师教过我。"[4] 1962年，哈佛大学的学生广播电台没有女播音员，因为"通常认为女性的声音会分散人们注意力"。就连后来为《纽约时报》报道最高法院新闻的记者琳达·格林豪斯，看到合作编辑《深红报》的男生们一起聚集在亚当斯大厦全是男性的餐厅里时，也只是略微感到遗憾。格林豪斯无法加入他们，只能在哈佛广场孤独一人咽下汉堡，饭后大家再重新聚在一起讨论第二天的版面。[5] 在那个年代，哈佛大学没有人在意女性的地位。她们只是生活本身的一部分，是纵横交错的织网中的一根线而已。只有回过头来看，这个现象才成为一个问题。

美国小说家费伊·莱文与阿特伍德同时来到哈佛大学，那是1961年的金秋，当时哈佛大学可谓"肯尼迪的国度"。她写道："环顾哈佛广场，到处可见人们模仿总统自信的走路姿态，那富有男子气概的下巴、眼中透露的典型美国人智慧，令人叹为观止。"当时的男女比例是5∶1。校园政治是一种和蔼可亲、充满绅士风度气息的活动。一个名为"警钟"（源自一个古老的法国乡村警铃）的全球裁军委员会宣告成立，口号为彬彬有礼的"单方面倡议"。[6] 革命的20世纪60年代，虽然饱含对社会变革的热情，实际上变革要到20世纪60年代中期才真正开始。

莱文在1962年为《深红报》撰写的文章《拉德克利夫的三种味道》中描述了拉德克利夫学院的女生。"桃子味"是那些"上过高级私立学校，重视社交风度和社交能力"的女生。她们穿丝袜和高跟鞋，主修美术和英语，掌握宿舍委员会的管理大权，喜欢用"迷人"作为形容词。生怕别人认为她们太过认真，害怕被称为"没有吸引力，或是埋头苦读的丑八怪"。"巧克力味"指的是来自大城市公立学校的女生，她们通常有"中西部或犹太背景"，主修政务管理或理科，对她们来说，一切都很"有趣"。"酸橙味"指的是那些上预科学校、以"欧陆式、波希米亚式或落魄生活方式"著称的女孩。她们在性方面最为成熟老到。只有这类女孩喜欢用"同情"这个词。虽然加拿大人的身份让阿特伍德显得有些扑朔迷离，但她大概属于"巧克力味"那类。[7]

莱文很不喜欢复杂烦琐的"学院生活条规"，这些条规禁止男生和女生在宿舍里独处，除非在规定时间内，并且门还得半开着。女生不被允许进入男生学院，即便是参加公开讲座也不可以。当她提出这太有失公平的时候，会被警告她将丧失自己的女性特权，比如让别人为她开门，帮她拿外套，或者为她买单。她曾听说过托马斯·沃尔夫和泰迪·肯尼迪等名人的职业生涯故事，学生时代他们常常在条件寒酸的学校食堂里彻夜狂欢，通宵达旦，课堂上则呼呼大睡。男生们藐视校规，却照样取得好成绩，因为"女生们往往会记下清晰的课堂笔记，男生尽管抄就是"。即使当女生做出叛逆的象征性姿态时，她们也会保持"整洁、干净和时尚"。"女生们，尤其是拉德克利夫学院的女生们，是文明的支柱和磐石，没有她们，具有破坏性的男性力量就会破坏社会。简言之，男生都是破坏者。"[8]

1963年，另一位小说家贝丝·古特琴来到哈佛大学。她清楚记得"哈佛学子"这一身份多么重要且尊贵，她还记得当别人对她说"你的思维很像男人"时,她脸红了,回了句"谢谢"。当时她刚从寄宿学校毕业,满心希望大学能带来婚姻,最好是嫁给一个哈佛学子。对此她谈不上高兴,却深信不疑。[9]

在那个年代,如果一个男孩和女孩想在校外同居,需要精心策划。记者安妮·法迪曼说得再好不过:"哈佛大学的女性——可能不包括老奶奶和未婚嬷嬷——与酒和大麻属于同一类别:好玩,但不可在公共场合使用。"[10]

"克利夫女生"的标签对阿特伍德个人来说可能并不重要,因为她是研究生,这意味着不存在签到簿,也没有宵禁限制。到了20世纪60年代初,女研究生终于可以和男研究生一起在哈佛大学主校区上课了。不过在其他方面,她也受到了"克利夫女生"偏见的影响。她特别记得拉德克利夫女子学院招聘院长的那一次。一位学社会学的朋友解释说,候选人必须是一个好榜样。"那是什么?"她问道。"嗯,"他回答说,"未来的院长不仅要有高学历和与学生相处沟通的能力,她还必须已婚,有孩子,长得好看,穿着得体,积极参加社会工作,等等。"阿特伍德知道自己成不了好榜样。她想当的是作家。但这次谈话也让她对"榜样"一词产生了终身的反感。[11]

因为有诺思洛普·弗莱的推荐,她在哈佛大学师从一位名叫杰尔姆·巴克利的加拿大教授。杰尔姆·巴克利是专门研究维多利亚时期英国文学的一位杰出学者,他自己也在维多利亚学院完成了本科课程,是诺思洛普·弗莱在那里教的第一届学生。维多利亚学院的上学经历,让阿特伍德对哈佛大学的性别歧视毫无心理准备。整个大学只有两位女教授,而且都不教英国文学。人们普遍认为,教授们对女生比对男生更随和宽容,因为女性永远不会来哈佛大学与他们竞争教学岗位。这种居高临下的傲慢态度让阿特伍德很恼火。她不喜欢双重标准:"我总觉得自己有点儿像了不起的男性学术皮肤上长的一个疣子或一粒脂肪瘤,总感觉自己似乎是受

第七章 加拿大俱乐部会员 139

人恩惠才勉强获准待在这里的。"[12]

然而,她真正的兴趣在于学习如何当一名作家。写作是她的职业,大学是她的日常工作。但她发现,最好的策略是通过匿名的方式来加强自己的实力。当她兴高采烈地向其他女研究生同学宣告自己将成为作家时,大家都倒吸了一口气。她说:"仿佛说你想去男厕所小便一样:要么胆大无畏,要么品味不佳。""想成为诗人"是"死也不可承认的幻想"。[13] 因为这个想法要么显得矫情轻浮,要么就是自欺欺人,尤其对一个女性来说。她开始发现,女作家被视为怪胎、怪物、可疑之人。没有女性站出来对此提出抗议。谁想让人听起来脾气暴躁或歇斯底里呢?在那个年代,男人只会打趣,女人,包括女作家,只擅长做一件事——家务。

当然,这完全是一个观念的问题。在当时的美国,至少从学术界角度来看,真正的写作主要由男性完成。一些畅销书女作家,如玛丽·麦卡锡、凯瑟琳·安妮·波特、莉莲·海尔曼和多萝西·帕克等,虽然广受欢迎,却不算在内,因为她们不是公认的严肃作家,而少数享有高雅文学声誉的女作家,如弗兰纳里·奥康纳、玛丽安娜·穆尔和格特鲁德·斯坦因,则被视为"荣誉男性"。阿特伍德的结论是,在美国当女作家与在加拿大当女作家完全相反。有志于写作的年轻美国女性可能会觉得,她们作为美国人是有价值的,但作为女性却不是。相比之下,在加拿大,问题所在是国籍而非性别。作为一个女性,没有人真正对她说不,但谁会在乎加拿大文学呢?

不过,就拿她和格温德琳·麦克尤恩说吧,她们对此就很在乎。两人开始通信,经常谈论各自的作品。麦克尤恩把自己新出版的诗集《喝醉的时钟》寄给阿特伍德,这本小册子在阿莱夫出版社旗下自费出版。她当时正在写组诗《亚当的字母表》,但老也写不完,她开玩笑说自己"定期修改,就像定期服用治疗慢性胃痛的药片一样"。[14] 她们讨论了自由诗的优点和它的发散性——自由诗能够"涓滴"充盈整个页面。两人还相互交换意见,探讨如何将自己的书籍"投放"市场,大力宣传,以获得最好销量。她们分享自己正在读的书籍,如,玛丽-克莱尔·布莱斯新出了一本小说《白首》。阿特伍德则正在读埃德加·爱伦·坡的书。[15] 他书中"枯萎的百合"的气质令她不由畏缩。两人还交换如何解读塔罗纸牌的新说法。两位女诗人之间的对话,智慧和趣味并存,极为难得。在充满男性作家的世界里,她们对艺术严肃性的相互肯定无疑对各自大有帮助。

对自己在阿庇安路6号的生活,阿特伍德曾有过如下描述:下午泡在三楼的浴缸里读狄更斯的书,用潦草的笔迹胡乱写着"忧郁的诗","听雨声和变态在消防梯上蹦来蹦去的噼噼啪啪声"。[16] 她在给帕赫特的信中说,他们就像在房子外面肆虐的蚜虫。这个住所常有偷窥者。事实上,阿特伍德入住的第一周,就有一个男人从没有上锁的窗户进入大楼,径直走进了她的卧室。幸好室友醒过来,把他吓跑了。有一次,还真逮捕了一名男子,不知什么原因他被困在屋顶上,困了很长时间后,警察才得以及时赶到逮捕了他。尽管他有大量的暴力记录,还是被保释出来了。当阿特伍德和其他舍友去法庭作证时,那个人一直没有出现。另外,因为骚扰电话太多,宿舍楼最后买了一个狗哨子,女孩们会把哨子声吹进电话里。阿特伍德后来说,在剑桥,她首次经历了城市暴力。

阿特伍德的室友是一个来自北卡罗来纳州的女孩,名叫玛丽·欧文·卡莱尔,一口南方口音让阿特伍德觉得很有趣。卡莱尔的父亲是一名自由派律师,曾竞选公职,对主张取消种族隔离的融合主义者表示支持。卡莱尔说,这件事"把他彻底毁了"。他连垃圾工的便车都搭不上。她想在获得博士学位后到一所"黑人大学"教书,尽管她知道这意味着被社会排斥。[17]

阿特伍德写信给帕赫特说,剑桥是个沉闷的城市,每个星期五都会下雨。她准备去北卡罗来纳州的温斯顿－塞勒姆，因为卡莱尔要结婚了，她打算在去纽约过感恩节之前参加那里的民权静坐示威活动。为什么帕赫特一直不来波士顿呢？这里有那么多的一流博物馆，使"多伦多路边低矮的广播站相形见绌"。[18]

她刚来哈佛大学一个月，就喜欢上英语系。只是去图书馆成了问题。所有的现代诗歌都被锁在拉蒙特图书馆里，那里仅对男生开放，"女生"是不被允许进入的。传说托马斯·拉蒙特在遗嘱附录中规定，严禁女生进入。但事实是，许多人仍然认为女性在场会分散男生的注意力。"要想从拉蒙特图书馆借出一本现代诗集，"阿特伍德后来说，"需要办的手续有点儿像从怀德纳图书馆的 X 区借一本色情读物一样，而且，由于性格内向，我不想让任何人见到我在借书，却误以为我在借色情读物。"加拿大诗歌没有与其他真正的诗歌摆放保存在一起，而是与加拿大相关资料一道存放在怀德纳图书馆的内部，与民族学和民俗学一起编目，"男女生均可免费阅读"。[19]她发现，在美国，说你是加拿大人就像说你吃土豆泥当午餐一样可笑。"我真的那么无聊吗？"有时她会想。

导师杰尔姆·巴克利教授还记得她刚入学的第一年："她非常、非常害羞、内向，但善于观察。我的研讨课上有 15 个学生，她往往几乎一言不发。我不知道她想当作家，因为她似乎从未表示过有此志向。"[20]因为是弗莱介绍的，所以巴克利教授对她比较关照，还邀请她和其他几个学生去他家共进感恩节晚餐。

巴克利教授发现，在腼腆害羞的外表下，阿特伍德其实十分大胆，古灵精怪。巴克利教授记得她曾走进英语系那幢有百年历史的墙板建筑，给秘书们看一块桌布，那是她在一家折扣店买的，说打算用它来做一件收腰阔摆裙。但在阿特伍德的记忆中，自己当时少言寡语，几乎像个哑巴。对年轻作家来说，大学是个危险的地方。所有的一切都已被人研究过，被人讨论过，任何原创的个人见解都有可能显得平庸浅薄。在大学里，必须有强烈的自我意识才能渡过难关。阿特伍德后来称哈佛大学是"竞争激烈的地狱；每年春天都会有一些人从钟楼上跳进查尔斯河自杀"。[21]

作为一名硕士研究生，按照要求，阿特伍德得住校两年。她每学期必须修四门半的课程，攻读博士学位时，她必须具备三种语言的阅读能力：一门古典语言和两门现代语言。在她开始写博士论文之前，她需要通过一场口语方面的会考，考试由五名考官负责评审。她没有上过任何关于创意写作的课程，尽管总有一位来自博伊尔斯顿的创意写作讲席教授住校。显然，是因为她没有时间。但罗伯特·洛厄尔于1962年秋天来到哈佛大学任教，她也没有向他求教过。他性格冷漠内敛，一副拒人千里的模样，曾被形容为"鲍里斯·卡洛夫饰演的希斯克利夫"。[22]一些奋力拼搏的作家听说过他在波士顿大学与西尔维娅·普拉斯、安妮·塞克斯顿等学生举办的著名研讨会，满怀敬畏地与他接近。阿特伍德是加拿大人，没兴趣成为哈佛大学的年轻追随者兼作家。她也没有加入《深红报》《辩护人报》或《哈佛大学讽刺报》。早在维多利亚学院时她就从事过类似工作。况且，毕竟这些都只是大家公认的本科生专属活动。

每个见过阿特伍德的人都说她精于观察，善于倾听。她似乎不需要树立作家的形象。她会说，在美国，甚至在加拿大，年轻的男性诗人都是成群结队的，而年轻的女性诗人往往是独行侠。诗歌"是有流派的，就好比鱼群。而这些流派属于男性"。[23]她在等待时机，等待准备好的那一天，展翅高飞。

在哈佛大学，她不得不思考作为加拿大人意味着什么。以前她对美国人没想过那么多。她开玩笑说，在她的童年时代，美国人往往带着最好的设备来到丛林，却总是迷路，也不烧掉垃圾。[24]换一个国家似乎并不比换一个城市的变化更为剧烈。

第七章 加拿大俱乐部会员 143

然而，在抵达哈佛大学一个月后，她发现自己开始与美国人就征兵、导弹、共产主义者、教育等问题展开骂战，并总是以"在加拿大，我们……"为开头。她还检查自己是否有了美国口音症状，"就像检查是否患了麻疹一样"。很快，她便同一群聪明过人、非常善于表达的加拿大年轻人打成一片，他们在哈佛大学几乎形成了一种亚文化。她注意到，这些温文尔雅的加拿大人很快就变成了狂热的"枫叶之国"民族主义者。一位来自凯诺拉的新朋友曾在夏天为美国钓鱼旅行团担任导游，他承认，来到美国他发现"美国人在美国本土要好得多，而我们似乎变得龌龊得多"。

为了向自己解释这些变化，她提出了"加拿大式大谎"的概念。即便是最城市化的加拿大人，只要在边境以南的阿尔冈昆公园待上不到一周的时间，就能把自己改造成大白鲨猎手。当美国人提到加拿大人"身份模糊"或"没有特色"时，她会不经意地讲述有关北方荒原上吃人的北极熊和无畏的伐木工人的恐怖故事。当一个美国熟人质疑，说加拿大缺乏具有特色的食物时，她会在下一次旅行回家时带回十几瓶云杉啤酒，一边以熟练的派头大口喝下苦啤酒，一边告诉他这是加拿大的国酒，具有"真正的北方风味"。[25]

这种姿态似乎有点荒谬，她决定审视一下自己和其他加拿大人究竟在做什么。在她的"哈佛笔记本"里，她描述了自己和朋友戴夫·伍德在"加拿大俱乐部"参加的一次聚会，这个俱乐部的名字是哈佛大学商学院一群外籍学生取的。

聚会上年轻的商科学生彬彬有礼。第一个问题总是："你来自哪里？"第二句："你喜欢这里吗？"接着，比较便开始了。有一个人向她保证，他完全不抱偏见；因为他的最好的朋友就是美国人。另一个人则略带不悦又不无自得的口吻说，美国男厕里的涂鸦比他在加拿大男厕看到的任何涂鸦都要脏得多。经她怂恿一起出来的几个美国人早早便离开了，因为这些加拿大人的"沙文主义"让他们吃不消。那些法裔加拿大人非常礼貌,闭口不谈任何政治问题;他们也早早离开了。

阿特伍德写道:"我在这个国家生活了足够长的时间,可以把自己的反应看作加拿大人经历的不同阶段的一种普遍模式,就像某种疾病的不同阶段。"当她如沙丁鱼般在聚会人群中挤来挤去时,她对自己的"阶段理论"进行了检验,这一理论会根据敌意和内疚比例,来确定加拿大俱乐部成员所处的阶段,其中第一阶段是"欺骗性的欢欣沉醉"。

接着第二阶段开始。一个加拿大人会感觉自己完全隐形,就像从镜子里看不到自己的影像一样。"某些东西,某些外在的东西,某些一旦被定义就会消失的形而上的品质都非常不同,令人不安……困扰我们的不是美国的国家身份;也不是因为我们没有国家身份。我们很清楚自己有,只是不太清楚加拿大的国家身份究竟是什么。我们甚至不会因为'他们'显然对我们一无所知而感到侮辱;毕竟,我们对自己也一无所知。"

极端的、群情沸腾的民族主义是这个阶段的典型病症。"我们这些病患会像虫子稀少的草坪上的知更鸟一样,仔细而又随意地寻找两个国家的不同之处。"就是在那个时候,人们编造了一些有关加拿大的谎言,比如乘坐桦树皮独木舟在激流中射击,或者与因纽特人共同生活。

第三阶段的过渡是在第一次回国时,这些加拿大人会采取"一种又软弱又傲慢的国际主义,有点像加拿大的外交政策"。

在聚会上,因为不想继续谈下去,阿特伍德会提出一个不合逻辑的推论。"加拿大,"她会对充满期待的加拿大俱乐部会员说,"是纽扣大陆上的拉链。"

事后,她在笔记本上写道:"每个国家都有自己的民族狂热。美国人妄自尊大,害怕来自内部的颠覆;加拿大人是偏执狂,害怕外来入侵。每一个善良的美国人都认为自己是拿破仑,而每一个善良的加拿大人都认为每个美国人是拿破仑。"她补充说:"海狸这种动物大部分时间都在建造土方工程,以及松软但极具防御性的防弹洞穴。遇到猎人攻击时会咬掉自己的睾丸后逃跑。相反,鹰是一种猛禽。"[26]

当然,在这篇文章中,她是在尝试运用讽刺手法,但这就是真正的阿特伍德,她对捍卫加拿大不感兴趣,她更感兴趣的是揭露两个国家的虚伪。她像一个虚构的科学家,用她对病理的讽刺来寻找疾病的症状。

初次接触美国时经历类似文化冲击的,并非只有阿特伍德一人。同样的事发生在另一个年轻的加拿大人身上,即来自魁北克的作家玛丽－克莱尔·布莱斯。布莱斯在阿特伍德离开后不久来到剑桥市,两人直到几年后才见面相识。但是,她们都有同感,"美国版的自己"引发了定义自身文化身份的强烈需求。

1963年6月一个阳光明媚的下午,玛丽－克莱尔·布莱斯怀揣古根海姆奖学金来到剑桥。这座城市太棒了。对她来说,剑桥市意味着骑车沿途欣赏充满田园风光的查尔斯河畔,经过晨跑者和在河岸上带着爱犬户外野餐的欢乐家庭,看着赛艇里穿着红色运动衫的小男孩们机械地在水面上滑动。但她在《美国笔记:一个作家的旅程》中,描述了在麻省理工学院一个学生身上发现她所谓的"美国人的麻木不仁"时的震惊。布莱斯(那时只有24岁)告诉他,自己来自加拿大,写过几部小说并在美国出版,他回答说,布莱斯很幸运,在波士顿有出版商肯为她出版,毕竟"加拿大在我们国家没人知道,加拿大什么都不是。真的什么都不是"。那学生用同样傲慢的语气接着说:"没有我们,你们会怎么样,什么都不是,确实什么都不是,对吧?"[27]由于害羞和英语说得不够好,布莱斯无法为自己辩护。但那学生提出的问题以及咄咄逼人、自信过头的口气,不由得激起她满腔怒火。

意识到了剑桥市的阶级分层,布莱斯会对任何剥削行为进行愤怒抨击,无论是在哈佛大学还是在魁北克。这种愤怒也源于她作为女性的被排斥感。她师从埃德蒙·威尔逊。他学识渊博,情趣高雅。她站在剑桥市的任何一家书店里,都能读到他的二十多本书,但威尔逊对女性的傲慢态度令她震惊。他推荐弗吉尼亚·伍尔夫的《奥兰多》,认为这是一部前卫杰作,但同时补充说:"这本书更让人惊讶的是,它是一位女性作者写的。"[28] 她开始逐渐意识到男性评论家在谈论女作家时所采用的那种刻板僵化、自鸣得意和自以为是的语气。

因此,对加拿大人的排斥似乎加剧了作为女性感受到的排斥感。两者都迫使人们审视权力与无权无力的现实。毫无疑问,这是加拿大产生众多女作家的原因之一。无论在国家身份上,还是性别身份上,她们都属于"二等"。女性不必觉得自己是民族文化的局外人;她们本身就定义民族文化。

当阿特伍德试图梳理她所说的加拿大民族主义时,发现了一个意想不到的灵感来源。她之前没有学过美国文学,为了补课,她选修了佩里·米勒教授的美国浪漫主义文学课。米勒是一个大胆无畏、富有传奇色彩的人物。大家都知道,他早上来上课时往往就已经"喝得醉醺醺的",但他才华横溢,学生们都很喜欢他。(在其去世后,阿特伍德将自己的小说《使女的故事》题献给了他。)在他的研讨课上,阿特伍德有了许多发现。

20世纪60年代初,在加拿大的一些小众文学杂志上,曾经开展过关于加拿大人为什么有自卑情结的激烈辩论。诺思洛普·弗莱曾形容加拿大具有"卫戍心态"(一种身处陌生荒野中的亲英文化),并感叹殖民主义后遗症就像冻疮一样,使文化的创造性根源僵化枯萎。[29] 当时四处听到的宣传是,文学的目的是赋予文化一种民族身份。为什么没有伟大的加拿大文学?伟大的加拿大小说在哪里?写这方面的小说究竟算是本土主义、国际主义或是折中主义,关于这个问题曾有过激烈的争论。年轻的作家们认为他们必须成为伟大的艺术家。但应该如何成为伟大的加拿大小说家呢?

读了佩里·米勒的《乌鸦与鲸鱼》，阿特伍德发现美国人也有过殖民时期的不安全感，他们也在寻求民族认同。1849年的《民主评论》就这个问题发表了相关的文章："我们的民族特征已经发展到足以在文学上标志一个时代了吗？我们有黑人音乐和西南部的荒诞故事，我们有尼亚加拉瀑布，却没有属于自己的思维习惯。"[30] 沃尔特·惠特曼哀叹道："只要我们必须等着英国评论家给我们的书和作家'盖章'鉴定，才敢说某些书和作家是好是坏；只要英国制作的图书遍布这片土地……只要某个美国社团聚在一起，一听到任何它的国家名称或民族情感与国外的伟大作品被同时提及，就会啧啧称奇……那么，我们就谈不上有自己的文学。"[31] 稍微改变一下语气，这完全可能是一个加拿大人在说话。

至此阿特伍德找到了一个新的角度来评判这场辩论。显然，群情沸腾的民族主义是尝试进行自我定义不可避免的一部分，每一种前殖民文化似乎都注定要经历这种尝试。它发生在一百年前的美国，而加拿大毕竟比美国年轻了一个世纪。

阿特伍德认为，一个作家必须扎根于他或她自己的自然和文化景观中写作。加拿大仍然拥有一个与文化发展并不同步的自然环境，而作家的工作就是以某种方式对其进行调和。景观和感知必须以一种加拿大本土的方式焊接在一起。

但也许她从米勒的课程中得到的最重要的见解是，米勒认为所有的写作都与"政治"有关，此处的"政治"不是指意识形态，而是从一般意义上而言。"这让我大开眼界。"她说。[32] 她发现，文学，与人和权力结构的关系、人如何被权力结构塑造有关。阿特伍德在浪漫主义传统中长大，这种传统认为文学是自我表达。如今她看到，所有的文学经典都充满了政治远见；作家们仅仅通过考察社会力量如何与个人相互作用，便在试图寻求改变社会结构。

阿特伍德通过了会考,并于1962年春天获得了拉德克利夫学院的硕士学位。这个学位并没有帮助她于那年夏天在多伦多找到一份工作。她曾在一家咖啡店当收银员,这家咖啡店如今是阿梵奴道上的"创业客栈"。收银机总是卡住,她还曾把咖啡洒了,但她坚持了下来。她需要钱。那年秋天她回到了剑桥市。

在哈佛大学,阿特伍德真正关注的一直是自己的写作。在她早期的文稿中,诗歌草稿至少有上千页。她尝试了多种诗歌形式:押韵诗、民谣诗、田园诗、寓言诗,有时还借用中世纪和希腊神话来使这些诗引发共鸣。身边的一切都可以成为诗歌的潜在主题,从早晨在剑桥市广场溜冰再到《对后备箱谋杀案的沉思》一诗:

所有的女人都可以被切分
分为两类
一类可以装进后备箱
一类不能[33]

在一本哈佛大学的剪贴簿上,她还曾草草记下散文小说的思路。有时会写下一个想法、一件逸事或一段简短的对话。其中有一段写到关于两性关系的神秘:

和一个人上床很难。你想带着某个想法上床,你也这样做了,但这个想法在你怀抱里崩溃了;等你早上醒来,会发现根本就没有其他人。只有一堆乱七八糟的怪玩意儿、皮肉、头发和指甲。然后你只能尽可能快地飞速逃离。[34]

那时还是 20 世纪 60 年代初,关于两性关系的话题尚未流行,她已经开始用尖刻的眼光观察男女之间的动态关系;她已经明白床笫是性政治的中心。

她采用的方法经常近乎一种随心所欲的游戏。在思考小说结构时,她曾经写下这样的笔记:"动态与静态角色;不断改变的人与一成不变的人。"

蛇人

小女孩　老男人

动态　静态

七天写完(可能要用九天)

岛屿(平底船)

九个角色 / 九个叙述者

小女孩从抵抗的神话开始……最后屈服,但在 21 世纪(原文如此),她再次反抗,更加拼尽全力。

她画上鱼,并写下了一些联想:"海星、月鱼、行星鱼、地球鱼?放在金鱼缸里。土星鱼、金星鱼、水星鱼、火星鱼、冥王星鱼、木星鱼,天王星鱼。"[35]

她总是即兴发挥,构思各种想法,运用所有的想象力来聚焦某一点。

她需要一种理性,一种属于自己的审美,来为自己作为女性找到一个位置。如果写作的传统排斥女性,那么这一传统一定有问题。在她的一个笔记本上,她对一篇名为"诗学行为的隐喻:缪斯对托马斯·马尔萨斯"的文章做了些笔记,对诗歌的来源进行了研究。

她总结道,在阿肯之前,诗歌一直都在挪用生育的隐喻。"诗人在缪斯的孕育下,诞生了诗歌。"诗人总认为自己在为社会做贡献,就像女人生孩子一样;两者都在履行必要的社会职能。生育能力是先决条件,诗或孩子是祝福。

浪漫主义代表了一个转折点,而托马斯·马尔萨斯(19世纪的散文家,曾预言人类人口的增长将超过生活资料的增长)是催化剂。在拥挤的世界里,诗人变得孤立,与日常社会隔绝。他开始认为缪斯不是诞下诗歌者,而是"诗歌勃起的唤起者,使之达到高潮"。

"所有对艺术的现代隐喻都与高潮有关。"阿特伍德写道。不育和自恋是其具体的表现方式:"比如抽象表现主义。比如'垮掉的一代'。比如各种泼洒形式创作的艺术。艺术家被描绘为不育者,泼洒许多东西,却无法产出完整的形态,无法孕育新的人类。"她补充了一个至关重要的结尾:"我们绝不能成为这个比喻的奴隶,认为所有不以这种伪性方式产生的东西都是不好的。"[36]

当然,"我们"指的是女性。她想知道,女诗人要如何参与?她需要知道。而且,她以自己独有的个性,直面这个问题。她经历过波希米亚使馆的大男子主义,还记得莱顿的主张:女性不应该写诗,因为她们是在侵犯男性的领土。阿特伍德需要从源头上,对将写作变为男性专利的异端邪说发起抨击。对于一个22岁的青春女性来说,这是一次令人印象深刻的叛逆。

阿特伍德从一开始就想写小说和诗歌。杰伊·麦克弗森记得自己在维多利亚学院读书时曾看到过阿特伍德写的一部小说的部分草稿。阿特伍德利用"哈佛笔记本",像一个作家一样,学习如何创作小说。小说由事实细节组成,这些细节可能来自研究,也可能来自个人生活,但这些细节必须真实。

她正在研究19世纪的小说以及它们的结构:威廉·萨克雷的《名利

场》,简·奥斯丁的《傲慢与偏见》,乔治·爱略特的《米德尔马契》。最根本问题是一部小说如何在时空中移动。她为这些书做了图表:季节的轮回;心理活动和生理行动的变换;命运的交织循环以及建筑的错落位移。她很好奇,在这些小说中,金钱是如何参与其中的?她指出,维多利亚时代的社会是一个人人都必须获取报酬的社会,但什么都不做的绅士理想依然存在。对其而言,举止、礼仪和行为态度更加重要。当时的外部环境如何?没有电或长途运输依赖铁路,而铁路在19世纪30年代和40年代也才刚刚出现。她想到了那些书里的女人。当时女性确立自己地位的方式是通过婚姻。(这意味着维多利亚时代的迂腐的道德观念实际上与经济和自我保护有关。)有教养的上流人家,哪怕再穷也要用仆人。除了女仆以外,妇女不应把全部时间花在孩子身上。家庭主妇的概念尚未发明出来。女性的一天包括悠闲的早餐,五点的下午茶,晚上八九点的正餐。那时缺乏有效的节育措施,尽管堕胎现象已经出现。

阿特伍德逐渐意识到,小说不仅是自我表达的工具,也是社会观察的工具。她对作家们处女作中常见的忏悔模式不感兴趣。她要遵循维多利亚时代社会小说的传统,这是她接受的训练。

这一直影响着她对小说的看法。她发现,为了写一个地方,她必须真正去过那里,或者至少到过一个类似的地方。她去过的地方、做过的事情,将为她的角色提供活动的空间,但角色本身将是混合一体的创造。在她后来的小说中,像英国导演阿尔弗雷德·希区柯克一样,她可能会作为一种外人无法觉察的玩笑客串出场。例如,她就是《可以吃的女人》中那个穿着黑衣出现在聚会上大谈死亡的女研究生。"这是一种异想天开的冲动,"她解释说,就像"哥特式教堂里,雕刻师把小恶魔放在天使的裙子底下。"[37]但她的主人公总是始于某种假设:假使……将会怎样?她很早就得出结论,小说不一定是充满浪漫色彩的忏悔。

在 1962 年秋天的一次研究生研讨会上，阿特伍德遇到了一位名叫吉姆·波尔克的年轻人。1961 年，他作为蒙大拿州迈尔斯城的奖学金获得者来到哈佛大学学习。"我见过她，"他回忆道，"但并不喜欢。她似乎非常聪明，且有自知之明。我觉得，她当时穿着非常奇特。一头卷发，戴着猫眼式眼镜，长着一颗后来被她凿平的尖牙。她总是穿一件铁锈棕色的灯芯绒套头衫，不化妆，除了英国文学，似乎什么都不关心。我听到她在大厅里高谈阔论。心里想：这个女孩不适合我。"

在杰尔姆·巴克利的"阿尔弗雷德·丁尼生勋爵"研讨会上，她"仿佛是个明星，就早期丁尼生的诸多方面汇报读书感想"，而波尔克却想不起来自己在那里做什么："丁尼生真的值得这么大张旗鼓地研究吗？"他在哈佛大学度过的第一学年可谓伤心欲绝。父亲去世，家庭生活突然瓦解，一切令人猝不及防。他回到哈佛大学只是因为担心自己可能会被征召入伍。（即便是 1962 年，越南战争也仍在继续，只有学生豁免权才能使他与征兵委员会保持安全距离。）

一天下午，波尔克碰巧坐在阿特伍德旁边，一起在读丁尼生的叙事诗《伊诺克·阿登》。巴克利教授漫不经心地向他提问"你觉得怎么样？"波尔克转向阿特伍德，指着一行诗说："一张买卖契约在昏暗中闪光。"两人都傻笑起来，那一笑打破了之前循规拘礼的学术礼仪。

他很快发现，那个穿着棕色套头衫、冷静又专一的女孩只是一种伪装，只是她众多伪装中的一种。

> 我发现这是一个非常有趣、思维敏捷的女人，在某种程度上，她（如同我一样）就像一个孩子，玩着一个叫"哈佛"的大玩具。我想佩姬和我相处得很好，因为我们都认为自己是来自世界奇异之地的野蛮人，而如今却身处常春藤联盟首府的中心。她是狂野的加拿大女孩。

而她在我身上看到的是一个来自蒙大拿州、成天忧心忡忡的陌生人。她说:"听人说你来自蒙大拿州,真想不到!没有人是从蒙大拿州来的。"她眼前浮现了西方的天空和星光闪耀的各色东西。当她说她来自加拿大时,我眼前也浮现了同样的情景,只是更冷,更靠北方。哈佛大学不是我们俩应该去的地方。在这个极度古板保守、极度充满性别歧视的地方,我们能做些什么?

他们成了非常要好的朋友。经常一起去看电影。那是一个伟大的黑白电影时代,布拉特尔剧院总是在举办一些关于费里尼、伯格曼或特吕弗的电影节。阿特伍德之前曾独自一人去马萨诸塞州的塞勒姆参观霍桑博物馆,回来时带回了当地墓碑上的拓片。她为那些先人感到非常自豪。她被新英格兰人的哥特式思想所吸引,此外,她的祖先就与海港有着密切联系。1692年到1693年的女巫审判就是在塞勒姆进行的。她参观了乔纳森·科温法官的"女巫之家",科温是曾判处19人死刑的法庭成员之一。如今她和波尔克故地重游塞勒姆,有时间还去纽约参观美术馆,看展览。"对于研究生而言,我们挺游手好闲的。"波尔克说。他记得两人曾沿着长长的查尔斯河畔漫步,在广场上堆雪人(其中一个雪人堆的还是维多利亚女王)。有一次在参观人类博物馆时,他记得阿特伍德被"发光的女人"迷住了。那是一个女性身体的塑料模型。只需按下一个按钮,身体的各个器官就会自动亮起。对波尔克来说,这是属于阿特伍德的国度。

波尔克与两个来自南方腹地的室友住在一起,一个专门研究D.H.劳伦斯,另一位专攻T.S.艾略特。他们认为阿特伍德是个"祸害"。"在南方的绅士们看来,女人应该知道自己的地位,手里要拿着阳伞,诸如此类。可她有自己的见解,而且十分清楚自己的品味和需求。"后来他们着实改变了看法,虽然并不完全服气。不过,阿特伍德也好好"报复"了他们。

在《可以吃的女人》中，波尔克认出了他们，在书中他们变成了不起眼的两个小角色，还是加拿大人。"邓肯是以我为原型的，"他说，"尽管我确实比邓肯出色些。我确实经常去自助洗衣店，看着那些衣服一圈又一圈地转。"波尔克很喜欢有关邓肯的描写，有点儿沉默寡言，有点儿狂野和害羞，就像杰伊·麦克弗森说的那样。但画像从来都不是在临摹现实。更确切地说，邓肯在一部讽刺许多诸如智力消耗现象的小说中，扮演了一个滑稽有趣、被夸张过头的漫画式研究生罢了。人们可能会把小说当作自传来读，这个想法似乎让波尔克觉得不可思议。1981 年，在他自己的小说《萝琳·布莱特·薇索的激情》出版之际，他惊愕无比地发现，他本想写一部关于蒙大拿州小镇上的虚构的滑稽闹剧，竟然被认定是基于现实。在他的家乡迈尔斯城，一个当地人制作了一张图表，列出了他认为的小说中存在的人物原型。还有人甚至告诉波尔克，他买了不止一本，以便反复核对，这样他就不会错过任何信息。[38]

由于阿特伍德与杰伊·福特仍维持着订婚关系，她与福特在多伦多大学读哲学专业时就认识了，所以她和波尔克的交往无疑没有变得更进一步。他们一直维持着朋友关系。波尔克还记得他们取笑阿特伍德住的研究生宿舍"创始人之家"时的快乐，毕竟那里的管理方式就像一个严格的神权政体。在闷热的温室氛围中，女性生活在一起，被困在学术制度的紧张环境之中，这样的环境太容易出现关于女性和束缚的笑话了。（波尔克说，他后来读到阿特伍德的《使女的故事》和里面众多"后宫"女性时，便会想起"创始人之家"。）

为了活跃气氛，阿特伍德和波尔克在"创始人之家"举办了一场化装舞会，并称之为罗马狂欢。阿特伍德装扮成埃及艳后克娄巴特拉的一侧胸，身上捆了个鸟笼，上面裹着肉色毛巾，波尔克则打扮成毒蛇。波尔克还记得寄居在她宿舍床底下的鬣蜥蜴。这是她从某个失败的生物实验中接手抚养的。在清洁女工偶然发现它存在后，犯了一次轻微的心脏病，于是鬣蜥蜴被赶出了宿舍。

波尔克得知阿特伍德是个诗人时，非常高兴，因为他以前从未遇到过诗人，她开始推荐他看《字母表》杂志，令他印象深刻，尤其是伊莱·曼德尔和杰伊·麦克弗森的作品。

他一直认为加拿大是个更好的国度。在蒙大拿州，他可以收听到加拿大广播公司播放的歌剧，该电台还直播《美丽新世界》等电视剧。在谷仓舞曲和老牌广播节目《乡村大剧院》间隔之间听着《诗歌选集》朗诵，让他相信加拿大拥有成熟的关于文学的文化。

阿特伍德开始在加拿大频繁发表作品。卢埃拉·布斯是她在波希米亚使馆结识的朋友，她在1962年1月写信给阿特伍德说，她被邀请担任《证据》特刊的客座编辑。女诗人专栏由她负责，这个专栏给了16页的版面，她讽刺地说，这对女士们来说还算"公平"。同年3月，《蕨菜》杂志的弗雷德·科格斯韦尔同意出版《连体双胞胎》。《美洲落叶松评论》接受了《白痴男孩怎么了》和《冷漠的哲学家》，《字母表》和《加拿大论坛》杂志也开始接受和发表诗歌。后来，1963年，加拿大广播公司播放了20首题为《蛇发女怪与白痴》的诗歌。阿特伍德写信给帕赫特，说诗歌生意兴隆，市场很好，还说自己把他的画挂在墙上，每个人都对其啧啧称道。总有一天，他会变得富有而出名，到时自己会为他写一首颂歌。

在过去的4年里，她每年都把自己的诗集整理成册，投稿出去；但每年都遭遇退稿，这既让她沮丧，也让她释怀。她曾解释说，她如此渴望发表作品，是因为像所有20岁出头儿的诗人一样，她以为自己会在30岁前死去。

在这些哈佛大学时期所作的诗歌中有一个显著的演变，即阿特伍德对自己的声音越来越自信。她正在学习如何把她的神话和反常规的独特视角带入现实。她发现桥下的巨魔及其引起的恐惧都是人类的面孔。

1962年6月，臭名昭著的波士顿杀人王开始让波士顿和剑桥市笼罩在恐怖中。他的作案手法为习惯性地留下勒死受害者的工具，通常是一只长袜，并整齐地将其系成一个蝴蝶结。惊恐的妇女们清空了波士顿的流浪狗收容所，洗劫了锁匠的店铺。到7月，绞杀者已经杀死了4名受害者。他的第8名受害者，是一名来自剑桥市的23岁学生，于1963年春末遭到谋杀，当时阿特伍德正准备返回加拿大。

由于电视被新一轮普及，从波士顿杀人王开始，导致了后来媒体炒作的一长串连环杀手名单轮番出现，人们对此已司空见惯。恐惧蔓延到他跟踪猎物的地方之外。所有女人都知道这个杀人狂。最后，杀害了13个女人后，他在另一个城市因性侵罪被捕，在那里他获得了"绿人"的绰号，大概是因为他穿着绿色的维修制服。法医专家将波士顿杀人王定性为未婚偏执精神分裂症患者，也可能是同性恋。结果发现他来自郊区，温文尔雅，是一个有家室的男人，还会冒充维修工人进入女性居住的公寓。1967年，他因性侵罪以"绿人"身份被判无期徒刑，但始终未以波士顿杀人王的身份受审。最终，在1973年，他因以低于市场的价格出售街头毒品"快速丸"而在监狱里被人刺死。

阿特伍德对这个事件很感兴趣，与其说是对这个人，不如说是对能够培养出这个人的社会。她给他写了几首诗，包括《绿人》。在诗中，阿特伍德很好奇他的脸长得该是多么没有特点，那些女性居然事先都没有认出他来。但关于这个主题，她最引人入胜的诗是《城市中心的洞穴人》，尽管她始终未曾尝试发表。她认为这首诗写得不够好，不足以收入她在1966年出版的首部诗集《圆圈游戏》。

因为她们害怕

街道不再安全：
某种食肉动物跑来了
从森林里
被恐慌的气味吸引。

甚至在我们公寓的
院子里，原来在那里有
孔雀和一条养着金鱼的壕沟，
我们发现了狼獾
在花坛里留下的脚印
昨天
我们还发现了最后一只孔雀
喉咙被割断。

（那个女人尖叫时
我们甚至没有
打开灯，而是躺着假装
睡着，等着她
死去或离开。）

早晨我们发现
人行道上有血迹，打碎的瓶子
在阳光下闪闪发光，
池塘里有呕吐物（金鱼
肚子朝上

在百合花中漂浮),偶尔

可以看到一两只瘪下来的白色橡胶

手指(表明

黑暗中的混战

是爱,而非谋杀)。

清洁工一边清理人行道

一边摇着头捡起

玻璃和金鱼;我们

让他检查一下门锁

即便如此

四处弥漫的红色恐惧

毒害了植物的

根部,谁能修复我们的花园?

我们说,这是受害者的错;

她们的恐惧使这种事

发生;

我们说,倘若她们

像天使一样无所畏惧,

我们就可以自由地行走

(而不是)畏缩在拉下的

百叶窗

还有安全的十层楼高水泥砖墙

后面,咬紧牙关直到天亮。³⁹

1962年的冬天还伴随着其他种种担忧。在哈佛大学,贯穿校园内部的蒸汽隧道里存放着食物,校园里点缀着新的橙色标志,指示着防空洞的位置。古巴导弹危机将世界推向了核战争的边缘。阿特伍德还记得当时她蜷缩在阿庇安路"创始人之家"的前厅里,一边喝茶,一边担心世界末日即将来临。

从10月到12月,电视评论员们部署了各种地图,首先展示的画面是一支苏联军舰舰队正蜿蜒穿过加勒比海,然后是肯尼迪总统对古巴实行封锁。如今,已很难弄清这场危机给人们带来了多大恐惧。恐惧不会轻易传播。让一代人感到恐惧的事情很可能只会给下一代人带来困惑。在那几个月里,人们真的觉得末日即将来临。12月2日,一项协议终于达成,苏联撤回了导弹。作家的心灵就像一个重写本。阿特伍德在哈佛大学的经历无疑再次证实了她内心的一个层面,那就是她对人类暴力欲望的愤怒。

1963年夏天,阿特伍德回到家里。钱已告罄,她需要一份工作。在多伦多,她觉得自己可以找到写作所需的时间和空间。

她还会回到哈佛大学继续攻读博士学位,但她熟悉的哈佛大学将不复存在。她离开几个月后,肯尼迪总统被刺杀,哈佛大学所代表的旧的政治与道德现实随之融化消解了。正如一位记者所说,"就像达利所画的手表一样"。肯尼迪一直是哈佛大学的人,他的去世让人感觉无异于遭受到个人打击。对许多人来说,"20世纪的60年代"始于1963年11月22日的达拉斯。⁴⁰

回想起来,阿特伍德会说她喜欢哈佛大学,只是带着些许紧张感。它"就像吃凤尾鱼,是一种后天养成的嗜好。但对我来说,我永远无法真正养成这种嗜好"。⁴¹ 她喜欢那里的图书馆,喜欢那里的教授,喜欢那里的怪人，就像传闻中闯进霍顿珍本图书馆去阅读谷登堡版《圣经》的那个人。但她也意识到哈佛大学异常重要。正是在那里，她开始认为加拿大是一个拥有自身特点和文化的国家。正是在那里，她发现写作是一种政治行为，是个人对抗限制自己的社会结构的主张。

注释

1 1961年10月28日致查尔斯·帕赫特的信,查尔斯·帕赫特私人收藏。
2 玛丽安·坎农·施莱辛格,《越过公地》,选自《我的哈佛,我的耶鲁》,戴安娜·迪布瓦编(纽约:兰登书屋,1982年),第18页。
3 艾莉森·卢里,《他们的哈佛》,选自《我的哈佛,我的耶鲁》,戴安娜·迪布瓦编(纽约:兰登书屋,1982年),第35页。
4 希瑟·杜布罗,《初窥桑迪的奥维德》,选自《庭院里的大学》第二卷,戴维·阿洛伊安编(马萨诸塞州剑桥市:哈佛大学出版社,1985年),第188页。
5 琳达·格林豪斯,《分离与无法分离的世界》,选自《庭院里的大学》第二卷,戴维·阿洛伊安编(马萨诸塞州剑桥市:哈佛大学出版社,1985年),第191页。
6 费伊·莱文,《当明亮的色彩褪去》,选自《我的哈佛,我的耶鲁》,戴安娜·迪布瓦编(纽约:兰登书屋,1982年),第99页。
7 同上书,第99—100页。
8 费伊·莱文,《上哈佛的女孩》,选自《哈佛卷:三百年文选》,威廉·本廷克-斯米特编(马萨诸塞州剑桥市:哈佛大学出版社,1982年),第347页。
9 贝丝·古特琴,《民间故事》,选自《我的哈佛,我的耶鲁》,戴安娜·迪布瓦编(纽约:兰登书屋,1982年),第111页。
10 安妮·法迪曼,《昔日恩典在何处?》,选自《哈佛卷:三百年文选》,威廉·本廷克-斯米特编(马萨诸塞州剑桥市:哈佛大学出版社,1982年),第350页。
11 玛格丽特·阿特伍德,《夏娃的诅咒——我在学校学到的》(1978年),选自《次要的话:批评散文选集》(多伦多:阿南西出版社,1982年),第217页。另见《女巫》,选自《次要的话:批评散文选集》,第330页。这个词令她十分不悦,她在几篇文章和采访中一再提到。

12　乔伊斯·卡罗尔·欧茨，《玛格丽特·阿特伍德访谈》，选自《安大略评论》第 9 期（1978—1979 年秋冬）；转载于《玛格丽特·阿特伍德对话录》，厄尔·G.英格索尔编（安大略威洛代尔：萤火虫出版社，1990 年），第 77 页。

13　《在英国国旗下幸运地成长》，1984 年 11 月在惠顿学院的演讲，阿特伍德文稿，90 号档案盒，20 号档案。

14　格温德琳·麦克尤恩致玛格丽特·阿特伍德的信（具体日期不详），阿特伍德文稿。

15　同上。

16　玛格丽特·阿特伍德，《女巫》，选自《次要的话：批评散文选集》（多伦多：阿南西出版社，1982 年），第 330 页。

17　玛格丽特·阿特伍德致查尔斯·帕赫特的信（1961 年 10 月 28 日），查尔斯·帕赫特私人收藏。

18　同上。

19　玛格丽特·阿特伍德，《女巫》，选自《次要的话：批评散文选集》（多伦多：阿南西出版社，1982 年），第 329 页。

20　本书作者对杰罗姆·巴克利的采访，波士顿，1997 年 4 月 10 日。

21　本书作者对玛格丽特·阿特伍德的采访，1997 年 2 月 12 日。

22　罗杰·罗森布拉特，《分崩离析：1969 哈佛之战回忆录》（波士顿：利特尔－布朗出版社，1997 年），第 164 页。

23　玛格丽特·阿特伍德，《在英国国旗下幸运地成长》，1984 年 11 月在惠顿学院的演讲，阿特伍德文稿，90 号档案盒，20 号档案，第 6 页。

24　玛格丽特·阿特伍德，《加美关系：幸存于 20 世纪 80 年代》，1981 年秋在哈佛大学国际关系协会上的演讲；选自《次要的话：批评散文选集》（多伦多：阿南西出版社，1982 年）。

25　《序曲》，阿特伍德文稿，95 号档案盒，1 号档案。

26　《加拿大俱乐部会员和加拿大干酒》，阿特伍德文稿，95 号档案盒，1 号档案。玛格丽特·阿特伍德证实，这篇文章主要内容写于 1962 年。

27　玛丽－克莱尔·布莱斯，《美国笔记：一个作家的旅程》，琳达·加博里欧译

（温哥华：塔隆书屋出版社，1996年），第12页。

28　同上书，第18页。

29　诺思洛普·弗莱，《灌木花园：论加拿大人的想象力文集》（多伦多：阿南西出版社，1971年），第225页。

30　佩里·米勒，《乌鸦与鲸鱼：爱伦·坡和梅尔维尔时代的文字与智慧之战》（康涅狄格州韦斯特波特：格林伍德出版社，1955年），第249页。

31　同上书，第187页。

32　伊丽莎白·米斯，《采访》，选自《黑色战士评论》第12期（1985年）；转载于《玛格丽特·阿特伍德对话录》，厄尔·G.英格索尔编（安大略威洛代尔：萤火虫出版社，1990年），185页。

33　阿特伍德文稿，7号档案盒，30号档案。阿特伍德将其文稿捐赠给多伦多大学时，很难精准确定其早期作品的创作年份，因为这些作品动辄就有上千页的草稿。

34　阿特伍德文稿，17号档案盒，3号档案。

35　同上。

36　阿特伍德文稿，1号档案盒，5号档案。

37　杰夫·汉考克，《玛格丽特·阿特伍德访谈》，选自《工作中的加拿大作家：访谈录》（多伦多：牛津大学出版社，1987年）；转载于《玛格丽特·阿特伍德对话录》，厄尔·G.英格索尔编（安大略威洛代尔：萤火虫出版社，1990年），第217页。

38　本书作者对吉姆·波尔克的采访，1997年7月24日。

39　《城市中心的洞穴人》，阿特伍德文稿，6号档案盒，5号档案。

40　费伊·莱文，《上哈佛的女孩》，选自《哈佛卷：三百年文选》，威廉·本廷克－斯米特编（马萨诸塞州剑桥市：哈佛大学出版社，1982年），第105页。

41　乔伊斯·卡罗尔·欧茨，《玛格丽特·阿特伍德访谈》，选自《安大略评论》第9期（1978—1979年秋冬）；转载于《玛格丽特·阿特伍德对话录》，厄尔·G.英格索尔编（安大略威洛代尔：萤火虫出版社，1990年），第77页。

第八章 "穿过地毯"

1963年夏天,阿特伍德回到多伦多,开始找工作。她在追求这样一种幻想:白天可以找到一份枯燥乏味、不用动脑筋,却很赚钱的工作,晚上就在阁楼里从事自己的艺术创作。她向牛津大学出版社、麦克莱兰-斯图尔特出版社,以及贝尔电话公司的宣传推广部门提出了申请,但都被三家公司以学历过高为由拒绝了。她后来说,这让她陷入了"失业、焦虑和极度抑郁的状态,人人都知道,这种状态对于小说家和诗人来说必不可少,尽管从来没有人声称地质学家、牙医或注册会计师也是如此"。[1]令她懊恼不已的是她在申请时口无遮拦,错误地说自己希望成为一名作家。现在回想起来,她可能会以风趣的口吻一笑置之,但当时她身无分文。每天只能心情绝望地浏览《环球邮报》的招聘栏广告,"靠喝咖啡和咬手指甲度日"。

当她最终被一家叫"加拿大事实"的公司聘用时,真是满心感激。这是多伦多的一家市场研究公司,负责外包采访用户对产品的体验感受。她的工作是研读调查问卷,用她的话说,"这些问卷是由更高层次、更老到的心理医生'炮制出来的',并使它们文理通顺,易于理解。"[2]这意味着她有时不得不走街串巷,仔细研究这些问卷,以确定它们是否有效,因为问题必须设计得足够巧妙,以确保预期的受访者/家庭主妇不会当着市场调查员的面砰的一声关上门,将其拒之门外。阿特伍德的结论是,负责研究的玛丽·西姆斯之所以雇用自己,是因为她觉得自己不走寻常路,性格古怪,有望为这项工作"增添活力"。阿特伍德受聘后不久,需要完成的任务之一就是制作一个蜡制的巫毒娃娃,专门针对公司的蒙特利尔分公司经理。西姆斯每次搞不定他时便可以用大头针扎这个娃娃,并认为这一疗法颇为见效。她还要求阿特伍德把创作的诗歌给她读。

当时,市场调查对阿特伍德来说可谓是一份完美的工作。作为作家,她的天赋之一是她永远不会忽视通常被称为"真实世界"的能力。刚结束六年的学术生活,毕业走进社会,她就一头扎进了商界疯狂的一面,在其循规蹈矩、遵纪守法的一致性下,她发现了其荒诞的一面,并觉得这种疯狂颇具吸引力。她首先参加的是果酱饼干试吃问卷活动,在这个活动中,家庭主妇们收到了吐司饼干和必不可少的问卷。饼干炸开了,他们不得不把吐司机换了。她还参与了大米布丁罐头和麦麸早餐麦片加葡萄干的试吃问卷。与葡萄干一起飞进麦片盒子里的苍蝇被试吃对象邮寄回来。

阿特伍德试图融入这个世界,但并未完全成功。她把头发剪成当时很流行的泡泡头,这是每晚用巨型卷发器卷出来的效果(不过,因为她的头发是自来卷,效果常常靠不住)。她仍然佩戴着原先的角框眼镜,买了她认为商界女性会穿的衣服。但效果不太如愿。她的一位同事说:"我觉得这个新来的女孩不太聪明。"

在配有电话和打字机的办公桌上,她可以在创纪录的时间内完成当天任务。即使在懈怠的时候,她也不会拖延工作。随后她就会把手稿塞进打字机里,开始写小说。在午餐或喝咖啡的休息时间,她可以尽情地谈论办公室八卦。她善于移情倾听,这是所有小说家都不可或缺的天赋,她用自己的方式写了很多纯属个人的故事。有人告诉她"内衣男"的事,这个人用公司的名义给女性打电话,说他在做内衣市场调查。当他提的问题变得越来越触及隐私时,愤怒的女性用户就会致电给公司,玛丽·西姆斯只得解释他并非公司员工。[3] 当阿特伍德准备在她出版的第一部小说《可以吃的女人》中使用市场调查为元素时,事实证明这一经历提供了很好的素材。

多年后,她曾受邀为广告公司的高管们做餐后演讲,她对这些来自商界的听众说,他们如果想阻止像她这样的艺术家把自己的公司变成虚构小说,可以通过资助作家来让作家远离公司的办公室。[4]

阿特伍德在查尔斯街的一个公寓租了一间橱柜般大的小房间。用单火电炉做饭,把通心粉和奶酪放在梳妆台抽屉里。她在这里创作长篇和短篇小说(当时写了《浴室里的战争》)。她晚上工作,让灯光聚拢在桌子上。她常说觉得自己像个文学界的牙科医生。长篇小说的手稿是《在如此蔚蓝的空中》。故事发生在现代城市,讲述的是年轻人发现自己的生活受到各种限制的故事。小说结尾带有一种不确定性——女主角在秋千上摇摆,悬在空中。阿特伍德后来开玩笑说,这是一份"郁郁寡欢的文字记录,最后女主人公试图决定是否要把一个男主人公从屋顶上推下去"。[5] 1964 年 5 月,她完成了这部小说。

阿特伍德把手稿寄给了吉姆·波尔克。他也因为钱花光了,在前一个夏天离开了哈佛大学,回到了蒙大拿州的迈尔斯城。他刚一到家,征兵委员会的代表就在大街上朝他扑来,问他打算什么时候为"山姆大叔"效力。他回答说,他已经得到一份教书的工作。接着,全凭运气,他真的在波卡特洛的爱达荷州立大学找到了一份工作。这使他有了一年的宽限期。在这一年里,他花了 700 个小时教英语作文,事实上,他非常喜欢这份工作。

波尔克对《在如此蔚蓝的空中》一书印象深刻:"她描绘的超现实城市让我难以忘怀,往下看,一切似乎都淹没在峡谷里;而在视线水平面上,则可以看到树冠。"[6] 他建议阿特伍德考虑将这个城市定位为多伦多,但她犹豫不定,认为也许这个城市应该保持无名,一座非真实的虚幻之城。

她把小说寄给了纽约出版商阿贝拉德-舒曼,然后等待。1964 年 8 月有了回音,副主编凯·格兰特回复道:"你的书无论是作为一部抒发情绪之作,还是故事本身,都让我着迷;但恐怕我们不能采用……书中文字的确很好,潜在的思想也很棒,我忍不住想告诉你我认为小说还需要些什么。"它需要的是将人物塑造得更丰满些。格兰特用鼓励的口吻写道:"希望我们能再次收到你的来稿。"[7]

她还投给了加拿大出版商克拉克·欧文公司,这家出版商显得架子十足,发回一份读者调查报告综合简报,里面几乎众口一词地表示不屑。其中一位读者报告仅有一行字:"整个故事使用现在进行时尤其令人恼火。"[8]

这期间,她的确收到过一个颇具吸引力的提议。加拿大作曲家约翰·贝克威思受英国广播公司委托,请他为威廉·莎士比亚诞辰 400 周年创作一首曲子。他同意了这个委托,只要歌词不必非得是莎士比亚写的就好。他看不出为《蜜蜂吸吮的地方》旧词新作有什么意义。他和杰伊·麦克弗森聊了聊,麦克弗森刚刚与他合作了一部名为《约拿》的清唱剧。麦克弗森说她有位才华横溢的年轻同事,名叫玛格丽特·阿特伍德,可能会感兴趣。三人碰头讨论了下,两周后阿特伍德就准备好了歌词初稿。这首长达 20 分钟的作品名为《夏日的号角》,于 1964 年 11 月由蒙特利尔巴赫合唱团与小型声乐合唱团在乔治·利特尔的指挥下进行了首场演出。阿特伍德得到了 150 加元的佣金。在当时堪称一笔巨大的财富。[9]

在帕赫特多少带有命令式的怂恿下,阿特伍德放下小说和一份被退回的诗歌手稿,辞掉了工作,去欧洲朝圣。帕赫特在巴黎待了一年,在蒙帕尔纳斯区的大茅舍学院学习法语和艺术史,刚回加拿大,也催着她去。此外,周游各地是当时每个学生都时兴做的事。于是她带着一本《五加元一天游欧洲》和一张欧洲通票,拖着旅行箱(那时背包尚未发明)出发了。她向父母借了 600 加元,于 5 月 13 日登上了飞往英国的飞机。那年早些时候,一家茶叶店的通灵师读了她的纸牌,告诉她 5 月份她会去欧洲。"不可能,我不会去的。"她说,但此刻她真的身在欧洲了。[10]

她说，自己的生活"极为复杂"。作为一名作家，她的父母对她身无分文的作家身份越来越感到不安。（可以理解，她自己也有同感。）她结束了与杰伊·福特的婚约，整个过程并不容易。吉姆·波尔克解释道："分手花了很长时间，这是《可以吃的女人》的一部分。"[11] 阿特伍德认为通过欧洲之行，"观看各种杰出的建筑作品"可以完善心灵，"填补心灵的一些空洞"。[12]

她还有三个月的时间。她在自己的预算范围内所见到的英国，有一种格雷厄姆·格林笔下描写的低俗浮华：维多利亚式排屋里供出租的房间、不断烧钱的煤气炉、冰凉的水、肮脏的家具和潮湿的床单。20世纪60年代早期的英国人对烹饪艺术一无所知，餐馆里的食物主要是鸡蛋加香肠和豌豆，要么就是炸鱼加薯条。但她对此毫不气馁，一如既往地穿着她的灰色法兰绒套头衫，脚蹬小山羊皮暇步士女鞋，漫步了解那里的文化。

在那些日子里，学生旅行者常常去特拉法尔加广场的加拿大之家阅读加拿大报纸，在当地的酒吧里还能偶遇海外加拿大同胞。幸运的是，阿特伍德得知她在多伦多的朋友艾莉森·坎宁安正在伦敦学习舞蹈，住在南肯辛顿的一套公寓里。坎宁安不顾公寓主人科克勋爵和霍尔夫人的规定，为阿特伍德提供了一张床。不过，她偶尔也会拿着火车通票消失几天，以维持她没有在那里借住的假象。

她的旅行遵循的是殖民地每个有抱负的年轻作家都会走的路线：狄更斯的伦敦、湖区、勃朗特姐妹的荒野山庄。不过，她的目光所及却与众不同，十分独到。她喜欢勃朗特姐妹的手套和鞋子。都是儿童尺寸，尽可安心购买：因为她自己的身材也很娇小。在她去过的所有地方中，最喜欢的是巨石阵，因为正如她所描述的那样，它是"前理性的、前英国的、地质的。没有人知道它如何到达此地，又为什么会在那里，为什么会继续存在，但它就是这么稳坐在那里，挑战着重力，无法用常规方法进行分析或理解".[13] 她是一位科学家的女儿，了解石头的地质构造，但更吸引她的总是石头背后的神秘所在。

波尔克结束了在波卡特洛的教学工作后，和当时的女朋友一起去了英国。女友让他一起参加温彻斯特大教堂的考古发掘工作，这是北卡罗来纳大学本科课程的一部分。他记得那次挖掘简直是一场灾难。"我发现自己在战壕里待了一整天，然后回到一个废弃的军事基地，吃着难以下咽的英国食物。我一直不清楚我们在寻找什么，结果证明，我们根本就是在错误的挖掘地工作。他们发现罗马浴场在更远的地方，中世纪的浴场则更不用说了，完全是永无休止的劳作。也许我对什么是考古挖掘一无所知，但我肯定发现了什么不是考古挖掘。"

他和女友分手了，离开了挖掘现场，这让考古学家们很不高兴。他去伦敦看望阿特伍德，并决定以住青年旅社的方式游览英国的名胜古迹。他们主要去了一些奇怪的地方，比如滨海克拉克顿和纳兹河畔的沃尔顿，这些古色古香的英国浴场小镇上，小吃店要价高昂。他们眼中的英国是滑稽搞笑的，而不是庄严崇高的，尽管这也符合他们的脾性。

他们决定和坎宁安一起去法国旅游。几个人虔诚地徒步前往巴黎圣母院和埃菲尔铁塔，参观了卢浮宫。（阿特伍德喜欢鲁奥的画作。）看了哑剧艺术家马塞尔·玛索的表演，还租了一辆车前往卢瓦尔河谷庄园。他们住在廉价的公寓里，墙壁薄得如纸一般，没等走完楼梯电灯开关便会自动关闭。他们每天只吃法棍、奶酪和橙子，阿特伍德却得了痢疾。她一边躺在公园的长椅上呻吟，一边听坎宁安读着多丽丝·莱辛的《金色笔记》。当然，他们很享受这一切。巴黎很美，就像普鲁斯特的小说一样。

坎宁安不得已要返回英国，阿特伍德和波尔克则继续前往卢森堡。"那是我们的分手之地，"波尔克简单说道，"不管我们在一起做了什么，总之她要回加拿大，出于某种原因，我们没有再继续一起旅行。我准备去维也纳提高自己的德语水平。谁知道我们年轻时在做些什么?"

"我们在卢森堡火车站从此永远分手。我记得它是一个巨大的早期高层德式建筑,一个阴暗的地方,就在那时,佩姬开始撰写《圆圈游戏》。后来,她告诉我:'我必须把你的眼睛变成蓝色,因为它们必须像图钉一样,但你的眼睛并不是蓝色。那个人其实不是你,而是许多人的组合。'"波尔克在诗中看到了很多熟悉的事物:山坡上的游戏,薄如纸片的酒店墙壁,毛巾上晾着的唯一一件毛衣。(谁能凑出两个十分的硬币呢?)对他来说,这首诗生动而准确地描绘了某件事情的结束。当然,这不仅仅是他们个人的事情,而是一件极为复杂多变的事情。

波尔克最终也回到了加拿大。他曾尝试过在维也纳和丹麦深造,但在欧洲的费用太过昂贵。他在哈佛大学获得了秋季继续攻读博士学位的机会。"所有的道路都不断指向哈佛大学,"他说,"部分原因是我属于应征入伍的对象。"

前一年秋天,阿特伍德申请了大不列颠哥伦比亚大学的讲师职位,令她十分惊讶的是,她得到了这份工作。在准备出发去温哥华时,她去了诗人道格·琼斯的避暑别墅,位于安大略省班克罗夫特附近的波达什湖畔。

道格·琼斯是一位出色的诗人,曾在魁北克伦诺克斯维尔的主教大学担任教授,后来又在舍布鲁克大学任教。他比阿特伍德大十岁。学生时代,阿特伍德曾为《维多利亚院刊》写过评论文章,那是关于他的第二部作品《太阳是斧头手》的。她说这本书有一种奇妙的空间感,是一本夏日之书。他们成了朋友。琼斯是一位独特有趣的人,外表帅气,身材瘦削矫健,同时又不失美感:你可以想象他在戴维·米尔恩笔下的风景画中倚在一棵树旁,带着幽默,外加些许颓废的气息,十分撩人。他是少数跨越文化界限,能同时用英语和法语写作的加拿大诗人之一。女性对他很感兴趣,显然阿特伍德也不例外。

别墅小屋里还有其他客人：诗人阿尔·珀迪和他的妻子尤里特。这是阿特伍德和珀迪的第一次见面，这次会面给他留下了深刻印象，他后来称之为"阿特伍德－珀迪事件"。

道格·琼斯去火车站接阿特伍德，两人一同回来时，珀迪颇感困惑："一个小女孩，戴着角框眼镜，应该是近视，可能会显得有点儿像老鼠。我得赶紧补充一句，她一点儿也不像老鼠。她的个性非常迷人。"[14]

当他们坐在湖边，喝着啤酒，讨论莎士比亚在美人鱼剧院作为杂耍喜剧演员时的情形，珀迪把阿特伍德说成是学者，果然激怒了阿特伍德。（他喜欢这么做。）她讨厌这个标签。阿特伍德抓起啤酒，对准他的脸，使劲摇晃。接着是一场啤酒大战，最后两人都掉进了湖里，道格和尤里特则在一旁茫然地看着。

他们后来成了好朋友。珀迪总是把阿特伍德列入他的加拿大重要诗人名单，尽管他会继续对她进行挑衅性的评价，说她过分知识分子气。（他喜欢称她为"知识分子女士"。）相反，阿特伍德却把他看作文坛上一道永恒的风景线，就像犬牙交错、参差不齐的峭壁，令人印象深刻。他正在成为公认的最优秀的加拿大诗人之一。可以说，他们共同改变了加拿大的文学形态。

珀迪的公众形象中总有一种自我嘲弄的成分。可能是他那一代的诗人（他比阿特伍德大 21 岁），来自一个尚未习惯诗人的殖民环境，觉得有必要证明他们一点儿也不故弄玄虚，而是男人中的男人。或者，这可能仅仅是来自因为要符合那个时代作家必备的亨利·米勒模式的压力。珀迪喜欢喝酒。众所周知，他在诗歌朗诵会上喜欢把脚放在书上，如果讲台很高的话，这通常需要相当高超的技巧。这个姿势暗示着他并不珍惜诗歌，诗歌并未与泥土和鞋子隔绝。在他勇敢和粗粝的外表下，阿特伍德看到的是一位有天赋的作家和一个聪明而有洞察力的人。后来，她在自己的一本书上签名:"完美的佩姬敬献给糟糕的阿尔"。[15]

这一年对道格·琼斯和他的家人来说是重要的一年。他的婚姻早前就破裂了。他被阿特伍德吸引,她的好脾气可能正是他所需要的,可以帮他渡过难关。

阿特伍德写信告诉波尔克她的拜访之行。虽然两人已经分手,表面上一切都已结束,但波尔克和她都不愿放弃这段友谊。正如波尔克所说,"那年我们持续通信,维持着信中的'浪漫情调'"。之后阿特伍德便动身前往大不列颠哥伦比亚大学。[16]

她在西 11 大道 3886 号一栋房子的顶楼找到了一套公寓。公寓很大,有一个客厅和两间卧室,其中一间被她用来作为书房。最重要的是,在这里可以看到城市和海湾的壮丽景色,远处的群山隐约可见。她在商店里四处搜寻便宜家具。一个朋友在旧货店里为她找到了一把很棒的老式理发椅,她还分别花了 50 加分和 75 加分,买了必不可少的煎锅和茶壶作为厨房用品。她写信给查理·帕赫特说,真希望帕赫特能在这儿帮她。原来的墙纸可怕极了,浴室则被刷成淡紫色和一种痔疮般的粉色。她开玩笑说:"我正好有一个绿色缎面床罩,只需配上一件开到肚脐的黑色缎面睡衣便齐了。"[17] 帕赫特回答说,如果她想掩盖痔疮般的粉色,可以用"省内电话簿中的黄页"。她只需弄些墙纸糊,把黄页切割成方块,拼起来,整齐地糊到墙上即可。"效果出乎意料,事实上,简直令人震惊,将彻彻底底地改变你。"[18]

温哥华的美丽使她立刻为之折服。她发现这座城市"奇怪、原始、尚未完成,甚至会让人产生幻觉"。"我喜欢这座城市,"她告诉帕赫特,"但总是对它把握不定。"[19] 然而,单就那些连绵的群山便足以使一切都物有所值。这所大学很不错,学生们的反应也比她预期的要好。早上八点半,她在半圆拱形活动教室给工程系的学生上语法课,一大早的课程安排让她有充足的时间自己写作。她让未来的工程师们模仿卡夫卡写作,并告诉他们,这可能对他们选择的职业会有帮助。[20]

周围人都很友好。她认识了帕赫特的好朋友拉里(他脚蹬牛仔靴,拥有一架哈德森超级喷气式飞机)和史蒂夫(一个养宠物猴子的画家)。为庆祝史蒂夫的生日,她和拉里给他买了一颗巨大的食用菌和一个近7千克重的生日西瓜,上面还插满了蜡烛。她与许多西海岸的艺术家和作家成为朋友:包括田边隆夫、罗伊·清冈、简·鲁尔、乔治和安杰拉·鲍尔林。通过简·鲁尔,她为自己找到了文学经纪人,位于伦敦的约翰·法夸尔森英国公司,她希望通过这家公司销售她写的小说。出售自己的作品是一件让人头昏的事情,能把它交给经纪人,是一种解脱。当然,当时并没有加拿大的经纪人愿意与年轻作家签订合作关系。

阿特伍德感觉住在海边非常奇妙。她到达后做的第一件事就是去海滩,把手伸进太平洋。这所大学有属于自己的海滩,需要攀登一段长长的陡峭山路,穿过灌木丛和树林才能到达。她向阿尔·珀迪描述了那次步行之旅的奇特之美:

> 上周风很大,晚上十点左右,我和朋友去了学校的海滩:……我们在漆黑的路走了很久;月亮时隐时现,狂风呼啸,几颗星星十分耀眼,大海汹涌澎湃,扑面而来。我们走啊走,经过一个战时修建的旧地堡;灯塔在海湾闪烁。那儿真的就像世界的尽头,无法再往前走了。我们只能在悬崖和大海之间不停徘徊。[21]

吸引阿特伍德的通常是周围风景的戏剧性变化。她一有机会就和朋友们去温哥华的山上滑雪。她向珀迪描述了在雾中滑雪的可怕经历,风景被白色抹去,接着白雾沉降,露出峰顶。在这样自我分裂并消失的时刻,那种恐惧，也或许是兴奋，似乎对她而言有无尽的魅力。

她走遍温哥华，对它渐渐熟悉起来。那时它依旧是一个守旧保守的城市，似乎空荡荡的，却是到访这座城市的好时光。作为文化逃亡者西迁的最后一站，温哥华一直给人另类的感觉，但如今一场文学革命才刚刚开始。小型杂志似乎突然之间纷纷冒了出来。《打破宁静》是最具实验性的杂志之一，首期是在 1963 年 10 月出版的。

在温哥华基斯兰奴区潮湿的雨天街道上，比尔·比塞特和朋友兰斯·法雷尔和罗伯特·萨瑟兰拖着沉重的脚步四处奔波，因为找不到地方出版自己写的诗歌而沮丧万分。于是他们决定自己动手。他们在字典里来回翻找，寻找诗刊名称，最后在"蓝色（舒缓）药膏"（blue ointment）这个词上停了下来，一致觉得很合意。它听起来像医学和中世纪用语；这段逸事后来流传开来，说这个词指的是维多利亚时代治疗性传播阴虱病的偏方。他们先是从基士得耶牌的复印机开始，最后弄到了一台 1903 年产的 A.B. 迪克油印机，开始大量印刷。有时，他们的纸张库存甚至来自从当地印刷厂后面的垃圾箱里。

比塞特是加拿大最早的文学嬉皮士之一。为了"逃离西方文明"，他在 20 世纪 50 年代末离开了家乡哈利法克斯，搭便车穿越了整个国家。比塞特和朋友们一起住在一个没有热水设备的房子里，除了地下室的木屑炉和一个曾经导致他们烧毁了邻居部分房屋的壁炉外，这里没有暖气。就在这样一种条件下，他们开始了"改变现代意识"的努力。他们想要冲破所有束缚人的条条框框。带着骨子里的"达达艺术主义"冲动，他们追随重塑拼写的新潮流：将诗刊命名为 blewointment（《打破宁静》），改 blue（蓝色）为同音的 blew（打击），去掉大写字母，玩单词和拼写游戏，"让诗歌成为一张表达情绪和情感的图谱"。[22]

1963 年蒂莫西·利里在哈佛大学发起的迷幻运动传到了加拿大，比塞特很快就将这一运动的象征融入自己的生活,开始开着大众牌货车,吸食大麻,和假释官打交道。20世纪60年代,他偶尔会去干挖沟渠的工作,或是在亚利桑那州和墨西哥采摘豆子,再就是凝望大海。温哥华不愿成为新的迷幻意识之地,比尔·比塞特很快就发现自己因为持有大麻而受到警察和法庭内外的滋扰。

他被指控犯有各种罪行——从政治颠覆到贩卖色情读物(事实上,他从未写过此类东西,但认为这类文体也许会很有趣)。那是对抗性政治刚刚开始的年代。到处都开始举办读书会,俱乐部大量涌现:第十大道的推进床垫咖啡馆,格兰维尔街先锋书店后面的特罗茨大厅,还有降五和弦爵士俱乐部。1965年,温哥华附近的山上举办了各种露天读书会,为诗歌出版社筹集资金。《打破宁静》运营了20年,20世纪60年代中期是它的全盛时期。诗刊以实验性为特色,总体基调古怪滑稽,始终对新事物持开放态度。读者可以在里面找到任何东西,比如从其他杂志上撕下来的页面,随意拼接起来,让每一份杂志都独一无二。有时你甚至会发现杂志的书脊上绑着一小块木头,大概是为了表达对树木的感激之情。

诗人bp·尼科尔是土生土长的温哥华人,他解释了为什么像比塞特这样的不俗之人会产生如此深远的影响。初次读到比尔·比塞特发表在《打破宁静》中的作品时,他立刻意识到两点:一是比塞特之前没有先例;他完全是他自己,朝着自己的方向前进;二是做这件事的是一个加拿大人。"我无须凝视边境以南或海洋对岸,才能获得真正的新式写作带来的肾上腺素的刺激。这一点在这份诗刊的首期中便充分体现。"[23] 比塞特明确表示,创造一个本土的、在本国环境中发展起来的写作场景,时机已到。尼科尔在1964年将比塞特的革命带到东部,创办了甘来尔出版社和《蠢人》系列小册子,并在20世纪60年代末与"四骑士"乐队一起创作声音诗歌。

1964年,阿特伍德在温哥华时,实验性杂志终于长出了翅膀,这一幕令人兴奋。除了《打破宁静》，还有《蒂什》，由大不列颠哥伦比亚大学的学生乔治·鲍尔林、弗兰克·戴维和弗莱德·华在 1961 年创立。它标榜自己为致力于"正确"写作的先锋杂志，而不是"粗俗的加拿大下三烂"。1964 年，鲍尔林独立创办的《无意识意象》问世。小型出版社如雨后春笋般涌现，比如帕特里克·莱恩的非常石屋，以及后来 1967 年戴维·罗宾逊的塔隆书屋。在西海岸和东部（多伦多）之间爆发的小规模杂志之战使一切变得丰富多彩。

《打破宁静》很契合阿特伍德的趣味。她在该刊发表了几首诗歌。1966 年，她对这份杂志作出如下评价："它表达了所在区域（西海岸）和自己独有的观点，又设法保留了令人惊叹的视野和灵活性。它既发表糟糕透顶的诗歌，只有嗑药嗑亢奋的读者才能够欣赏；也刊发美妙绝伦的诗歌，让读者对其亢奋不已。"她亲切地称其编辑为"灵感多元的比尔·比塞特"。《权力政治》组诗中的第一首诗曾在该杂志发表，后来还刊载了她的一些画作。当时这些变革的能量从背后推动着她，变为她自主创作的催化剂。很快，她便受邀登场，走上前台。

在温哥华的最初几个月，她全力以赴投入写作。她会坐下来修改并重新敲出旧作，不知不觉中便写出了全新的诗歌。"越来越无聊了；怎么停止？"她问帕赫特。[24]

她也写关于家庭的诗。有时，当她想到这一点时，会认为来到另一个城市的作用是通过匿名来使自己变得"强大"，逃避家庭的既有期待。她知道，如果要坚持写作，就必须离开那个充满爱与善意的家庭。阿特伍德的家庭有能力与外部世界保持距离——她的母亲始终秉持令人钦佩的乐观和坚强，父亲则恪守着付诸理性的科学态度——但这些伦理准则并非诗歌产生的源泉。在她的诗歌中，她开始沉迷于表象之下和底层的隐喻，以及对心灵深处的揭示。重点是"如何在不自怨自艾的状况下面对痛苦"。[25]

她可以想象自己躺在地毯上，伸展身体，望着窗外的海湾，好比进入某种催眠状态。她还写了《穿过地毯》这样的诗。海水变得像"深不见底的玻璃"，而客厅里的地毯上布满有碎叶和花瓣的图案，似乎在等待你穿透它：

> ……
> 它使我得以
> 接近大海，
> 当我伸展身体
> 与这些错落有致的花园
> 视线齐平，
> 阳光
> 透过屋顶水族馆的窗户
> 照射下来
> 在绿色的半空中
> 我飘过
> 贫瘠的果园……[26]

在底下，在地毯下的世界，在人类和爬行动物的大脑之下，她直面恐惧，并称之为"冰冷的宝石对称物／贪婪的食客／被贪婪的人吞食"。

她不由自主地发现，生活中虚假之物在公然发生，而在那之下，自我不可满足的需求却藏而不露，欲说还休。她当时正在写一本诗集，取名为《圆圈游戏》，底层的隐喻贯穿其中。每一座房子都企图与地窖割离；每一个生命都企图与黑暗割离。既恐惧于底层潜藏之物，又企图在底层寻求庇护，而生命就在这矛盾的诉求之间跳起奇异的舞蹈。

《圆圈游戏》由以下几首诗歌组成：《这是我的一张照片》，诗中描述了一张照片，在照片中，她是被淹死在湖面下的尸体，一旦被人发现，她就会破坏这片温柔的风景；《在我的峡谷里》，一首关于她童年时期峡谷的诗，在这首诗中，老人，即世上无家可归的人，梦想着"屠杀"，梦想着"（不可能的）逃跑"；《拿着钩子的人》，诗中一个男人讲述他为了自制炸药来消灭草坪上的知更鸟，却炸断了自己的手臂；他"像狂热的盲信者一样两眼发光"，说自己的钩子好过人类的手——钩子可以扛住火。

阿特伍德发现，这是一个疯狂而紧张的世界，这个世界拼命坚持着一种人为的秩序，随时都可能爆炸。在这个世界上，人们"像绦虫一样"，靠神话为食。8月的下午，驱车穿过宜人的温哥华郊区，也会化为噩梦般的景象：

……
但尽管车道平坦
完美避开了歇斯底里
屋顶表现出相同的倾斜，
躲避炎热的天空，
躲避某些事情；
好比溢油的味道
淡淡的晕眩在车库里挥之不去，
砖头上的油漆溅起，像瘀伤一样令人吃惊，
一根塑料软管悬着像预示不详的
线圈；即便是宽阔的窗户固定不变的凝视

也能让人瞬间看到

> 未来灰泥裂缝
>
> 后面或下面的风景
>
> 当房屋倾覆，将倾斜地滑入
>
> 泥海，缓慢如冰川
>
> 可此刻，没有一个人在意……[27]

阿特伍德已经看够了偷窥者，也见识够了战争和防空洞的心态，知道城市郊区看似一本正经的现实只是一种伪装。但这种伪装也是反人类的，因为人类有奇怪的欲望，需要承认死亡，也需要承认时光的无情。把真相隐藏得如此彻底，就意味着当真相不可避免地侵入时，注定会深深地刺伤我们。在那个世界里，她是个局外人，四处漂泊，她仿佛生活在一个火车站中，"蜷缩在一个紧绷绷拉着的手提箱旁"。世界正在把她变成夜晚，她生活在"一切边缘之上"。[28]

但其中也有爱情诗。诗不仅仅是自传。诗中的"我"是一种虚构，由各种情感、各种自我和各种超越自我的经验混合而成。此时的阿特伍德与道格·琼斯的关系越来越密切。两人保持通信。12月，阿特伍德准备去魁北克看他。

阿特伍德天生就有过人的清晰视野，她开始审视爱的本质。世人所谓的爱情，不过是经过净化后的美好神话，如糖浆般浪漫甜蜜。街头矗立的广告牌上，完美的男女身体，兜售着缺乏真实感的毫无瑕疵。人们试图在现实世界中寻找类似的理想肉体。但与此同时，男女之间仍然隔着"空洞的空气"。

真相是什么？在名为《一顿饭》的诗中，阿特伍德描述了我们都知道的事情：爱的贪婪。

……

但有什么东西

隐藏在某处

在擦洗过空无一物的

我身体的橱柜里

把自己压扁

倚靠着隔板

蚕食着他人的遗留之物

就像一只行踪鬼祟的虫子,肉体中狡猾而原始

却又必不可少的蟑螂

窝在尘垢里。

它会悄然溜出

当这个明亮的房间里

所有的灯都熄灭……

如何狼吞虎咽地享用

无意中

溢出的爱的碎屑[29]

　　她为这种爱的饥饿创造了一个象征,即自我中的女巫:"用她稳妥装进瓶子的／痛苦和她的玻璃杯／绝望。"[30] 但与此同时,她也写温柔的诗歌,描写坠入爱情的感受:

我再次沉沦

被你身体柔软的浮木轻推，

缠绕在你身上，

像水草缠绕在水下的树梢上，

睡眠就像沼泽

生长，包围着我，

它的卷须穿过黑暗的棕色沉积物，

我们在那里蜕变，

是这温暖腐烂的

蔬菜肉身的一部分，

这根安静地疯长

从白天的明亮中

得以充分释放……[31]

阿特伍德需要一种新的语言来肯定爱情。通过召唤和再现童年时代的沼泽世界，她完美地捕捉到了在性爱的无尽黑暗中与另一具身体融为一体的沉浸感，新生命在其中孕育。当我们从这种体验中醒来时，便会对肉身的分离感到一种新的震惊。在白昼的世界里，她想要了解那另一个人，而不是被驱逐到戒备森严的表面上。"在你的脑袋里 / 有高山，"她写道，"有花园和混乱，有海洋 / 和飓风；某些 / 房间的角落……是你的沙漠；你私密的 / 恐龙；第一个 / 女人。"[32]

诗的标题《信，靠近与远离》完美捕捉了我们在深切的爱完全展露之前欲说还休的方式：有足够的勇气让对方了解自己吗？

1）
我们得不到它
就是
得不到,我说
把我的时间向你关上。

我生活在一个
纸做的世界里。
用盖销邮票
搭建帐篷。

信
可以写但
别碰我,我会
倒塌

我说
一切都取决于你
离我远远地。
……

5）
你毁了我的纸牌屋
仅仅靠呼吸

用你的手在木头上
你的脚在沙子上
造就了其他地方

如此慷慨地
创造了山脉,距离
空旷的海滩和岩石,阳光
而你气定神闲
走进大海

然后回来,你
散发着盐的味道,

拼凑起我自己的
身体,另一个
地方
让我居住
在内。
……

(七)
……
此刻
我无家可归:

你为我建造的

天空过于

开阔。

快点儿,

再给我寄几封信来。[33]

作为一名作家,她生活在纸做的世界里。另一个人进入便会改变这个世界。然而,像所有人一样,她也渴望爱情。也许对她来说,难就难在她把一切看得过于清楚了,以至于无法说服自己接受它们。

阿特伍德在认真考虑与道格·琼斯的关系,但她与朋友麦克尤恩的不同之处在于,她会权衡利害关系。在与米尔顿·阿肯的婚姻破裂后,麦克尤恩开始追求激情,追求与魔鬼情人的曲折爱情。大约就是这个时候,她与一个名叫鲍勃·马洛里的画家痛苦地分手了,这位画家个性奇特,两人交往了两年。他以他举办的降神会扬名多伦多岛,降神会上点着蜡烛,有管风琴音乐伴奏。他成为麦克尤恩正在写的小说《魔术师朱利安》的原型。麦克尤恩把鲍勃·马洛里变成了她的缪斯,她的魔法之路。

阿特伍德更直接地思考着进入别人生活的后果。她被琼斯深深吸引,她告诉阿尔·珀迪,琼斯是个英俊的男人。但她在想,这种爱对她的隐私,她在空余时间的闲逛,以及一些随性而发的日常安排会造成什么结果,因为在她看来,这些对自己的写作都是十分必要的组成部分。那些写作所需的空白时间与空间,又会因此有何变化呢?

这么想是不是很冷漠?

珀迪曾暗示地说,阿特伍德的情感中心有些坚硬之物。她对此表示同意。打个比方,如果动了感情意味着为了爱而从身边隐喻式的悬崖上跳下去，那么她还没有准备好这么做。她觉得人必须为自己着想，对自己负责；其他人做不到，更重要的是，其他人也没有这个义务。

多年后，阿特伍德说："许多人认为我真的很冷漠，也许我的确如此，只是表现方式特殊……我觉得如果要结婚或建立一段永久关系，那么那个人必须从一开始就知道我是谁，我在做什么。我是不会隐瞒的。"[34]

琼斯打动她的地方在于琼斯似乎允许她做自己。她幻想中的爱情即两个人以旗鼓相当的身份相遇，保持各自的差异，而不是像古老的浪漫比喻中那样，称某一对恋人是一体两半，注定要相遇，注定要合二为一。在这个陈旧的模式当中，似乎总有某一半把握着控制大权。阿特伍德不是个浪漫主义者。

但她得为此付出代价。她身上一定有一部分被麦克尤恩的浪漫主义所吸引。世人都说，爱只有一种，而这种爱隐含着某种风险——自我可能在终极的亲密关系中丧失。不相信这点难道有错吗？

阿特伍德告诉珀迪，她厌倦了感情上漂泊不定的生活，但也知道自己可能还没有准备好就此安定下来。不管出于什么个人原因，她和道格·琼斯的恋情终告结束。两人仍然保持朋友关系。

在写《圆圈游戏》组诗的时候，阿特伍德发现诗歌是个人的，也是危险的。她将创作诗歌描绘为情感——有时是为一种情感折磨寻找一种语言上的对等物。她曾经说道："我自己的理论是，诗歌是用大脑忧郁的一面创作的，如果你只写诗，你可能会发现自己在一条漫长的黑暗隧道里缓慢走下去，没有出口。"[35] 她感觉若是左右开弓，既写诗同时也写小说，就能多少获得些平衡。

这个发现并非偶然。她还说道：

> 当我把主要时间和精力投入创作，真正成为一名作家时（她说的

是 1964 年），我开始注意到职业女性往往被形容为奇特的生物，著名女作家的传记往往会着重于她们是多么扭曲或性发育不良或没有孩子……但那时候已经晚了。我能意识到作为女人面临的阻碍，但不知为何，它们并没有给我留下致命或无可救药的印象。

关于女诗人，也有一些习惯之见；为了成为真正的诗人，她们可能不得不把自己（请艾米莉·狄金森见谅）关在橱柜里，或者透过裹尸布的虫洞窥探生活（请克里斯蒂娜·罗塞蒂见谅），要么就是酗酒或自杀。

有一段时间里，各种成见会让你觉得，如果你是一个诗人，又是一个女性，你不可能真正认真对待这个事实，除非你至少尝试过一次自杀，否则你就不算是认真对待诗歌创作。因此，所以我觉得自己的时间所剩不多了。[36]

自从 20 世纪 50 年代末"垮掉的一代"出现以来，美国诗歌界就发生了一个非常奇怪的现象，与疯狂紧密相连。它始于罗伯特·洛厄尔的《生活研究》一书，主要讲述了一个波士顿上层社会成员的成长过程，充满自传色彩。该书探讨了由精神崩溃导致的精神分裂症和自杀未遂。继洛厄尔之后，许多诗人都写过关于自杀和精神崩溃的作品，如 W.D. 斯诺德格拉斯、约翰·贝里曼、安妮·塞克斯顿、西尔维娅·普拉斯等。人数之众，回想起来，这些诗人被集体冠上"忏悔派"诗人的称号。甚至像西奥多·罗特克和他的弟子詹姆斯·赖特这样的诗人也有一种探索疯狂的冲动。此种现象的影响是如此广泛，其特质又如此独特，将其归纳于这些诗人都是疯子显然是不够的。诗歌的时代精神将诗人推向边缘，鼓励他们探索这一黑暗领地。洛厄尔是这批诗人的代表。他相信，第二次世界大战的精神遗产，包括种族灭绝、集中营和原子弹，揭示了人类心理的严重扭曲,只有进入自我的噩梦领地才有望恢复健康——诗人必须探索自身的黑暗。而像普拉斯和塞克斯顿这样的女性诗人进入了充满愤怒和复仇的个人黑暗空间,这一空间的尽头是死胡同,导致了她们现实中的自杀与死亡。

阿特伍德的谨慎自有其道理,但她关注的重点却又有不同。每一个认识她的人都说,她具备一种自我安全感,正是这种认知使她坚强,得以前往内心的深处。在她写《内心之旅》这样的诗时,她并非在试图驱除自身的恶念,而是试图理解人类为何会有这样的行为,为什么自我对自己来说也是一个不解之谜,又是为什么我们蜷缩在心灵的边缘,不愿进入底下的深渊之处。

阿特伍德在温哥华时,查理·帕赫特正在密歇根州底特律市附近著名的克兰布鲁克艺术学院攻读美术硕士学位,从书籍设计到绘画,他什么都学。当时他正在用旧衣服造纸,还让阿特伍德把旧衣服寄来。她确实有几件旧衬衫想处理掉,但又觉得这个主意不太讨喜,便幽默地补充说:"把属于自己的东西送人,这事总感觉跟魔咒相关,我要怎么知道你不会用它们对我施法呢?"但又说他的想法听起来"专心致志,沉浸其中,充满挑战,所有这些都是有创造力的人应该有的优良品质",并把衬衫寄给了他。[37]

他在信中很随意地问起,阿特伍德写的东西中有没有什么可以让他来画插图。9月底,阿特伍德便把《圆圈游戏》寄给他了,里面有她从8月开始写的七首诗。阿特伍德认为这本诗集可能对他有用,因为里面充满各种意象和情绪:"书中有人物、图案、建筑、地图,甚至还有几只鸟,如果你需要的话,书里也提到了镜子和房间。"她解释说,这些组诗是"由《男人之家》——所有那些小孩子到处乱跑的图片中'衍生'出的各种意象;当然,最终组诗完全成了另外一回事了"。[38]

这些组诗或许源自她在卢森堡的经历，但在实际写作中，它不再是一个关于破裂恋情的自白故事。它对男女之间所发生的一切进行了更加深入的探索，是什么仪式和神话指引了我们彼此相处的方式？从童年起，这些行为准则就烙在了我们的脑海里。"他"玩的是孤儿游戏，"站在每一扇玻璃落地窗前流浪儿的游戏"；"她"往往会"摆出姿势……在其他落地窗外"。[39] 每个人都对亲密关系小心设防。所有这一切都是在描述孩子们玩的游戏，让人想起儿歌"环绕罗西"。他们正在画地为牢，设定安全的圆圈，以防止来自未知世界的任何威胁。阿特伍德希望打破这些圆圈；她想要进入自我和他人的荒野。

帕赫特发现《圆圈游戏》提供了特别好的素材，但也对一些地方表示不解。阿特伍德回信道："至于那些问题，亲爱的，你很清楚，我既不会打字，拼写也不好。'Anenomes'（海葵）这个词你自己去翻字典吧。'Argueing'（争论）这个词写错了，应该是'arguing'……还有'pice'这个词，肯定是个错字，但想不出当时要表达什么了；两首诗刚刚又都看过一遍，还是想不出。也许你可以把整行诗发给我，再告诉我是哪首诗。"[40]

12月中旬，帕赫特寄来了第一批插图，阿特伍德看了后激动万分。作为一个画家，帕赫特展现了奇妙的言语维度，文字和图像之间的互动精巧独到，别具一格，充分表达了诗歌中那种梦幻般的内省情绪。而且，阿特伍德觉得这些诗经过帕赫特的脑海过滤后，比从她自己的脑海里过滤出来的更具惊悚感，但效果极佳。（后来他又创作了其他系列插图，包括《致弗兰肯斯坦博士的演讲》《万花筒巴洛克：一首诗》和《苏珊娜·穆迪日记》。）

《圆圈游戏》是帕赫特的第一本限量版本。他印了15册，并决定每册卖150加元。到了3月，他和阿特伍德开始马不停蹄，准备把书送到有意购买此书的画廊。两人都觉得兜售行为很可笑，但这是必须要做的。阿特伍德建议去国家美术馆、艾萨克美术馆和温哥华美术馆试试，也可以寄给《加拿大艺术》杂志和美国《艺术论坛》杂志。最后，他们轻松卖出了全部的 15 册。

与此同时，阿特伍德开始收到约稿，请她写诗。约翰·罗伯特·科伦坡在诗集《诗选 1964》中收录了她的 10 首诗歌。旧金山的《卡雅》杂志也向她发来稿约。该社主编乔治·希区柯克似乎很喜欢她的作品，虽不知原因何在，但她显然十分乐见其成。不过，暂时还没有哪本加拿大杂志如此热情。"为什么是美国？"她想。对阿特伍德来说，她的作品显然是加拿大"母体"的一部分。[41]

很早以前，阿特伍德就在心里对自己的生活做出了明确区分。她过着两种生活：工作生活及个人生活，她有时称之为她的"另一种生活"。在那个年代，一个女作家要想弄清楚如何塑造自己的个人生活并不容易。男性作家有一个既定的角色，大可隐藏其后，而女性作家是暴露在众人面前的。小说家琼·狄迪恩说得特别好："当我开始写作的时候——当时是（20世纪）50 年代末和 60 年代初——社会上有一种传统，男性作家一般酗酒成性，肝脏问题严重。妻子，战争，大人物，非洲，巴黎，不存在什么第二幕。写小说的男人可以在这个世界上扮演某个角色，在这个角色背后随心所欲，做任何他想做的事情。而写小说的女人则没有什么特别的角色。"[42] 男性作家通常分为两种类型：一种是情欲旺盛的大众情人，像后宫蓄水池一样把年轻女性吸引到自己身边（这是一种让身体充满活力又满足了自我的策略），另一种则处于固定关系之中，这种人通常会寻找一个可以照顾他们或扮演缪斯女神的女性。20 世纪 60 年代的许多女诗人似乎仍然沉浸在浪漫的幻想中，把男人视为生活的解决方案。她们不明白这会是多么空虚的生活。换床伴对女性来说并不管用。（你可以这么做，但通常这意味着放弃权力而不是获得权力。）谜题仍然存在：如何与一个男人在一起而不迷失自己?

阿特伍德对许多男人来说仍然是个谜。西海岸诗人帕特里克·莱恩讲述了一个有趣的小故事。他去拜访诗人约翰·纽洛夫，两人一起喝了十个小时的酒，屋里四处是他家孩子们日常玩的小玩具。纽洛夫在房间中央划出了一个直径约152厘米的圆圈，他在里面写字，不允许孩子们进去。（无论男女，当一名作家从来都不容易。隐私是一种奢侈，需要充足的财力保证，而很少有诗人可以从自己的工作中赚得这么多钱。）他们正在讨论创办一本新杂志，约翰·纽洛夫想将其命名为《歌唱的脑袋》。帕特里克·莱恩写道："我们喝得酩酊大醉，连续几小时大醉不醒，我们自以为优雅地说着每句话，实则不过是大着舌头缓慢地把词句吐出口来，只有醉得很的人才会用这种小心翼翼的节奏说话。"恰逢阿特伍德来访。这是莱恩第一次与她见面。（尽管他早就听说附近有位诗人叫佩姬。）

> 佩姬接过一杯啤酒。她明白，没必要拼酒，尤其是与两个已经喝了一整天的男人，这毫无意义。我们一直聊着，但在聊的过程中，佩姬对面前的两个男人越来越恼火，因为他们再也无法进入自己的世界，除了他们自己醉意朦胧的虚幻之梦以外的任何世界。佩姬把酒杯放在桌上，打破了沉默，也打破了我们继续喝下去的打算。"你们俩到底想要什么？你们的抱负是什么？做这些究竟是为了什么？"她问。有那么一阵子，约翰和我都不太明白她这么说是什么意思。我们醉意正酣，就像一头刚被圆头锤击中的公牛。约翰从畅饮中抬起头来。"我不知道，"他说，"我想，是赢得加拿大总督文学奖吧……""同意，"我回答，"我也是。"佩姬看着我们俩。在她脸上，我看不出有任何嘲笑和批判的表情，只有懊恼，也许是失望……她身上似乎有某种非常清晰的东西，某种我不能完全理解的坚韧。她不同于一般的女诗人。

我看着她，试图进入她的内心，她是谁，她想要什么。她身材苗条，穿着简单朴素的衣服，在此时此地显得遥远而陌生。她不是生我们的气，她是生别的事情的气，生男人们自满愚蠢的气。对男人们的酗酒，他们的自嘲，他们的自怜生气。"仅此而已？"她又问。我们都点了点头，对自己颇感满意。我很高兴我们俩有一人能答上来。约翰左眼直愣愣地盯着自己的酒瓶，试着去感觉泡沫下面还剩下什么。"你呢？"约翰问道，头也不抬。"当然是诺贝尔文学奖！天啊，你们俩真没出息！"她说着，把酒一饮而尽，放下杯子，走出了房间。[43]

莱恩对"一般的"女诗人有自己的固定看法，但对阿特伍德完全不适用。她太直接，思维太清晰，却又完全没有莱恩所说的"男性的自嘲或自怜"。是纽洛夫提到了获奖。而在她的回答中，她是在表达自己的志向，还是在嘲笑他们加拿大人式的狭隘？

阿特伍德的日程安排是由大学的教学日常决定的。她白天教书，晚上吃罐头食品和快熟卡夫奶酪通心粉，再熬夜写作到凌晨四点。她穿着帕赫特在多伦多"诚实埃德折扣店"给她买的家居服。他寄来这衣服是因为上面写着"佩姬公主"，且与她的墙纸十分相配。"你对丑陋的东西确实有天生的鉴赏力。"阿特伍德称赞他。[44]

她告诉阿尔·珀迪："春天来了。绿色的植物快开花了，番红花已经盛开。……我开始感觉有点儿疲惫，每年春天都这样，坐立不安。……有点儿像阳光下被挖出土的蚯蚓的感觉。"[45]此刻，她正在用大不列颠哥伦比亚大学的空白试卷纸写《可以吃的女人》。

这本书以她在市场调查公司"加拿大事实"工作时的疯狂经历为基础，创造了一个神经质的年轻女主人公玛丽安，当她意识到周围的消费主义是一种人吃人现象时，玛丽安情不自禁对被消费的商品产生了共鸣，进而完全放弃了进食。她认为,她的雇主在以她的精力为食,未婚夫在以她的性为食。"饥饿比爱更重要,"她说道"弗洛伦斯·南丁格尔是个食人魔。"她按照自己的形状,烤了一个蛋糕给她未婚夫,终于把自己从作为消费品的角色中解脱出来。

对阿特伍德来说,引人入胜的难点不在于情节,而在于技巧,也就是"如何写"的问题。最后,她决定按照故事顺序来写这本书,必要时采用倒叙手法。她写着写着,"蛋糕"这一意象逐渐显现出来。她本来想让女主角给未婚夫一个洋娃娃。但后来,"当她凝视着一家糖果柜台的橱窗里一排排用杏仁蛋白糊做的小猪时",小说标题所指的那个场景一下跃然脑中。"也许那是一家摆满米老鼠蛋糕的伍尔沃斯商店橱窗也好,无论如何,当时我正在苦苦思索一个具有象征意义的吃人形象,而眼前的情景刚好给了我灵感。那时,我对装饰有糖制新娘、新郎形象的结婚蛋糕尤其感兴趣。"[46]

阿特伍德写的这本书是基于反喜剧的笔调,可出版商却将其宣传为一本严肃作品,触及现代生活和女性问题,而非对这类题材的讽刺。对此她相当恼火,称他们是"将蛋奶酥当作牛排"。[47] 经她同意的封面是这样介绍这部小说的:

> 另类而有趣……对刚从大学孵化出来的年轻一代的冷静审视。这群人口齿伶俐、内心却困惑不已——他们不是嬉皮士,而是其余95%的多数人群;他们试图选择,不是回避,而是融入。主人公关心的不是发现自我,而是决定自己必须生活在什么样的世界里。在她机敏而又不留情面的犀利眼光中,现代社会确实比虚构作品更为奇怪。[48]

这部小说直到1969年才得以出版,但在1964年到1965年它被写就时,新萌发的嬉皮士反叛运动才刚刚开始。在故事中,玛丽安的特点是希望成

第八章 "穿过地毯"

为一个普通人，融入社会。正如阿特伍德在投稿给各家出版商的小说提要中解释的那样，玛丽安是一个"试图成为正常人，但最后却以失败告终"的年轻女性。她认为自己缺乏适应能力是自身愚蠢导致的结果，直到小说结尾，她都"无法相信自己对他人和社会的看法"。这部小说旨在讽刺整个消费世界——对符号和观念的智力消费，对人类的情感的消费，以及对物质的消费。

为了回答玛丽安结局会如何的问题，小说出版后，阿特伍德写信给玛吉·皮尔西说，玛丽安的生活将循环往复，一而再，再而三。"显然，人们可以找到个人的解决方案，或是近似解决方案的东西；但社会问题要难得多，不仅难以实现，而且难以想象。……1965 年时我就明白这点……社会无法为她提供任何'出路'。"[49] 她还对乔伊斯·卡罗尔·欧茨说，如果说《可以吃的女人》中有什么自传元素的话，那就是她自己意识到了仅为婚姻而结婚是一个陷阱。

到 7 月，阿特伍德的小说写了 180 页。她生活在一个奇怪、朦胧的现实当中，在那里，她花了大量时间与虚构人物相伴，这些虚构人物比真人更加真实。不写作的时候，她就读书度日，包括弗朗西斯·帕克曼的《加利福尼亚和俄勒冈小径》，薄伽丘的《十日谈》和福特·马多克斯·福特的四本关于第一次世界大战的小说。她有时会把每本书读一章，直到读腻为止。她写的书运气不太好。《在如此蔚蓝的空中》收到了三家出版商的退稿通知，她的诗歌手稿《不同地方，迁徙》也被退稿了。她觉得是时候回到哈佛大学完成自己的博士论文了。她报名参加了大不列颠哥伦比亚大学的暑期德语课程，明白自己必须参加德语考试。当然，她已经和工程系的学生们说了再见，并让他们参加了例行的考试。她古怪的一面在她出的一道测试题当中明显表现出来：

逻辑题

三、仔细阅读以下表述，指出其中存在的归纳或演绎谬误：

a）某天晚上，一个男人喝了苏格兰威士忌加苏打水，第二天晚上喝了朗姆酒加可乐，第三天晚上喝了黑麦姜味汽水。因此他决定戒掉碳酸饮料……

d）公牛总是会冲向红色的斗篷；因此公牛一定讨厌红色。

e）显然，世界上的一切都有其目的：奶牛为了产奶，蔬菜为了吃，房子为了住。因此，人类出现在地球上也一定有其目的。

四、以任意方式解析以下问题：

a）一位发牌的信仰治疗师说：

"虽然疼痛不是真的

但如果我坐在针上

它刺穿了我的皮肤

我可不喜欢想象中的感觉。"

佚名。

b）平瑟·马丁被困在孤岛上，看到一只红色龙虾潜入海藻中。后来，他想到了一点：龙虾只有在煮熟或以其他方式被杀死后才会变成红色。他得出了什么结论？

c）我把手放在心口，

发誓我们永不分离；

我在想若是放在头上

我会说些什么。

C.D.B. 埃利斯

d）一位美丽但并不聪明的年轻女子曾经对萧伯纳说，他们应该一起生一个孩子，这样孩子就会有她的容貌和他的头脑。他对此提出疑问。他会如何质疑？[50]

在温哥华的这一年她过得十分愉快。全职教学期间，她完成了1966年出版的《圆圈游戏》，这是她出版的第一本书。同时完成了第二本小说《可以吃的女人》。她还挤出时间，为新小说（后来的《浮现》）写了两个场景——母亲的灵魂以鸟的形式出现的那一段，以及第一次开车去湖边的那一段，尽管这个角色比在最终版本中要年长，而且这部小说的初稿是用第三人称写的。此外，她还写了几个短篇小说。"对我来说，这是出乎意料的高产之年，"她后来说，"我看起来就像电影《活死人之夜》里的角色。艺术是有价的。"[51]

她的朋友吉姆·波尔克决定从蒙大拿州来看她。到达温哥华时，他看到了一个守旧的小城；环境很美，城市本身看起来安静而沉稳，近乎超现实。他遇到的每个人似乎都富有创造力，很聪明。他觉得阿特伍德生活在一个充满魔力的圈子里。然而，他也有一种感觉，阿特伍德在所有这些地方移动穿梭。"她是名副其实的丛林之子。这种生活背景，让她看待事物的眼光仿佛与事物隔开很远……她似乎可以通过自己独特的视角看待一切。可以随心所欲地将其变成一出喜剧，或者以一种奇特的、超现实的、安静的、哥特式的方式看待普通事物。"[52]

她陪波尔克一同乘火车去多伦多。正值 8 月下旬，这次环加拿大的旅行给他们留下了深刻印象。在那个年代，乘火车旅行仍然是一种浪漫的冒险经历。餐车铺着亚麻桌布，每张桌子上都放着一朵玫瑰，人们可以坐在观景车厢里，看着这个国家铺陈于脚下。波尔克无法忘怀一路上的秀丽景色："山脉和草原，还有古老的城镇，宽敞的加拿大太平洋酒店。这是一个启示。谁知道这里有如此迷人的地方呢？"

到达多伦多时，波尔克觉得这座城市就像沉寂在水下一样。"我是通过佩姬的眼睛看到的，"他说。看到那双清澈的、冰冷的蓝眼睛，他立刻认出了站台上阿特伍德的母亲和妹妹露丝。阿特伍德的母亲沉默寡言，彬彬有礼。他们坐上地铁去了本宁顿高地。

虽然他认识阿特伍德已经有三年，但从来没有想过她的家会是什么样子。他期待的是一座有很多房间和塔楼的哥特式房子，结果却发现，这是一座位于郊区的漂亮房子，里面有美丽的花园，尽管房子里空荡荡的，家具也很少。阿特伍德先生是一个极其令人敬畏的人，他非常友好，但又令人望而生畏，因为他似乎无所不知。他引经据典，专门为波尔克引用了大量罗伯特·骚塞和莎士比亚的作品，并评论道："好吧，吉姆，你一定得了解这本书。"波尔克还被邀请到地下室去看植物和昆虫实验。那所房子里似乎充满了巨大能量。阿特伍德太太站在后面，眼中闪着光芒，手里端着茶。阿特伍德先生深情地说："她是一个极为聪明的人。"那时 13 岁的露丝和父母住在一起，哈罗德已经不住家了。

令波尔克印象最深刻的是，第二天早上，全家人都被叫醒出去了。只见外面成千上万的飞蚁迁徙过来。有人给了他一支涂有某种黏性物质的画笔，让他把蚂蚁捡起来，放进瓶子里。阿特伍德先生正在做一个实验。当时波尔克心想："我喜欢这个家庭。"

阿特伍德夫妇带波尔克去他们在北方的庄园。8 月下旬的天气异常宁静美丽。他惊讶地看到驼鹿爬出水面,狐狸宝宝在灌木丛中玩耍。阿特伍德先生还在不停地修建他在过去 13 年里一寸一寸地陆续建造的小木屋。他们要么忙于往木屋墙壁里塞麻絮,要么就是划独木舟。阿特伍德太太经常开玩笑,模仿波尔克在独木舟上学"J"字形划桨动作,不停地转圈。一起去钓鱼时,当鱼真的上钩,他简直觉得难以置信,当他得知还得抓住鱼开膛破肚时,更是惊得说不出话来。晚上,他们在壁炉架的煤油灯下阅读 19 世纪的文学作品,学习各种各样的自然知识。"这是一个非常有趣的、维多利亚式的家庭,"他说道,"就像赫胥黎、伍尔夫或达尔文家族一样,是一个庞大的宗族。有众多亲戚。佩姬有个叔叔在乔克里弗核试验区工作,是位原子能专家。每个人似乎都对文化、科学和艺术无比感兴趣,都在实实在在地做事情。我早已习惯了一种非常不同的生活模式:19 世纪 50 年代有钱的美国人,他们对高尔夫、派对和烧烤感兴趣。这个家庭追求的不是这些东西。"

后来,他在遇到的其他加拿大家庭中发现了同样的品质,比如杜尼家族,他们的儿子克里斯托弗后来成为加拿大最博学的诗人之一。阿特伍德告诉他,加拿大是一个 19 世纪的国家,就像维多利亚时代的木版画。这点他可从未想到过。

注释

1 玛格丽特·阿特伍德,《玛格丽特·阿特伍德致1983届毕业生赠言》,选自《多伦多大学公报》,1983年6月20日,第9页。

2 《身处商场的玛格丽特》,阿特伍德文稿,90号档案盒,17档案,第4页。

3 同上文,第10页。

4 同上文,第14页。

5 同上文,第13页。

6 本书作者对吉姆·波尔克的采访,1997年7月24日。

7 阿贝拉德-舒曼出版社副主编凯·格兰特致玛格丽特·阿特伍德的信(1964年8月26日),阿特伍德文稿。

8 克拉克-欧文出版公司致玛格丽特·阿特伍德的信(1965年1月25日),阿特伍德文稿。

9 《夏日的号角》,与约翰·贝克威斯合著,阿特伍德文稿,41号档案盒,3号档案。

10 玛格丽特·阿特伍德,《垃圾摇滚风》,选自《边写边走:笔会旅作选》,康斯坦丝·鲁克编(多伦多:麦克莱兰-斯图尔特出版社,1994年),第1页。

11 本书作者对吉姆·波尔克的采访,1997年7月24日。

12 玛格丽特·阿特伍德,《垃圾摇滚风》,选自《边写边走:笔会旅作选》,康斯坦丝·鲁克编(多伦多:麦克莱兰-斯图尔特出版社,1994年),第1页。

13 同上。

14 阿尔·珀迪,《触摸波弗特海:自传》(大不列颠哥伦比亚省马德拉公园:哈珀出版社,1993年),第230页。

15 本书作者对萨姆·索莱茨基的采访,1997年1月3日。

16　本书作者对吉姆·波尔克的采访，1997年7月24日。

17　玛格丽特·阿特伍德致查尔斯·帕赫特的信（1964年9月23日），阿特伍德文稿。

18　查尔斯·帕赫特致玛格丽特·阿特伍德的信（具体日期不详），阿特伍德文稿。

19　玛格丽特·阿特伍德给查尔斯·帕切特的信（1964年10月17日），阿特伍德文稿。

20　玛格丽特·阿特伍德，《神谕之手：我如何成为诗人》，选自《优涅读者》，1996年9—10月号，第107页。

21　玛格丽特·阿特伍德致阿尔·珀迪的信（1964年12月18日），萨斯喀彻温大学档案馆。

22　比尔·比塞特编，《导言》，选自《最后的〈打破宁静〉选集》第一卷（多伦多：夜林出版社，1985年），第7页。

23　bp·尼科尔，《导言》，选自《最后的〈打破宁静〉选集》第二卷，比尔·比塞特编（多伦多：夜林出版社，1986年），第9页。

24　玛格丽特·阿特伍德，《一些旧的，一些新的，一些无聊的，一些糟糕的，还有一些绘本》，选自《字母表》，第17期（1966年12月），转载于《次要的话：批评散文选集》（多伦多：阿南西出版社，1982年），第65页。

25　玛格丽特·阿特伍德致查尔斯·帕赫特的信（1964年10月17日），阿特伍德文稿。

26　玛格丽特·阿特伍德，《穿过地毯》，选自《圆圈游戏》（多伦多：阿南西出版社，1966年），第21页。

27　玛格丽特·阿特伍德，《城市规划者》，选自《圆圈游戏》，第27页。

28　玛格丽特·阿特伍德，《出发前的夜间过渡》，选自《圆圈游戏》，第15页。

29　玛格丽特·阿特伍德，《一顿饭》，选自《圆圈游戏》，第33—34页。

30　玛格丽特·阿特伍德，《女巫师》，选自《圆圈游戏》，第51页。

31　玛格丽特·阿特伍德，《两栖动物之前》，选自《圆形游戏》，第63页。

32　玛格丽特·阿特伍德，《抗拒静止的生活》，选自《圆圈游戏》，第65页。

33　玛格丽特·阿特伍德，《信，靠近与远离》，选自《圆圈游戏》，第69页。

34　卡拉·哈蒙德,《访谈》,选自《美国诗歌评论》,第8期(1979年);转载于《玛格丽特·阿特伍德对话录》,厄尔·G.英格索尔编(安大略威洛代尔:萤火虫出版社,1990年),第117页。

35　玛格丽特·阿特伍德,《神谕之手:我如何成为诗人》,选自《优涅读者》,1996年9—10月号,第107页。

36　玛格丽特·阿特伍德,《在英国国旗下幸运地成长》,1984年11月在惠顿学院的演讲,阿特伍德文稿,90号档案盒,20号档案。

37　玛格丽特·阿特伍德致查尔斯·帕赫特的信(1964年10月17日),阿特伍德文稿。

38　玛格丽特·阿特伍德致查尔斯·帕赫特的信(1964年9月23日),阿特伍德文稿。

39　玛格丽特·阿特伍德,《圆圈游戏》,选自《圆圈游戏》(多伦多:阿南西出版社,1966年),第41页。

40　玛格丽特·阿特伍德致查尔斯·帕赫特的信(1964年10月17日),阿特伍德文稿。

41　玛格丽特·阿特伍德致查尔斯·帕赫特的信(1965年3月15日),阿特伍德文稿。

42　玛格丽特·阿特伍德,《导言》,选自《工作中的女作家:巴黎评论访谈》,乔治·普林顿编(纽约:企鹅出版社,1989年)。

43　帕特里克·莱恩,《约翰·纽洛夫与玛格丽特·阿特伍德,约于1966》,选自《感性》,第17期,1995年,第31页。

44　玛格丽特·阿特伍德致查尔斯·帕赫特的信(1965年7月18日),查尔斯·帕赫特私人收藏。

45　玛格丽特·阿特伍德致阿尔·珀迪的信(1964年3月5日),萨斯喀彻温大学档案馆。

46　玛格丽特·阿特伍德,《〈可以吃的女人〉导论》,选自《次要的话:批评散文选集》(多伦多:阿南西出版社,1982年),第369页。

47　玛格丽特·阿特伍德致M.麦金太尔的信(具体日期不详),阿特伍德文稿,95号档案盒,29号档案。

48 《可以吃的女人》封面,阿特伍德文稿,95号档案盒,19号档案。

49 玛格丽特·阿特伍德致玛吉·皮尔西的信(1973年8月2日),阿特伍德文稿。

50 《逻辑》,阿特伍德文稿,10号档案盒,1号档案。

51 玛格丽特·阿特伍德,《神谕之手:我如何成为诗人》,选自《优涅读者》,1996年9—10月号,第107页。

52 本书作者对吉姆·波尔克的采访,1997年7月24日。

第九章　哈佛大学的高墙

1965年秋天，当他们回到哈佛大学时，波尔克和以前的室友、专门研究 D.H. 劳伦斯的莫布雷在一幢房子的底层找到了住处。他的一个室友已经结婚，取而代之的是另一个在密西西比州牛津市长大的南方人。在他还是个孩子的时候，这个南方人就曾从药店为威廉·福克纳送过处方药。阿特伍德太晚才开始寻找住处，头一个月不得不在一位研究人类学的朋友的前厅里度过。波尔克和她尚未确定两人是否要在一起。

阿特伍德最终找到了一个大房间，一头儿是厨房，另一头儿是一张桌子，位于百老汇大街340号，在一栋三层楼的隔板房子里，隔壁是一家殡仪馆。它在哈佛大学校园以东大约十个街区的地方。除了大学和校园南面19世纪的豪华住宅，剑桥城的大部分地区都住着蓝领阶层。在这里，家家户户都时兴买下大房子，然后把房间租出去。房东太太家的吵闹声总是穿透阿特伍德薄如纸片的墙壁。

百老汇大街340号的房子可能会让人想起一个故事。另一个房客是来自阿拉伯的学生。阿特伍德在给帕赫特的信中写道："哦，真是偏执又悲惨。周一晚这里发生了怪诞的一幕。"[1]

尽管这位年轻的学生和大多数持有签证的学生一样，看起来安安静静，离群寡居，但有天晚上，他突然心血来潮，举办了一场喧闹无比的派对，音乐声震耳欲聋，还来了许多舞女。女房东报警了，在她嗓门很大的辱骂声中,这个年轻的阿拉伯人被关进了监狱。第二天就被驱逐了。

在《跳舞女郎》这个故事中,阿特伍德虚构了一个凄美的叙述者,她是一名研究城市规划的研究生,幻想在某购物中心的正中央建造一个罗马式的引水渠,以振兴城市实现扩张。叙述者与一位来自阿拉伯的学生仅有短暂的接触,那学生形单影只,离群寡居,对波士顿的陌生心怀不安。小说中那个迟钝的女房东,与她"挪亚方舟上邂逅又聪明的外国人"成了故事的焦点。[2]这个故事是关于种族恐惧的。在她希望创造的绿色城市空间中,叙述者想象了一个可能实现人类和谐的世界。但她知道,这永远不可能发生。

1965年秋,阿特伍德和波尔克回到哈佛大学,但哈佛大学已经不再是过去的模样。反对越南战争的呼声越来越高,波士顿市的气氛也越来越热烈。征兵范围在扩大,年轻人纷纷从越南回国。没有被装在尸袋里运回的人是幸运的,却也被游击战打得失魂落魄。

1965年4月的时候,5万人从罗克斯伯里的黑人区游行到波士顿公园,抗议北方的种族不平等现象。小马丁·路德·金在公园发表讲话,警告美国人不能成为一个充当旁观者的民族。他说,争取平等权利和种族融合的斗争才刚刚开始。

此时,激进的学生开始向他们认为应该为种族主义和战争负责的当权派发起挑战,虽然大多数学生仍然不关心政治,但他们通常会同情激进分子。不久,反对越南战争的抗议活动开始波及校园。学生们希望将预备役军官训练团(ROTC)赶出校园,希望在课程中开设"黑人研究"项目(1965年,在哈佛大学注册的学生有3 000多名,其中黑人仅有20名),以及废除管理层与教师的等级制度,只是尚不清楚该用什么来取而代之。

1966年秋,阿特伍德还在哈佛大学,当时发生了第一次大规模反战示威。学生们自发抗议国防部长罗伯特·麦克纳马拉来昆西楼演讲。麦克纳马拉离开演讲大厅时,学生们将他的车团团围住,前后摇晃车身。透过窗户可以看到麦克纳马拉震惊而悲伤的表情,同时他的脸上也刻下了愤怒的印记,这将界定未来五年学生和当权派之间的分歧。同年10月,学生们开始焚烧征兵卡,抗议静坐示威一个接一个。[3]

1967年秋(阿特伍德离开后),这一势头终于迎来了合乎逻辑的尾声。当大约150名学生占领了哈佛大学的行政大楼,抗议校方对越南战争采取默认支持的态度时,哈佛大学校长内森·普西召来了400名州和地方警察。他们戴着配有树脂玻璃护目镜的亮蓝色防暴头盔,挥舞着棍棒和盾牌,用约1米长的攻城锤破门而入,砸开了大学堂大厅的正门,强行驱逐了示威者。类似的攻击在哥伦比亚大学和伯克利分校也发生过,但不应该发生在哈佛大学。哈佛大学是一所崇尚自由的学府。

作家兼记者罗杰·罗森布拉特在其撰写的回忆录中追忆了那些充满痛苦的岁月。1962年,他作为一名研究生第一次来到哈佛大学,到1966年,他像阿特伍德一样从一名助教迅速跃升为英语系的全职讲师。在那些日子里,他写道:"在哈佛大学,在它所代表的国家,一切都不再运转——军队、课堂、警察、道德、诗歌,甚至是诗歌教学。"[4]

与普通大学不同,哈佛大学是由所谓的"社团"和监督委员会管理的,以其新英格兰清教徒的服务传统为骄傲。众所周知,哈佛大学是统治阶级的摇篮。耶鲁大学或许能培养出外交官,普林斯顿大学能培养出华尔街的律师,但哈佛大学却能培养出治国之才。如今,这种自信正在从内部崩溃。学生们觉得自己陷入了道德失信的可怕境地。在剑桥市,市政和学院之间一直存在着分歧,但现在这种分歧公开化了。于是蓝领阶层而不是学生被派往越南。

阿特伍德不是一个政治活动家。波尔克记得她参加过几次和平游行,但他们仍过着典型研究生的生活,全神贯注地学习。然而,阿特伍德的头脑就像一块海绵。她很早就认为，作家的作用是见证者，于是她尽情吸纳哈佛大学这一世界。多年后回忆起往事，她在《使女的故事》中，将哈佛大学作为小说中那帮"原教旨主义"独裁者的虚构总部。该书描绘了父权体制下的可怕景象：不孕不育，无法自我繁殖，这个国家变得凶残可怖，控制和奴役年轻男女。1985年小说出版时，她送了一本书给吉姆·波尔克，暗示他能从某些景物的再现中获得乐趣。"有些场景，"他说，"明显来自哈佛大学。"他回忆起小说中处决犯人的那面高墙（就在他们去吃廉价食物的餐馆对面），使女们穿的红色长袍就像哈佛大学的学生在集会上穿的衣服。但令他震撼的是阿特伍德的远见卓识。他也感受到了哈佛大学的高墙背后的压迫。但阿特伍德却戳穿了这种虚伪，将其打得粉碎，化为一场噩梦。

回到哈佛大学后，阿特伍德开始为诗集《那个国家的动物》撰写诗歌。她再一次陷入属于个人的痴迷当中：她痴迷于虚构的理性，尤其是认为科学可以让我们控制混乱的思想这一假象；拟人的神话曾经赋予原始世界以人性的面貌；语言的镣铐使我们无法了解彼此。她为女房东写诗，为"绿人"（波士顿杀人王）写诗，为皇家安大略博物馆写诗。在其穹顶，那"华丽的金色头颅"下，她徜徉在"众神的碎片"之间。[5] 她又开始全速开动，散发灵感的火花。她精力充沛，令人为之惊叹。

诗集《那个国家的动物》主要为濒临灭绝的物种所写。巨型陆龟濒临灭绝，正在成为脆弱的诸神之一，成为人类摧毁的"遗物"和"神圣而过时的象征"之一。阿特伍德在26岁时，就已经开始寻找人类自我毁灭的深层次原因。她曾经写过一首关于战争的诗歌，但它不像其他抗议越南战争的诗歌，而是喻指人类大脑犯下了根本性错误。至此她终于明白，战争一直是她整个童年的背景。

读报是危险的举动

当我在沙盒游戏里，
建造整齐的城堡，
匆忙中留下的坑里
到处是被推平的尸体

在我梳洗干净走向学校时
脚踩在水泥地裂缝上
引爆红色炸弹。

如今我长大成人
能读会写，坐在椅子上
安静得仿佛一根导火索

丛林在燃烧，灌木丛下
挤满了士兵，
细密难辨的地图上
地名化为灰烬。

我是起因，我是一堆化学制品
玩具，我的身体
是个致命的小工具，
我伸出爱的手臂，双手是枪炮，
我的善意置人于死地。

就连我

被动的眼睛

也把看到的一切都变成

布满凹点的黑白战争照

怎么才能

阻止自己

读报是危险的举动

每次在电动打字机上

敲下一个按键,

说到宁静的森林

另一个村庄又陷入战火。[6]

  阿特伍德的想象力出类拔萃,已经发展到几乎可以引发人们产生幻觉的程度。这在她的著名诗歌《致弗兰肯斯坦博士的演讲》中表现显著。在她读本科的那些年里,她曾与杰伊·麦克弗森坐在厨房里,讨论《弗兰肯斯坦》和哥特式象征主义的意义——在孤独的包裹下,我们内心隐藏着破坏性的自我阴影。弗兰肯斯坦说:"我绕着我,奔跑 / 披着一层雨。"他否认自己释放了毁灭性的愤怒,成为自己的怪物:"我大脑的热血啊 / 是你杀了这些人。"[7]

  《周边景物对牛仔说》一诗是关于美国人对暴力痴迷的喜剧性沉思。阿特伍德后来说,它的灵感来自林登·约翰逊时代,其标志是他的牛仔帽和牛仔靴。

星光灿烂的美国牛仔

从近乎愚蠢的西部

荡着步子走出,你的脸上

挂着瓮一般的笑容,

拖着一颗混凝纸板做的仙人掌

在你身后用绳子拉着轮子,

你像浴缸一样无辜

满是弹头……[8]

还有一些描写孤独寂寞的诗。

我的影子对我说

这是怎么了

月亮对你来说

还不够温暖吗

为什么你需要另一个身体充当毯子

他的吻是苔藓

在野餐桌周围

亮粉色的手拿着三明治

被距离捏碎。苍蝇爬过

甜蜜的瞬间

你知道那些篮子里放的是什么

外面的树被压弯了
孩子们在开枪。放过
他们吧。他们在玩
自己的游戏。

给你水,给你干净的面包皮

难道你的血管里
就没有足够的话语
让你坚持下去[9]

阿特伍德受自身动力驱使,一往直前。她把写的诗歌寄给加拿大的朋友,如格温德琳·麦克尤恩、杰伊·麦克弗森和帕赫特,并投稿去发表。她偶尔也会去哈佛大学参加诗歌朗诵会。(有一次是去听约翰·贝里曼的朗诵,他喝醉了,语无伦次,但阿特伍德努力捕捉他念的内容,感觉很喜欢。)安妮·塞克斯顿住在附近,她继承了西尔维娅·普拉斯的衣钵,经常举办朗诵会。加拿大诗人达里尔·海因来拜访过阿特伍德,两人漫步剑桥城,走了很长时间。但阿特伍德并不寻求其他作家的陪伴。她曾经说过:"我不在乎这里是否有人读我的作品。"[10]她忙于写作,无暇顾及其他。

和波尔克一样,阿特伍德也在准备论文和语言考试。她还作为杰尔姆·巴克利的助手之一,担任一门研讨课的助教。他每周都会在教员俱乐部与各科目负责人共进午餐,讨论课程问题。与阿特伍德见面讨论她的论文时,她告诉巴克利自己正在用左手写小说,那是魔鬼之手,右手则用来写论文。[11]

在哈佛大学，博士生习惯选择名不见经传的小人物作为研究对象。她后来说，因为她是女性，无法进入拉蒙特图书馆的诗歌图书室，那里存放着所有著名的诗歌作品，于是，她长时间待在怀德纳图书馆的底层，阅读爱德华·布尔沃－利顿（他身上带有阿特伍德最着迷的维多利亚式的疯狂，认为自己可以隐身）[12]等维多利亚时代的作家作品。她选择以小说家 H. 赖德·哈格德、乔治·麦克唐纳和 W·H·赫德森为议题撰写论文，这些人都是她童年时读过的维多利亚时代哥特式浪漫小说的实践者。

哈格德的小说《她》已经有了一批狂热的追随者。这是一个年轻人和他的导师回到非洲中部寻找神秘的白人女王艾莎的故事。艾莎有一个可怕的头衔："必须服从的她"。艾莎在深山的一个奇异喷泉中发现了长生不老的秘密。哈格德利用他对非洲和埃及神话的了解，创造了一个女性，兼绝世美貌和无穷力量于一身。作为一个恶魔般的人物，她是西方神话中最强大和充满矛盾的原型之一的化身，即所谓的蛇蝎美人，既可怕又诱人，比任何男性都更加冷酷无情。许多人将这部小说解读为帝国衰落和男性恐惧的寓言。然而，阿特伍德希望了解的是男性对超自然存在的女性的痴迷。

阿特伍德对超自然现象并不持讥讽态度。相反，这是她长期以来一直关注的问题。她在多伦多大学读大三时，曾经为杰伊·麦克弗森的课程写了一篇论文，题目是《小说中超自然力量的运用》，她推测："超自然力量或许将人类意识的层次扩展到第四维空间，其中包含人类想象所具有的可能性。"[13]她后来说，超自然力量是人类精神中富有价值且必不可少的组成部分。[14]

在论文中，她语气自大得令人不得不服。她写道："有心理学头脑的人可能不同意这样一种假设，即小说主要来自时代精神而非作者自己扭曲的心理。我们理应尽可能优雅地回避这一反对意见：如果我们本末倒置，那是因为就本研究的目的而言，它需要如此。"[15] 但是，在这篇构思巧妙的论文背后，阿特伍德做了一件颇有趣味的事情。她同时在研究女性如何在小说中被用作原型。

那一年，她在詹姆斯·雷尼主编的《字母表》上发表了论文的一个章节。在赖德·哈格德及其同类的形而上的浪漫小说中，她发现了罗伯特·格雷夫斯确定的三重女神的化身：处女女神、恶魔女巫和家庭主妇。当谈到选择时，这些小说家甚至更喜欢魔女而不是家庭主妇，更喜欢异国情调而不是熟稔平常。她在文章的结尾写道："英雄救赎和获得精神上满足的真正敌人是'屋子里的天使'；唯一的好女人是死去的女人，最好还裹着神秘的丧服。"[16] 在这些单身汉小说里，男人都以最快的速度摆脱女人。乏味的普通女性被家庭美德束缚，被称为"屋子里的天使"。（早在弗吉尼亚·伍尔夫的这句名言广为流传之前，阿特伍德就学会使用了。）只有超自然的女性才可以充满性感。她们往往极为致命。男人们究竟在害怕什么？真令人费解。

这个问题并不抽象。在哈佛大学，女性仍然会因为有任何性感表现而受到惩罚。大约在同一时期，阿特伍德的朋友伊尔泽·塞德里克斯被告知她将被研究生院开除。塞德里克斯专门研究文艺复兴运动，成绩比许多人都好，但她有一头颇为艳丽的红头发，习惯穿紫红色的迷彩裙。波尔克声称，阿特伍德曾将她被威胁开除的真正原因揭露出来。的确，阿特伍德曾去找女院长，质问为什么她的朋友，一个如此聪明的学生，会遭遇这种事情。院长最终承认塞德里克斯的华丽裙子与一个哈佛大学的研究生身份太不相配。[17] 塞德里克斯答应改穿黑色衣服，把头发扎整齐，可她选择的黑衣却是紧身低胸装。

1965年秋天，阿特伍德在给帕赫特的信中提到了她写的有关温哥华的小说，她刚刚敲打完手稿，这是一本"尖叫不断的恐怖小说"。他后来用"不断尖叫"指这本书时,她觉得十分有趣,但告诉他最终书名定为《可以吃的女人》。"对我来说,"她补充道,"创作的痛苦全在手指上。等我有钱了,我要买一台电动打字机;等我成了富翁,我要买一位电子秘书。"[18]

同年的 10 月,她问帕赫特是否可以考虑为她的新诗集《圆圈游戏》设计封面。它已被多伦多的联络出版社接受。他们竟然打算出这本书,令她颇感惊讶,因为她知道其中一位编辑路易斯·杜德克不太喜欢她的作品。(他曾在 1963 年拒绝了一份更早的手稿。)但她已经写了十年书,是时候正式出版一本书了。出版社编辑彼得·米勒写道:"我们无法付给作者现金作为稿酬;(因为不管书有多好,我们没有利润,而且总是亏损。)只能寄给你 12 本样书。你也可以按四折的折扣价购买任意数量的图书,做任何用途都行,包括转售。"[19] 尽管这本书在 1965 年 9 月就被签约,但制作过程极其缓慢,一直到 1966 年 10 月才最终得以出版。

联络出版社是加拿大最好的小型出版社之一,成立于 1952 年。出版社运作资金主要由编辑们自筹,并将其运营理念定位为培养有才华的年轻诗人,直到他们能够与更大的商业出版商合作。他们也出版一些年长诗人的作品,往往因为这些人的作品对传统出版社来说过于锋芒毕露。在 1967 年停刊前的 15 年里,它成功出版了 61 本著作。阿特伍德的书是该社出的最后几本书之一。

帕赫特真的寄来了一张封面插图,但出版商想要一些更适合排版的东西。于是阿特伍德用拉突激光印字传输系统和圆点符号设计了自己的封面(她称其为"有点儿蠢,但是会顺利通过的")。

帕赫特日子过得有点儿艰难。他写信说自己申请加拿大艺术委员会(1957 年由加拿大议会成立,旨在支持艺术、人文和社会科学)的资助遭拒。阿特伍德安慰他说:"看来加拿大艺术委员会又在故伎重演,优汰劣胜，用不值得的前期成果来击败有价值的前期成果。不过没关系。每个人都会遇到类似的挫折，最重要的是继续坚持下去。"[20] 在另一封信中，她写道："忘掉那些批评，跟着自己的感觉走。评论家们能够赞同，当然很好，若是他们不赞同，只能说明他们还不了解你正在做的事情。评论家们也是术业有专攻的，就像艺术家一样。只需等待那个对的人出现就好。""命运，"她安慰他，"会张开嘴向你微笑，不论多么虚伪。"[21]

她建议帕赫特，不要在艺术的公众世界里被吓倒、退缩。这是她采取的立场。在一个人们对"一般女诗人"迅速地陷入一些刻板印象，大众仍普遍认为女诗人正在入侵男性领地的世界里，划定自己的防御边界并不是一个坏主意。

在那些和她最为亲近的人当中——麦克尤恩、帕赫特、杰伊·麦克弗森、波尔克——阿特伍德表现得非常忠诚和慷慨大方。但当某段关系涉及她的职业生涯时，她会改头换面，以某种机智的样子出现，言语犀利。她不会听之任之，让一切悄然而逝。她曾写信给阿尔·珀迪，祝贺他在1966年获得加拿大总督文学奖：

亲爱的阿尔珀，
我孤身一人处于芝加哥的谋杀和种族骚乱中，
对你获得加拿大总督文学奖的消息一无所闻
啊，海岸真是漂亮，不可能再有
更好的地方。一无所知，直到在我订阅的《监狱》（阿特伍德此处将《棱镜》"Prism"误写为《监狱》"Prison"）上激动地读到。为什么你要对我守口如瓶？

不过总之你挺让人讨厌。你是什么意思，上次给我写了封没意思的信?把我的诗,我的自我,我的人格,和对我前一封信讨价还价的反馈,全都搅在一起击打。(我甚至都不记得自己写了什么。)……[22]

事实上,阿特伍德是在说玩笑话。她和珀迪时常开玩笑,互相之间的信件时而充满恶意,时而洋溢友好,他们还互相交换手稿,交流彼此对诗歌的评论。但在这一次,他一定是越界了。从他们第一次见面喝啤酒开始,珀迪就对阿特伍德有了一个固定印象。她学究气十足,脾气急躁。她对这两点都提出疑问:"至于我的脾气,恐怕是你凭空想象出来的……但如果让我在鸡舍和雷雨之间选择,大多数时候我会选择后者。(这么说是指我不喜欢被啄;可如果你的行为像一只刚找到虫子的鸡,那你就给自己再找一条虫子吧!)"[23]

当时很少有年轻女性会以这种方式挑战珀迪。她的语气显然表明了这段友谊的坚固程度。尽管如此,在玩笑的背后,她清楚地告诉珀迪,她不是一个好惹的人。

在朋友当中,她和波尔克如今被视为"一对儿"。他古怪的一面常常帮助他们度过学生生活的艰难日子:廉价的住房,没完没了的"截止日期",日复一日靠助教的微薄薪水勉强过活。他还曾经因为厌倦其他研究生没完没了地谈论他们养的猫,特意到伍尔沃斯百货公司,花了79美分买了一只宠物鼠回来。它住在他屋里的一个鱼缸里,名字叫"唱歌的修女"。阿特伍德在自己的房间里挂着一个移动电话,上面的装饰图案为手术器械和灌肠袋。这是一个朋友送的礼物。如果说阿特伍德喜欢哥特式的想象,那么波尔克也喜欢。如今,阿特伍德解读塔罗纸牌已经到炉火纯青的地步。而波尔克则学会了看手相。

一位评论家曾说,在阿特伍德的一些早期小说中,以波尔克为原型塑造的人物很像是荣格原型理论中的一种,对此波尔克评论道:"这个说法太愚蠢了。我们在一起很开心。我们在东海岸旅行去了很多地方,还到纽约看艺术展览,上剧院看电影。"在一次纽约之旅中,他们还借住在里克·萨卢蒂尼(阿特伍德是在白松营地认识他的)的小公寓里,看了《朱丽叶与魔鬼》《战士擒王》《马拉/萨德》和《霍根的山羊》。阿特伍德还为7个人做了一顿晚餐。

波尔克补充道:

> 我们在文化上属于杂食性动物。我们去布拉特尔剧院看电影。(1966年是安东尼奥尼的《放大》、特吕弗的《华氏451度》和迈克·尼科尔斯的《灵欲春宵》上映的一年。)我们搞到了波士顿交响乐团公开排练的票。那是大停电时期,整个东海岸都停电了。我们把灯芯放在培根油里(那时人们还吃很多培根),点燃它们当蜡烛,打桥牌,讲鬼故事。事实上,我们一起度过了一段美好的时光。我们也遇到许多烦心事——我们的成绩,即将到来的征兵——但这是研究生生活中最好也是最坏的:有很多想法,有很多事情要做,就是缺钱。

到了1月份,阿特伍德开始学习拉丁文。(语言考试将在5月举行,她很紧张。)业余时间则都用来写诗、沉思和"深入思考"另一部小说。"至于我,"她告诉帕赫特,"我用德语写作、哭泣、吃饭、睡觉,读糟糕的小说,用拉丁语读一些陈词滥调。……哦,就为了能恢复一些语感。收到,完毕。佩姬。"[24]

她保持着行进步伐,继续向前,真是很了不起。当然,驱使她的原因之一是研究生相对贫困的处境,以及为了生活必须赚钱的需要。(正如W. H. 奥登曾经说过的,金钱是写作的最佳动力之一。)哈得孙湾百货商店为了支持作家,决定在《加拿大文学》季刊上购买版面,发表的诗歌在页面底部可以印有公司标志。其用 50 加元买下了阿特伍德的诗《雕刻的动物》。

当阿特伍德把用抽屉衬里的纸做的巨大流程图贴在墙上,上面写着《阿比多斯的新娘》和《瑞尔斯通的白鹿》的相关出版日期时,她常常想,自己究竟在做什么。她开玩笑地向帕赫特抱怨说,自己读了成千上万的幻想故事,这些故事甚至影响了她的梦境,她梦见的全都是关于怪物、被砍下的头颅、与土著的战斗等画面。"我真正担心的是,"她补充说,"哪一天我会失去自我控制,得罪他人。"[25] 她告诉阿尔·珀迪:"这将是一场竞赛,在我与早期失明、衰老,以及随之而来不断减少的银行存款之间进行的竞赛。"[26]

那年夏天,阿特伍德和波尔克待在波士顿。她找到了夏季转租的房子,波尔克继续住在原来的地方。这个城市又热又黏,让人感觉十分受罪。她会在怀德纳图书馆度过上午,然后顶着 7 月的烈日,可能会在哈佛广场停留,阅读报上有关越南战争的头条新闻,然后回到公寓,继续构思小说情节。这将是她的第三部小说,尽管至此为止,她仍是一部小说都还未正式出版过的作家。多年以后,当她试图重构当时的心态时,会说自己常常陷于恐慌之中。[27]

这部小说取名为《自然小屋》,是根据阿特伍德的夏令营经历改编的。在她虚构营地的时候,她按比例绘制了地图,标出了不同的建筑:员工宿舍、船屋、娱乐厅、厨房和棒球场,这些都是她笔下的人物要经过的地方。故事设定在乔治亚湾,从多伦多坐火车要三个小时,距离帕里湾三十多千米。她做了一本夏历,把日期标了出来,把每一章的事件也都罗列出来。这部小说将从八个人物的角度展开讲述,各人的生活和故事将相互交织。小说的一个开头儿是营地主人在等待新一批的露营学生。他是战争受害者,患有弹震症。在这个田园般的环境中,阿特伍德让这个男人饱受超现实的暴力记忆的侵扰。那个手臂上文着数字的男人,他曾经坐在白松营地的厨房台阶上削土豆皮,而现在他在小说中化为虚构的角色。在她写到卡壳之前,她实际上读了前八章,还读了两遍。她后来说,自己承担了一件对她来说过量的工作。当时,她知道得还不够多。台阶上的那个人,他的故事,才是这部小说的核心,但他一直没有出声。[28]

那年夏天,她回加拿大待了几个星期,看望了麦克弗森和帕赫特。帕赫特在多伦多葡萄牙区刚买下了一家旧自行车店,打算成立自己的工作室和印刷公司。当时,不断有人上门请他修理自行车。阿特伍德还和家人在魁北克北部待了十天。她在"祖上"的湖里划独木舟,为父亲打下手——父亲仍在持续不断地把麻絮锤进木屋的墙壁当中。此刻,阿特伍德需要更新自己的根基。它们是必不可少的疗药。

苏珊·米尔莫是一名年轻的研究生,正在寻找室友。回加拿大之前,阿特伍德已经回复了她登在剑桥的报纸上的合租广告。两人见了面,同意搬到一起合住。(米尔莫对阿特伍德的第一印象是她看上去令人生畏,鞋子也很难看。)但那年秋天,当阿特伍德回到剑桥时,她发现米尔莫无家可归。房东把本来租给两个女孩的公寓租给了别人。米尔莫的母亲以请律师并曝光剑桥臭名昭著的房地产丑闻为由进行"威胁",于是她们租到了位于哈佛街333A号的另一套公寓。在米尔莫的记忆中,房间一片狼藉,黏泥和油脂覆盖了每一处的表面,但她们认为经过一番彻底的清洗,应该可以使用。在米尔莫心里,已经认定阿特伍德是个邋遢的大龄研究生,可当她与大大小小的箱子一起出现时,三个帮她提行李的英俊小伙儿——莫布雷、恰克和波尔克——让米尔莫顿时印象改观。

333A号是一座曾经非常精致的老公寓大楼,但如今已破旧不堪,坐落在剑桥高低不平的砖砌人行道旁。它的台阶两侧是白色的仿科林斯式柱子,门厅由橡木和玻璃组成。但在里面,狭窄的铁楼梯曾经见证过美好时光。米尔莫和阿特伍德把公寓里的客厅当作门厅,把其他房间也都安排了不同的用场。

不久,第三个女孩来 333A 号大楼和她们一起合租。她名叫凯伦,来自威斯康星州,来哈佛大学之前,她获得了化学本科学位,并在德国待了一年。米尔莫称她是农场来的一个可爱的新手,因为她老是说:"真不敢相信;我不懂。"米尔莫学习心理学,因此被认为是精通世故的。[29]

波尔克会在星期五晚上过来,当晚就住在这里。"一部分是因为当时那个时代的流动性,"他说,"一部分也因为我们俩逐步走向的一种长期关系。婚姻不在我的日程上。当时越南是我特别讨厌的地方。学生延期入伍的做法被叫停。但就在那一年,我的征兵官去世了,新来的征兵官从未打扰过我。当我终于得到另一张征兵卡时,发现自己已经被豁免。当然,我没有问为什么。在那些日子里,美国军事史塑造了人们的生活,也造就了许多博士学位。"

他和阿特伍德扮演了家中老父母和老夫妻的角色。米尔莫记得,那一年的大部分时间里,"佩姬耐心地听我们讲述破碎的心。"她很快发现,潜伏在佩姬身上的是一个秘密的女童子军,拥有所有平凡、老式的美德。她"像蜂蜜一样甜美",并且有"解决眼前问题的永不满足的需求"。的确如此,眼前的问题没完没了。这激发了阿特伍德务实的一面,以及她负责任的能力。米尔莫还发现阿特伍德有时非常粗鲁,这让她觉得特别有趣。米尔莫来自中西部的情郎常说"热狗""棒极了"之类的话。有一次阿特伍德问:"你有多少这样的'热狗'呀?"解读室友们的塔罗纸牌时,阿特伍德还习惯预测他们的爱情灾难。

据米尔莫说,阿特伍德是一个非常居家的人。她建造了一个小小的家来拢住室友们的生活,使之得以平稳持续。除了周末,她们这个小团体每天都在一起吃晚饭。阿特伍德在日常生活中投入了大量精力,并立下规矩。例如,是把浴垫搭在浴缸上还是放在地板上,几个人一直争论不休。于是,阿特伍德写了一条"引经据典"的有趣指令，将其贴在墙上。她还是一个富有想象力的厨师。哥哥哈罗德来看她时，她做了一个蛋糕，糖衣上有人造的爬行动物。总有朋友挤进她们的小窝借宿，即便只能睡在从外面人行道上捡回来的破旧沙发上。

米尔莫解释说："凯伦和我只专注于自己的生活。早知道阿特伍德将来成了这等人物，当时我该多多关注她的。"她不知道阿特伍德是个作家。当发现阿特伍德写诗时，米尔莫还曾天真地建议她为学生办的杂志《哈佛呼声》写一些。在一年的时间里，阿特伍德为这个家制作了连环漫画，把所有人都作为其中的角色融入进去了。

她们严格按预算生活，尤其是阿特伍德。她持有的是加拿大签证，没有获得工作许可。出去吃饭时，他们会去巴特利夫妇的美食汉堡店（一家学生餐厅，有长长的木桌和塑料椅子，墙上贴着影星亨弗莱·鲍嘉的海报）。街的正对面是一堵很高的砖墙，是1880届毕业生敬献给哈佛大学的礼物，上面有一块纪念牌匾。这便是后来《使女的故事》中执行死刑的地方。

那年秋天，阿特伍德写信给约翰·纽洛夫，祝贺他再婚，还说她在等《圆圈游戏》的出版。她一度不想等了，想要取消这一切，但不管怎么说为时已晚。她在给出版商的信中写道："诗集出版后，别忙着给我发诗评。我宁愿闭耳不闻，至少在1月5日（我的博士论文答辩日期））之前。我已经觉得自己受了很多迫害了。"[30]

对所有作家而言，第一本书的出版过程都是痛苦的。阿特伍德在回忆中写道："我想任何从事写作的人，特别是女性，都会感到，尤其是在刚开始写作的时候，她是在面对一种巨大的、通常无法与人言的压力，一种来自社会期望和规矩礼仪的压力。对女性来说，来自家庭内部的这种压力最为强烈，而当家庭是一个强大的单位时尤其如此。有些事不可言说。不可告人。"³¹ 阿特伍德"害怕遭到反对"。她担心来自家人的反对,虽然她知道她的家人早已习惯了自己的诸多怪癖;她担心新斯科舍省的姨妈们,感觉她们可能会对这本诗集心生反感。令她惊讶的是,姨妈们全都"出色地"通过了测试。乔伊丝姨妈认为这是"一本很棒的书,一本名副其实的好书"。凯瑟琳姨妈说:"有些事在她那一代没有人说过,也没有人做过,但我们这一代人可以说,也可以做,而且有更大的力量去做。"对此,阿特伍德说:

> 这种赞同接纳的态度对我来说意义重大,对我这样一心只追求艺术创作的 26 岁的自己来说尤其如此。(当然,任何真正的艺术家都不应该受姨妈的影响。)……也许这就好比一种按手礼,将某种东西从一代传给另一代。传递的是故事本身:已知的故事,能被讲述的故事,字里行间的故事。允许故事被讲述,不管这故事将导向何方。³²

在阿特伍德的脑海里,始终有一本相册,里面有她母亲和两个姨妈的肖像。如今,里面的女性不是三个,而是变为四个。她觉得自己继承了家族中女性故事讲述者的这一遗产。她被"许可进入'家'"。

她也不必担心这本书在更大的世界里会被如何接受。评论非常之好。各地的朋友都发来了贺信。道格·琼斯写信说《圆圈游戏》是一本非常好的书:清晰、干净、有力、制作精美。³³

1 月 5 日,她和波尔克一起参加了博士论文答辩。她的答辩过程可谓充满戏剧色彩。她写信给朋友达里尔·海因:

> 我们的答辩简直闹剧百出:我的答辩委员会成员个个充满骑士精神(我猜是因为我是个'女孩'吧,而哈佛大学可不会聘用女教师)。

当我表现出对类似"礼仪"这种硬词以及史诗《贝奥武甫》的结构大致了解时("嗯,它分为两部分……"),他们显得欣喜若狂,甚至不乏惊讶。波尔克的答辩委员会则全然不同,极其野蛮,一个个就像虐待狂,净问一些无关的问题,比如"告诉我们关于18世纪卫理公会兴起的事情"或"哪个研究雪莱的学者死于酗酒?"[34]

答辩结束后,他们出去吃龙虾,在电影院跟随影片情节哭泣,都是极其有效的"排毒经历"。她对海因开玩笑说,她终于不再做关于沃尔特·司各特爵士的噩梦了。

1967年3月,她接到加拿大艺术委员会的电话,告诉她,她凭借《圆圈游戏》获得了加拿大最负盛名的文学奖——加拿大总督文学奖之诗歌奖。奖金高达2 500加元。27岁的她,是当时最年轻的获奖者。不仅如此,获奖的还是她的处女作。她惊呆了,还以为是帕赫特的恶作剧。她告诉波尔克:"来得太快了,太快了。我只有一本书。这不太对头。"当她解释道这个奖项相当于美国的普利策奖时,波尔克安慰说:"那岂不是更棒。"阿特伍德答道:"可我没有合适的衣服可以穿去领奖。"

米尔莫和凯伦尝试着帮她解决这个问题。她们俩虽都不知道"总督"是什么意思,但起码意识到这是一个正式活动。当她们翻看阿特伍德的衣柜时,很明显她的确没有什么可穿的。她只有两条粗花呢裙子,一件起了球的黑色羊毛开衫,还有一对灰色的暇步士鞋,这些都不行。米尔莫借给她一条裙子和一对耳环,还为她买了一双棕色高跟鞋。事后她说,阿特伍德出席颁奖晚宴时穿的那条裙子,是她在发林地下折扣商场花了7.99美元买来的,她还穿着它与诺贝尔生理医学奖得主詹姆斯·沃森一起吃了晚餐,"这条裙子的职业生涯还真不错"。米尔莫和凯伦开始用发胶为玛格丽特打理头发。阿特伍德自己也想佩戴隐形眼镜,以此取代她那20世纪50年代的猫眼眼镜。

阿特伍德乘灰狗巴士到了多伦多，然后飞往渥太华。她最关心的是与玛格丽特·劳伦斯见面，后者也因其第二部小说《上帝的玩笑》获得了加拿大总督文学奖。（此前她已经出版了小说《石头天使》。）阿特伍德的父母曾经买了这本小说作为圣诞节礼物送给她。她仔细研究了护封勒口上劳伦斯帅气又严肃的照片，心想，"这个人如此严肃，一定会对我做出不利的判断。这位智者只需轻轻一击，我就会像虫子一样粉身碎骨。"[35] 她敬畏劳伦斯的才华。或许除了西蒙娜·德·波伏瓦，没有人有能力让她像果冻一样颤抖。事实上，玛格丽特·劳伦斯也有同感。她的朋友简·鲁尔告诉她，阿特伍德喜欢用塔罗纸牌算命，劳伦斯很想知道这个神秘的生物会是怎样一个人。

6月2日在加拿大总督府丽都大厅举行的颁奖仪式进行得很顺利，但新配的隐形眼镜让阿特伍德热泪盈眶，当她坐在一旁不知所措的时候，身边的来宾还以为她喜极而泣。她逃到洗手间，与玛格丽特·劳伦斯不期而遇。虽然她穿着优雅，黑金两色相间，却更显柔弱无助。玛格丽特·劳伦斯是出了名的害羞。这两位杰出作家在政府大楼的女洗手间里互相安慰，这是"一个堪比《上帝的玩笑》的社交尴尬时刻"。玛格丽特·劳伦斯后来在给朋友的信中写道："我觉得她非常严肃，（对我来说）有点让人畏惧，因为她太聪明了。第二天她打电话给我，说她很高兴发现我不那么令人生畏，从照片上看她以为我是会令人生畏的人。我们是多么奇怪，多么脆弱。从那以后，我自然便开始对她产生了极大好感。"[36]

阿特伍德回到哈佛大学时，发现米尔莫和凯伦已经将她的橡胶底暇步士鞋付之一炬，因为她们认为这跟她新获得的名声太不相称。她们希望她有一个更优雅且富有诗意的形象。

阿特伍德申请了位于蒙特利尔的乔治·威廉姆斯爵士大学的教职，令她惊讶的是，自己竟然被录用了，于是便准备离开美国。她在给阿尔·珀迪的信中写道："我真的必须离开这个国家。过一段时间你就会明白。报纸上每天都有关于越南的报道。"[37]

波尔克在哈佛大学的日子也结束了。他很清楚，自己的教学合同不会续约了。用他的话说，"情感饱和，瓜熟蒂落"，他和阿特伍德决定结婚。"有一天，我不记得是什么时候、怎么发生的，总之我们准备结婚了。其他人似乎并不感到惊讶，因为在某种程度上，我们已经结婚，但我的确对此感到惊讶。"

当阿特伍德向阿尔·珀迪宣布她即将与波尔克结婚时，她特意向珀迪保证，波尔克具备一切必要的能力来对付像她这样的坚强之人。阿特伍德写道："他完全有能力搞定我，主要是他能给我递绳子让我自行了断。"她还写道："不要再为我未来的丈夫感到难过了。你让我觉得自己像个食人魔。他做得很好——到目前为止他打赢了每一场口水仗，毫不示弱——他有一种安静的固执，这一点使他稳操胜算，万无一失。"[38]

这对阿特伍德来说并不容易。在那个年代，人们普遍认为，一个极有主见的女人永远找不到一个能搞定她的男人。即便是朋友也未必能让此事变得容易些。达里尔·海因想起自己是如何忽视了波尔克的，有点惭愧。"我和佩姬说话时，出于礼貌，试着把他加入进来，但我只想和她说话。我想其他人也是这样。"在剑桥的最后一年里，海因和阿特伍德会在小镇周围长时间散步，而阿特伍德则听着他痛苦地絮絮叨叨，讲述他和难以相处的情人之间的关系。他会说，所有注定持久的关系都始于难产的阵痛。

他的理论是，像阿特伍德这样的女人，如果嫁给势均力敌的人，就会一直吵架。（他曾是玛丽·麦卡锡和埃德蒙·威尔逊的朋友。）他认为，阿特伍德的自信完全是下意识的。她就像一艘扬帆前进的大船。"这样的女人需要一个内心善良、性格柔和的年轻男人，这样的关系必须有两个中心，一个强大，一个不那么强大，而其中一个负责创造想象中的世界。"[39]

阿特伍德要是知道她朋友们开的"药方"，一定不会高兴。这对她自己和波尔克都是一种居高临下的态度。为什么在那个年代，人们无法想象实力相当的男女可以结婚呢？为什么认为只有男性才能拥有强大的人格？如果女人拥有强大的人格，难道她就不可避免地必须阉割自己的伴侣，否则就得学会贬低自己吗？阿特伍德相信，找到一个平衡点是完全有可能的。

她写信给魁北克移民局，询问她的美国丈夫需要什么样的签证。她和波尔克想在蒙大拿州的迈尔斯城举行婚礼，但波尔克信奉天主教的母亲担心这样会疏远镇上居民和神职人员。所以他们决定在波士顿市政厅举办婚礼。结果那里又脏又暗，米尔莫气急败坏，总算设法在阿什街的拉德克利夫研究生中心弄到了一个房间。

那些日子里，大家普遍对婚姻充满矛盾心理，于是结婚时也是尽量低调省事。波尔克在黄页上找到了一位治安法官。后来发现，他是一位中国人，这是他们没想到的。他自称谢德海博士。（他们叫他德博士。）德博士还问了他们有没有坐垫，这让波尔克完全摸不着头脑。

在波尔克的记忆中，6月9日早上的仪式很是奇异古怪。那天热得要命。他的伴郎莫布雷忘了婚礼是在那天举行，到最后一分钟才从天而降。阿特伍德和波尔克跪坐在垫子上，德夫人敲锣时，两人把手放在彼此的胸前。穿着布绑腿的德博士，一边走一边现编仪式，祝他们的爱情比新英格兰岩石环绕的山脉更加持久。他们必须把戒指在一尊佛像上传递三次，然后拿到一个卷轴，上面写着（米尔莫记得是这样的）："接受彼此，拥抱自我，切勿违背自我。"

米尔莫亲手制作了婚礼蛋糕。她决定冒个险，做一种特殊的糖衣。将其搅成旋涡，但不会变硬。当她把蛋糕带到家里时，糖衣已经融化得到处都是，三层蛋糕在高温下已经分开。阿特伍德疑惑地看着它，说道："真有趣。"

婚礼来了 25 人或是 30 人。阿特伍德的父母来了，他们正好出门采集昆虫，路过这里。她的哥哥和嫂子也在。帕赫特也来了。阿特伍德的父亲被这个仪式惊得有些目瞪口呆，不过她的母亲觉得非常有趣。杰尔姆·巴克利参加了婚礼宴会，看到自己的研究生穿着白色蕾丝迷你裙作为婚纱，他为之着迷。还有礼物，包括蒙大拿州亲戚送的纯银电话套。抛完花束后，这群年轻人前往一位朋友的公寓，在那里他们听音乐，有些人则会抽大麻，这是 20 世纪 60 年代的风格。

阿特伍德和波尔克一直等到星期一才动身去蒙大拿州度蜜月。波尔克怀疑德博士是不是一个合法的治安法官，也不相信他们真的结婚了。但事实证明他们的确已经结婚。

在蒙大拿州，阿特伍德对西部颇为浪漫的原有想法很快就破灭了。波尔克的继父是蒙大拿州的一位老银行家，他极其保守的政治观点让阿特伍德大为吃惊。他们到那里蜜月旅行时正好赶上波尔克的中学同学聚会。在聚会上，波尔克的好朋友们纷纷走过来亲切地夸道："哇，吉米，你的这位小女人可真漂亮。"一些年轻人非常喜欢阿特伍德，在舞池里不断踩着她的脚跳舞。这是一次典型的小镇聚会，充满一群喜欢聚会的西部人的杂乱喧闹。阿特伍德因刚结婚而获奖。聚会上还选了位"年度老处女"。人群围绕着她，高唱着"你的白马王子终会到来"。很自然，当阿特伍德被问及是做什么的时候，她回答说是作家，有时会引起这样的反应："你有个小爱好真是不错。"

在多伦多，阿特伍德的父母又举办了一次婚礼聚会。参加她父母后院游园会的人都是德高望重、令人敬畏的盎格鲁－撒克逊人，包括诺思洛普·弗莱。波尔克突然意识到阿特伍德的文化传承是多么奇怪。在波尔克的心目中，她就是那个站在丛林边缘的女孩，一个在北方度过童年的局外人。此刻波尔克意识到她也身处中心。她的父亲是一位教授,众多对这个文化很重要或将会很重要的人物似乎都是她圈子里的人。她既在圈外,同时又在中心。

最后,波尔克和阿特伍德才得以逃往北方,在那里尽情待了一阵子。他们去了锡姆科湖附近的家庭小木屋,那里有阿特伍德的父亲的毛毛虫帐篷农场。回到熟悉宁静的森林世界,对阿特伍德而言是一种解脱,这个世界是她大部分作品的源泉。

阿特伍德的研究生生涯终告结束。她后来说:"作为作家,这对我是一次极好的经历,因为它让我远离自己的国家,同时让我近距离观察另一个国家。"[40]她回到加拿大,结了婚,出了一本书,还获了奖。然而,她面临的多伦多却发生了变化。1967年,多伦多喜迎"爱之夏"嬉皮士运动,正处于经久不息的狂欢之中。

注释

1 玛格丽特·阿特伍德致查尔斯·帕赫特的信（1966年3月9日），查尔斯·帕赫特私人收藏。

2 玛格丽特·阿特伍德，《跳舞女郎》，选自《跳舞女郎》（多伦多：麦克莱兰－斯图尔特出版社，1977年），第221—236页。

3 罗杰·罗森布拉特，《分崩离析：1969年哈佛之战回忆录》（波士顿：利特尔－布朗出版社，1997年），第50页。

4 同上。

5 玛格丽特·阿特伍德，《安大略皇家博物馆之夜》，选自《那个国家的动物》（多伦多：牛津大学出版社，1968年），第20页。

6 玛格丽特·阿特伍德，《读报是危险的举动》，选自《那个国家的动物》，第30—31页。

7 玛格丽特·阿特伍德，《致弗兰肯斯坦博士的演讲》，选自《那个国家的动物》，第44页。

8 玛格丽特·阿特伍德，《周边景物对牛仔说》，选自《那个国家的动物》，第50页。

9 玛格丽特·阿特伍德，《影子的声音》，选自《那个国家的动物》，第7页。

10 玛格丽特·阿特伍德致彼得·米勒的信（1966年10月20日），阿特伍德文稿。

11 本书作者对杰尔姆·巴克利的采访，波士顿，1997年4月12日。

12 玛格丽特·阿特伍德致乔治·伍德科克的信，维多利亚日，1974年，阿特伍德文稿。

13 玛格丽特·阿特伍德，《超自然因素在小说中的运用》（大学三年级的学生论文，杰伊·麦克弗森的课程），阿特伍德文稿，3号档案盒，3号档案。

14 本书作者对玛格丽特·阿特伍德的采访，1994年2月12日。

15 玛格丽特·阿特伍德，《19世纪80年代到20世纪40年代的形而上学浪漫主义》，博士论文导言的初稿，阿特伍德文稿，50号档案盒，19号档案。

16 玛格丽特·阿特伍德，《被拉扯和肢解的女超人：她的早期形态》，《字母表》，第10期（1965年7月）；转载于《次要的话：批评散文选集》（多伦多：阿南西出版社，1982年），第54页。

17 本书作者对吉姆·波尔克的采访，1997年7月24日。

18 玛格丽特·阿特伍德致查尔斯·帕赫特的信（1965年10月19日），查尔斯·帕赫特私人收藏。

19 彼得·米勒致玛格丽特·阿特伍德的信（1965年9月29日），阿特伍德文稿。另见彼得·米勒，《联络出版社的最后几年》，选自《加拿大指南》第51卷，第1期（1977年），第4—14页。

20 玛格丽特·阿特伍德致查尔斯·帕赫特的信（1966年1月24日），查尔斯·帕赫特私人收藏。

21 玛格丽特·阿特伍德致查尔斯·帕赫特的信（1967年7月27日和1966年3月9日），查尔斯·帕赫特私人收藏。

22 玛格丽特·阿特伍德致阿尔·珀迪的信（1967年7月23日），女王大学档案馆。

23 玛格丽特·阿特伍德致阿尔·珀迪的信（1967年11月13日），女王大学档案馆。

24 玛格丽特·阿特伍德致查尔斯·帕赫特的信（1966年3月9日），查尔斯·帕赫特私人收藏。

25 玛格丽特·阿特伍德致查尔斯·帕赫特的信（[1966]年10月24日），查尔斯·帕赫特私人收藏。

26 玛格丽特·阿特伍德致阿尔·珀迪的信（1966年6月28日），女王大学档案馆。

27 《失手》，未出版手稿，1998年

28 同上。

29 本书作者对苏珊·米尔莫的访谈，哈佛大学，1997年4月12日。

30 玛格丽特·阿特伍德致彼得·米勒的信（1966年6月22日），阿特伍德文稿。

31 玛格丽特·阿特伍德,《了不起的姨妈们》,选自《家族肖像:二十位杰出作家的回忆》,卡洛琳·安东尼编(纽约:双日出版社,1989年),第15—16页。

32 同上书,第16页。

33 D. G. 琼斯致玛格丽特·阿特伍德的信(1966年11月14日),阿特伍德文稿。

34 玛格丽特·阿特伍德致达里尔·海因的信(1967年1月13日),阿特伍德文稿。

35 《上帝的玩笑》,阿特伍德文稿,146号档案盒,28号档案。第三位获得加拿大总督奖的女性为玛丽-克莱尔·布莱斯,她获得了法语小说奖。这是22年来首次6个主要奖项中有3个由女性获得的情况。

36 詹姆斯·金,《玛格丽特·劳伦斯的一生》(多伦多:加拿大克诺夫出版社,1997年),第245页。

37 玛格丽特·阿特伍德致阿尔·珀迪的信(1967年1月7日),女王大学档案馆。

38 玛格丽特·阿特伍德致阿尔·珀迪的信(1967年1月17日和1967年4月10日),女王大学档案馆。

39 本书作者对达里尔·海因的采访,1997年4月8日。

40 本书作者对玛格丽特·阿特伍德的采访,1997年2月12日。

第十章 "爱之夏"

正如历史学家道格·奥拉姆所言，直到1964年，20世纪的50年代才真正转变为20世纪的60年代，但随后反文化革命便如山洪暴发一般汹涌而至；音乐是革命的诱因。布劳大街以北的约克维尔是多伦多革命的发源地。1963年到1964年初，阿特伍德上一次待在这个城市期间，约克维尔还是一个布满廉价公寓和出租房的社区，但随着咖啡馆和俱乐部纷纷开业兴起，如停车场客栈、八哥鸟咖啡馆和高轮单车酒馆等，这些地方由于音乐和毒品唾手可得，吸引了众多逃避现实的青少年。

到1966年，约克维尔已经有40家俱乐部和咖啡馆提供现场音乐。城里的最佳去处是江轮咖啡馆，这是一家地下咖啡馆，由伯尼·菲德勒经营。内部空间狭长，包裹着黄铜的正门十分气派，两侧还有红色的小隔间。在那里你可以听到最好的音乐：乔尼·米切尔演唱的《城市之夜》，是她对约克维尔的颂歌；菲尔·奥克斯演唱的《变化》，是他在俱乐部后院的阶梯上创作的；尼尔·扬的《大家都来摇滚》，则表达了他对江轮咖啡馆充满怀旧情感的致意。对坐在江轮咖啡馆随着音乐摇摆的青少年来说，置身于如此活力迸发之地是一种充满新奇感的体验。[1]

在小说家马特·科恩的回忆当中，1966年的多伦多是"一个存在无限美好可能性的青少年主题公园，充斥着民谣、爵士乐、毒品、抗议游行、不同年龄段的理想主义者；充斥着对地位、财富和正义的幻想——多伦多

(可谓)一个名副其实的娱乐舞迷"。[2]与嬉皮士相关的服饰成为约克维尔街头生活的标志：蓄胡须留长发、刻意做旧的蓝色牛仔裤、扎染的裙子、薄如蝉翼的透明连衣裙、凉鞋、甲壳虫乐队的靴子、皮丁字裤上的吊坠，以及和平徽章、熏香炉和水烟。那年夏天，"感恩而死"乐队、"杰弗逊飞机"乐队和"门"乐队访问了多伦多。

1967年，在整个欧洲大陆范围内，嬉皮士运动达到了一个高潮，这个高潮就是"爱之夏"。这一年发生了很多事情，之后一切便都不一样了。

加拿大也掀起了嬉皮士热潮。1967年2月，多伦多大学的大学学院文学和体育协会举办了一场名为"感知1967"的活动。在阿尔多斯·赫胥黎的传统中，"感知"意味着毒品。《环球邮报》记者约翰·阿利芒对此事件记忆犹新。[3]他当时15岁，是多伦多大学男校的一名学生。在多伦多大学，男生都穿夹克打领带，留长发是一种颠覆性的违规行为，足以被开除。他一直在看《花花公子》，那是当时"迷幻药界的《圣经》"，所以他对"感知1967"的大明星蒂莫西·利里了如指掌。事实是利里未能如约出现，他在加拿大边境被拒绝入境，但艾伦·金斯伯格和以反战歌曲《屎河》与《一群笨蛋》而闻名的"蚀气"乐队成功抵达多伦多。利里的同事理查德·阿尔珀特也来了，就意识问题向人群发表了长篇演讲。还有保罗·克拉斯纳，假装对着讲台小便。他曾因写文章描绘林登·约翰逊在从达拉斯返回的飞机上对已故的肯尼迪总统实施恋尸癖而臭名昭著。那年秋天，麦吉尔大学的一名本科生约翰·费克特在学生报纸《麦吉尔日报》上转载了克拉斯纳的文章，激起校董会和校友的同仇敌忾，要求将其开除。而英语系的教师们则在毕业典礼上将校长勋章授予费克特，以此报复管理层，学生们则起立为他鼓掌。毕竟，坏品味的意义在于超越当权者。

嬉皮士和当权派之间的斗争当然不仅仅局限于多伦多。《温哥华太阳报》刊出"害怕迷幻人渣"和"长发嬉皮士身上长虱子吗？伙计，不过是虱子罢了"等标题。3月,五千名嬉皮士参加了在温哥华斯坦利公园举办的第一届自由集会活动。(同年5月,雷吉娜在瓦斯卡纳公园举办了自己的社交聚会活动。)4月,加拿大第一家地下报纸《乔治亚海峡报》在温哥华创办。该报的一位年轻编辑斯坦·伯斯基这样形容该报基调:"我们已完全被世界的现有结构排斥。因此,我认为当下我们对地球生命的反对态度或许也算完整了。"[4]

就像在旧金山的海德艾斯布利嬉皮区一样,1967年夏天,成千上万来自郊区的游客开始来到约克维尔,傻傻地盯着嬉皮士看。报纸报道了破获毒品的消息,多伦多的《电讯报》警告说:"这些孩子只为欲望而活。他们已经背离了基督教和所有有意义的人生价值。"[5] 在议会中,一位保守党议员发布了一份青年问题特别委员会报告,敦促劳改营解决嬉皮士问题。

以多伦多市长艾伦·兰波特为代表的当权派对此做出回应,呼吁警方对该地区进行扫荡,"找出男女同居的住处"。[6] 约克维尔社区以静坐进行报复,要求该地区封闭交通。8月中旬,50名约克维尔居民和支持者在一次封锁街道的示威活动中被捕。

当非法逮捕变得司空见惯,非法驱逐迅速蔓延时,年轻律师保罗·科普兰和阿特伍德的朋友一位,法律专业学生克莱顿·鲁比,一起建立了一个免费法律援助中心。重点是把法律知识普及给民众。他们真的这么做了,援助中心就设在街头。一家咖啡馆捐赠了一张桌子和两把椅子,于是他们在一家便利店前就开张了,并将这一人行道办公室称为"乡村酒吧"。援助中心存活了6个月,在市议会和愤怒的家长们要求下不得已关闭,年轻的律师们只得把办公室搬到了约克维尔的一个地下室,尽管有人怀疑多伦多的天气可能也是一个因素。

直到今天,我们都很难把20世纪60年代的故事讲清楚,因为这个故事千丝百缕,枝蔓缠绕。历史学家托德·吉特林[7]将"爱之夏"描述为"绝望之夏"。虽然激励许多年轻人的道德准则是和平与爱,但也有顽固不化的政治激进分子,他们的形象也成了那个过度大众化的十年的试金石。

1967年4月,40万人在纽约联合国总部门前游行,抗议越南战争。到9月,50万美军进驻越南,约翰逊总统批准了数百万美元的军事预算。7月的高温下,底特律、纽瓦克和至少其他8个美国城市爆发了种族骚乱。底特律陷入一片火海,狙击手从屋顶上往下射击,4 700名美国陆军伞兵和8 000名国民警卫队占领了犹太人区。激进的抗议活动也传到了加拿大,当然,越来越多逃避兵役的人来到加拿大寻求避难,也起到推波助澜的作用。反战人士开始在西夫韦商店门前抗议出售陶氏化学公司生产的保鲜膜,该公司为越南战争提供了凝固汽油弹。此外,他们抗议反对的还有其他国际问题。这是"希腊政变"的春天和中东"六日战争"的夏天。多伦多成为许多希腊流亡者的首选之地,在他们的助推下,这座城市的文化最终改变了。

在对20世纪60年代革命的反应上,加拿大和美国一样存在分歧。逃避兵役的人得到了安全的避难所,但他们经常受到皇家骑警的监视。

多伦多在美国政治中扮演了一个奇怪的注脚。黑人权力运动在美国不断发展,这不是美国公众知道该如何应对的事情。重量级拳王穆罕默德·阿里就是其中一名受害者。当他出现在1966年的征兵听证会上,并说他与"越共"不存在分歧时,那些已经安排他下一场拳击比赛的美国城市纷纷弃他而去。于是,多伦多的哈罗德·巴拉德伸出援手,提供了枫叶花园运动中心。这位通常穿着晚宴礼服和皮草观看比赛的多伦多精英,把绝参加那年3月的拳击比赛以示抵制。[8] 当然,加拿大也不乏种族主义分子。年轻的多伦多人威廉·约翰·贝蒂留了希特勒式的小胡子,并在20世纪60年代中期创立了"加拿大纳粹党"。1966年,当他在艾伦花园举行仇恨集会时,不得不被警戒线保护着。犹太人是他的目标,但该市的8 000名黑人也稀释了"种族纯度"。

或许 20 世纪 60 年代唯一的共同特征就是活力。无论你是反战主义者、激进"左翼"分子、嬉皮士，还是普通的异性恋者，都能感觉到一切均在改变，一切都可以改变。这种无拘无束的自由，与 20 世纪 50 年代的墨守成规全然不同，似乎人人都可以尽情享受这种自由。但当时似乎没有人注意到，只有一个领域几乎没有发生变化，那就是性政治。在 20 世纪 60 年代的革命中，女性在哪里？她们仍然一如既往，和从前一样是附属品。

如果人们仔细观察，他们就会发现，在 1967 年，不可避免的商业主义也开始显现，这种商业主义将助力 20 世纪 60 年代与传统脱轨。年轻女性正是其对准的目标。无处不在的可丽柔美发产品广告从城市的广告牌上凝视着大众："如果只有一次生命，就让我像金发女郎一样生活吧。"

1967 年，时尚已经占据了主导地位，那些本推崇随意装戴的人现在开始讲究着装。年轻的设计师帕特·麦克多纳成了首选设计师，她刚刚因为在伦敦为《复仇者》中戴安娜·里格扮演的艾玛·皮尔设计了服装而大获成功。当时，多伦多只有少数几家高档商店出售迷你裙和连裤袜，比如海湾多利鸟、美少女胭脂和独角兽。那年夏天，麦克多纳在贝莱尔街的天台上为她在央街开设的店铺举办了一场时装秀，模特们身穿乙烯基迷彩裙，脚上绑着铁球，在探照灯的照射下穿行走秀。其中包括著名的厌食症模特崔姬。观众站在街对面的停车场里，喝着香槟。这是多伦多最为时尚的一晚，直到警察赶到，指控观众未经许可在户外饮酒，并没收了他们的香槟酒杯。[9]

1965 年左右，摇滚乐艺人"珑宾"龙尼·霍金斯在洛杉矶红起来之后，开始在央街的金鸡区雇用摇摆舞女，打造自己的摇滚乐队特色。很快，女孩们穿着渔网长筒袜、迷你裙和闪闪发亮的白色靴子，在约克维尔海湾多利鸟商店二楼橱窗的笼子里跳舞。在年轻作家苏珊·斯旺看来，她们仿佛是大姐大,"散发着介于啦啦队长的健康活力和脱衣舞娘的诱惑之间的性感魅力"。[10] 这正是她想成为的,但不是在家乡多伦多。因为母亲不同意。她一直等到去蒙特利尔上学,然后在一家法裔加拿大夜总会工作。脚蹬贴着商标的靴子,画着克娄巴特拉式的黑眼睛,戴着假睫毛,涂着淡口红,头发用可丽柔染发水漂白和烫过,她觉得自己像个叛逆者。在夜总会观众的头顶上方跳弗鲁格扭摆舞,感觉就像混演艺圈似的。过了好一段时间,她和其他人才明白这一切是如何受人操纵的。她不知道底线何在,但龙尼·霍金斯知道。他说:"男人喜欢被关在笼子里的女人。"[11]

大多数人都理解错了。"对我来说,摇摆舞象征着女人与男人的彻底分离。"一位舞者在多伦多《电讯报》上写道。[12] 又过了两年,几乎是那个十年的结束,才有一些女人开始意识到 20 世纪 60 年代的解放运动实际上是男人的运动。

1960 年,避孕药首次面世,当时才刚刚开始产生影响。尽管有医生无视法律,但在 1969 年之前,传播节育信息是违反加拿大刑法的。许多年轻女性发现自己被困于 20 世纪 60 年代中期保守的性压抑规范和令人眼花缭乱的"自由性爱"精神之间。于是新词应时而生,包括"一夜情"和"(在酒吧、餐厅、街上等)寻觅性伴侣"。以前对说"是"感到内疚的女孩,现在对说"不"感到内疚。就像即将成名的乔尼·米切尔一样,在当时,常有女孩从人群中消失藏匿九个月,或者更糟,她们会进行非法堕胎。少女怀孕成为普遍现象。大多数这样的女孩在一层神秘的面纱下消失,她们住进了约克维尔或纽约的无电梯公寓,或者用假名住进未婚母亲之家。在那里,家庭成员被禁止进入,因为要保护其他女孩的身份。收养被以一种类似死亡的结局执行。[13]

即便是激进的新左派也没有在妇女问题上找到妥协的余地。直到 1969 年 1 月,当结束越南战争全国动员委员会在华盛顿举行游行和集会,庆祝理查德·尼克松总统就职时,一位年轻的活动家玛丽莲·韦布登上圆形马戏帐篷里搭建的舞台说:"我们作为女性正在受压迫。"当她继续谴责资本主义社会如何将女性视为"物品和财产"时,台下激进的女性们高喊:"把她从舞台上拉下来,干她!把她拖进黑巷子里!脱光衣服!"她颤抖着结束了演讲。另一位女性,舒拉米斯·费尔斯通,接过话筒,继续攻势。"我们来说说大家生活的地方,宝贝们,"她在人群的嘘声中大声喊道,"……资本主义和所有其他主义难道都不是从家中开始的吗?……我们女性常常会想,你们所说的革命究竟是否货真价实,或者只是想为自己争取更多的权力。"[14] 聪明的女性往往被运动招募并受到重视,但随后便微妙地降级为女友、妻子、记录员和煮咖啡的机器。女性若稍事反抗,便会在心理上受到合乎逻辑的惩罚。

阿特伍德当时27岁,已婚(不论其结婚过程多么不循常规),即将在蒙特利尔找到一份年轻助理教授的工作。她拥有一本已出版的诗集,还有一本正在创作中的小说。她不属于"婴儿潮"一代,而这一代似乎正在改变20世纪60年代的世界。事实上,她比那一代人早出生了7年。可是,毫无疑问,她在旁观,20世纪60年代的嬉皮士确实在她的小说《强盗新娘》中出现,这个形象便是古怪柔弱、却有远见卓识的查丽丝,她住在多伦多岛,相信命理学的力量,能够识别他人气味,并对自己在嬉皮士群居村度过的日子充满怀念。不过阿特伍德年已成熟,对20世纪50年代的循规蹈矩已经有了足够的经验,这使她得以在稍远的距离旁观这场运动。

20世纪60年代的人认为自己改变了世界,但阿特伍德不这么想。她甚至持更加怀疑的态度,尤其在所有人都认为已经永远改变的核心问题——男女关系方面。年轻一点的女性陷入了20世纪60年代令人陶醉的幻想中,而她却从中逃离。

阿特伍德没有被"自由性爱"的花言巧语所诱惑。在大多数人尚未开始认真思考这些问题之前,她已经认真审视了男女之间的亲密关系,并得出结论,这些亲密关系也仍然与权力相关,而女性通常是接受的一方。但她对将女性设定为受害者不感兴趣。相反,她讽刺地发现,恋爱中的男女都在呈现无意识的神话。1970 年,在比尔·比塞特创办的《打破宁静》中,她发表了一首诗,这首诗后来成为她的《权力政治》组诗之一。当时她尚不知道,这些诗多么深刻地融入了时代精神。她没有给这首诗命名:

我们在餐馆里争执
两人中谁来为你的葬礼买单

但真正的问题是
我是否会让你长生不老

此刻只有我
能够做到

于是我从牛肉炒饭的餐盘上
拿起那把神奇的刀叉
用力插入你的心脏。
微弱的爆裂声,咝咝作响

从你自己裂开的脑袋
你站起来,容光焕发;

天花板打开了
一个声音歌唱着"爱是一件多么

美妙的事"
你悬在城市上空

穿着蓝色紧身衣和红色披风，
双眼同时闪着光芒。

其他用餐者都注视着你
有些敬畏，有些只有厌烦：

他们无法判断，你是一种新的武器
或只是一条新的广告。

至于我，我继续吃着；
我更喜欢你原来的样子，
可你却总是野心勃勃。[15]

  她的表达可以简洁到无比惊人的程度：她的仿拟中包含了超人、浪漫爱情、广告和武器，并一举戳穿命运。阿特伍德明白，在某种程度上，20世纪60年代的许多人还需要一段时间才能认识到，这个时代并没有解决两性关系中的权力相互作用。她得靠自己解决这个问题。
  但这个年代确实以另一种方式裹挟了她。正如对每一个人所做的那样，那些年头改变了整个文化景观。从1966年开始，加拿大进入了充满活力和乐观情绪的十年。

多伦多市的人口已经增长到 150 万，正在快步向前。当嬉皮士和抗议运动占领了约克维尔，同一时间里，当权派也在改变着城市的中央核心。多伦多道明银行的 56 层塔楼于 1966 年完工，改变了城市的空中景观。这座英联邦国家最高的建筑，坐落在国王街，位于第一个地下零售广场的上方。几乎与此同时，亨利·穆尔备受诋毁的雕像"弓箭手"在内森·菲利普斯广场揭幕，引起了巨大反响，促使市长菲利普·吉文斯辞职下台。1967 年夏天，五千人聚集在多伦多港的中心岛，参加首次加拿大多语多元广播电台野餐会。该机构还举办了"出水芙蓉"选美比赛，这一活动自此沿袭下来，成为多伦多夏季的保留节目。1966 年，温莎阿姆斯酒店开设了全新的国际化豪华餐厅"三间小屋"，被认为前卫绝伦，令人屏息。《多伦多生活》杂志前所未有地对一家餐厅刊发了评论，对其赞誉有加，称其为多伦多最好的餐厅，但人均 30 加元，价格高昂。同年春天，丘吉尔餐厅（以温斯顿·丘吉尔的名字命名）向商务人士开放。虽然多伦多尚未让人产生国际大都市的感觉，这座城市的自我看法却正在发生改变。

在哥本哈根待了一年之后，留着齐肩长发、穿着佩斯利衬衫的年轻电影导演戴维·柯南伯格回到多伦多大学完成他的英语学位。在"爱之夏"嬉皮士运动兴起时，他已经完成了自己的第二部电影《浴缸漏到底》。这是一部超现实主义作品，片中两个穿戴整齐的男人坐在浴缸里聊天。他们是未来大屠杀的幸存者。一株突变植物从浴缸排水管中冒出，杀死了其中一人。柯南伯格还记得在多伦多嬉皮士区漫步时，看到年轻人坐在人行道上，用挂在商店门口的床单放映电影。想到他们正在看的电影之一是自己导演的，他激动不已。

突然，他隐约有了一种新的感觉，加拿大可能会发生一些不寻常的大事：

我们想绕过好莱坞的体制，因为那不是我们的体制。我们无法企及。并非因为讨厌它，而是因为我们自己没有与之势均力敌的东西，这个东西本身就不存在。我们不认识发行电影的人；我们在电影院看不到加拿大电影。就像那时候我们从收音机里听不到加拿大的摇滚乐一样。我还记得第一首摇滚乐曲《丑小鸭》。能识别出自己真是太棒了。就像任何少数族群一样。[16]

阿特伍德在维多利亚学院的老朋友丹尼斯·李描述了出版界同样存在的问题："除了少数例外，比如麦克米伦出版社和牛津大学出版社，外国独资或分支机构在出版加拿大原创书籍方面，业绩非常糟糕。"[17]最好的解决办法就是颠覆现有体制，自己来当出版商。他的第一个项目是一本名为《损失的形式》的廉价诗歌小册子，作者是才华横溢的年轻作家爱德华·莱西。李向阿特伍德求助，她捐了100加元，考虑到她生活并不宽裕，这显然是一笔数目不小的钱。（阿特伍德戏称自己的捐赠为"献血"。她觉得作家之间必须团结一致。）杰伊·麦克弗森也捐了一些钱。当罗伯特·富尔福德为这本书写评论时，他说，看到这样非法的色情素材终于得到了文学界的关注，真是别有趣味。起初，李并未意识到莱西是同性恋者。因为诗中的大多数性不是"无性别"，就是表达得委婉隐晦，他读了好几遍才意识到莱西写的是男人。"这说明了我当时头脑里的固有想法，"李说，"我错过了所有的双关语。爱德华曾在京都的哲学小道上与人口交。"

1966年，李在维多利亚学院教书，年轻的温尼伯格人戴夫·戈弗雷则在三一学院讲课。有一天，李提到他整理出了自己的诗歌手稿，题目是《缺席的王国》。读完之后，戈弗雷说："我们应该出版这本书。"戈弗雷找了人来排版，印了300份。为了师出有名，戈弗雷想到了"阿南西"（Anansi），这是西非蜘蛛神的名字。（他曾在非洲为加拿大海外大学服务中心工作过一段时间,记得这位西非的蜘蛛神创造了世界,然后堕落为魔术师。)在第一本书上,他们还把这个词拼错了。

突然之间,人们开始向他们询问有关出版手稿的想法。在戈弗雷的指导下,他们计划在1967年秋天出版四本书,并正式作为出版商,在戈弗雷位于斯帕迪纳的地下室里开始运作。阿南西出版社后来成了致力于出版加拿大作家作品的最重要的出版社之一。

可是,李和戈弗雷不只是魔术师。他们慢慢明白,加拿大是一个出卖自己的文化且自认为二等的社会。"我的屁股坐在欧洲大陆十年之后,"李说,"(我意识到)自己的确是一位殖民地子民。"

这一感悟来得很慢。1965年,李参加了在多伦多大学体育馆里由教授和学生们举办的关于越南问题的周末宣讲会。在座的全都是激进分子,他们了解到美国政府在战争问题上一直在说谎。他们还发现,加拿大媒体一直在帮助传播这些谎言。李不相信加拿大的报纸、广播和电视是被华盛顿直接收买的。真实情况比这更加微妙。他们只是接受帝国路线的殖民者。当他意识到自己也是一个殖民者时,感到非常震惊。回想起来,他写道:

> 根据定义,加拿大人是那些越过篱笆、透过美国人的窗户看美国的人,他们不自觉地从美国的电影、漫画、杂志和电视节目中学习如何生活。我和成千上万像我一样的人,对加拿大在任何领域取得的成就,尤其是想象领域的成就,都感到既轻蔑又好笑,这直接反映了我们的自我仇恨和自卑感。虽然我们对美国大众文化不屑一顾,却只能通过吸收我们能够理解的所有美国精英文化来使自己与它分离……我们拼命地贬低加拿大人……事实上,一年到头,我们也没有遇到过哪位令我们欣赏的美国人,但这并未对我们的风气有任何影响。[18]

根据李的说法，越南战争有一个不为人知的遗产，即它促使加拿大文化民族主义者开始了一场改变加拿大艺术的运动。年轻的加拿大激进分子自然而然地把越南战争作为他们的议题。如今，他们中的一些人突然意识到，虽然他们同情反越南战争的抗议活动，却有自己的意图。他们想要解释在此生活的脆弱之感，他们的无言和沉默。他们希望获得一种家的感觉。

20世纪60年代中期是文学民族主义的奠基时期，这种文学民族主义在接下来的十年里主导了加拿大的写作。有些人，比如丹尼斯·李和戴夫·戈弗雷，努力使加拿大机构变得"加拿大化"，而这种努力是有意识形态基础的。但是，正如阿特伍德后来所说，"对我们大多数人来说，民族主义一开始并不关乎意识形态；我们只是作家，想要出版自己写的书。"[19]

小型出版社开始在各地涌现，给人同心协力之感，令人无比兴奋。1965年，多伦多一位名叫斯坦·贝文顿的印刷商和书籍设计师携手其他几位作家，在巴瑟斯特街的一栋贫民窟楼房里集体创办了马车房出版社。首发书《窗户里的男人》印着他们的"标记"："由无脑的吸毒成瘾者用'加拿大纸张'在加拿大印刷。"这些微型印刷字符的上方是一只加拿大代表性动物海狸的标志。不久，出版社搬到了布劳大街南面阿宁斯特巷旁一间半翻修的马车房。随着时间的推移，关于马车房出版社作家们的故事越来越多。在一本读来令人愉悦的回忆录中，莎拉·希尔德描述了bp·尼科尔是如何想出在《星期六晚报》的征婚启事专栏刊登图书广告这个主意的，就好像这些图书正在寻找一个理想的性伙伴。多年后拍摄的一部关于马车房出版社的电影中，著名作家迈克尔·翁达杰身穿燕尾服用肥皂洗书，然后把它们放在餐具架上晾干。这是一次亲力亲为的示范。[20]

从1966年开始，新兴出版社开始在全国各地蓬勃出现。迈克尔·麦克勒姆1966年在渥太华创办了奥伯龙出版社；戴维·罗宾逊1967年在温哥华创办了塔隆书屋出版社。此外，还有巴里·卡拉汉的流亡出版社、霍华德·阿斯特尔的马赛克出版社和马蒂·热尔韦的黑苔出版社。到20世纪70年代中期，小型出版社已经多达几十家。每个人都有自己的新发现，跨越式地独立进入新领域，但都朝着同一个方向。

小型剧院也纷纷开业，雄心勃勃地为加拿大戏剧和加拿大演员提供演出场地。其中最好的剧院之一，墙外剧院于1968年在多伦多成立。这个名字来自一个法国作家马塞尔·埃梅的故事，有个人身怀穿墙之功，当他突然丧失这种能力时，他就永远被困在一堵墙中间了。对于这个剧院的演员们来说，加拿大"感觉就像一堵厚厚的墙，像中国的长城一样厚实，厚到足以吞噬整个艺术家大军"。[21] 为了赶时髦、追热度、引争议，他们制作了约翰·列侬的讽刺独幕剧《在他自己的作品中》。他们还因《甜蜜的厄洛斯》登上了头条，在这部戏剧中，一个年轻男子绑架了一个女孩，将她捆起来，一边讲述自己的故事，一边脱去她的衣服。最终放她走时，她被其脆弱所打动。要在今天简直看不下去，但那时舞台上的裸体极具刺激性。这部戏典型体现了20世纪60年代的特色。

回想起来，民族主义会被定义为一种文化运动，但它起源于一群艺术家，他们试图在自己的国家实践自己的艺术。

戈弗雷和李询问阿特伍德是否可以出版《圆圈游戏》的第二版，为此他们愿意预付750加元，准备印刷1 000份，她对此表示了同意。联络出版社当时仅发行了250本，阿特伍德获得加拿大总督文学奖时，这本书已经绝版。作为作家，她仍不太为人所知。1967年秋天，保留原始封面的新版《圆圈游戏》问世了。

阿特伍德和波尔克正准备前往蒙特利尔，她将在那里的乔治·威廉姆斯爵士大学担任教职。那年夏天，数百万人突然涌向蒙特利尔，参观第67届世博会。世博会建在一个狭长半岛和圣劳伦斯河上的两座岛屿上，与蒙特利尔市中心隔水相望。这个国家已经有百年历史，世博会就像是它的生日聚会。

阿特伍德和波尔克去蒙特利尔看望帕赫特。他来这座城市已将近一年，在圣岛国际当代雕塑展上为世博会工作。展览上有 55 件雕塑，包括罗丹、马蒂斯和贾科梅蒂的作品，从世界各地运到蒙特利尔，他的工作是为它们各自建造单独基座。同时，他还是亚历山大·考尔德的杂事总管，当时 73 岁的考尔德正在镍业广场上建造他那座十层楼高的巨大立式抽象派雕塑。

《环球邮报》主编威廉·索尔塞尔表示："毫无疑问，第 67 届世博会是一个属于 20 世纪 60 年代的高光时刻。"他当时是一位热情洋溢的 21 岁小伙，刚从大学毕业，被雇用来负责整个加拿大西部展馆。展馆里有 16 个迎宾员。（他这份工作没有面试女性候选人。）他回忆道："整个世界似乎都在重塑自己，并在蒙特利尔展示其现代性……（这座城市）充满了理想主义、冒险、金钱、感官、艺术、设计、杜松子酒、派对、阳光，以及急不可待的紧迫感，因为知道世博会终将结束，曲终人散，时不再来……加拿大就像是一个热血沸腾的少年。"[22]

一些最优秀的国际艺术家、歌剧演唱家和舞蹈家来到这座城市的艺术广场表演。巴克敏斯特·富勒设计的网格状穹顶在美国馆上空膨起；摩西·萨夫迪在城市居住方面的激进实验作品"人居"像拼图游戏一样悬挂在港口上空。加拿大馆展示了最新的多媒体技术，马歇尔·麦克卢汉是演讲嘉宾之一。他已经是一名国际明星，前一年夏天登上了《时代》杂志和《时尚先生》的封面。莱昂纳德·科恩喝得酩酊大醉，在民谣馆演唱了包括《苏珊娜》在内的歌曲。

世博会之后，加拿大人开始有意识地思考自己作为加拿大人的身份，思考那些使他们团结又使他们分离的东西。这不是世博会导致的；更确切地说，世博会本身是加拿大建国 100 周年时席卷加拿大的民族主义浪潮的产物。阿特伍德概括了自己的总体感受："因为世博会，空气中弥漫着对加拿大的乐观情绪,这在我的记忆中是第一次。"[23]

1967年9月,阿特伍德和波尔克在欧特蒙特区边上的剑山大道17号找到了一套无电梯公寓。奥特蒙特是法国富人区,位于皇家山东侧。山下是这座城市的希腊区,那里有很棒的面包店和餐馆。她和波尔克在"四兄弟店"购物,然后用公共汽车把采购的食物和日用品拖回家。

波尔克很喜欢"在加拿大北部的北极光下矗立着一座如此巨大的罗马式城市这一想法"。[24]他和阿特伍德都对自己不会流利地说蒙特利尔的主要语言感到难为情,当一位修女因为他不会说法语而用伞打他时,这种自卑感就更得到了证实。两人通过每周上一晚法语课来提高自己的法语会话能力。白天,波尔克待在家里写论文,当他无法忍受再研究另一个脚注时,偶尔会跑去世博会换换脑子。

阿特伍德乘公共汽车和地铁到城西的乔治·威廉姆斯爵士大学上课。她教两门课:英国维多利亚时代的文学和美国文学,一门课在白天,另一门课在晚上。她成了咖啡成瘾者,体重下降到约47千克。"回想起来,我似乎一直在奔跑……'你看起来像个模特,'我的朋友们对我说,'好棒的颧骨。'她们的意思是憔悴。"[25]

她是个有创造性的老师。在美国文学课程中,她为学生提供了一个发挥创造力的机会,而不是像往常一样单纯地记笔记。她说,她希望他们对自己的"自我发展"更感兴趣,并将10%的时间分配给个人研究课题。年底,学生提交的课题匠心独具,有按比例缩小的塞勒姆模型;有漂亮的小泥鲸;有打扮成清教徒的布娃娃;还有一些墙上的壁画。其中一个课题作业是一枚印有口号的徽章,上面写着:"白鲸不是一种社会疾病。"[26]

社交生活颇为有趣。她在西海岸认识的乔治·鲍尔林,当年是乔治爵士大学的驻校作家。鲍尔林是土著,来自奥卡诺根山谷的一个小镇,他似乎已经许下诺言,永远不会背叛自己的根——他说,他的祖父是一名巡回牧师。他厌恶浮夸，虽然博学，却经常扮演小丑。她为鲍尔林和他妻子安杰拉（安杰拉极其冰雪聪明，阿特伍德非常喜欢她）专门发明了"鲍尔林派"。这个甜点的"蛋白酥皮里面装满了红色的食材"，浆果，葡萄，只要是红色的就行。[27]

她和波尔克拜访了 F.R. 斯科特。她十几岁时就曾收到过斯科特写的加拿大讽刺诗集《枯萎的松树》，作为给她的圣诞礼物。斯科特是加拿大先锋作家，阿特伍德为此崇拜他。作为一名宪法律师，斯科特跻身于精英阶层。他喜欢讲，1964 年他与皮埃尔·特鲁多和其他一些男性朋友在西北地区的独木舟之旅。他在这次旅行中带了一台 8 毫米胶片相机，拍到了特鲁多早上游泳后裸体嬉戏的照片。当特鲁多当选总理时，皇家骑警来到斯科特家门前，没收了胶卷。[28]

两人还拜访了约翰·（巴菲·）格拉斯科在山街的地下室公寓，就在丽兹酒店的拐角处。他当时尚未出版后来一举成名的虚构性自传《蒙帕尔纳斯回忆录》，这本自传讲述了 20 世纪 20 年代末他年轻时在巴黎与詹姆斯·乔伊斯、格特鲁德·斯坦因、福特·马多克斯·福特等人会面的故事。他是波德莱尔传统的唯美主义者，喜欢称自己为诗人、小说家和色情作家。（1959 年，他完成了维多利亚时代色情艺术家奥伯利·比亚兹莱未完成的浪漫小说《山下》。）当访客来到格拉斯科家时，通常会发现他身穿便服，系着领带。玛格丽特喜欢他的恶作剧。他还教阿特伍德学会吃棕榈心。

小说家克拉克·布莱斯和其同为作家的印度裔妻子巴拉蒂·慕克吉，也是阿特伍德的朋友。27 岁的布莱斯刚从艾奥瓦大学的作家工作室毕业，那一年他被威廉姆斯爵士大学聘为现代英美文学和创意写作的老师。慕克吉在麦吉尔大学教书。布莱斯是一位语言学家，一起在自助餐厅喝咖啡时，他经常把自己装扮为俄罗斯人，脸上做出各种表情，逗阿特伍德开心。他记得自己三岁的儿子常常穿过英语系的大厅跑到她的办公室，她总是在抽屉里放着饼干给他吃。阿特伍德也记得为他照看孩子的经历。

在回忆录中谈到蒙特利尔那段日子时,布莱斯写道:"一天午餐,她略带迟疑地说起她也写了一些小说,并问我是否愿意读一本小说手稿,名为《可以吃的女人》。她认为,如果能找到英国和美国的出版商与加拿大出版商联手合作,这本书甚至有可能出版。"[29] 他给了些建议,事实证明非常有用。布莱斯和慕克吉经常请波尔克和阿特伍德吃饭。波尔克回忆起自己坐在他们的无靠背软垫凳上,吃着带有异国情调的稀罕印度菜。屋里焚着香。他还记得慕克吉对摩托车帮文学产生了兴趣。

迈克尔·翁达杰、道格·琼斯和他的新婚妻子希拉·菲施曼也来访过。阿特伍德的朋友格温德琳·麦克尤恩也来了。她爱上了麦吉尔大学的一名来自埃及的年轻研究生,一路追求他到蒙特利尔。波尔克记得去看过她:

> 加拿大的文学生活让我眼花缭乱,有那么多诗人,全都是艺术家。这与我之前的生活环境完全不同。我来自美国中西部,是一个医生的儿子。还有眼前这位充满异域情调、古灵精怪的人物,正在和佩姬交换诗歌界的各种趣事。我们开怀大笑的情形宛若眼前。格温住在一个交通不便的地方,屋子里没有窗户。佩姬告诉我,她在躲她的埃及朋友。进入她的住处就像进入一个魔法森林。穿过无数扇门,我们来到一个没有窗户的房间,里面有她的雕花箱子和各种东方小物件。她看起来也像东方人。她正在学习科普特语,为了能够阅读科普特语《圣经》。那之前我已读过她写的诗,感觉她是名副其实的古怪天才,在各方面都非同寻常。而且还很有趣。我将永远记得那个夜晚的诡异与美好。房间里点着蜡烛,科普特语《圣经》给我留下了深刻印象。还有笑声。[30]

阿特伍德写信给帕赫特说，天气变得越来越冷，她只得把老旧的黛儿·伊万斯同款带袖短披肩当帽子戴。没有人能猜到它实际上是只袖子。她剪开了旧外套，声称缝纫是她现在唯一的消遣。在教学和写作的双重压力下，她感到自己累得要发出尖叫。社交活动太多，她甚至想重新隐姓埋名。

很快，很快，我会重整旗鼓，继续开始写诗，请上帝保佑。继续支持我吧，哪怕你只有一分钟的时间，也请为我点亮一支蜡烛。我已形悴神劳、苦不堪言，工作多得超出我所愿。痛苦啊。哦，那些微弱细小的声音千真万确。学术界不是艺术家安身之地。至于华丽的法语，吉米在商店里说时，人们都很喜欢，因为他虽然说起来结结巴巴，但极其认真。我也没见有任何进步。啊，亲爱的。谁有时间？[31]

事实上，尽管课程很重，阿特伍德仍想方设法坚持创作。她开始修订《可以吃的女人》，准备出版。

这份手稿的经历可谓离奇曲折。早在 1965 年 10 月，她就把这本书寄给了麦克莱兰－斯图尔特出版社的小说编辑 S. 托滕。1966 年 2 月，她收到了一封鼓舞人心的回信，但之后便音讯全无了。1967 年 3 月，她就一年半前寄出的手稿向出版社询问，并没有结果。终于，那年夏天，她回到多伦多，打电话并留下了自己的名字，打算取回手稿。

出版公司的负责人杰克·麦克莱兰给她回了电话。他相当尴尬地解释说，他刚刚在《多伦多每日星报》百年特刊上读到一篇关于她的文章，说她在 27 岁时便凭借第一本书获得了加拿大总督文学奖。麦克莱兰一下子就被"迷住了"。他口授了一封热情洋溢的长信给她，要求看她在文章中提到的那本新小说。接着，他"突然感觉哪里不对头"，于是检查了自己的文件，发现自己的出版公司已经"看到这本小说"一年半了。他告诉阿特伍德，她完全有权利让他们"见鬼去吧"，但她会允许他读读这本书吗？8月，他们共进午餐，午餐时间很长，谈话内容全是关于这本小说的。麦克莱兰建议，小说需要修改，但理应出版。1968年秋天将是一个"明智"的时间。阿特伍德问："我的经纪人怎么办？"他回答说，如果经纪人不再四处投稿，也许是明智之举。尽管阿特伍德做事谨慎，但还是决定把这本书留给麦克莱兰－斯图尔特出版社。这家出版社是"一人公司"，她知道，一旦杰克·麦克莱兰本人感兴趣，效率便会大大提高。[32]

阿特伍德对加拿大出版业的权力游戏了如指掌。她的书要是先在她自己的国家出版，那将无异于死亡之吻。前一年夏天，当她告诉自己的经纪人霍普·勒雷舍，麦克莱兰－斯图尔特出版社，还有克拉克－欧文等出版社可能会感兴趣时，勒雷舍向她解释了当时的出版环境：

> 任何用英语出版的书籍，只要是想面向更广泛的公众，而不仅仅是加拿大公众，都是首先与英国出版商合作，获得英国和英联邦国家的版权，再与美国出版商合作，获得在美国（包括其属地和菲律宾群岛）境内的版权。这不仅符合你的个人利益，也是通行做法。此外，不论是英国出版商还是美国出版商，先拿到书的出版商将同时拥有加拿大市场，这也是惯例。尽管从技术上讲，加拿大当然是英联邦市场的一部分。
>
> 如果一本书特别关注加拿大的某个问题，或者作者本人就是加拿大人，或者与加拿大当地有什么联系，那么有时可以在签订英国或美国版权合同时安排在加拿大单独出版，但这必须得到英国或美国出版商的许可和批准，并给予经济补偿。
>
> 至于你提到的两家公司，我想克拉克－欧文出版公司可能有兴趣

在英国或美国销售这本书后安排出加拿大版。总之，相信我，这是正确的方式，而不是本末倒置。在等待主要市场的反应之前，我也得谨慎地着手修订针对小公司的计划了。"

结果是，麦克莱兰-斯图尔特出版社的确出版了《可以吃的女人》，虽然又花了一年半时间。(此书于1969年秋天出版。)他们购买了全球版权，得以与外国出版商合作。同年，安德烈·多伊奇出版社在英国出版了这本书，1970年，利特尔-布朗出版社推出了美国版。这种"本末倒置"式出版方式，确实成功了。

1970年秋天，阿特伍德一边在乔治爵士大学教书，一边也在校对《那个国家的动物》。这本书计划由威廉·托伊担任编辑的牛津大学出版社于次年春季出版。在托伊那里，阿特伍德找到了一位适合自己的编辑。在接下来的30年里，两人合作出版了她的大部分诗歌。

他们的第一次接触纯属偶然。托伊接到了老朋友A.J.M.史密斯的电话。史密斯编辑过许多诗集，包括著名的《牛津加拿大诗集》，并曾就阿特伍德的《圆圈游戏》写过评论文章。史密斯告诉托伊，阿特伍德是一位值得关注的年轻诗人。托伊立即联系了她，并表示牛津大学出版社愿意发表她未来的作品。托伊回忆道："她对这种前景并非无动于衷，但如果我将来成为她的编辑，她自然想要见我。在公园旅馆吃午饭时，她问我是什么星座。我是双子座，她是天蝎座。我对占星术一窍不通，但她肯定认为这种组合作为工作搭档十分完美。"

两人开始信件往来，交流关于修改和封面设计的意见。托伊发现阿特伍德是一位专业素养极高的作者；从未误过交稿期限，他只需负责诗歌的编排和选择，根本不用亲自动手编辑文字：她的手稿寄达时总是经过充分润色。托伊曾说："根据我的经验，天赋异禀的作家与编辑的合作总是最为顺畅。"34

但阿特伍德渴望重新拾起《苏珊娜·穆迪日记》这部作品。穆迪是19世纪一位默默无闻的女诗人,于1832年从英国移民到加拿大,当时写了两本自传体小说《丛林中的艰苦岁月》和《荒野生活》。(前者是为了告诫未来的拓荒者,不要来加拿大荒野,因为那是被上帝遗弃的地方。)

阿特伍德的组诗写作开始得颇为神秘。她解释说,1965年她回到哈佛大学后不久的一天夜里,做了一个特别逼真的梦,在梦里她似乎写了一部关于苏珊娜·穆迪的歌剧。她发现自己独自一人在剧院里,抬头看到穆迪站在空荡荡的白色舞台上,"像拉美莫尔的露琪亚一样歌唱"。后来她意识到,这可能是多伦多大学哈特之家的舞台,她在那里观看过詹姆斯·雷尼的《昙花》。

之前,她与穆迪只有过两次神交。在她成长的过程中,工作之一就是为家中书柜里19世纪穆迪的经典著作《丛林中的艰苦岁月》擦除灰尘。这本书放在一堆成人读物当中,当父亲把它推荐为加拿大经典时,她没有接受,因为"经典"就是无聊的代名词。此外,正如她解释的那样,在童年时期,小木屋和丛林毫无异国情调;她想要的是城堡和激光枪。

她六年级的阅读材料中有一篇摘自《丛林中的艰苦岁月》的文章,讲述了穆迪家烟囱着火,木屋被烧毁的事件。阿特伍德被吓坏了。过度使用的烟囱可能会着火,这是她童年的一大"恐惧和烦恼"。

但她的梦境仿佛是一个"无意识的指点"。她跑到哈佛图书馆,苦苦寻觅,好不容易找到加拿大作品摆放处,拿到穆迪的两本回忆录,飞快阅读起来。里面似乎仅充斥着维多利亚时代的散文和"华兹华斯式的狂想曲",外加对"绅士风度和阶级势利的粉饰"。或许这是一个"糟糕的指点"。她尝试写一个剧本,但未能成功,很快就把穆迪忘于脑后了。35

然而,这些诗还是孕育了出来。大约一年半后,她开始了组诗创作。

在哈佛大学时,她曾给波尔克读过一些早期的初稿,他记得她说:"美国有先父,我们则有先母,真是太有趣了。"离开哈佛大学之前,她在哈佛大学的图书馆找到了一张银版摄影的苏珊娜·穆迪肖像,"月亮一样的圆脸,头发灰白,表情模糊"。

尽管阿特伍德与穆迪的邂逅非常短暂,但穆迪究竟在她身上产生了怎样的共鸣,居然会在她梦中出现?除了来自潜意识的指点,没有什么能表明这些关于一位默默无闻、被遗忘已久的19世纪先锋作家的诗歌能获得成功。不错,美国诗人约翰·贝里曼的确写过关于17世纪诗人安妮·布拉德斯特里特的组诗,但至少布拉德斯特里特是美国人。

在创作过程中,阿特伍德发现穆迪和自己是彼此的对立面。穆迪是一个反自我的人。穆迪是19世纪维多利亚时代的一位女士,从过着舒适的英国上流中产阶级生活,到毫无心理准备地来到加拿大,开始拓荒者的生活。因此,她憎恨丛林。但是,对阿特伍德来说,丛林小木屋里的生活再平常不过。她就是让穆迪害怕的丛林。

在阿特伍德的诗中,当文字从内心深处浮现时,人们可以感受到那种战栗和激动。她完全沉浸在穆迪的生活当中:

夜里我的大脑

摸索着紧张的触角

恐惧使毛发如熊鬃般悚立

渴求灯光;或者等待

我的影子丈夫,听到

树木窃窃私语中的恶意。

第十章 "爱之夏"

> 我需要狼的眼睛看到
>
> 这一切的真相。³⁶

七年后,当历史人物穆迪离开丛林,回到舒适的沙发和瓷器茶具身边时,她开始渴望荒野。阿特伍德给了她第二次机会。在《苏珊娜·穆迪日记》中,当穆迪躺在坟墓里,听着20世纪的推土机铲平她的往昔时,她拒绝消失在推土机下。她以老妇人的身份回到多伦多的公共汽车上,告诉这座城市,这也是一个"尚未开发、给人带来威胁的荒野"。正如阿特伍德解释的那样,穆迪"终于彻底改变了自己,成为她曾经憎恨的这片土地的魂灵"。³⁷

通过某种神奇的移情作用,阿特伍德在穆迪身上发现了一种讲述她自己双重性格的声音。因为她的童年是在丛林里度过的,所以她总是把城里人看作有着古怪习惯和癖好的奇怪生物,看起来奇特有趣。(她喜欢拿抽水马桶给她带来的文化冲击开玩笑。)这使她与之保持距离。人类及其习惯比任何狼的眼睛都更为可怕。只要她愿意,她可以把这一想象推向一个超现实主义的水平,这是绝对原创的。

阿特伍德对穆迪作品中的"暗示与空白"也很感兴趣。也许是因为她偶尔会把别人看作外星人,阿特伍德养成了一种习惯,几乎就像一种不可思议的第六感,那就是听别人说话,听他们说了什么,听那些话语背后隐藏的、只是没有说出口的东西。穆迪似乎说的是一回事,感觉却是另一回事。

阿特伍德与牛津大学出版社签订了下一本诗集的出版合同,但她对托伊说,她已经答应为阿南西出版社写一本书。托伊一读到《苏珊娜·穆迪日记》,就给她打电话,恳求她让牛津大学出版这本书。他不仅对这些诗感到兴奋,而且对苏珊娜·穆迪也很着迷。大家一致同意由牛津大学出版社负责穆迪这本,而阿南西出版社负责出下一本书,《权力政治》。托伊建议阿特伍德写个后记。她欣然答应了。

早在第一次待在哈佛大学的时候，她就阐述过了关于加拿大病症的理论。在阿特伍德的后记中，穆迪成了加拿大国民疾病的化身：

> 如果说美国的国民精神疾病是重度忧郁症，那么加拿大的国民精神疾病就是偏执型精神分裂症。穆迪的病介于这两者之间：她赞扬加拿大的风景，同时又指责它毁了自己；她不喜欢早已定居在加拿大的居民，但在加拿大人身上她发现了逃离这片土地的唯一避难所；她一边鼓吹进步和文明的快速进程，一边悲伤地思考荒野的毁灭；她发表乐观的布道，同时又表现出自己对死亡、谋杀、金斯顿监狱里的罪犯和多伦多疯人院里不可救药的疯子们的着迷。她声称自己是一个热切的加拿大爱国者，但她一直远离这个国家，对其批评指责，就好像她是一个超然的旁观者，一个陌生人。也许这也是我们如今依旧奉行的生活方式。即便我们出生在这里，我们也都是这个地方的移民：这个国家太辽阔了，许多地方尚无任何人居住。去到未知的地方，我们会心怀恐惧、带着流亡者和入侵者的心理。离开这个国家是如此轻易，意味着我们必须做出选择，而一旦选择了它，我们仍然得在强烈的双重性之间做出选择。[38]

加拿大人渴望对自己的民族矛盾心理做出解释，他们觉得自己是对自身身份缺乏安全感的文化的一部分。阿特伍德清晰自信地表达出自己的看法，对此他们能够理解并坚定认同，这是她没有预料到的。自1970年出版以来，《苏珊娜·穆迪日记》从未绝版过。

就在阿特伍德全力以赴，一方面煞费心思关注维多利亚时代的温柔英国淑女，同时在修订《可以吃的女人》时，蒙特利尔的生活环境几乎没有

第十章 "爱之夏"

影响到她。但这个事实却让她感到不安。在一个说法语的城市里，她的大多数朋友和同事都是英国人，尽管她通过上课学习法语，但参与的文化生活却是英式的。法国文化和英国文化确实是两种孤立的文化，两者之间几乎没有交集。

20世纪60年代中期，魁北克正在经历一场魁北克人称之为"平静革命"的运动。一股民族主义的浪潮正在形成，其中有政治家，如勒内·莱韦克和皮埃尔·布尔戈；有文化英雄，如民谣歌手吉勒斯·维尼奥特和波利娜·朱利安；还有作家，如于贝尔·阿坎和雅克·费龙。他们呼吁魁北克人成为"自己的主人"（莱韦克在1962年提出的一个口号）。1967年7月，法国总统夏尔·戴高乐俯身在蒙特利尔市政厅的阳台上，向兴奋的人群高呼"自由万岁"。（这一姿势导致皮尔逊总理迫使戴高乐离开加拿大。）那一刻，民族主义事业找到了一位国际发言人。

虽然大多数魁北克人没有看到，魁北克文化复兴运动与加拿大英语区发生的事件存在密切关联。然而，平静革命也有黑暗的一面。魁北克解放阵线受到世界各地地下革命骨干的启发，开始致力于采取更加暴力的手段。1963年，他们在信箱和公共建筑中安放了第一批炸弹；同年4月，守夜人威尔弗里德·奥尼尔在蒙特利尔陆军招募中心的一次爆炸中丧生。

阿特伍德现在对魁北克的生活有了切实体验。她了解魁北克怨气的历史根源，本能地知道渴望成为自家的主人，掌握自己的文化命运意味着什么。这对她后来参与分离主义辩论时很有帮助。她也明白极端民族主义的危险，清楚哪怕是在家庭内部的意识形态争吵，也会导致暴力和极端主义。她决心永远接受加拿大独特的魁北克文化。她阅读关于魁北克的文学作品，写有关加拿大的东西时，总是会包括魁北克作家在内。她还为玛丽－克莱尔·布莱斯的《疯狂的影子》写了剧本。到她声名鹊起，接受魁北克电视台的采访时，她已经学会了说法语。

1968 年春,加拿大百年纪念出版委员会授予阿特伍德诗歌奖,奖金为 1 250 加元。3 月,她和波尔克一起去了波士顿。(这是与他的论文有关的几次哈佛大学之旅之一。)她遇到了大西洋月刊出版社的编辑彼得·戴维森。他在美国出版了法利·莫厄特的作品,通过杰克·麦克莱兰了解了她的作品,并为《大西洋月刊》购买了她的一首诗。他问《那个国家的动物》是准备在美国出版,还是牛津大学出版社只打算把书运到纽约的牛津市发行。他预付了 200 美元,说他愿意出美国版。阿特伍德写信给托伊,请教这么做是否可行,说戴维森看上去像是"快乐,善良的那类人"。[39] 当年秋天《那个国家的动物》由利特尔-布朗出版社出版,这家出版社一直与大西洋月刊出版社合作出版。这是阿特伍德在美国出版的第一本书。

阿特伍德和波尔克在剑桥度过了夏天,那时波尔克正在对论文进行最后的润色。她则在图书馆工作。作为消遣,她会阅读《真实浪漫史》杂志。当两个人都觉得自己要疯了,他们就去远足。阿特伍德写信给帕赫特,问他是否有兴趣为《苏珊娜·穆迪日记》画插图。(他答应了,不过这本配有插图的书花了十多年的时间才出,而且仅限量发行了 120 本。)[40]

波尔克被授予哈佛大学博士学位。阿特伍德此刻已清楚,自己不想再继续教书了,于是波尔克也开始找工作。乔治爵士大学和麦吉尔大学对专门研究维多利亚时代的学者没有需求,于是他申请了埃德蒙顿大学和维多利亚大学的教职,并同时获得了在这两所大学的工作机会。最后,他和阿特伍德选择了埃德蒙顿。在他心目中,那是一个像波卡特洛一样的田园小镇。

一天晚上,格温德琳·麦克尤恩用塔罗纸牌为波尔克占卜。他记得卜文显示的内容是这样的:"这是一场来自地狱的噩梦般的灾难。万物都将颠倒翻转。毁灭之塔,死亡之塔,任由你形容。这一切最终都将成为关于埃德蒙顿的故事。关于死亡的故事。"[41] 这是一个不祥的开始。对阿特伍德和波尔克而言,去埃德蒙顿的确是一个错误的决定。

注释

1 尼古拉斯·詹宁斯,《顺流而下》,选自《多伦多生活》,1996 年 11 月,第 151 页。

2 马特·科恩,《推向无尽欢乐的隧道》,选自《多伦多生活》,1996 年 11 月,第 102 页。

3 约翰·阿利芒,《此地有大事发生》,选自《环球邮报》文化版,1997 年 6 月 21 日。

4 道格·奥拉姆,《生逢其时:婴儿潮一代的历史》(多伦多:多伦多大学出版社,1996 年),第 216 页。

5 同上书,第 211 页。

6 同上书,第 212 页。

7 托德·吉特林,《20 世纪 60 年代:希望与愤怒的岁月》(纽约:矮脚鸡出版社,1987 年),第 244 页。

8 诺曼·(奥蒂斯·)里士满,《激战》,选自《多伦多生活》,1996 年 11 月,第 147 页。

9 帕特·麦克多纳,《环球邮报》文化版,1997 年 6 月 21 日

10 苏珊·斯旺,《恋爱中的摇摆舞女郎》,选自《多伦多生活》,1996 年 11 月,第 136 页。

11 龙尼·霍金斯,《环球邮报》文化版,1997 年 6 月 21 日。

12 苏珊·斯旺,《恋爱中的摇摆舞女郎》,选自《多伦多生活》,1996 年 11 月,第 136 页。

13 莎莉·乌尔里克,《环球邮报》文化版,1997 年 6 月 21 日。

14 托德·吉特林,《20 世纪 60 年代:希望与愤怒的岁月》(纽约:矮脚鸡出版社,

1987年),第363页。

15 《法西斯法庭特刊》,选自《打破宁静》(1970年),第33页。

16 克里斯·罗德利编,《柯南伯格论柯南伯格》(多伦多:加拿大克诺夫出版社,1992年),第15页。

17 本书作者对丹尼斯·李的采访,1997年3月7日。

18 丹尼斯·李,《节奏、乡村、沉默:殖民空间中的写作》,选自《公开信》,丛书二,第6期(1973年秋季版)。

19 本书作者对玛格丽特·阿特伍德的采访,1997年2月12日。

20 莎拉·希尔德,《墨水和思想:令人兴奋的烟雾》,选自《多伦多生活》,1997年4月,第52—54页。

21 本书作者对保罗·汤普森的采访,1997年11月12日。这个故事出自马塞尔·埃梅,《穿墙者》(巴黎:伽利玛出版社,1943年)。关于加拿大另类剧院的优秀评论,参见丹尼斯·W.约翰斯顿,《走向主流:多伦多另类剧院的崛起1968—1975》(多伦多:多伦多大学出版社,1991年)。

22 威廉·托塞尔,《第67届世博会的乐观理想主义在误导大众》,选自《环球邮报》,1997年4月26日,第C13页。

23 玛格丽特·阿特伍德,《鲍尔林派……往事记忆》,选自《加拿大写作论文集》第五卷,第3期(1989年夏),第4页。

24 本书作者对吉姆·波尔克的采访,1997年10月14日。

25 《关于乔治爵士大学》,阿特伍德文稿,56号档案盒,28号档案。

26 同上。

27 玛格丽特·阿特伍德,《鲍尔林派……往事记忆》,选自《加拿大写作论文集》第五卷,第3期(1989年夏),第4页。

28 道格拉斯·费瑟林:《夜间旅行:20世纪60年代回忆录》(多伦多:莱斯特出版社,1994年),第240页。

29 克拉克·布莱斯,《我曾有一个父亲:后现代自传》(多伦多:哈珀柯林斯出版社,1993年),第122页。

30 本书作者对吉姆·波尔克的采访,多伦多,1993年3月4日。

31 玛格丽特·阿特伍德致查尔斯·帕赫特的信,1967年11月18日,查尔斯·帕赫特私人收藏。

32 此处原文为法语。——译者注
33 致经纪人霍普·勒雷舍的信件草稿，阿特伍德文稿，95号档案盒，8号档案。
34 经纪人霍普·勒雷舍致玛格丽特·阿特伍德的信（1966年3月16日），阿特伍德文稿，92号档案盒，1号档案。
35 本书作者对威廉·托伊的采访，1997年10月4日。
36 《苏珊娜·穆迪》，阿特伍德文稿，91号档案盒，4号档案。
37 玛格丽特·阿特伍德，《后记》，选自《苏珊娜·穆迪日记》（多伦多：牛津大学出版社，1970年），第13页。
38 同上书，第64页。
39 同上书，第62页。
40 玛格丽特·阿特伍德致比尔·托伊的信，1968年3月13日，阿特伍德文稿，95号档案盒，5号档案。
41 玛格丽特·阿特伍德致查尔斯·帕赫特的信，1968年8月13日，查尔斯·帕赫特私人收藏。
42 本书作者对吉姆·波尔克的采访，多伦多，1993年3月4日。

第十一章　学会生火

埃德蒙顿给了他们巨大的冲击。1968 年,它还是一个闭塞的草原小镇,但随着当地石油产业蓬勃兴起,一切都在迅速发生变化。战后的房地产业在城市郊区四处建造两层楼的灰泥房屋,新的开发商也迅速拆除了许多原先留下的老房子。高层办公楼和鳞次栉比的住宅占据了市中心。甚至连大学都像是由工程师们建造的水泥巨石。埃德蒙顿并非波尔克想象中的那种田园式的学术小镇。

对于阿特伍德这样的东部人来说,这里的景观也令她惊愕不已。她已经习惯了丛林中的树木,习惯了错综复杂的地貌,它就在身边,近在眼前。而大草原和远处的群山似乎过于辽阔而缺乏人情味,很难让人融入其中。

除了北萨斯喀彻温河从市中心蜿蜒穿城而过外,埃德蒙顿本身地形平坦,毫无起伏。那里的树木似乎也发育不良。阿特伍德在当时为《诗歌杂志》撰写的一篇评论文章中,将"作为加拿大人"定义为"与广阔、开放、不受限制和压抑的空间为伍"。[1]

她仿佛站在埃德蒙顿,不明白这座城市为什么会在那里,形单影只,孤零零地站立于空旷的北方,与世界其他地方相隔绝。18 世纪 90 年代,一望无际的北萨斯喀彻温河将皮草商人带到了埃德蒙顿堡,但庆祝其历史的冲动尚未来到埃德蒙顿。有意为之的艺术家们才刚刚开始发声。如今,它声名远扬,是因为它作为省城,地处加拿大最北端。没有多少都市娱乐活动。餐馆种类似乎仅有煎饼店和比萨店。

影视业的变化极为缓慢。虽然当地的歌剧公司不错,剧院也开始发展起来,但如果有人询问埃德蒙顿有什么娱乐活动,人们会建议他去动物园观看水牛。

阿特伍德与波尔克在大学附近找到了一套公寓,是107街一栋房子的顶楼。房子很小,有倾斜的山墙,所以他们的空间虽然设计精巧,却像一个阁楼,要从外面的楼梯上去。随着秋意渐浓,冬天的暴风雪不可避免地会紧随其后,上楼梯会变得越来越危险。楼下的房客耶茨克·塞比斯马是一位来自荷兰的画家,他在大学里教授艺术史,会看手相、读纸牌和解读星座。

波尔克在英语系教书,阿特伍德是随行家属。但她的文学声望越来越高,如何称呼她成了一个问题。为此还有人询问过她,是愿意被称为波尔克夫人还是玛格丽特·阿特伍德。这里人不习惯女性还保留着未出嫁前的姓氏。她在信纸上用两种信笺抬头给阿尔·珀迪写信,完整的地址后面分别附上两种称呼,让他任意选择。

两人慢慢安顿下来后,阿特伍德开始发现这座城市其实隐藏着诸多资源。她喜欢到贾斯帕大道去逛那些边看书边喝茶的店铺,也喜欢在旧货店里淘宝。在一家店主是中国人的店里,她发现了一双女式带花边的靴子,店主,声称这双靴子是1900年制作的,他祖父在地窖里留下了一些。很少有女人的脚小到可以穿上。她买了一双,感觉自己像灰姑娘。不久,她和波尔克开始在大学教授中结交朋友。许多杰出学者和作家都在那里,包括黛安娜和弗兰克·贝赛,莫顿·罗斯,希拉和威尔弗雷德·沃森,鲁迪·韦博和莎拉·斯坦博。经常有作家来参加英语系组织的学术会议,包括伊莱·曼德尔、迈克尔·翁达杰和爱丽丝·门罗等。

事实上,社交活动还是很多的。黛安娜和弗兰克·贝赛一直特别喜欢结交新朋友。戴安娜还记得那年秋天阿特伍德坐在他们家客厅里的情形："阿特伍德过去常爱穿黑色的维多利亚式靴子，一条黑色裙子，还有一件长及脖子的略带装饰的白衬衫。不施粉黛。她在一家旧货店里找到了一件旧皮大衣，整个冬天都穿着它把自己裹得严严实实。她是我遇到的第一个似乎在为自己塑造一个角色的人，一个哥特式角色。（当时我们所有人都对哥特式感兴趣。）她看起来和我们其他人略为不同。"[2]

那里的冬天气候恶劣：温度下降到零下 35°C，加上风寒因素，感觉就像零下 75°C。破纪录的寒冷似乎会永远持续下去。阿特伍德向朋友们说，寒冷正从他们公寓的墙缝里趁隙而入。他们在窗户上挂了毯子，穿了保暖内衣，但仍感觉像住在农舍里。寒流期间，想要外出购买食物根本不可能。在这样的时刻，他们觉得自己好像被困住了。

在恶劣天气下，他们买的那辆车根本靠不住，波尔克不得不走路去上班，因为在冰雾中靠跑步取暖还伤了肺。阿特伍德也生病了，胃出了问题。医生告诉她要慢慢来，并建议她戒掉酒和咖啡。"作为派对上唯一一个喝不醉的人，还真有点儿难，"她告诉伊莱·曼德尔，"它也像原罪一样；我知道总有一天我会受到诱惑而堕落。"[3]

外出是危险之举（一不小心就会被冻死）。这种冒险的想法当然很吸引人，但阿特伍德大部分时间都待在家里工作。她打字时脚下放着一个暖水瓶。她告诉阿尔·珀迪，她正深陷沉思，每天写五页关于权力和维多利亚时代自然女神的诗歌（"所有维多利亚时代的人都疯狂地想重回子宫"）。[4]

为了让两人在自己的小公寓里振作精神，阿特伍德为波尔克买了一架拨弦古钢琴。他钢琴弹得很好，经常开玩笑说他曾在蒙大拿的酒吧里弹琴赚钱。阿特伍德则开始学习吹竖笛。英语系的萨拉·斯坦博吹得一手好长笛，因此他们经常在一起举办音乐晚会。圣诞节，阿特伍德收到一本关于占星术的书，里面有星座图。她开始向朋友们询问出生日期和准确的出生时间，这样她就可以预测他们的星座。

那年秋天，帕赫特给阿特伍德寄去了他为她画的毛毛虫肖像，是采用了平版印刷和丝网印刷工艺制作的。他将其命名为《我所知道的魅力》。他把她描述成"昆虫迷"，淡紫色太阳镜后面藏着昆虫般的眼睛，背后长着橙色和粉红色的蝴蝶翅膀。她当时正伸出双手，把树枝上的毛毛虫献给画家。对帕赫特来说，她还是自然佩姬，具备变形的天赋。

阿特伍德一开始有点儿吃惊。她认为这幅画很精彩，但画中人物的表情却充满着一种疯狂、愚蠢的欢乐。"我的第一个反应是'天哪，我长得像那样吗？'，即便我知道它本质上不是我，或者已经不再是我，或者尚未成为我。我有时的确是那个样子，这才是让人感到可怕的地方。"[5] 但同时她也被逗乐了，开始在她的信中签上"蝴蝶夫人"。

对帕赫特来说，阿特伍德永远都是一个导师，就像十年前他们第一次见面时那样。帕赫特继续寻求她的帮助，以弄清关于成为艺术家的一些令人困惑的概念。她似乎永远都保持头脑清醒。在殖民地国家当艺术家并不容易。在加拿大，艺术家在很大程度上仍被忽视，艺术有何用处呢？阿特伍德曾经说过："在这个社会里，诗人靠文化保护之名才得以生存，你不这么认为吗？（他们的其他领地被入侵和吞并……）。"[6] 唯一可行的艺术家定义似乎浪漫无比：艺术家是一个孤独的天才，注定要独自生活在其阁楼里，受苦受难。

帕赫特一直在思考创造力和苦难的问题。他问阿特伍德有什么看法，她在回信中详细谈了自己的思考。她知道，对帕赫特而言，这是一个非常严肃的问题：

> 至于创造力和苦难，我认为人要经历不同的阶段。这里说的

"人"，与往常一样，指我自己。我曾经认为，在18岁到23岁，a. 人必须受苦，b. 作为诗人应该受苦，不得不受苦，这一点可能是从拜伦等饱受折磨的艺术家那里得来的启发。诗人理应受苦，因为写诗是某种让人内疚的事。好女孩结婚生子，她们不写诗歌。因此，如果你真的在创作诗歌，你就不是一个好女孩，理应受到某种方式的惩罚。还有另一种说法：艺术家必然受苦。因此，如果你不受苦，你就称不上艺术家。因此，为了写作，你不得不想方设法折磨自己。这种事我也干过一些。你呢，你做过吗？但基本上我不太喜欢受苦。于是我这里要提出一个允许少受些苦的理由。

诚然，每个人应该都患有神经症。但艺术家有办法在自己的艺术作品中将其表达出来，这是那些不懂艺术的人无法做到的。后者必须在生活中解决这些问题。因此，艺术家可能比患有同等程度神经官能症但不是艺术家的人，更能适应自己的神经症。这或许也是一堆废话，但我觉得它比理应受苦受难的那个更加可行。如果你享受自己的生活或者与某人保持良好关系，至少你不会感到内疚。当然，不是所有的艺术家都会将自己的神经质通过文字加以升华。偶尔，当人们告诉我我有多么理智时，我就觉得自己就应该去受点苦。这是一个很难改掉的习惯。

至于说付出代价，我认为还有更多的原因。也就是说，如果你在某些条件下写作，你必须在这些条件和一些干扰因素之间做出选择，比如婚姻、工作等，显然你要付出某种代价。但那是不一样的。例如，你因为写作而没有钱，这是代价，这与受苦还是不同的。[7]

阿特伍德进一步做了区分：就她个人而言，艺术是一种自己选择、擅长并喜欢的职业，是天职也是天赋，需要她发挥所有的想象力，全力以赴。

但面对公众,这也是一种需要专业技能的社会职业,有权利也有责任。具有讽刺意味的是,艺术家在阁楼上孤独面对恶魔的浪漫观念使社会摆脱了对艺术理应承担的所有责任。从定义上讲,艺术家遭受痛苦,是因为社会不让他们发挥任何作用,在这样一个文化当中,他们毫无地位可言。阿特伍德逐渐认识到,艺术家完全不同于那个罗曼蒂克的陈词滥调。艺术家应该积极塑造社会,而不是成为社会的受害者。虽然当艺术家真正发声时,社会往往会感到威胁。在《礼宾司仪的咒语》这首诗中,阿特伍德对那些想让艺术家闭嘴的人施用了魔法:

> 你想阻止我
> 不让我说话:你巴不得
> 我张开嘴
> 什么也说不出
> 只吐出一个带问号的
> 白色漫画气球;或是一个空白按钮。
>
> 有时你更加用力,
> 我能感觉到你的大拇指
> 摁在我的气管上,想让我结巴,
> 我能感觉到你在我皮肤里
> 钉满了"停止"标志;
> 最后,你还要我签名画押……[8]

到了春天,埃德蒙顿的生活多少恢复了一些家的气息。波尔克和阿特伍德养了一只小黑猫,给它起名叫费达拉(取自《白鲸》中邪恶的印度拜火教徒)。那年 7 月,他们开车去蒙大拿的迈尔斯城看望波尔克的家人。她写信给乔治·鲍尔林:"我们于拂晓出发,清晨寒意料峭,驾车穿越山脉和沃特顿公园,如梦如幻,感觉好极了。一整天驱车在路上,不停地往嘴里灌可乐和茶水等,以保持清醒。我们穿越了茫茫荒野;先是山脉,然后是绵延起伏的大小山丘,像一座座血肉之躯,被植被覆盖着;再往后是坎坷不平、嵯峨突兀的岩层;视线所及之处,常常见不到任何其他车辆。"这次旅行让人兴奋不已,也成了诗歌的素材。当他们到达迈尔斯城时,在美国电视上观看了阿波罗 11 号的发射实况,她没有忘记,这次广播是由唐橙饮料公司赞助的,"地球、月亮和大罐唐橙饮料,共同在轨道上运行"。[9]

过去的一年里,阿特伍德一直在写一本名为《地下的程序》的新诗集。(她警告麦克尤恩,不要误认为它是一本排污手册或革命手册。)她向帕赫特抱怨说,她希望诗稿已经完成,但仍在不断重写:"就像人的身体。细胞不断在更新,所以几乎都是新物质。但我(握紧拳头,咬紧牙关)还是会把它完成的。"[10]

当然,"地下"意味着心灵的领地,与集体神话和个人执念交织在一起。在与世隔绝的冬天里,她开始了进入梦境与神话的地下之旅。她想知道人类由怎么组成。什么是自我;什么是自我意识;无意识又究竟是什么?她在给伊莱·曼德尔的信中写道:

> 至于自我意识——我怀疑它是否真的存在?也许不是一个自我意识的蛋卵,一个包含着实质内容的壳,而只是某些事情发生的地点,留下痕迹和碎片。当然,我猜其中一定有某种东西会把这些随机的碎片有机组织起来。[11]

阿特伍德被身份奇特的易变性所吸引。似乎我们只能在与他人相遇的瞬间,对自己是谁才能有一个固定的认识;独自一人时,我们又滑回黑暗的神秘当中,那便是我们自己。对她来说,这一点可能更加明显。作为旁观者,她具备极其敏锐的眼光,有进入他人思想的巨大能力,她一定有过担心是否存在自我的时候。她曾告诉阿尔·珀迪:"我和我认识的每个人都不同(不是细微的不同,而是完全不同)。如果同时与其他两个人共处一室,会很辛苦。我觉得自己好像被撕扯开了。"[12]

阿特伍德细致入微地对《地下的程序》的结构进行了组织。该诗集的第一首诗和最后一首诗是关于她父母的。不是真实世界中的阿特伍德先生和夫人,而是在心灵中转化的父母形象。

《伊甸园是动物园》

我把父母养在花园里
周围是表皮粗糙的树木,绿色的海绵
在冰棒棍上。我给他们一个
倾斜的太阳,
在黄色蜡笔的辐条上会降低热度

他们有大象般粗壮的腿,
头发像羽毛,脑袋很小;
他们在树下聚集
穿着三十年前的衣服
如不施粉黛的肌肤般天真……

一遍又一遍地做同样的事情

双手采摘白花

在湖边或在沙滩上描画图案,

重复一个词,直到它永远刻在

蔚蓝色的空气中

他们会因此感到无聊吗?……[13]

在诗中,她描述的是,在我们的无意识中,我们的父母是如何固定不变的,就好像他们是奇异和超现实的电影中的影像。我们能识别他们,尽管他们和世界上的人只是模模糊糊地相似。阿特伍德抓住了我们的感觉,一场永恒的戏剧,似乎在我们的脑海中独立展开,而我们只是偶尔意识到它的存在。我们生活中的人存在于两种现实:在真实世界中,在真实时间中,也在我们头脑里经历的戏剧中。

关于这些影像,最令人感动的是,阿特伍德把父母放在了一个安全的伊甸园。是外部世界充满危险,而不是父母。难怪人们总是谈起她的自信。她对自己的父母有这样单纯的情感,因此才会有如此安全的心理基础。她的问题,在于需要建立自己的世界,并且还是个受保护的隔离空间。

在另一首诗《对话》中,她再次谈到了梦,并谈到了一个妹妹。她自己的妹妹比她小 12 岁。

妹妹和我同在

一个梦境反复出现的地方

(湖,岛,

冰川抚平的岩石,低地,

云杉和雪松的海湾)

尽管因为我们生在不同的年份
彼此很少见面。

她说那是晚上的一片沼泽，
她试图逃离，
双脚却无法动弹，她害怕
生活在水下的生物

对我来说，这是晴朗明亮的白日，
绿色刺穿了我的眼睛，
但我听到远处有马达和电锯的声响
入侵者越来越近

晚上我从她身边经过，她在奔跑，
双臂伸出
置于身前；我喊她，
却无法唤醒

她望着我沉入
芦苇和百合丛中；
我在微笑，
没有注意到黑暗的湖水悄悄漫过头顶。

我们坐在厨房的餐桌旁，
平静谈论着这些；

> 她在检查自己被咬伤的手,每一根手指
> 逐个看过,我用铅笔
> 在纸上画满了三角形
> 和几何形状的灰色花朵。[14]

阿特伍德准确地捕捉到了我们如何能白日平静地坐在厨房里,而夜晚却生活在噩梦般的环境中。这说明了什么?即使是面对同一片景观的两姐妹,在梦中也会将其改变得如此不同。最动人的是那些梦中的人物,每个人都被困在自己的森林世界里,无力帮助对方。

阿特伍德曾说,混沌和无序总是让她感到害怕。这种恐惧是来自她童年的森林世界吗?她总认为,自己站立的坚实地面会突然变形倒塌;无常总是处于万物的边缘。她坐在厨房里,画着三角形以求安全,把自己绝望的秩序感传递给读者。

那年秋天,她把自己写的关于苏珊娜·穆迪的诗集寄给了伊莱·曼德尔。他被这些诗深深触动,回信说:

> 我感觉与你笔下的穆迪太太略为相像——从公交(bus)里出来,[错了,我想说的是"丛林"(bush)],所有那些在其后的动物(权且将错就错吧),但我并不真正了解这些。多伦多今天下雪了。白茫茫一片。只有道路是黑色的。除此之外,我似乎知道的不多。但我很感激你的诗,关于穆迪的诗,因为它们让我了解了许多……只是我不明白你为什么要相信如此美丽的物体和表象。[15]

她深思熟虑后回复:

不,我完全不相信物体和表象;但我认为它们真实存在。(这是一回事吗?)我不相信它们会永久不朽,但相信它们意味深长。同时,我怀疑我诗歌中的一些东西对你来说是象征,对我而言却是真实事物;或者说,真实事物本身就具有象征性。我知道弗莱说过,一旦你把一只羊放在诗里,它就变成了一只诗意的羊,一只诗里的羊;我不确定是否希望事情真是那样。我想当我把一棵树放在诗里时,我希望它就是一棵树;物与词的混淆,我相信,是自闭症儿童的特点,也是诗人写诗的原因,或者说是冲动的力量。你创造了一首诗,于是它便实际存在着,当它变成纯粹的文字时,你必须再创作一首。[16]

她写到丛林时,它是一个真实而非象征之地,就像里面的生物一样。包括野蛮诸神。在一首名为《梦:冠蓝鸦还是始祖鸟》的诗中,她描绘了另外一个梦境:

> 在水里
> 我的阴影下
> 有一个轮廓,一个人
> 浮出水面,他的身体覆盖着
> 羽毛,牙齿
> 像钉子般闪闪发光,凶猛的神
> 头顶上有蓝色的火焰。[17]

在小说《浮现》中,当叙述者遇到黑皮肤的森林之神曼尼图时,阿特伍德重新回到了这个形象。阿特伍德说自己相信超自然力量。它是"人类心态中有价值和必不可少的一部分"。她毫不怀疑我们体内有奇怪、凶猛、强大的诸神与我们为伴。在与诗集《地下的程序》同名的诗中,她提到了西北海岸的印第安神话,它们提供了走向地下的仪式。许多文化都有通入地下的神话,人类可以从中学到智慧和力量。这些魂灵必须得到承认和安抚。一旦被人忽略,它们会侵入心灵。阿特伍德诗中所谓的走向地下,在某种程度上就是走进我们幽暗的心灵深处,被我们拒绝相信的鬼魂所侵扰。事实上,这是贯穿她毕生作品的执念之一。在《别名格蕾丝》中,除了描绘一个进入人类心灵黑暗冲动中的女人如何了解谋杀和暴力,并成为其受害者的故事外,其核心还能是什么?年轻的心理学家西蒙·乔丹站在他自认为可以掌控的心理边缘,当他看到自己无法控制的黑暗冲动时,禁不住恐惧地逃跑。

地下是阿特伍德的天然领地。她总是从侧面观看事物。她的世界显然充满了神秘之物和超自然的魂灵。只要仔细看看她的诗,看她如何想象动物在做梦,鱼在说什么语言,或者在埃德蒙顿动物园的水牛脸上看到有一副冷酷宙斯脸的角神,这一切便一目了然。

阿特伍德有一位可以与她谈论这些事情的朋友,那便是格温德琳·麦克尤恩。两人可以通过交换梦境和占星术来调侃超自然力量,也可以十分认真地对其进行研究。麦克尤恩的新书《影子制造者》于1969年夏天出版。阿特伍德曾三次被请求写文章评论这本诗集。但她都拒绝了,理由是麦克尤恩是一个太好的朋友,另外也因为阿特伍德对加拿大诗歌界日益严重的封闭现象感到焦虑。"他们为什么请我?"她写信给麦克尤恩,"是因为他们认为年轻女诗人应该被其他年轻女诗人评价吗?"[18]但她对这本书很感兴趣,于是决定写一篇关于麦克尤恩诗歌的文章,从男性缪斯的形象入手。

麦克尤恩以她特有的幽默,说自己做了一个梦,在梦里她和阿特伍德被要求递交一些似乎与政治有关的重要文件。"现在我回想起来,"她写道,"感觉像是一项文学任务的夸张说法,比如寻找什么伟大的加拿大双行体诗。"[19] 但事实上,她很高兴由阿特伍德来评论她的作品,并开始给阿特伍德寄来一些评论和其他文章。

阿特伍德向麦克尤恩报告了她的进展:"罗伯特·格雷夫斯说不存在'男性缪斯'这种东西,但在我看来你证明他错了。我可能会从分析他三位一体的本质出发,同时作为上帝、基督和撒旦,或太阳神拉、冥王奥西里斯和天空之神赛特,以及永恒不变、'光明'与'黑暗'之双生子,两者必不可少,周而复始……这么说会让你觉得烦吗?(我听起来是不是像一个研究生修女般无聊?)"[20]

麦克尤恩回信道:"格雷夫斯真的认为女诗人必须是女神吗?太不公平!这样的话她就必须摆出诱人的姿势;但可以肯定的是,所有诗都是关于她的,真是自恋。为她写诗就好比为她梳头、化妆之类;而男性则消失得无影无踪!至少我是这么觉得的。这也是不公平的,因为她是在扮演男性为她设定的角色。"[21]

第二年,阿特伍德发表了文章《麦克尤恩的缪斯》。此文是对麦克尤恩努力构建的缪斯神话的审视,深刻而严肃。阿特伍德将缪斯描述为"一种介于人类和超自然力量之间的生物",缪斯激发了语言,是"形成大自然的力量"。[22] 麦克尤恩把对缪斯的崇拜称为她的宗教;缪斯是一个隐喻,喻指自我内外不可知的奥秘。

阿特伍德和波尔克渐渐发现他们并不适合埃德蒙顿。"过了好一段时间我们才了解这点。"波尔克说。

> 我们是20世纪40年代和50年代的孩子,设定的目标非常保守。我在大学教书,她写作。然后她教书,我写作。我们会住在某个地方的一个小茅舍或村舍里。这是一种宛如19世纪的平凡生活。好一段

时间后我才意识到这种生活对我们俩都不合适。埃德蒙顿的学术界非常拘泥于形式。周末我们去参加晚宴。但她并非一般意义上的教师妻子；而我虽然按部就班地发表了一些关于梅尔维尔的论文，却算不上出类拔萃的年轻学者。[23]

阿特伍德于 1969 年 9 月开始在英语系任教。在那个年代，与全职工作人员结婚的女学者只能获得阶段性或部分时间的兼职职位，但黛安娜·贝赛记得阿特伍德拒绝被贴上"兼职"的标签。她坚持要被任命为客座教授，而不是定期教授。她教诗歌课程，并在给麦克尤恩的信中写道：

> 昨晚，学生们兴奋地用拳头捶打桌子，各种节奏，此起彼伏。有人说："从大二开始，我就没这么开心过了。"然后他们集体作诗，每人写一行，然后把纸传过去，一边传一边折，这样一次只能看到一行诗。而他们要把看到的文字变成诗。（这样做是为了避免对所谓诗歌精髓的讨论。）[24]

《可以吃的女人》于 1969 年 9 月底出版，距离阿特伍德第一次把它交给麦克莱兰－斯图尔特出版社几乎已经过去了四年。安德烈·多伊奇出版社在英国推出了这本书。她第一次在全国巡回宣传这本书，发现作家的生活并不总是那么光鲜亮丽。她的第一次签售活动是在埃德蒙顿哈得孙湾商店的男士袜子和内衣部。回忆起来很滑稽："我坐在小桌子后面，看着那些前来购买男士内衣的潜在买家静静走过，以不易觉察的目光朝我的方向瞥上一眼。"[25]

她曾对出版这部小说感到不安（她说，小说的某些部分简直就像一场闹剧），但评论界好评如潮。加拿大最好的评论家之一乔治·伍德科克在

《多伦多每日星报》上写道:"这是一部极具洞察力的社会小说,出类拔萃。"罗伯特·韦弗认为这部小说机智、智慧,有强烈张力,语言精准讲究。《环球邮报》的威廉·弗伦奇评论说,那年秋天出版了17部小说——这个数字远远高于平均水平(其中13部是出道作品),他特别推荐格雷姆·吉布森令人印象深刻的第一部小说《五条腿》和诗人玛格丽特·阿特伍德的小说《可以吃的女人》,还评价道:"1969年很可能作为加拿大文学史上的转折之年而被铭记。"[26]《彼得伯勒观察家报》的评论家将阿特伍德描述为"埃德蒙顿的妻子和哈佛大学的博士生",他说这部小说机智、辛辣、巧妙,是一本非常好的读物。《温哥华太阳报》称她为"全加拿大的女诗人",并认为她非常清楚自己的每句话都在表达什么。一位评论家评论说,阿特伍德小姐笔下的多伦多是真正的多伦多,而不是国家电影委员会制作的老电影中虚构的多伦多,并补充说,阅读这部加拿大小说感觉不像在尽"义务"。

也有一些负面评论。最让人困惑的是来自西南部萨斯卡通市《凤凰星报》的 C.F.P.,他写道:

> 玛丽安和她的创造者都没有意识到,她所谓的精神疾病和其他所有麻烦都是由于懒惰和滥交导致。那些沉浸在所有现代心理学术语中的人,相信私通是正常的,爱情是老式的,婚姻是"过时的",他们会喜欢这本书。对于老派稳重的人来说,这本书没有什么好值得推荐的。[27]

但真正让玛格丽特感到意外的是,在这本书出版几周后的10月,蒙特利尔的弥诺陶洛斯电影制作公司与她联系,以 1.5 万加元的价格买下了《可以吃的女人》的电影版权。这部电影将由约翰·凯梅尼制作,乔治·考岑德执导,并与伦敦的奥斯卡·卢恩斯坦制作公司合作。

购买版权的消息传开后,《蒙特利尔星报》刊出大幅标题:"一位女强人的首部小说将被搬上屏幕。"评论家约翰·里士满在下面解释道,他上次评论玛格丽特·阿特伍德时,说她"像个淑女",她愤怒地回信说:"我没有半点儿淑女气。我是坚强的女人。"[28]

1969年,加拿大几乎没有电影工业。国家电影委员会只制作纪录片和动画电影。1967年,震惊世人的突破在某一瞬间似乎变得可能,正是在那年艾伦·金拍摄了一部引人注目的纪录片《沃伦代尔》。这部纪录片讲述了一个精神障碍少年之家的真实故事。它让人们感到,民族工业还是有发展空间的。但委托制作该影片的加拿大广播公司拒绝播出这部纪录片。说是沃伦代尔少年疗养院病房里说的语言对加拿大观众来说太可怕,无法被人接受。突然之间,金似乎注定要浪费其才华去与加拿大的审查制度作战。选择签下加拿大小说时,蒙特利尔的电影制作公司正在尝试拍一些新奇的东西。

阿特伍德整个冬天都在写《可以吃的女人》的电影剧本。她经常离开埃德蒙顿去和制片人商量。猛然之间,进入更广阔的生活天地似乎成为可能。

《可以吃的女人》的成功,无论是电影合同还是国际出版,在加拿大小说中几乎都是前所未有,而且还是阿特伍德的第一部小说。朋友们都交口称道,纷纷给予了热情评价。麦克尤恩写道:

> 我没有机会说什么。(除了说当我读到《可以吃的女人》时,我自己都吃不下去了。)但这实在是一道美味无比的菜肴。千真万确,我在一天之内一口气读完,很少有这样的读书体验……邓肯是一个了不起的人物;他只是溜进书里,随心所欲地四处潜行。他无处不在,我的意思是,没有任何迹象表明他被刻意摆放在某个地方,如果你明白我的意思,我相信你明白。这让我非常羡慕(请注意绿色的打字带)

你的写作能力,任意掌控角色,让人物自然地行事说话……对我而言,无不异常深邃和神秘。感谢上帝,我一边读一边喃喃自语,终于有人能够准确地刻画女人了。[29]

在埃德蒙顿,人们对阿特伍德的成功反应不一。据黛安娜·贝赛说,阿尔伯塔大学英语系的每个人都冲上街买这本书。但阿特伍德的独立立场为她树敌不少。有些人希望看到她是一个单一、冷静、控制欲强的人。他们希望读到的是波尔克是她讽刺的对象,他由古怪的人物邓肯扮演,这几乎没有虚构的加工成分。

波尔克发现,当人们注意到,美国学者在加拿大大学的任教数量高得不成比例的时候,他开始被认为是丑陋的美国人,来这里抢夺别人的工作。"当然,只有几个人,但同样是这些人,"他回忆道,"对阿特伍德也并不友好。这让我很困扰。我想:为什么不祝贺这位原创而有趣的天才呢?当然,他们受到了威胁,他们还侮辱诺思洛普·弗莱和杰伊·麦克弗森,这些都是佩姬尊敬的人。这让佩姬感到非常不舒服,而我则更感到格格不入。"

有些人对她写的诗《埃德蒙顿84号街》中的一行感到特别不满,她在诗中说,在埃德蒙顿,"有很多可看/但没什么我未曾见过"。[30] 很明显,波尔克觉得,这些人是在自找没趣。在他看来,阿特伍德正在非常非常努力地融入其中。"她参加了《汤米·班克斯秀》,还为雅芳女士诗歌团朗诵,她做了她认为应该做的事。我觉得我与她两人都与这里格格不入。但我们一直在努力,并不是说我们故意表现得离奇古怪。"

黛安娜·贝赛记得曾发生过一件事:

在教师俱乐部的一次聚会上(那时候我们常喝啤酒,通常下课后和周五都去那里），一位教师对波尔克很不友好，姓名就不提了。此人一喝酒就发脾气。他刻薄地称波尔克为"佩姬·阿特伍德先生"。佩姬那天没来，但当她听说后，很生气，打电话告诉我。在那个年代，总有些男人不喜欢看到一个本该是附属品的女人出现在舞台中央。这让他们没有安全感。这种对波尔克的贬低令她感到愤慨。

不得已要为波尔克辩护，身处这样的位置，对波尔克而言是一种居高临下；对阿特伍德来说，则意味着深深的挫败感。

毫无疑问，阿特伍德的成功引起了一些人的嫉妒。帕赫特写道，他在多伦多的一次"层次不算太低的鸡尾酒会"上，遇到了阿特伍德在利赛德中学的一个校友。这位女士说，她讨厌看到阿特伍德的名字出现在报纸上，因为当年认识阿特伍德的时候，她只是"利赛德中学再普通不过的佩姬"。"我的意思是，谁知道她的书竟然真的会被出版呢？"他回答说："好吧，亲爱的，我不想破坏你的幻想，但她仍然是埃德蒙顿107街再普通不过的佩姬。"他在给阿特伍德的信的结尾写道："他们为什么要这么做？大海为什么要咆哮？"[31]

那年秋天，贝赛的丈夫弗兰克病入膏肓。他只有41岁，被诊断出患有致命的脑瘤。在接下来的十个月里，世界变成了一场可怕的噩梦。弗兰克和贝赛有四个年幼的儿子。他们的家成了前来帮忙的亲朋好友会面的地方。

阿特伍德和波尔克一起来看孩子，她也常常一个人来帮忙照顾孩子。她会把他们一起叫到楼上，给他们讲故事。贝赛还记得她的到来，以及孩子们对那些故事的期盼。

> 她披着一件斗篷——我想那只是条毯子——将其盖在头上。接着

把手电筒举到脸上,于是孩子们便知道肯定有什么有趣的节目要开场了。佩姬完全没有居高临下的架子。你知道故事要开始了。你知道此刻是一个充满戏剧性和魔力的铺垫。

阿特伍德用自己的语言给孩子们讲格林童话。贝赛的大儿子约翰,当时只有六岁半,对那些夜晚仍记忆犹新。他怀念那些夜晚。阿特伍德显然被孩子们的悲惨处境所感动,写下了《亲属公园的故事》这首诗。贝赛告诉她,她的小儿子做了一个噩梦,梦见一只毛毛虫在啃他的脑袋,显然是在担心爸爸的病。在这首诗中,阿特伍德提到了我们通常会给孩子们讲的童话故事,在童话中,"死亡只会 / 以被认可的方式 / 发生在女巫身上",伤口是虚构的,并且能"用神秘的树叶治愈",而在现实世界中,却无法让孩子们免受痛苦。[32]

阿特伍德很喜欢弗兰克·贝赛。她写信给伊莱·曼德尔,说他尽管思维有些散乱,无法集中精神,但还能与别人谈笑风生,也不那么痛苦了,她说希望伊莱能尽快来看他。她不知道自己怎么能熬过这种事。太可怕了。不知道戴安娜是怎么撑下去的。

日子过得越发艰难。这种压力正在损害阿特伍德和波尔克的关系。她在写关于梦境的诗。"做梦,"她说,"是一种解脱。只要一直拥有梦,就能保持理智(无论多么虚假)。"[33] 波尔克做了一个梦,梦见他在一个斗牛场上吃午饭,周围都是巨大的公牛雕像。他手里拿着什么东西,不想让任何人看到。原来是阿特伍德的头。阿特伍德自己在潜意识里也做了一系列的梦,梦里她和别人结婚了。这些成了《仲冬前夕》这首诗的基础:

我们的房子,
四周寒气袭人,风

仿佛尖利的碎片
穿过四壁；在窗户内侧，
我们挂的毯子背后
白色的霉菌层层叠叠。

我们安静度日
设法让自己暖和起来；却无法
透过玻璃看东西；
冰箱里放了太久的食物变质了
恶心，丢弃。

我梦见离别，相逢，
与一个陌生人反复举办婚礼，
被刀刺伤，缠着绷带，他的脸
隐藏不见

    整晚我温柔的丈夫
独自坐在一个
灰色竞技场的角落里，守卫着
一个纸袋
里面装着
萝卜，苹果，还有我的
头颅，双眼紧闭[34]

回首往事，波尔克说："直到今天我还不知道那个梦是关于什么的，但我记得格温对它有一个善意的解释。那时我们做了很多释梦的工作。我们都做了很多梦。为此我去读了荣格的书,想弄明白所有那些关于人内在生活和神秘生活的解释。我们是一群非常神秘的人。也许因为在西部,一个理智的、讲逻辑的西部,于是其他扇门敞开了。"

婚姻,是两种情感的结合,并非易事。阿特伍德从不多愁善感。

《住所》

婚姻不是
房子,甚至也不是帐篷

而是之前,更寒冷的地方:

在森林的边缘,在沙漠的
边缘
　　在后面
没有油漆的楼梯上
我们蹲在外面
吃着爆米花

在退去的冰川边缘

痛苦惊讶地
看到居然能活到
现在

我们正在学会生火 [35]

阿特伍德在记录一个普通的经历。在她周围，婚姻正纷纷瓦解。丹尼斯·李和他的妻子唐娜，以及其他朋友当时也正在离婚。但阿特伍德仍然想与人分享自己的生活。她自己的父母不就恩爱有如在伊甸园里吗？她会在这方面努力。有志者事竟成，她与波尔克一定能找到出路。她写了一些关于毅力的诗，比如《冬天背着食物回家》：

我在雪地里跋涉
艰难地爬坡
棕色纸袋的用品
均衡压在我的肚子上，
沉重，我的双臂伸展
抓住它，竭尽全力。

我们是否需要这个纸袋，
亲爱的，需要这么多的
果皮和果核，还有
这些瓶子，这些根茎
还有硬纸板
让我们像乘着木筏
在我深陷其中的
雪地上漂浮？

冬天，

皮肤创造了
温暖的岛屿，夏天
的岛屿则凉爽可人。

嘴巴也能产生
类似的欺骗。

我说我要把
这个鸡蛋变成肌肉，
把这个酒瓶变成爱的行为

把这个洋葱变成一个动作
这个葡萄柚
将变成一种思想。[36]

令阿特伍德高兴的是，帕赫特前一年秋天在卡尔加里大学找到了一份美术课的教学工作，并多次来看望她。1970年2月，他在第17大道的加拿大艺术画廊举办了自己的新影像展，阿特伍德和波尔克开车去卡尔加里参加开幕式。帕赫特发现了西部的美。用他的话来说，他感觉自己几乎得到"重生"，"被草原的光线、群山和日常景观的宏大所淹没"，他开始"挪用"那里的各种形象。皇家骑警、女牛仔、谷物升降机、钦诺克拱云和加拿大太平洋铁路的圆顶列车充斥他的新画作。[37]他这句话的本意是调侃，完全没有讽刺意味，而是对西方流行神话充满感情的模仿。

他举办了盛大的开幕典礼，没有提供常备的葡萄酒和奶酪，而是从街对面聘请了Ａ＆Ｗ餐饮公司全权承办。手里举着奶昔、腰间挎着零钱包的女服务生在人群中穿行,有人戴着洛伊丝·莱恩的名牌标签四处走动,采访来宾。喇叭里高声播放着"先驱者之子"男生组合(这是一个西部无伴奏男声四重唱组合,以《起伏的风滚草》等歌曲闻名)的音乐。接着举办了一个课程讲座,教大家如何捕猎驼鹿,其间还播放了驼鹿的叫声及其在水中行走的音效。

朋友们洗劫了"莎莉·安"乐队用品店的仓库,穿起模仿20世纪50年代的服装。帕赫特穿着带亮片翻领的黑色西装和双色男鞋迎接客人。阿特伍德则脚蹬高扣靴子,身着超长裙,戴着黑色羽毛帽,面纱半遮面地出现在众人面前。

帕赫特是个喜欢搞笑的艺术家,在这方面可谓不知疲倦。在《高贵的责任》等画作中,一名加拿大皇家骑警在黄色的天空下牵着马,戴着借自独行侠式的面具,他既是在赞美,也是在戏仿西部那种奇异的混合神话。这是一种夸张的艺术表现形式,同时妙趣横生。第二天,评论家们似乎怀疑这个多伦多闯入者是在拿当地人开涮。但帕赫特喜欢卡尔加里:"正是在阿尔伯塔省,我真正发现了加拿大。"他说。[38] 事实上,阿尔伯塔省也有自己的戏仿者。罗伯特·克罗奇的滑稽小说《斯塔霍曼人》刚刚出版,它仿拟的不仅有西方神话,还有《奥德赛》和其他古典神话。他们被称为草原艺术家,在接下来的十年里引领了加拿大艺术界的许多变化。

1970年春天,阿特伍德到处旅行。四月,她前往乔治王子城,在那里举办了一场诗歌朗诵会,并住在诗人巴里·麦金农的家中。在那个年代,作为一个旅行作家,必须有随遇而安的本领。她睡在客厅地板上的床垫上,醒来时发现隔壁房间一夜之间生了九只小狗。狗妈妈坐在其中的五只上,不知道如何喂养其他四只。阿特伍德和麦金农一整天都在用滴管喂幼崽。她在给曼德尔的信中写道:"自然万物的存在并非必然。人们有时会想,它们究竟是如何让自己做到生生不息的。"[39] 她想也许自己应该成为一名兽医。

五月，她回到多伦多，参加了麦克尤恩的前夫、海滨诗人米尔顿·阿肯的人民诗人奖颁奖派对。那年，他未能获得加拿大总督文学奖，于是欧文·莱顿和伊莱·曼德尔设立了另一个奖项。阿特伍德是该奖的捐助人之一。莱顿曾经说过，女人不应该通过写作侵犯男人的领地，这一说法始终让她耿耿于怀，她告诉曼德尔"从道德上，欧文应该把支票寄回给我，因为他不赞成我的赚钱方式，即（出售诗歌和其他作品并侵犯男性领地）……（不过）我暂时会抑制自己的天蝎座倾向。"[40]她能区分阿肯和他在公众场合的大男子主义形象。（她和麦克尤恩曾谈论过，在私底下他是多么不错的一个人。）她很欣赏作为诗人的阿肯。几年后，她开始编辑《新牛津加拿大英语诗集》时，把阿肯的作品放在了醒目的位置。但她不会让阿肯在公开场合对女作家表现出不屑。

电影《可以吃的女人》的导演一直邀请阿特伍德来伦敦，有了拍电影带来的经济保障，她和波尔克决定在那里居住一段时间。这意味着波尔克将放弃一份稳定的工作，但他还是选择了放弃安逸的学术圈。阿特伍德在给麦克尤恩的信中说，他们面临着收拾行李和搬家的问题，但会"非常高兴能离开埃德蒙顿。待在这儿不是灾难性的，但如果留下却必定是灾难"。[41]回首往事，波尔克说："在那里两年后，很明显我们并不快乐，这影响了我们的关系。正好伦敦方面要拍一部电影，国际上对她的作品很感兴趣，她的主要职业似乎已经确定——嗯，事实上，还不是那么确定——但她不会做想象中的校园小事。"

注释

1. 玛格丽特·阿特伍德,《来自加拿大的四位诗人:琼斯、乔纳斯、曼德尔和珀迪》,选自《诗刊》第114卷,第3期(1969年6月);转载于《次要的话:批评散文选集》(多伦多:阿南西出版社,1982年),第55页。
2. 本书作者对黛安娜·贝赛的采访,1997年8月14日。
3. 玛格丽特·阿特伍德致伊莱·曼德尔的信(1968年10月30日),阿特伍德文稿。
4. 玛格丽特·阿特伍德致阿尔·珀迪的信(1969年1月28日),女王大学档案馆。
5. 玛格丽特·阿特伍德致查尔斯·帕赫特的信(1968年12月14日),查尔斯·帕赫特私人收藏
6. 玛格丽特·阿特伍德致阿尔·珀迪的信(1969年7月),女王大学档案馆。
7. 玛格丽特·阿特伍德致查尔斯·帕赫特的信([1968年]12月28日),查尔斯·帕赫特私人收藏
8. 玛格丽特·阿特伍德,《礼宾司仪的咒语》,选自《地下的程序》(多伦多:牛津大学出版社,1970年),第45页。
9. 玛格丽特·阿特伍德致乔治·鲍尔林的信(1969年7月16日),阿特伍德文稿。另见致查尔斯·帕赫特的信(1969年7月17日),查尔斯·帕赫特私人收藏。
10. 玛格丽特·阿特伍德致查尔斯·帕赫特的信(1968年8月13日),查尔斯·帕赫特私人收藏。
11. 玛格丽特·阿特伍德致伊莱·曼德尔的信(1969年,具体日期不详),阿特伍德文稿。
12. 玛格丽特·阿特伍德致阿尔·珀迪的信(1964年10月18日),萨斯喀彻温大

学档案馆。

13 玛格丽特·阿特伍德,《伊甸园是动物园》,选自《地下的程序》(多伦多:牛津大学出版社,1970 年),第 6 页。

14 玛格丽特·阿特伍德,《对话》,选自《地下的程序》,第 12 页

15 伊莱·曼德尔致玛格丽特·阿特伍德的信(1969 年,具体日期不详),阿特伍德文稿。

16 玛格丽特·阿特伍德致伊莱·曼德尔的信(1969 年,具体日期不详),阿特伍德文稿。

17 玛格丽特·阿特伍德,《梦:冠蓝鸦还是始祖鸟》,选自《地下的程序》(多伦多:牛津大学出版社,1970 年),第 9 页。

18 玛格丽特·阿特伍德致格温德琳·麦克尤恩的信(1969 年 9 月 24 日),阿特伍德文稿。

19 格温德琳·麦克尤恩致玛格丽特·阿特伍德的信(1968 年 12 月 2 日),阿特伍德文稿。

20 玛格丽特·阿特伍德致格温德琳·麦克尤恩的信(1969 年 7 月 26 日),阿特伍德文稿。

21 格温德琳·麦克尤恩致玛格丽特·阿特伍德的信(1969 年 8 月 16 日),阿特伍德文稿。

21 玛格丽特·阿特伍德,《麦克尤恩的缪斯》,选自《加拿大文学》,第 45 期(1970 年夏);转载于《次要的话:批评散文选集》(多伦多:阿南西出版社,1982 年),第 69 页。

23 本书作者对吉姆·波尔克的采访,1997 年 10 月 14 日。

24 玛格丽特·阿特伍德致格温德琳·麦克尤恩的信(1969 年 9 月 24 日),阿特伍德文稿。

25 《身处商场的阿特伍德》,第 11 页。阿特伍德文稿,90 号档案盒,17 号档案。

26 威廉·弗伦奇,《书与读书人》,选自《环球邮报》,1969 年 10 月 4 日。

27 C.F.P.,《食物禁忌》,萨斯卡通市《凤凰星报》,1969 年 11 月 7 日

28 约翰·里士满,《一位女强人的首部小说将被搬上屏幕》,选自《蒙特利尔星报》,1970 年 4 月 9 日。

29　格温德琳·麦克尤恩致玛格丽特·阿特伍德的信（1969年9月22日），阿特伍德文稿。

30　玛格丽特·阿特伍德，《埃德蒙顿84大街》，选自《地下的程序》（多伦多：牛津大学出版社，1970年），第52页。

31　查尔斯·帕赫特致玛格丽特·阿特伍德的信（1969年1月18日），查尔斯·帕赫特私人收藏。

32　玛格丽特·阿特伍德，《亲属公园的故事》，选自《地下的程序》（多伦多：牛津大学出版社，1970年），第38页。

33　玛格丽特·阿特伍德致伊莱·曼德尔的信，1970年1月1日，阿特伍德文稿。

34　玛格丽特·阿特伍德，《仲冬前夕》，选自《地下的程序》（多伦多：牛津大学出版社，1970年），第20页。

35　玛格丽特·阿特伍德，《住所》，选自《地下的程序》，第60页。

36　玛格丽特·阿特伍德，《冬天背着食物回家》，选自《地下的程序》，第73页。

37　博戈米拉·韦尔什－奥夫恰罗夫，《查尔斯·帕赫特传》（多伦多：麦克莱兰－斯图尔特出版社，1992年），第130页。

38　本书作者对查尔斯·帕赫特的采访，1998年3月17日。

39　玛格丽特·阿特伍德致伊莱·曼德尔的信（1970年4月20日），阿特伍德文稿。

40　同上。

41　玛格丽特·阿特伍德致格温德琳·麦克尤恩的信（1970年3月22日），阿特伍德文稿。

第十二章　神话缔造者

阿特伍德与波尔克搬到了英国。他们在英国皇家植物园附近一座18世纪的房子里待了三个星期，房子里摆满了古老的竖琴、华丽的家具和艺术品。这座房子属于奥斯卡·卢恩斯坦的一个朋友，他是电影《可以吃的女人》的制片人。不久，他们在伦敦西南部的圣迪奥尼斯路29号找到了一套公寓。这套公寓很合适，工作空间宽敞，但里面满是跳蚤。住在带家具的公寓里开始让他们感到厌烦。阿特伍德已经过了十年这样的生活。她开始渴望拥有自己的家。

那年冬天，无休止的罢工潮席卷伦敦，整座城市不堪其扰。第一次是垃圾工人罢工。堆积如山的垃圾充斥着城市的广场和绿地，老鼠爬进了屋里。电力罢工和邮政罢工紧随其后。天气变得又冷又湿，阿特伍德和波尔克被迫蜷缩在毯子下面。他们对彼此说："我们仿佛又回到埃德蒙顿了。"[1]

但是，能在英国看戏剧、听歌剧、参观博物馆，并进入伦敦的电影界（尽管这事尚未确定），毕竟还是一件美妙的事情。

阿特伍德在4月份已经完成了《可以吃的女人》的剧本初稿，所以，当她和波尔克到达伦敦时，导演乔治·考岑德已经准备好考虑选角了。在寻找女主角的过程中，常常要他们参与观看对白片段、戏剧和电影。那真是令人兴奋不已的一段时光。

然而，无论电影界多么迷人，阿特伍德并没有受其诱惑。她是个作家，这意味着她仍需要写作。她决定重写之前的"营地小说"《自然小屋》，并认为有可能在 11 月中旬完成初稿。小说结构非常复杂，从八个人物的角度开展叙述，在写了 250 页之后，她彻底放弃了。但她总认为这是有益的失败练习之一。说它有益，是因为对于一个经历过失败并幸存下来的人来说，想到会再次失败并不那么可怕。

阿特伍德的美国出版商利特尔·布朗出版社决定在那年秋天出版小说《可以吃的女人》以及诗集《地下的程序》。对她这样一个仍然年轻、尚不知名的作家来说，前景令人振奋。但其间，在她的国家发生了一些大事，使她的书在美国的出版黯然失色。

1970 年 10 月 6 日，英国报纸报道，英国贸易专员詹姆斯·克罗斯在蒙特利尔的家中遭魁北克解放阵线的一个革命组织绑架。10 月 10 日，魁北克劳工和移民部长皮埃尔·拉波特也在家中前院被两名蒙面男子绑架。六天后，加拿大总理皮埃尔·特鲁多及其联邦内阁启用了《战争措施法》，暂停了加拿大的公民自由权。

10 月 17 日，阿特伍德和波尔克打开《泰晤士报》，映入眼帘的是头版大标题："加拿大全境实施战时紧急条例。"加拿大政府宣布进入"拘捕叛乱分子紧急状态"，并授权警方在凌晨展开大规模行动。《泰晤士报》报道，从埃德蒙顿调来了 1 000 个伞兵，另有 500 名伞兵从新不伦瑞克赶来。"当局认为魁北克解放阵线有 22 个活跃的组织，成员总数为 130 人。""到目前为止，"阿特伍德读道，"已经逮捕了 250 多人。"[2]

10 月 17 日晚，在圣休伯特机场附近一辆废弃汽车的后备箱中发现了拉波特部长的尸体，那里距离参加实施紧急措施的部队军营约 1.6 千米。拉波特被"处决"了。警方对三名嫌疑人发出了逮捕令，并已掌握他们的名字。

《泰晤士报》报道称，蒙特利尔成了"一座围城"。[3] 三天后，拉波特的葬礼举行之际，武装士兵在圣母大教堂五个街区里的几乎所有建筑物的屋顶上站岗。报纸和广播处于一种歇斯底里的状态：发布新闻，然后否认，继而又正式更正。各种猜测紧随谣言而来。一名年轻女孩声称她被魁北克解放阵线的组织绑架，并展示了她肚子上烙着的该组织的字母。过了几天，真相才被揭穿，原来这只是一个骗局。

这些报道太让人困惑了，阿特伍德和波尔克希望弄明白这一切，于是他们来到加拿大之家阅读了加拿大的报道。在那里，他们发现流亡的加拿大同胞全都处于悲痛难抑的状态。这种事应该发生在其他地方，而不是加拿大。

军队拥有几乎不受限制的搜查和拘留权力。截至11月底，共进行了3 068次突袭。有453人被捕，其中许多人只是在思想上支持魁北克独立的艺术家和学生。有人指控魁北克监狱存在暴行。"压制，"《泰晤士报》报道说，"不是治愈任何疾病的良方。"

麦克尤恩写信给阿特伍德，说那是一个毁灭性的时期。"拉波特谋杀案发生后的几周真是暗淡凄凉，令人沮丧。当然，人们不应该感到惊讶，但在10月17日，我的胃里仿佛被人重重一击，嘴里散发出一种可怕的味道，无法摆脱。"[4]

克罗斯绑架案发生的59天后，在蒙特利尔北部的一间公寓里被人发现。他还活着。

对波尔克来说，他自己的国家刚刚经历了肯尼迪和马丁·路德·金式的暗杀事件，这种事并非不可能发生，但对阿特伍德和大多数加拿大人而言，整个事件是不可想象的。

许多加拿大人永远不会原谅联邦政府逮捕了这么多无辜的民众。阿特伍德认为，这表明加拿大和其他国家一样，是一个"可怕的地方"。在未来的日子里，她始终志愿自发地公开反对《战争措施法》。1980年，她在达尔豪斯大学发表演讲时曾说:"如果你认为加拿大真的是一个致力于民主和言论自由原则的国家,请记住《战争措施法》……请记住,当时很少有人站出来说话。我们是一个胆怯的国家,我们确实愿意相信,那些当权者所做的,在某种程度上,一定有其正当理由。"[5]

阿特伍德告诉麦克尤恩,她怀疑1970年秋天那几个月背后的真实故事永远不会为人所知。但在她心情最为低落的黑暗时刻,"十月危机"证实了她的信念:脚下的土地并不稳定。

美国评论界在那年冬天开始对《可以吃的女人》投以大量关注,评论文章几乎无一例外都积极正面。在威斯康星州的《密尔沃基日报》上,玛乔丽·比克写道:"跨越缪丽尔·斯帕克、奥诺·特蕾西和所有其他聪明绝代的女作家,这位30岁的年轻女性,出生在加拿大,出版了四本诗集,还写出了多年来最有趣的小说之一。"[6] 在《纽约时报书评》刊登的长篇评论中,米莉森特·贝尔写道:

> 如今,当我们想到自己在消费世界中的生活时,很容易发出忧郁的笑声或产生滑稽的绝望心理,因为在这个国家,我们最终发现自己也被消费了——就是说,被我们所获得的东西,被我们文化超市过道上分发的商品和包装好的思想,变成了废物。然而,在这部出道作中,一只女性之手为弹簧折叠刀增加了一个旋转方向。加拿大诗人玛格丽特·阿特伍德写了一部**女权主义的**(重点为笔者所加)黑色幽默作品,她在书中似乎在说,女性自己很可能成为另一种"可以食用"的产品,为满足男性的胃口而出售,这种胃口是由媒体创立(或至少是组织)的……
>
> 但是,对于情景喜剧而言,阿特伍德小姐的想象力过于古怪和险恶——而且,她的喜剧性扭曲有时会转向超现实的意义,这很容易转

移读者的注意力,使其分心。"

阿特伍德被列入了"女作家"新秀的万神殿。她发现自己第一次被贴上了"女权主义者"的标签。

随着小说受到的关注,阿特伍德一下子便有机会接触到众多有意出版她的小说的杂志。《玻璃下》《著名诗人的坟墓》《与元素人的遭遇》和《两级》这些诗都是那一年写的。她重新拾起一部在1964年到1965年开始创作的小说,并全力以赴。最终,她将这部小说命名为《浮现》。

她写信给麦克尤恩说,她同时在写一本儿童读物,用激光印字传输系统自己画图并进行手工排版。"在过去的几个星期里,我似乎对它失去了兴趣——它的下场可能会像我的许多了不起的点子一样。我最近想到的一个点子是,应该租用一个小型剧院,在完全黑暗的环境中重播旧电台节目;难道你不想花一加元左右,就能进去听《杰克·本尼秀》《青蜂侠》《致命诱惑》《布鲁克斯小姐》和很多其他的节目吗?"⁸

就像她在世界的急剧转变中感到绝望时所做的那样,麦克尤恩幽默地邀请阿特伍德成为平坦地球协会的成员,她是该协会的加拿大分会副主席:"我们当下亟待达到的一个目标是与联合国商谈,要求在地球的边缘建立一个大栅栏,以防止人们掉入深渊,也防止可能发生的自杀。如果你觉得自己或多或少处于崩溃边缘,你就必须加入这个俱乐部。"⁹阿特伍德果然加入了。

1970年秋天,《卫报》对生活在英国的年轻加拿大作家阿特伍德做了一篇简要的采访报道。前一年冬天,安德烈·多伊奇出版社出版了小说《可以吃的女人》。采访者雷蒙德·加德纳有点儿爱摆架子。他说,阿特伍德写的小说很不寻常,它关注了一位年轻女性如何试图融入社会的问题,通常人们的出道之作喜欢描绘艺术家逃离社会的形象,还问阿特伍德这部小说中有多少内容带有自传性质。对此，阿特伍德回答说："这本书是关于一个不知道如何生活的人，而我本人倒是没遇到过这一问题。"[10]

乔治·伍德科克问她是否见过作家朱利安·西蒙斯，西蒙斯曾在《听众》杂志中对小说《可以吃的女人》发表过热情洋溢的评论。她回答说，她和波尔克"并未努力去见什么人，让他们告诉你真话，一是因为我们很忙，二是不想扮演另一个咄咄逼人的北美人形象"。[11] 不过，安德烈·多伊奇出版社的编辑戴安娜·阿西尔的确想方设法让这位年轻作家感到舒适，并多次举办了派对。阿特伍德和波尔克被邀请与当时八十多岁的简·里斯共进晚餐，她很喜欢波尔克。当他们试图谈论文学时，里斯只是坐在那里手舞足蹈，喜形于色。戴安娜·阿西尔解释说："你知道，她喜欢帅小伙。"他们还在阿西尔家见到了布莱恩·摩尔，阿特伍德情绪激动地对他谈起加拿大的《战争措施法》。

一段重要的友谊在英国得以进一步加强。加拿大小说家玛格丽特·劳伦斯和她的两个孩子住在白金汉郡海威康比附近一个叫佩恩的小村庄的榆树小屋。自从 1966 年加拿大总督文学奖颁奖典礼之后，两位作家便很少见面了。当劳伦斯第一次给在伦敦的阿特伍德打电话时，她被告知这个号码属于伯爵法院展览馆的一个电话亭。当两人终于通上话时，阿特伍德说她一直怀疑自己的确是住在电话亭里。因为公寓的面积、温度与电话亭的相差无几，电话似乎总是在谈话时突然中断。阿特伍德同意在 1 月见面，并问是否能从伦敦给劳伦斯带点儿什么——或许可以带些"雾霾或者他们尚未收集的熟化垃圾"？[12]

重逢时的气氛相当热烈。劳伦斯很喜欢波尔克。她发现两人可以谈论他们共同来自的中西部小镇，以及那些小镇上的奇风异俗。劳伦斯喜欢说，她认为每个人都像蝙蝠一样疯狂，而"正常"是一个"自我安慰的用语"，实际上没有任何意义。对此波尔克表示完全赞同。

在两人的通信中，阿特伍德和劳伦斯开始谈论女权主义。阿特伍德寄给劳伦斯一本《姐妹情谊的力量：妇女解放运动文集》，这本书于1970年9月出版，其中收入了妇女解放运动中最有影响力的两篇文章：《性高潮政治》和《家务政治》。

妇女解放运动是一件全新的事情。阿特伍德当然读过贝蒂·弗里丹的《女性的奥秘》(1963)和西蒙娜·德·波伏瓦的《第二性》，但她第一次听说新女权主义是在1969年的埃德蒙顿，当时她的老室友兼朋友苏珊·米尔莫寄给她一篇文章《家务政治》。

新女权主义是一种在美国产生的现象。美国的全国妇女组织成立于1966年。随之出现了一些更激进的团体，如"女巫""衣架""说唱会""婊子会"和"提高意识"等。到1969年，对妇女权利的要求如滚雪球般增长，数量惊人的妇女团体在美国各城市纷纷成立，仅纽约市就有两百多个这样的团体。1970年，格洛丽亚·斯泰纳姆和布伦达·费根成立了妇女行动联盟伞式组织，凯特·米利特则因为其《性政治》一书登上了《时代》杂志的封面。《女士》杂志由斯泰纳姆和费根于1971年创办。

但玛格丽特·阿特伍德和玛格丽特·劳伦斯的自我意识早在正式的女权主义出现之前就得到了提高。在收到《姐妹情谊的力量：妇女解放运动文集》选集后不久，劳伦斯回信说：

榆树小屋，星期五

亲爱的佩姬，

非常感谢你寄给我《妇女解放》杂志和比尔·比塞特的诗歌。我尚未开始阅读诗歌，但今天上午读了一些《妇女解放》杂志中的文章。我想我对妇女解放运动的态度确实模棱两可——总体上我非常赞同。但我不能认同其中的一些态度,许多参与这场运动的女性对其也不认同。从某种意义上,说我不是一个参与者,是指我永远不会对哪一个事业涉及具体细微的信念百分之百赞同,当然,这点并不那么重要。我觉得《家务政治》写得真好!当然,看得出里面的所有论点很久以前就存在。只不过我在当时(是的,即便已经34岁)的情况下,因为缺乏阅历,信心不足,除了偶尔争论或默默心怀不满之外,做不了更多的事情。读妇女解放运动的东西,我想我确实觉得在情感上有些厌倦,不是因为我不同意它的大部分内容,而是因为在很多方面,我从内心深处希望这样一个大规模运动在15年前就已经存在。我感觉自己实际上与这些问题中的每一个都曾经进行过斗争,但只是孤身一人,因此从两性关系的角度来看,效果并不理想。因此,对我来说,唯一的解决办法就是放下,学会接受这样一个事实:我已经44岁了,考虑到我这一代的男人的状况,也考虑到工作对我来说非常重要,我没有办法以我现在能承受的唯一条件来建立同伴关系……即相互平等的关系。[13]

在《家务政治》一文中,艺术史学家帕特·马伊纳尔迪受到她母亲和姨妈们为人类文明贡献了200年(根据她的计算)家务的启发——"愿我们的女儿们能够幸免"——写了一段与男人之间有趣的对话,内容是关于谁来做这些"伺人的工作"。[14] 劳伦斯读后非常开心。

但她也有一些担忧。女权主义表现出一种强烈的意识形态,这使她感到不安。她理所当然地觉得,像她这样拥有自己职业生涯的女性常常遭人憎根。1970年出版的第二本书《妇女解放:未来蓝图》在序言中警告说:"一直都有一小部分所谓的'杰出'女性。我们对其不以为意……在我们努力组织一场运动的过程中,我们开始怀疑是否要培养某类精英。"[15]

还有一件事让劳伦斯觉得更令人不安。让像她这样有过孩子的女性感到不快,就好像她们被指责与父权制串通一气一样。劳伦斯向阿特伍德抱怨道:

我要说,如果一个女人不想要孩子,那是她的事,只与她自己有关。但如果她真的想要,那并不意味着她对其他任何事情就一定不感兴趣了。我真不觉得有必要分析自己想要孩子的动机。为了自我安心?为了好玩?为了自我满足?都无所谓。这就像(对我来说)问你为什么想写作。谁在乎呢?你必须这么做,就这么简单。

最后,在附言中,劳伦斯对《性高潮政治》这篇文章加了一句注释:"所有关于阴道结构、阴道高潮的讨论对我来说都不重要。你高潮了,就是高潮了……谁需要什么复杂的图表解释?顺其自然即可。或者将其视为某种赐予你的恩典,或是一小部分恩典。"[16]

阿特伍德当时 32 岁,比劳伦斯小 12 岁,有着完全不同的经历。她从一开始就我行我素。她回信说:

1971 年 1 月 18 日

亲爱的玛格丽特:

对于你的来信,有太多东西我想谈谈——关于阴道高潮,的确很重要,不是因为什么图表,也不是因为你躺在那里想知道是身体的哪一部分产生了反应,也不是因为其他什么,这些尽可以留给科学家们去研究,而是因为它把支撑整个弗洛伊德上层建筑的支柱敲掉了。我认为弗洛伊德对男人的看法大部分正确,但他对女人的看法却肯定是大错特错了。他正在制造一种基于阴道高潮的理论,使男性——及他们的神奇的阴茎——成为女性的必需品。你看,女同性恋们,她们要么是怪胎、变态狂,得不到满足,只能依赖胡萝卜,要么固于"幼稚"的心理发展水平。这也让那些被如此构建起来的女性——也包括被如此构建起来的男性——生活变得异常艰难,因为生活需要的不仅仅是神奇的阴茎——她们被告知自己有阴茎嫉妒,想成为男人,如果她们能克服这一点,就自然而然会拥有丰富完整的性生活。性高潮本身并不重要,重要的是它被用来做什么(比如被用作对付女性的武器)。抹去自己的身份,达到阴道高潮,等等。我接触过一些弗洛伊德心理学学派,说是这一理论适用于女性,满纸胡言真是让人叫绝……

至于所谓我这一代,其中大多数都是激进的大男子主义者,其严重程度令人毛骨悚然,尽管我猜他们并非冥顽不化,还是有点儿灵活性的,是可以做出一点儿改变的。但我们身边的世界里这类人仍然无处不在,其中最糟糕的是,一些还非常年轻的群体,自身尚不够强大来战胜这一偏见。17岁的时候我决定此生不婚,因为结婚会毁了我或我的写作。(当时对我而言这两者是同一码事。)为此我经历了各种地狱般的生活,持续了大约五年。波尔克确实是个例外,很多时候这对他来说很难——他有一个作家妻子,在聚会上总是被人居高临下地问:"那你是做什么的?"……

与此同时,还有男作家的问题——我们这一代的"男性"作家开始与我相处时总是别别扭扭,不知道是要和我握手还是抓我的屁股,但现在没这个问题了……对他们来说,最容易的事似乎就是把我变为行善的白人女巫或聪明女人,准母亲,一个能理解写作和解决问题的人。于是便导致了一些相当荒唐的情况。

是的,我认为女性运动的确可能会仇恨那些单打独斗的人……你在体系内单枪匹马，靠自己冲锋陷阵，在某种程度上等于在驳斥她们，因为她们觉得女性必须团结一致……我非常不喜欢各种团体，所以加入某个团体对我来说意味着真正意义上的牺牲，但我可能会尝试一下。是的，我多少能够理解你为什么不想深入研究妇女解放理论；但我觉得在某种程度上，写出真相本身是更有价值的贡献，书写与现实生活中的男人打交道的遭遇以及他们的态度，比阅读相关理论更有说服力。

劳伦斯认为妇女解放运动为她所做的只是一种道义上的支持。"要按照你知道的正确（right）方式去写（write），真的很难。（真是绝妙的双关！）其他人（所有其他人，不仅仅是男人）会因此认为你不道德或好比某种怪胎。当发现有人认同我的时候，我真是如释重负。"[17]

但在一个领域，新兴的妇女解放运动并未起到什么作用。那便是，如果女性既全身心地投入工作，同时又想要孩子，该怎么做呢？阿特伍德沮丧地回忆起她十几岁时写过的那些故事，在这些故事中，她描述的最可怕的事就是怀孕，女性最后沦为洗尿布和刷盘子者。她现在明白了自己年轻时的波希米亚主义有多么傲慢和幼稚。

虽然阿特伍德认为女权主义者在许多方面都做得很对，但不需要女权主义来告诉她不必生孩子。她内心想要的是有人来对她说"她可以"。很明显，她为此付出了悲伤的代价。在她的《权力政治》组诗中有一首十分诡异：

  今年我打算给孩子们一个空间

  在那里我可以饲养

  狐狸和草莓

  最终与毛皮、种子和洞穴和谐相处

但死亡纸牌的未来征兆

却与我作对，预言

它将是水

塑造了我的元素

我在其中

成形

它是蓝色的

杯子，我装满它

又是池塘

孩子们从船的一侧看，

看到自己的妈妈

倒立着，真人大小，头发在被割开的喉咙上

飘动

言语在寒冷和凸出的眼睛里

相互滋养[18]

  就像占卜师或女预言家一样，她读懂了塔罗纸牌并抽到圣杯牌。在她的世界里，只有文字能够生养，而她是文字不育的俘虏。无人认领的孩子们望着水中溺水的母亲。阿特伍德为她那一代的女性写了一首挽歌，她们认为自己必须为了职业工作而放弃孩子。

  阿特伍德总说自己是女性主义者，但不是坚守于某种特定的意识形态。随着她的诗集《权力政治》和小说《可以吃的女人》越来越出名，女权主义者认为自己找到了一位捍卫者，但阿特伍德有时会觉得这场运动似乎正在侵蚀她。波尔克一针见血地指出："佩姬完全在社会边缘长大，她努力不辜负社会所要求的一切，然后就被归类了——被女权主义文学运动和许多其他运动归类——这有时让她颇感沮丧。她认为自己在某种程度上是女权主义者，但这并非她的主要贡献。"[19]

在她给劳伦斯写信两个月后，即1971年3月，阿特伍德的诗集《权力政治》由雪莉·吉布森编辑，阿南西出版社出版。（哈珀－罗出版社于1973年出了美国版。）第一首诗是在阿尔伯塔大学英语系便签的背面创作的。有趣的是，这首写在便签背面，日期为1970年2月的诗，或许就是《权力政治》著名的开篇四行诗最初的诗稿："你契合我／就像钩子契合眼／一枚鱼钩／一只睁开的眼。"便签的另一面是英语系委员会布置的工作。1970年，阿特伍德把部分组诗寄给了多个英国杂志社，全都被退稿了。

阿特伍德将《权力政治》描述为一本从个人、政治和神话三个层面探讨女性与男性权力关系的书。她补充道："我认为诗歌不是，也不应该是任何幼稚和个人意义上的'自我表达'。相反，我把它看作一个镜头，通过它，人类世界可以看到自己，借由某个听觉焦点，人类语言可以听到自身。"[20]

诗歌出版后，加拿大广播公司请她为《思想》节目挑选一首诗，并附上评论。她在节目中阐释了权力的含义，认为权力是"我们身处的环境"：

> 我们都向往一种与公共生活隔绝，并与之不同的私人生活，在那里没有统治者和被统治者，没有等级制度，没有政治家，只有平等的人、自由的人。然而，任何文化都是一个封闭的系统，而我们的文化是以权力为基础并依赖权力为生的，所以实现那样的私人生活是不可能的，至少是非常困难的。这一点令人遗憾，因为权力与爱的行为方

式恰恰相反,爱是给予,权力是索取,并为自己的索取行为辩护。在我们可悲地以为只属于自己个人的生活中,所做的许多事情不过是复制外部世界的权力游戏和权力斗争罢了。更可悲的是,我们还想方设法,对自己和彼此拼命掩盖这一状况。

我将诗集命名为《权力政治》,是取自一位挚友写给我的一封信,在信中她描述了自己所处的糟糕境况。两天后,我在报纸上看到了同样的说法。对我来说,这就是诗歌存在的地方——介于书信和报纸之间,所谓的公共世界和所谓的个人世界之间。

诗歌不是布道,不是解决方案,甚至不是分析。但有时它是一种反射。我们通过镜子里的反射看到自己的样子。如果看到的太不堪入目,我们有时会努力去加以改变。但若没有认识,就不会有改变。[21]

阿特伍德坚持认为,我们精神分裂般地区分公共生活和私人生活,但它们之间的差别并不像我们想象的那么不容置疑。我们活得好像我们相信自己能随时退居私密的个人世界,但在那里,我们同样带来了所处公共世界里的权力游戏。如此说来,为什么要期望个人世界会有所不同呢?

我们所谓的爱和我们做的其他事情一样,都受到文化的制约。为了爱,我们借用了从自己文化中积累起来的神话。爱情始于一种神话自带的装腔作势和极端主义。在现代文化中,这一神话还包括浪漫的电影意象。我们希望爱情是一个史诗般的故事,伴随着必不可少的标配:华尔兹,电影中的晚餐场景,装饰着盆栽棕榈树的酒店,情歌,以及连珠成串的警句妙语。阿特伍德早已把爱看作一种执念,把自我视为一种建构。每个性别都有自己的标志性形象:女人是传说中忠诚耐心的珀涅罗珀,聪明纯洁的达芙妮,原始的洞穴女神,男人则是充满探索精神的冒险家,善于征服的骑士,残酷的丈夫蓝胡子,吸血鬼德古拉。仅仅从外表看,男人似乎拥有所有的权力。但实际上双方都在行使权力,在爱情中可以给对方造成巨大伤害。

在这些诗歌中,女性也是神话的缔造者,她要求男人超越现实生活。当我们深入爱情的奥秘时,我们发现自己虚构了彼此;我们在和陌生人跳舞。这些诗歌由一种激烈、直接、令人迷醉(因为往往诙谐幽默)的声音驱动,要求揭示最令我们困惑的人类谜团:男人和女人如何才能和平相处,放弃相互之间的权力斗争。

《他们是敌国》

1
鉴于动物数量的减少
下水道的泛滥
以及对海洋堵塞的恐惧
空气濒临灭绝

我们应该善良,我们应该
有所警惕,应该互相原谅

相反,我们对立
触摸就像攻击,

我们带来的礼物
即使满怀善意也可能
在我们手中扭曲
成为工具,成为伎俩和花招

2
把我的靶子放下
你守在望远镜里,
于是我会交出

这张航拍照片
(你脆弱的部分
用红色标记)
我发现它真是有用

看,我们独自在
休眠的田野里,雪
不能吃也不能捕捉

3.
这里没有军队
这里没有钱

天寒地冻,越来越冷
我们需要彼此的

呼吸,温暖,生存
是唯一
能承受的战争,留下来

与我同行,
时间差不多了 / 如果我们能
坚持到

(或许)最后一个夏天

《这些都不准确》

有铰链的青铜人,脆弱的人
用玻璃卵石建造,
长着尖牙的男人穿着华丽的斗篷和靴子

鳞片从你身上剥落。

是我的错,但你助了力,
你乐在其中。

剩下的
我们俩都不喜欢:你跟着我
沿着街道,走廊,融化
在我的触摸中,
避开廉价衣服的袖子
我伸手找你
你的脸被真相腐蚀,

摧残,坚持。你像

风一样,一遍又一遍地

无言地要求那件被禁止的事:

没有镜子的爱情

不是因为我而是因为你自己。

  这些诗不是个人的驱魔行为。它们不是代价高昂的忏悔。这些诗的代价来自奋起打破禁忌:大声说出不可说的东西。它们打破了浪漫神话,改变了男女关系中假设的范围和感知的可能性。它们认为爱情需要时间和勇气,需要细心呵护和培养。

  当然,对阿特伍德来说,她总是喜欢改变现状,开拓新领域,打开不同的门,这是令她兴奋陶醉的事情。然而,即便是她,也完全没想到自己在公众面前,会以古希腊神话中蛇发女怪美杜莎和著名秘鲁木乃伊冰少女的形象出现。

  《权力政治》的反响极为热烈。玛格丽特·劳伦斯给她写信说:

> 事实上,读到这些诗句,就像神灵突然出现在眼前一样让我深受触动。开头那句非常简短……"你契合我 / 就像钩子契合眼……"这句诗简直令我从心底里感到震撼,因为它充分表达了男女关系的痛苦本质,或者说其中可能包含的痛苦本质。这是用任何其他语言都几乎无法做到的。我认为书中的很多诗都是如此。但这些诗并不苦涩辛酸,也不怨天尤人,这一点很好。它们有时很恶毒,就像看清陷阱的人有时会做的那样。它们还暗示着对彼此的巨大需求,坚信男女之间并非一定要诋毁对方,即便他们经常这么做。[22]

劳伦斯给她的朋友阿尔·珀迪也写了同样的话,并补充道:"哇,这真是一本了不起的书,对吧?……我对她的诗倾慕不已。我也喜欢她这个人,不知何故,一旦我们深入交谈,我并不觉得她令人生畏,我曾经以为是那样。相反,我觉得可以向她敞开心扉。或许我真这么做了。"[23]

加拿大国内的评论饶有趣味。许多评论者并不擅长评论诗歌。布鲁斯·布莱卡达在《温莎星报》上写道:"封底上她的脸孔展现出的是彻底的坦白和令人震惊的情感……这样亲密我们还能忍受多久?"[24] 彼得·史蒂文斯在《环球杂志》上写道:"整本书沸腾着冷静的愤怒。然而,这部讲述两个人以人类之爱的名义侵犯对方的编年史有其自身的局限性……语言给人一种漠不关心的感觉。"[25] 锡德·斯蒂芬在他的书评中写道,当他把这本书送给一个自称大男子主义者的人时,那个人高兴地回答说,这些诗加强了他对异性发自内心的不信任感。"但这些诗不会让你心烦吗?"斯蒂芬问。"一点儿不会;她的思维像个男人,"他回答,"坚韧、干净、简洁。"[26] 另一位评论者写道:

> 从理智上讲,生活在这样一个世界里并不难,因为战争、营养不良、饥饿、环境危险、技术带来的灾难性后果等,诸如此类的问题都不外乎出自同一个原因,因此也就只有一个解决办法:找到那个男人,杀了他,创造一种姐妹之爱。用玛格丽特·阿特伍德的话说,这种"权力政治"似乎是如此的自暴自弃,毁灭世界,如此的幼稚……倘若不是因为它采用了女性诗人中特别成功的诉求方式,将自由与幻想的杀戮或自由的性相关词汇联系在一起,它可能会被完全忽略。[27]

1976年,当被问及某些评论家的敌意是否让她感到吃惊时,阿特伍德回答:"嗯,这与人们的接受传统有关。男人们写了许多有关女人邪恶行为的诗,被视为神圣庄严的古老传统的一部分,至少可以追溯到伊丽莎白时代的残忍的情妇,很少有人费心去分析传统模式。当我们读到关于婊子女神的文章,或者当我们看到大胸没头的女人肖像时,我们连眼睛都不会眨一下。但女人却不应该说男人的坏话。这样不好,也不符合传统。"[28]

当阿特伍德开始在公开场合朗读《权力政治》里的诗歌时,她发现,当她读到她那句涉及钩子和眼睛的警句时,通常得到的反应是恐惧。但她原以为人们会看到其中的幽默。"有些人不会笑,除非你亮出一个橙色的提示灯,写着'笑'。你必须接受这一点,"她沮丧地对一位采访记者说,"这又是一个涉及什么可以接受,什么不可接受的问题。欧文·莱顿可以朗读他关于女性的极其下流的诗,听众会觉得这些诗滑稽搞笑。而我写的关于男人的诗就不被人这样接受,尽管我从来没有写过关于一个屁股上长痘的男学者的诗。我不喜欢那种露骨的人身攻击。我也不知道为什么。也许我始终觉得女士应该彬彬有礼。"[29]

两年后,美国对《权力政治》的评论似乎不再那么个人化了;大多数情况下,评论家们直接关注诗歌。迪克·艾伦在《诗刊》中将《权力政治》描述为"关于爱情的顶级组诗,情感炽热、写作手法精湛,其中的意象令人痛心……这是一本真诚、深刻、感人的诗集,无限接近爱情斗争的核心,就像美国女诗人西尔维娅·普拉斯在她鼎盛时期所做的那样;我们从诗中经历的震撼中重新走出来,变得既坚强又温柔"。[30]

海伦·文德勒是美国最好的诗歌评论家之一,她在《纽约时报书评》上评论了三本书,显然认为阿特伍德的作品给人印象深刻:

> 玛格丽特·阿特伍德的《权力政治》是一部真正的组诗,一个男人和女人之间的死亡斗争……对那些直接阅读它的人来说,(这本诗

集)几乎是不情愿地,但却又毫不妥协地,通过充满悬念和戏剧性的精彩构思,不断向前移动展开……阿特伍德真是多才多艺,人们只能希望她能扩大她诗歌的范围和规模,把视野调整到更长的波长。[31]

要理解阿特伍德在这些诗中所做的一切需要时间。她打破了把女人牢牢控制在感情上的浪漫爱情神话。女人被教导成为相信唯有爱才是人生的解决方案的人,她们必须寻找另一个人,灵魂伴侣,作为自我身份的必要补充。这是一个神话,几个世纪以来渗透在我们的文学作品当中,从高雅文化到廉价商店的性爱小说,无一例外。但奇怪的是,这种爱情故事从来就没有幸福的结局。恋人们要么在超凡的激情中死去,像爱尔兰伟大的爱情故事《特里斯坦和伊索尔德》,要么女方被无情抛弃,孤身哀悼自己纯洁的爱情,如伊丽莎白·斯马特的《在中央车站我坐下哭泣》。这样的爱情和现实生活没有什么关系。在其华而不实的外表下,浪漫爱情的神话带来的是故作姿态、指责、反指责,以及令阿特伍德如痴如醉的胜利者/受害者情结。当她把自己关于爱情的组诗称为"权力政治"时,她是在暗示我们,在一个以权力为引擎,建立在通过种族、阶级和性别进行统治的原则之上的文化之中,假装权力在个人关系中不起作用,似乎是一种刻意任性的盲目行为。女性应该睁大眼睛看个明白。阿特伍德深知,沉溺于爱情的情感动荡对女人来说是一种危险的幻想,如果这个神话被打破,女人和男人都将得到更好的满足。但她不仅仅对打破古老的神话感兴趣。她想象着会有更多的事情发生。"何以为人?我们是否当之无愧?"她经常这样问。在与另一个人的关系中,可能会涉及对那个人的独立性充满共情的认可,或者,如她所言,"打破了镜子"。女人花了太多时间沉迷于爱情,荒谬的是,最后往往变成了自我痴迷。阿特伍德说的是,女性最好从二人世界之外的角度思考自己,创造性地参与世界。最后,我们都必须为自己负责,因为我们手中掌握的唯一命运就是我们自己。只有我们能够掌握自己的命运。

到了4月，蒙特利尔的弥诺陶洛斯电影制作公司显然陷入了困境，不打算拍摄电影《可以吃的女人》了。但突然之间，英国导演托尼·理查森接受了这个选择，他曾执导过20世纪60年代的两部电影《汤姆·琼斯》和《蜜的滋味》。阿特伍德向朋友们报告说，电影的前景又开始好转，就像塔罗纸牌预示的那样。

5月，她和波尔克开车去了法国南部。理查森邀请他们住在他家别墅，这样他和阿特伍德就可以继续讨论电影脚本。波尔克还记得，他在普罗旺斯的一个山间小镇下车时，发现理查森已经买下了整个小镇。它有大约11栋建筑。等候迎接他们的是约翰·吉尔古德爵士。房子里到处都是奇异的鹦鹉，晚上约翰爵士会讲故事，比如他在格林德伯恩歌剧院掉进龙虾沙拉里的故事。阿特伍德和波尔克在那里待了一个月，其间别的剧院和电影界的人也来过。

这一切都令人眼花缭乱，尽管波尔克有天晚上犯了一个错误，告诉别人他在考虑专攻加拿大文学。此言引起的反应是："加拿大文学！为什么要选择做这件事，詹姆斯，别、别、千万别，太无聊了。"这一幕看起来很有趣，但并未对他产生什么影响。

阿特伍德和波尔克接着去了意大利。他们在安提科利科拉多找到了一所房子，这是一个山上的小镇，俯瞰着一个峡谷，位于罗马东面。真是一个五彩缤纷的夏天。他们在那里待了两个半月，阿特伍德继续写《浮现》。他们遇到的每个人都在写小说，所以有一天波尔克坐下来也写了一本。波尔克找到了一个喜欢他的经纪人，尽管出版商退稿了，但他们还是很感兴趣，问波尔克是否能写些短篇小说。事实证明他可以。他写的第一篇小说发表在《大西洋月刊》上。他还写了一些关于加拿大动物故事作家的文章，这些文章成为后来克拉克-欧文出版社出的一本书的基础。

8月底，阿特伍德和波尔克回到加拿大居住。托尼·理查森当时在多伦多，设法为电影《可以吃的女人》筹集来自加拿大的资金，但并不顺利。他后来拍的几部电影并没有像《汤姆·琼斯》和《蜜的滋味》那样风靡一时，资助者也变得更加难以寻找。"部分问题在于，"波尔克回忆道，"他们的英国人做派。他们的态度是：'你们当然会借钱给我们。'而加拿大的回应是：'当然，我们必须更仔细地研究这个项目。'"理查森希望找到一个足够大牌的明星可以吸引投资者，并短暂考虑过芭芭拉·史翠珊。他最终确实从加拿大电视电影公司拿到了钱，电影总算有了些进展，但最终没有完成拍摄。波尔克说："很遗憾，因为剧本非常吸引人。属于20世纪70年代早期小众电影的传统，比如《相逢何必曾相识》或《爱情故事》。但这阵风很快就过去了。它的时代已一去不复返。"

阿特伍德得到了来自约克大学的一份工作。他们在希尔顿大道27号卡萨罗马城堡后面买了一套房子，建立了自己的工作室，靠把顶楼的房间租给学生来贴补家用，这其中包括阿特伍德的妹妹露丝。[32] 那时波尔克想再找一份教书的工作已经为时太晚，而且，学术界的就业市场已经冻结。虽然不断发出简历，但他知道没有地方在招聘。

在国外，阿特伍德和波尔克同为外国游客，过着奇特的共生生活，但如今，回到多伦多，某种紧张关系开始出现。很明显，两人都不开心。首先，多伦多不是波尔克的家乡，他觉得自己像个异乡人。他是有一些朋友，比如帕赫特，但他不知道去城里的什么地方去寻找曾经的生活。

回顾过去，波尔克说：

> 很明显，无论我们脑海中想象的婚姻是什么样子，我们都没有遵循脚本，我不知道我们应该遵循什么样的脚本。佩姬非常善于剖析当

时人们对女性角色的期望。但无论是女性角色还是男性角色,都与我们的身份无关。我不是男性角色的榜样,但也不知道我是什么。佩姬当然更不是传统意义上的女性。她知道自己的使命是什么。这从来就不是问题。但我对自己的身份颇感困惑。

我从来没有思考过婚姻,所以没指望她会做饭、打扫卫生。这些我都没想过。人们会觉得奇怪,我或任何人的脑海里到底想的是什么。我们的生活带有点儿实验性质。且行且编凑着。[33]

这一时期对他们俩来说都极不好过。在给玛格丽特·劳伦斯的一封信中,阿特伍德形容那个秋天的心情格外糟糕。她承受着巨大压力,既要在约克大学教书,办读书会,又要承担阿南西出版社的工作(她此时在为丹尼斯·李的出版社担任编辑)。在劳伦斯看来,阿特伍德对自己情绪低落、惊慌失措的唯一解释是,承担的工作太多,再说下去就是对波尔克不忠了。[34]

1972年夏天,在经历了极不愉快的两个月后,波尔克搬了出去。1977年,他和阿特伍德离婚了。

奇怪的是,回想起来,你以为属于自己个人经历的东西,往往是一个更大的普遍模式的一部分。波尔克沉思地说:"在那时候,有很多痛苦而不快乐的关系,因为人们的期望发生了太多变化。那时比现在的情况要严重得多,虽然也许只是因为我现在年纪大了。"

波尔克和他那一代其他年轻美国男性一样,都有应征入伍的焦虑,以及发现自己被流放到异国他乡产生的困惑。他真的不知道自己身在何处。多年后,他接受了一位学者的采访,当时他正在撰写一本关于越南战争期间来到加拿大的美国年轻人的书,他发现自己的困境是带有普遍性的。他告诉采访者自己的第一次婚姻已经破裂,那个人回答说:"他们也都如此。"

无一例外。"

多年后，阿特伍德和玛格丽特·德拉布尔回首往事，意识到她们的生活遵循着当时并未意识到的模式。生活提供的范式是有限的。她们这一代的女性正在打破旧的模式，而当时新的模式尚未发明出来，因此代价便不可避免。

阿特伍德当时正在为《女主人》杂志采访德拉布尔，她说她们这一代的女作家是第一批能够随心所欲进行写作的女作家。刚出道时，她们的"女性特质"并不受人尊敬。"你是我记得读过的第一批女作家之一，其他还有玛丽安·恩格尔和爱丽丝·门罗，她们生动地描绘了男人不在场的情况下女人们在厨房里说什么话，在浴缸里想什么等的场景，这些我过去从来没有读到过。"德拉布尔回答说："我觉得这真的与我对自己的确信——你可以称之为傲慢——有关，我总认为自己觉得有趣的东西，其他人也一定会觉得有趣。我不是不正常，我知道自己再正常不过。"

在这次回顾性访谈中，她们回顾了自己的生活，以及曾经可能发生的事情。德拉布尔说道：

> 是很不容易。我可能和你一样，都是在这样的信念中长大的：我可以兼顾写作和婚姻，可以拥有非常充实的生活。当然，我们没有意识到的是，这绝对是累人的。在20世纪60年代，人们历经数年思考这一点，尽管原则上女性可以兼有孩子和工作，但实际上这两者是很难兼顾的。
>
> 21岁时，我有了第一个（孩子）……我不想默默度日，只是坐在家里照顾孩子。于是我在家写作。是很不容易，但我不觉得人们对我的做法有任何偏见。当然，母亲给了我很多鼓励，甚至我的第一任丈夫，他不喜欢我成功，但也没有直接反对我的工作，如果非要有所区

分的话。

阿特伍德说,许多加拿大女作家的婚姻都遵循这种模式:早婚,生子,用她的话来说,"然后做丈夫的,就觉得自己突然得到了一些他不曾预料到的东西——那便是妻子的成功"。[35] 阿特伍德本人选择了另一条路。她推迟了家庭生活和生育孩子的时间。但她的婚姻终究还是破裂了,部分原因是波尔克遭受了世俗的偏见,并在这种偏见前退缩:如果女人强大,和她在一起的男人就必须是她的附庸,而无法拥有完全独立的人格。社会需要假以时日才能让成功女性从"把男人变成太监"的假设中解放出来。

1972年夏天,在那黑暗的两个月里,波尔克开始写短篇小说。第一个标题为《爱的颅相学》,是对他"蒙大拿血统"的滑稽讽刺,同时也令人心酸。故事发生在一个虚构的小镇赫布,主人公是人到中年的中学生物教师埃沃特·杰尔姆·古斯塔夫森,他爱上了在9号高速公路自由岬的光头女士格蕾丝·斯普利特夫人,她在一个西部乐队演奏大提琴。波尔克对喜剧对话很有鉴赏力,他捕捉到了中西部压抑的清教徒极端分子的可笑之处。这篇小说被《大西洋月刊》采纳,并于1973年发表,获得了当年的最佳小说奖。[36] 当时,他写作是为了证明自己有能力。回想起来,他意识到那个夏天的孤独寂寞是有建设性的。他说:"如今一切都已渐渐远去——那是25年前的事了——对我们双方来说,那似乎是一个极具创造性和富有成效的时期。"

1975年,阿特伍德发表了短篇小说《发饰》。它读起来像是一位使者,一段关系结束后的爱的姿态。她和波尔克并非故事中的人物,但在建立两个人物之间最初的浪漫关系时,她回忆起了他们在哈佛大学共同生活的一些细节。例如,主人公堆起了一个维多利亚女王的雪夫人,就像她和波尔克曾经做过的那样。如同导演阿尔弗雷德·希区柯克在自己的电影里客串角色，一个属于私人的时刻隐藏在一个关于其他事情的故事里。它说的是，这真的是一场爱情。波尔克回答说："哦，是的，我们曾经相爱。在一段时间里，这种爱再真切不过。"

注释

1 本书作者对吉姆·波尔克的采访，1997年10月14日。
2 《加拿大全境实施战时紧急条例》，选自《泰晤士报》(伦敦)，1970年10月17日。
3 《蒙特利尔：葬礼之围城》，选自《泰晤士报》(伦敦)，1970年10月21日。
4 格温德琳·麦克尤恩致玛格丽特·阿特伍德的信（1970年10月），阿特伍德文稿。
5 玛格丽特·阿特伍德，《观众不再？》，1980年10月，在达尔豪斯大学多萝西·J.基利姆系列讲座中的发言，转载于《次要的话：批评散文选集》(多伦多：阿南西出版社，1982年)，第354页。另见《作家写什么》，选自《开场白：与二十四位加拿大作家的对话》，艾伦·特威格编，(大不列颠哥伦比亚省马德拉公园：哈珀出版社，1981年)，第222页。
6 玛乔丽·M.比特克，《每周书籍》，选自《密尔沃基日报》，1971年1月17日。
7 米莉森特·贝尔，《可以吃的女人》，选自《纽约时报书评》，1970年10月18日。
8 玛格丽特·阿特伍德致格温德琳·麦克尤恩的信（1970年12月31日），阿特伍德文稿。
9 格温德琳·麦克尤恩致玛格丽特·阿特伍德的信（1971年1月13日），阿特伍德文稿。
10 玛格丽特·阿特伍德，《在异乡》，选自《卫报》女性专栏，阿特伍德文稿，126号档案盒，6号档案。
11 玛格丽特·阿特伍德致乔治·伍德科克的信（1971年1月18日），阿特伍德文稿。
12 玛格丽特·阿特伍德致玛格丽特·劳伦斯的信（1970年12月10日），阿特伍德文稿。

13　玛格丽特·劳伦斯致玛格丽特·阿特伍德的信（具体日期不详），阿特伍德文稿。

14　帕特·马伊纳尔迪，《家务政治》，选自《姐妹情谊的力量：妇女解放运动文集》，罗宾·摩根编（纽约：古籍出版社，1970年），第447—454页。

15　苏琪·施坦布勒编，《妇女解放：未来蓝图》（纽约：ACE图书出版社，1970年），第9页。

16　玛格丽特·劳伦斯致玛格丽特·阿特伍德的信（具体日期不详），阿特伍德文稿。

17　玛格丽特·阿特伍德致玛格丽特·劳伦斯的信（1971年1月18日），阿特伍德文稿。

18　玛格丽特·阿特伍德，《权力政治》（多伦多：阿南西出版社，1971年），第41页。

19　本书作者对吉姆·波尔克的采访，1997年10月14日。

20　玛格丽特·阿特伍德，《我觉得很难》，阿特伍德文稿，90号档案盒，2号档案。

21　《〈权力政治〉笔记》，选自《维多利亚院刊》第97卷，第2期，1973年4月，第7页。

22　玛格丽特·劳伦斯致玛格丽特·阿特伍德的信（1971年11月15日），阿特伍德文稿。

23　约翰·伦诺克斯编，《玛格丽特·劳伦斯与阿尔·珀迪：书信中的友谊》（多伦多：麦克莱兰-斯图尔特出版社，1993年），第242页。

24　布鲁斯·布莱卡达，《淑女的眼睛看到可怕的美》，选自《温莎星报》，1971年3月27日。

25　彼得·史蒂文斯，《深度冻结爱的持续小暴行》，选自《环球邮报》，1971年4月24日。

26　锡德·斯蒂芬，《玛格丽特·阿特伍德结束诗歌朗诵系列》，阿特伍德文稿，126号档案盒，5号档案。

27　《七位女诗人》，选自《卡尔顿杂记》评论专栏，第14卷，第2期，(1974年春夏版)，123页。

28　琳达·桑德勒，《访谈》，选自《马拉哈特书评》，第41期（1977年1月）；转载于《玛格丽特·阿特伍德对话录》，厄尔·G. 英格索尔编（安大略威洛代尔：萤火虫出版社，1990年）第51页。

29 同上。

30 迪克·艾伦，《权力政治》，选自《诗刊》，1973年7月，第239—240页。

31 海伦·文德勒，《女性有独特的主题、角色和风格吗?》，选自《纽约时报书评》，1973年8月12日，第7—8页。

32 有关玛格丽特·阿特伍德在多伦多的住所地址，请参阅格雷格·盖滕比的《多伦多文学指南》。

33 本书作者对吉姆·波尔克的采访，1997年10月14日。

34 玛格丽特·阿特伍德致玛格丽特·劳伦斯的信（1972年1月30日），阿特伍德文稿。

35 《玛格丽特·阿特伍德与玛格丽特·德拉布尔的交谈》，选自《女主人》，1987年4月，第73页。

36 吉姆·波尔克，《爱的颅相学》，选自《大西洋月刊》第232卷，第4期（1973年10月）。

第十三章 惊若天人

与波尔克住在意大利期间,阿特伍德曾收到丹尼斯·李的一封信,问她是否愿意加盟阿南西出版社编委会。他的来信实际上是发自恐慌的呼唤。1967年阿南西出版社成立时,麦克莱兰－斯图尔特出版公司的杰克·麦克莱兰曾预测,这家出版社将存活18个月。到目前为止,它已运营了四年。但在1971年,出版社遇到了麻烦。

阿南西出版社的确是20世纪60年代特有的一个现象。传说这个出版社是在多伦多一个叫"飞行酒馆"的店里边喝啤酒边创办的。据说戴夫·戈弗雷和丹尼斯·李无法出版自己的作品,因为美国出版商在加拿大的分公司对它们不感兴趣。于是他们成立了自己的出版社,为自己和其他加拿大文学新人创造了一个空间。但真实情况比上述传说更加随意。丹尼斯·李回忆说,阿南西出版社的成立纯属心血来潮的即兴之为:"我们为什么不自己出版《缺席的王国》呢?要不要给它起个名字,让它听起来像个真正的出版社?"[1]

李和戈弗雷在斯帕迪纳大道671号戈弗雷租来的一座爱德华时代的房子的地下室里创办了出版社,里面冷得像北极地带,隔壁是永安殡仪馆。他们把地下室的一端改造成了一间办公室,把出版社的存书放在炉房的架子上。他们的第一个全职员工是道格拉斯·费瑟林,初来乍到,是一个诗人和越南战争的反对者。用李的话说,这位18岁的年轻人有着巨大的躁

狂能量，同时极有诗歌天赋。他们每周付给他 35 加元，其中 15 加元他再返还回来，作为租用同一地下室床位的租金。²

阿南西出版社最初只出版诗集。他们重印了阿特伍德的《圆圈游戏》，出版了费瑟林和乔·罗森布拉特等年轻诗人的新作，不久以后开始出版迈克尔·翁达杰的《小子比利作品选》。还出版了小说，包括戈弗雷的小说集《可口可乐让死亡更美好》。但他们还有另一个关注点。1968 年 1 月，他们推出了《应征年龄者移民加拿大手册》，详细指导逃避兵役的年轻人如何在加拿大生存。

戈弗雷是一个有许多事业追求的年轻人。李说他非常聪明，有战术头脑。"我想他每天早上醒来，都在重新创造宇宙。这是一种没有人能理解的愤怒。他不断地在任何可以瞄准的地方描绘目标——外国资本、大出版社、大学院校——他在回顾往事中虚构了敌方的上层建筑。"³

戈弗雷的事业追求之一是他自己发明了一种名为"麦加"的产品，这是一种粉末状物质，一旦与水混合，据说便能产生所有人体必需的营养物质，是一种养活非洲饥民的价廉物美的产品。另一个是和平行动学生会。随着越南战争愈演愈烈，逃兵和逃避兵役的年轻人纷纷越过加拿大边境。丹尼斯·李和他的妻子唐娜每周都有一个晚上在家里辅导逃兵。事实上，他们中的一些人甚至短暂借住在他们家。

《应征年龄者移民加拿大手册》在逃跑者当中获得了巨大成功，阿南西出版社成了"地下组织的典范"。逃避兵役的人和想要成为作家的人出现在斯帕迪纳大道 671 号的前门，却被重新引导到小巷里，来到阿南西出版社不祥的后门入口。这本"移民手册"出版后不久，皇家骑警便带着窃听设备到达现场。

那是 20 世纪 60 年代，每个人都想重新创造一切。戈弗雷感兴趣的是"企业家行动主义"，李则想改变教育。他在昔日母校维多利亚学院教书，

第十三章 惊若天人　321

但他得出的结论是，现代官僚化的大学已经行不通了。所以他创办了自己的学院。1968年，他和霍华德·阿德尔曼（当时在约克大学教哲学）创办了罗奇代尔学院。

这所学院的演变过程纷繁复杂，颇有巴洛克之风。还是年轻学生的时候，阿德尔曼就已经是校园合作住宅公司的董事，该组织的宗旨是为学生提供低成本的住房。到20世纪60年代中期，他最热衷的项目是建造一座性价比高的高层学生公寓。在与多伦多大学的合作下，他获得了创办法律学院的资格，也就是后来被称为罗奇代尔学院的项目。但很快，由李发起的合作教育委员会就把这个住房实验变成了合作教育的激进实验。罗奇代尔学院成为对大学中盎格鲁－撒克逊系白人新教徒当权派的公然谴责。[4]

1968年，六栋破旧的合作公寓被指定用来创办罗奇代尔学院，而李和阿德尔曼则在布劳街和休伦街拐角处等待着一座18层的高楼竣工。他们的目的是创建一所大学，让学生可以在非结构化的教育环境下独立生活和工作："没有院系，没有年级，没有各式教学方式的压迫性基础设施。"正如李后来所说，罗奇代尔学院不愿"规定或禁止任何对人具有教育意义的活动"，[5]其理念是，学校将以民主方式运作，由学生们自行决定他们需要学什么。只有20世纪60年代才会有这样的实验。罗奇代尔学院确实在合作艺术方面产生了意义非凡的新理念（三人艺术团体"总体构想"和墙外剧院都是在那时诞生的），但它也注定会演变成灾难。在某种程度上，就像20世纪60年代本身。在不到一年的时间里，罗奇代尔学院便开始走下坡路，就像道格拉斯·费瑟林后来说的那样，变成了加拿大北方的嬉皮区——"加拿大乃至北美东半部曾有过的最大的毒品超市。更重要的是，它成为一个最刻板、最封闭的反乌托邦社区，一个威权主义横行的噩梦般的地方，摩托车帮被雇来当安全部队，在休息大厅设置检查站，带着恶狗在走廊巡逻；这一切与可怜的丹尼斯的设想完全相反。"丹尼斯·李辞职了，其他年轻的"理想主义者很快就被解聘"。⁶由于李与罗奇代尔学院和阿南西出版社都有牵扯,而这两者在人们的心目中是联系在一起的,这就对阿南西出版社不太有利了。

阿南西出版社向来都不只是一个单纯的出版社,参与者各有其志,精力不免会投向许多不同方向。很快,戈弗雷和李就明显表露出两人有不同的追求目标。然而,两人都对出版社有伦理要求。毋庸置疑,戈弗雷更强调企业家精神和商业化主攻方向。谣言四起,说他和李即将决裂,但事实上,两人之间并没有摊牌。丹尼斯·李记得,"这是两个年轻大男人之间的事情,两人都在兴头上,情绪激动。都意识到他们做事方式不同,不可能永远在一起工作。"⁷戈弗雷去法国写了一年小说。回来后,他和朋友罗伊·麦克斯金明和吉姆·巴克决定在萨塞克斯大道上创办新兴出版社,离阿南西出版社咫尺之遥。但很明显,他和李两人脾气不合。几年后,戈弗雷的妻子艾伦出版了一本悬疑小说《冷血杀手案》,其背景是一个小型出版社。其中一位老板兼文学编辑是一位盎格鲁－撒克逊系白人新教徒,成天眉头紧锁,结果他是一个变态的精神病杀人犯。为此,李曾想过要向法院起诉,但这个念头只是一闪而过。

小说本来是戈弗雷分管的领域,但现在,作为总编辑,李接管了这部分。很明显,他对小说和诗歌都有敏锐的编辑眼光。1969年戈弗雷离开后,阿南西出版社出版的第一部小说是格雷姆·吉布森的《五条腿》。李确信此举会使出版社破产,但他觉得必须这么做,因为这部小说写得实在是太棒了。事实证明,这是出版界的一次胜利。第一周左右,它的销量就超过了美国通俗作家杰奎琳·苏珊的作品销量。这本书印了1 700册,一个月内就销售一空,出版的当年又重印了三次。1970年,阿南西出版社以玛丽安·恩格尔的女权主义小说《姘夫的节日》开辟了新路。他们还出版了魁北克小说家罗克·卡里尔的《战争,是的,先生!》,由希拉·菲施曼从法语翻译而来，是魁北克系列小说的第一部。公民行动主义并未被放弃。丹尼斯·李在1970年推动了《糟糕之旅》的出版，以抗议斯帕迪纳高速公路的建设计划，因为它将切穿城市的心脏。阿南西出版社因为资金紧张，无法独立推出这个活动，所以是与新兴出版社联合推出的。

不久，阿南西出版社决定印刷5 000本艾伦·金斯伯格的《飞机梦》来试探美国的立法，并将一半以上的印刷品批发到美国。美国有一项"印刷条款"，对在美国国外印刷的书籍设立进口限额。但是加拿大没有对应的立法。如此一来，虽然美国出版商可以随心所欲地将他们多印的书越过边境在加拿大出售（他们也的确这么做了），但加拿大出版商只能屈服，只能在美国印刷书籍。阿南西出版社对加拿大一如既往不思捍卫本国利益的怯懦行为感到愤怒。然而，上述的贸然行动最终被证明是不明智的。美国人依法行事，《飞机梦》化为纸浆。阿南西出版社为此损失了好几千加元。

到了1971年，丹尼斯·李已感到精疲力竭。很明显，作为一个叛逆的出版商，阿南西出版社正在助力加拿大文学发生一场天翻地覆的文化转变，但作为一个加拿大的小出版商已经不再是新鲜事了。因为小型出版社已经多如牛毛。甚至更大的出版分社也对加拿大作家产生了兴趣。政府也开始为加拿大书刊出版提供资助。

1972年夏天，李准备放弃了。阿南西出版社的人际关系变得越发复杂，据在1971年加入阿南西出版社编委会的吉姆·波尔克说，有人开始称它为希腊神话中被诅咒的"阿特柔斯家族"[8]，争权夺利，内讧不断，离婚和桃色新闻频出，甚至还有一位作家自杀。1971年一个仓库起火，烧毁了一半的存书，账款被拖欠，印刷商要取消抵押品赎回权。由于长期资金紧张，阿南西出版社试图与麦克米伦出版社的加拿大分社进行某种形式的正式合作，但后者不感兴趣。为了表示善意，他们提出可以象征性地以一加元的价格购买阿南西出版社。此举简直就像狠狠打在脸上的一记耳光，是对阿南西出版社的公然侮辱。

阿南西出版社举步维艰，勉强支撑着度日。根据吉姆·波尔克的说法，是阿特伍德的《生存：加拿大文学主题指南》的销售拯救了这个出版社，使之走出了这段黑暗时期。出乎所有人的意料，这本书一炮打响，竟然成了大卖的畅销书。

阿特伍德在1971年秋天加盟阿南西出版社编委会。那时，阿南西出版社已经搬离多伦多商业区斯帕迪纳，迁往贾维斯街加拿大广播公司附近的一所房子里。那里绝非光鲜气派的工作场所。阿南西出版社尚未迎来自己的传奇时代。出版社面对的唯一问题是如何维持下去。

阿特伍德利用写作和教学的间隙来阅读手稿。李总是惊讶于她如何能够做到在周日上午带着一份手稿，一坐四个小时，"不时地在打字机上发出重重的敲击声，那是她在就某些需要补充修订的地方记下详细要点。真是重细节的编辑，无可挑剔，随后她又靠回椅背，接着往下看。"

阿特伍德很容易接受这样的论点，即助力"加拿大"文化项目是她的公民义务。阿南西出版社出版了好些实用手册。例如由保罗·科普兰和克莱顿·鲁比合著的《法律必读》，这本袖珍法律指南提供了很多建议，其中包括"当你遭遇法律"时该怎么做。20世纪60年代后期，遭逮捕司空见惯。他们还为约克维尔的嬉皮士们推出了书籍《性病：关于人传人党疾病》。

阿特伍德还提议写一本手册，类似读者指南之类的书，介绍加拿大文学。（波尔克会说她是被人怂恿的。）但她对此很感兴趣。她在约克大学教加拿大文学，发现身边的老师们都不了解这些书。在哈佛大学，这个被称为宇宙学术中心的地方，她总是惊讶于像佩里·米勒和艾伦·海玛特这样的教授，居然能够把17世纪美国人晦涩难懂的布道当作文学来研究，而在加拿大,即便是最有意思的加拿大作家也连起码的关注都得不到。一本概述加拿大作品的手册是会有价值的。

回到她在 20 世纪 60 年代初提出的关于加拿大文化特点的一些理论,她开始着手撰写书稿。她读过佩里·米勒的《荒野之旅》,这本书把美国人的身份定位在始终处于征服自然的执着过程中。美国人把边疆视为自己的象征;边疆代表着乐观主义的态度和清教徒信仰:他们是上帝的选民。然而,加拿大人对自然的看法不同。他们不想征服自然,只求在自然中得以生存。不论从民族角度还是文化角度,他们总是在担心生存问题。但这种担忧是有风险的,往往会导致受害者情结。事实上,生存是一种政治宣言,它告诉加拿大人要坚定立场,珍惜自己。阿特伍德厌倦了"大加拿大受害者情结"。她当时将这句话概括为:"看看可怜无辜的我们,我们在道德上比美国人优越。我们没有在越南烧杀抢掠,而那些浑蛋却正在涌入夺走我们的国家。"[9] 这么说吧,按照阿特伍德的说法,事情的真相是加拿大人正在出卖自己的国家。

为了赶上 1972 年秋季的出版期限,《生存:加拿大文学主题指南》的最终组稿经历了许多充满喜剧色彩的曲折过程。波尔克记得那是 8 月的一天,酷热难耐,他回到家,发现在他们位于卡萨罗马城堡后面的哥特式房子里,挤满了阿南西出版社的编辑部成员,几乎每个人面前都摆着打字机,桌上堆满了阿特伍德笔迹潦草的便签卡。阿特伍德自己坐在角落里,正忙着写作;丹尼斯·李一边来回踱步,一边不时地提些建议。雪莉·吉布森则带来了杜松子酒给大家鼓劲,她后来接替李,成为阿南西出版社的负责人。

《生存:加拿大文学主题指南》获得了巨大成功。到 1975 年,这本书已经卖出了 50 多万册。十年前,诺思洛普·弗莱曾声称,加拿大人对"我是谁?"的个人身份问题,不如"此处是何处?"的文化认同问题来得更加困惑。《生存：加拿大文学主题指南》，之所以畅销，是因为它似乎为这个国家的迷惘提供了解答之道。

到20世纪70年代初，至少在作家群体中，有一种强烈的感觉，某种全新的事情正在发生。

在撰写《十一位加拿大小说家》时，格雷姆·吉布森发现，他与其他作家有着共同的一套公理，一种想象的氛围。这既是区域性的——后来被称为"安大略南部哥特式"——同时也是全国性的：

> 玛丽安·恩格尔、爱丽丝·门罗、蒂夫·芬德利、詹姆斯·雷尼、佩姬，我们所有人都置身于一种想象的氛围之中。人们觉得自己生活在一个村子里，一个想象中的村子。或者更好的说法是，一个由固定剧团演出保留剧目的剧院。你了解那些关于亨弗莱·鲍嘉或英格玛·褒曼或其他人的电影吧，他们致力于一个共同的项目。我们也一样。我们相信自己可以做任何自己想做的事。我们不会被外界的事物所阻挡。事实上，我们能够以它为生。人们一致认为，文化，如果不是在很多方面都失败的公共文化，而至少是富有想象力的文化在引领我们前进。集体比个体的总和更好。我们发现，那些浪漫的胡言，说艺术家必须离群索居，孤芳自赏之类的话，绝对是不值一提的废话。[10]

1970年是一个分水岭。1970年12月1日，赖尔森出版社（加拿大最古老的出版社，成立于1829年，参与出版了许多加拿大的经典作品，包括阿奇博尔德·兰普曼和罗伯特·瑟维斯等人的作品）被出售给了美国麦格劳-希尔公司。政府没有采取任何保护性干预措施。对此，人们的反应是同仇敌忾，群情沸腾。那个时候已经是建立加拿大制度而不是削弱其制度的年代。一个名为"埃杰顿·赖尔森之友"的委员会随之成立。格雷姆·吉布森记得，示威者唱起《胜利之歌》，而他则爬上了赖尔森理工学院前约六米高的赖尔森雕像，把一面美国国旗披在雕像身上。"令我们惊讶的是，"吉布森说，对自己年轻时的行为感到有些好笑，"所有媒体都出来了。我们都接受了采访，采访一结束，我们就跑回家看电视上的自己。我们发现自己是有力量的。在此之前，我们从来没有想过，我们可以在电视上表达我们的关切，也不会想到哪家报纸会多看我们一眼。正如他们所说，信仰赋予了我们力量。"

很快，安大略省政府成立了皇家图书出版委员会，组成它的是三位知名度颇高的委员：多伦多律师、商人和流行小说家理查德·罗默（他的几部政治惊悚小说涉及美国吞并加拿大的企图），进步保守党前主席多尔顿·多尔顿，以及多伦多大学出版社主任马什·让纳雷。罗默一语惊人地指出，除了作家之外，所有专业组织都有正式代表出席听证会。他找到了他的朋友、广播电视作家马克斯·布雷斯韦特，说："把该死的作家们都带过来。"布雷斯韦特分别给戴维·刘易斯·斯坦、玛格丽特·阿特伍德、格温德琳·麦克尤恩、玛丽安·恩格尔和格雷姆·吉布森打了电话，邀请他们和其他作家一起来商讨加拿大作家面临的问题。在这些听证会上，人们呼吁成立一个作家工会，一个致力于保护作家法律和经济权利的机构。

《生存：加拿大文学主题指南》最终于1972年秋问世时，以众望所归之势，大获成功。公众似乎第一次对加拿大文学产生了浓厚的兴趣。新的文学杂志在各地不断涌现：《详论》《浪潮》《安提戈涅评论》《精灵爱丽儿》《大事件》《卡毕兰诺评论》《加拿大小说杂志》《放逐》《公开信》和《加拿大的书》，这些书刊在后来的日子里经久不衰。甚至一些教育机构也开始考虑将加拿大文学纳入其教学课程。

"长屋"是第一家专门介绍加拿大文学的书店，于1972年3月开业。贝丝·阿佩尔多恩一直在经营约克大学的这家书店。"我来自荷兰，"她说，

"发现加拿大人在宣传本国作家方面真的很落后。没有人认可任何作家。也没有人对此表示在乎。"[11] 阿佩尔多恩和她的经纪人苏珊·桑德勒要求与阿特伍德、丹尼斯·李和来自牛津大学的比尔·托伊会面,在丹尼斯·李家喝咖啡时,他们提出了一个想法,开办一家书店,专门售卖加拿大书籍。"他们让我们去争取,并给了我们一些资金,尽管我们不需要;我们自己有钱。杰克·麦克莱伦说,如果需要资金,可以与他联系,但他确信我们不会成功。"

阿佩尔多恩和桑德勒称她们出于政治动机,是受到了民族主义经济学家梅尔·沃特金斯的启发。沃特金斯在 1968 年担任了一个颇具影响力的政府工作组的主席,负责研究加拿大工商业界的外国所有权状况。该机构曾呼吁恢复经济。"长屋"旨在改变加拿大人对自己文化的冷漠态度。3 月开业后不久,阿特伍德开始经常待在"长屋",为撰写《生存:加拿大文学主题指南》做相关研究。她会坐在楼下写作,然后上楼查阅书籍。"我认为她从我们身上得到的力量,和我们从她身上得到的一样多。"阿佩尔多恩说道。

"长屋"成为加拿大图书的展示场所,阿佩尔多恩和桑德勒成为加拿大文学的"无薪大使"。这家店的存货中有七千多种图书。虽然大部分书籍都是教科书,但库存里还有法语和英语的加拿大小说和诗歌,以及具有国际性的儿童书籍。很快,英国、荷兰、德国和斯堪的纳维亚半岛的大学都写信给"长屋",询问书目,因为在外交事务部支持的一个项目下,他们已经开始设立加拿大研究项目。阿佩尔多恩和桑德勒开始编辑制作加拿大研究书单,以《生存:加拿大文学主题指南》为参照,因为显然从它开始是再正确不过的。没有一本书像它一样。"这是一本充满智慧的书,"阿佩尔多恩说。"我想很多作家都会因为自己没写这本书而心生嫉妒。"作家、出版商和寻找电影剧本的电影制片人开始造访"长屋"。阿佩尔多恩和桑德勒常常下班后还会留下来,为临时来客支付晚餐费用。那是一段美好的时光。加拿大文学的确是一帆风顺。

每个故事的背后都还有故事。1972年秋天,两位作家开始在"长屋"楼下的办公室里私下见面。阿特伍德与格雷姆·吉布森开始成为恋人,尽管他们尚未准备好对外公开宣布恋情。

两年前,他们在格罗斯曼酒馆为米尔顿·阿肯举办的聚会上短暂相遇,当时他被授予人民诗人奖章,而不是加拿大总督文学将奖中的诗歌奖。聚会规模盛大,热闹喜庆,结束时阿肯满面喜泪。吉布森和阿特伍德分别凭借《五条腿》和《可以吃的女人》,入围了那一年的加拿大总督文学奖。(小说奖最后花落草原小说家罗伯特·克罗奇的《种马倌》。)聚会中间,阿特伍德走近吉布森说:"我认为你的书应该获加拿大总督文学奖。"说完翩然离开。[12]

吉布森当时正在阿南西出版社,帮忙为图书封面拍摄作者肖像。阿特伍德在1971年春短暂回到多伦多时,他受命为《权力政治》封底拍照。这次会面给他留下了永生难忘的特殊印象。一些看似无足轻重的时刻,就像小溪里的石头,却能在无意中改变人的一生。吉布森记得阿特伍德那天盘起了头发,戴着一顶帽子。拍完三卷胶卷后,他让阿特伍德摘下帽子,梳理一下头发。她照办了。拍出的照片令人难以忘怀。"透过相机,我发现自己,嗯,顿时生出一种惊若天人之感。我真的被迷住了。当你把镜头直接对准对方脸部拍摄时,会产生骤然拉近的亲密感。她的眼睛,她的头发。我在相机里盯着她看了很长时间,完全被她迷住了。"

两人之后没再见面,直到1971年秋阿特伍德从英国回来。自从阿特伍德的《权力政治》和吉布森的第二部小说《圣餐仪式》在同一季度出版和发行以来,他们的职业道路开始产生了交集。在加拿大广播公司的一次采访中,制作人要求他们相互采访。吉布森说,他几乎觉得自己可以信笔写下阿特伍德《权力政治》中的一些诗句,而她对他在《圣餐仪式》中的一些句子也耳熟能详。两人在情感和悟性上有惊人的相似之处。对此阿特伍德表示赞同。没过多久,他们便开始在阿南西出版社共事,还一起开展早期作家联合会的事务工作。

吉布森不记得他们第一次正式"约会"是什么时候,又是如何开始的,但他记得他们第一次一起出去吃饭的情形。那是在布劳大街和斯帕迪纳街拐角处的一家日本餐厅的楼上。"要知道,这件事真是让我对这位女子印象深刻。当时佩姬的盘子里有一些绿色芥末膏。你知道,她来自本宁顿高地,误以为那是某种奶油干酪。我看着她用筷子夹起整团芥末,放进嘴里,吃了下去。面不改色。"他被阿特伍德极力装出的勇敢逗乐了,同时也被深深触动。

两人开始交往时,吉布森已近40岁。他是一个英俊潇洒的男人,精力充沛,令人着迷。她在一个奇特和与世隔绝的环境中长大,而他的童年则可谓居无定所。

1934年,吉布森出生在安大略省的伦敦城。他父亲是加拿大皇家兵团的一名职业军人。贝丝·阿佩尔多恩还记得这位"陆军准将"。他们经常一起出去喝酒,他会说他的加拿大部队参与了解放荷兰的行动。这位准将为他的儿子感到骄傲。在阿佩尔多恩的努力下,小说《五条腿》出版时,约克大学书店还专门举办了一个特别展以示祝贺。

吉布森的母亲出生在澳大利亚,是澳大利亚业余歌剧演唱家,父亲是加拿大人。年轻时,她回到安大略省的伦敦城,在那里遇到了加拿大皇家军团这位"风度翩翩"的年轻中尉,他留着漂亮的金色小胡子。两人相爱了,后由于军队规定而推迟了婚礼,她出去在CFBL广播电台找到了一份工作。很快,她拥有了自己的特色节目,一边唱歌,一边弹奏尤克里里,还获得了"澳大利亚夜莺"的美名。至少,她的儿子是这样深情讲述父母

第十三章 惊若天人 331

亲的传奇故事的。

吉布森一家经常搬家，在加拿大的伦敦、哈利法克斯、弗雷德里克顿、多伦多、渥太华、英国的伦敦和澳大利亚的悉尼都生活过。吉布森在许多学校接受过教育，可以列出一串长长的名单。在之前一所学校，也就是魁北克圣让城的圣让皇家军事学院里，他发现自己不仅是一名出色的射手，而且还有"领导"潜力。在滑铁卢学院，他想象自己是一名记者，"穿着风衣，站在维也纳的雨中"。后来他转学到西安大略大学，学习英语和哲学。不久，他开始考虑以写作为生，又转学到爱丁堡大学。在那里，他度过了"无比浪漫的一年"，一边写作，一边幻想着去匈牙利，在1956年的匈牙利事件中驾驶救护车。他联系了许多前往匈牙利的团体，但是，正如他所说："我显然是疯了，失去理智了，他们一边说'非常感谢'，一边拍拍我的头。"于是，他回到西安大略大学完成了自己的学业。虽然他一直是一个学习热情并不高的学生，但他在会考中发挥出色。为此他获得了兼任教学工作的教学奖学金。

就像年轻时的阿特伍德，吉布森相信，如果想成为一名作家，他应该去到欧洲的某个地方，一边做一份卑微的工作，一边住在阁楼上写小说。但现实与之相反，他得留在安大略省的伦敦攻读硕士学位。就在这个时候，他遇到了第一任妻子雪莉。两人于1959年结婚，并带着79美元动身前往英国伦敦。吉布森决心成为一名作家，在条件艰苦的诺丁山门公立学校担任代课教师期间，他开始创作《五条腿》。不久，他们的第一个儿子出生。后来，他们通过朋友在昂蒂布角的一栋别墅里找到了一间公寓，在那八个月里，吉布森全身心地投入写作当中。

全家回到加拿大后，吉布森在赖尔森理工学院找到了一份工作。教了三年后，他获得了加拿大艺术委员会的资助，突然有了一年的空闲时间。这时，夫妇俩有了第二个儿子。在雪莉的坚持下，他们出售了家里的房子，将孩子们裹得严严实实，搬到了墨西哥的瓦哈卡。正如吉布森回忆的那样，"与那本书作战就像经历心理恐惧"。但他总算完成了《五条腿》，回到加拿大后，他开始寻找出版商。在小说遭到四家出版公司退稿时，朋友们建议他去找丹尼斯·李。李凭着一双慧眼，一下便认识到它在新手法的尝试上具有非凡的独创性。这本书于1969年出版。不久，雪莉和吉布森开始在阿南西出版社共事。1972年，丹尼斯·李离开阿南西出版社，开始从事自己的写作，雪莉接任成为这个出版社的负责人。

到20世纪70年代初，吉布森和雪莉已经不再像传统婚姻中的夫妻。从某种程度而言，这在20世纪60年代并不罕见，他们不再是一对关系稳定的夫妇。当吉布森遇到阿特伍德时，这段婚姻实际上已经名存实亡。

1972年，吉布森和雪莉正式分居，他在多伦多北部的比顿镇附近租了一所房子。两个儿子马修和格雷姆和他关系很好，经常来看他。常去看他的还有阿特伍德。

到1973年秋天，阿特伍德和吉布森都清楚意识到两人之间的关系发生了实质性的变化。吉布森挂牌出售了在比顿镇租来的房子，和阿特伍德一起在多伦多以北约80千米处的阿利斯顿附近买了一个约40公顷的农庄。他成了阿特伍德愿意与之共度一生的男人。

注释

1 本书作者对丹尼斯·李的访谈,1997年3月7日。

2 道格拉斯·费瑟林,《夜间旅行:20世纪60年代回忆录》(多伦多:莱斯特出版社,1994年),第106—107页,内容涉及阿南西出版社和罗奇代尔学院的建立。

3 本书作者对丹尼斯·李的访谈,1997年3月7日。

4 丹尼斯·W.约翰斯顿,《走向主流:多伦多另类剧院的崛起1968—1975》(多伦多:多伦多大学出版社,1991年),第30—34页。

5 道格拉斯·费瑟林,《夜间旅行:20世纪60年代回忆录》(多伦多:莱斯特出版社,1994年),第132页。

6 同上书,第130—31页。

7 本书作者与丹尼斯·李的通信,1998年4月23日。

8 詹姆斯·波尔克,《蜘蛛生活:阿南西出版社15周年》,选自《加拿大论坛》,1982年6月/7月,第19—21页。

9 格雷姆·吉布森,《玛格丽特·阿特伍德》,选自《十一位加拿大小说家》(多伦多:阿南西出版社,1973年),第22—23页。

10 本书作者对格雷姆·吉布森的采访,1997年11月4日。

11 本书作者对贝丝·阿佩尔多恩和苏珊·桑德勒的采访,1997年8月26日。

12 本书作者对格雷姆·吉布森的采访,1997年11月4日。

第十四章　穆尔穆小镇

穆尔穆小镇位于89号高速公路以北，坐落在阿贾拉北面阿利斯顿和谢尔本之间。该地区最早的居民为爱尔兰移民（主要是新教徒），在19世纪二三十年代定居于此。1973年，阿特伍德与吉布森搬到那里时，格林、爱尔兰和墨菲等大家族已经在这片土地上耕种了150年。小镇的距离正好得以避开那些业余农场主和周末去布鲁斯半岛的人，而这里的土地也正好可以形成一种富足的农业传统。从某些方面来说，这是一个非常封闭（一直到1952年才用上电）、与世隔绝的世界，人们对宗教的拥戴可以追溯到19世纪的爱尔兰。虽然新教兄弟组织橙带党分支大多已解散（在圣餐派对上，如今看到的多为新教徒和天主教徒），关于他们的故事仍在流传。比如沃克家族居住了120年的古老石屋曾在19世纪40年代天主教芬尼亚兄弟会起义骚乱期间为妇女和儿童提供藏身之处，为此至今被人们铭记。该地区仍然坚持"新教原教旨主义"。有些家庭从不碰酒，想喝酒的年轻人得躲到停在外面巷道里的卡车里。[1]

阿特伍德与吉布森住的房子是一座建于19世纪40年代的典型的安大略农舍。阿特伍德将其形容为"继最早定居时期的原木简陋棚屋之后的'梦想'家园"。这是一个"半烟囱式"的房子，烟囱在二楼，一楼用铁炉子取暖。房子有一个前客厅和一个后客厅，前客厅有很深的窗框。在阿特伍德看来，这些装饰和屋后的石堆，有力证明了建造这所房子曾动用大量劳工。它仍然被称为"诺贝尔家",意即"贵族之家"(Noble house),以最初定居在此的家族命名,尽管几十年来没有人用这个名字住在那里。[2]

首先是吉布森对耕种土地大感兴趣,投入大量精力。"值得称赞的是,"他说,"佩姬也表示同意。"虽然吉布森自己没有想到,但在第一次搬到这个地区时,他已经下意识地为其下一部小说《永恒运动》设定了场景。正如他所说:"我把所有这些想法灌输给我的家人,因为我要写一本关于19世纪农户的书。起床后,我甚至开始用折叠式剃刀刮胡子。我给自己的理由是,不要浪费剃须刀片,但我对自己小说中的人物罗伯特·弗雷泽的第一感觉就是,他在镜子前用折叠式剃刀刮胡子。"[3]

他们搬进来后,一个14岁的男孩每天都从道路另一头儿过来看他们。吉布森问他:"要想种地的话,去哪儿能弄到设备?"男孩告诉他有拍卖农具的地方,然后他们一起去买干农活需要的二手犁、拖拉机、水斗等。当地大约一半的农具拍卖品背后都隐藏着失败或悲惨的故事。有人太老了,不能工作了,或者有人死了。这些拍卖的东西有一种宿命的意味,吉布森发现这种意蕴深深打动了他。他在当地购置了所有农具,为住地乡村做出了实质性的贡献。

不久,吉布森拥有了约14公顷的耕地,并开始引进冬小麦。这样,他、阿特伍德和他的儿子们在夏天便能够从田野里运回1 800包到2 300包干草。他们有一个很大的菜园,养了许多动物:在不同季节里,他们先后养过鸡、鸭、鹅、马、牛,一只叫"忍耐"的黑色波斯猫,一只叫"红宝石"的虎斑猫,还有两只爱尔兰猎狼犬。他们不是奶农,但奶牛让他们忙得不可开交,晚上奶牛还会破栏而出。阿特伍德惊讶地发现牛居然会潜水。它们会游到池塘中央,还会从铁丝网围成的栏圈下钻出去。[4]她喜欢给朋友们讲一只鸡自取灭亡的故事。那只鸡钻进了放饲料的垃圾桶,桶盖一关上便窒息而死。她让继子马修和格雷姆把鸡埋了,但在狗屡次把死鸡挖出来后，他们决定为其实行树葬，把鸡装进袋子里，挂到空地的一棵树上。从那以后，两个孩子每年都会偷偷前去查看，想知道那只死鸡是否变成了木乃伊。[5]

不用说，农场亏本了，阿特伍德和吉布森也逐渐对经营农场的潜在危险见惯不怪。冰雹摧毁了庄稼，设备损坏，动物生病（"你若打算养活的牲畜，"正如邻居警告他们的那样，"就肯定会有死的"）。[6]

当阿特伍德的公共生活加速前进时，她为自己建立的私人生活基本上是家庭生活，而且，正如朋友们回忆的那样，她的生活非常自在随意。在这座古老的白色农舍里，前门很少使用。人们从侧面进来。供来客住的房间里塞满了冰箱、缝纫机和几瓶自制的发酵啤酒。尚未完工的浴室里水管到处可见。不久，阿特伍德和吉布森盖了一座两层楼的客用小屋接待客人。夜晚可能就是在乡下的饭厅里度过，围着烧热的铁炉，大声朗读《皮尔斯百科全书》，嘲笑年鉴上关于肥胖、神经症、手淫和幸福的各种建议。炖羊肉大多是吉布森做的，碗碟尽可以留到第二天早晨清洗。有时吉布森会兴致勃勃地谈起他的最新项目，一直到凌晨。阿特伍德则一边听着，一边钩织软毛毯，这是一种让自己有事可做的方式。她不喜欢浪费时间。[7]

就像任何作家都会做的那样，阿特伍德正在汲取眼前乡村景观的养分，以备将来之用。令她印象深刻的是"这里的风景……是一个有机整体——地上的景物、家族、争斗、传说、鬼魂、历史——'芬尼亚兄弟会的人过来的时候，那边是我们藏女人和孩子的谷仓。'有人告诉我们，正是这些话里的'我们'特别给人启发。所有这一切都维系在活着的人的脑海里。"安大略历史悠久，积累了不少长期形成的积怨争斗，当地传统和鬼魂故事。"它是一种厚重、丰富、给人无尽遐想的混合体。"

作为作家，阿特伍德感觉当地居民有两个方面特别吸引她。人们仍然保留着某种"高度修饰的说话方式，咬文嚼字，尤其喜欢用形象化比喻"。

他们仍然说着从19世纪流传下来的爱尔兰或英语习语。当一个农民说他希望能在穿上"木头大衣"前退休时,她开心极了。提到精神稍微有点错乱的人,他们会用"差两块砖"来形容。

更重要的是她接触到当地的民间信仰。其中许多都与天气预报或实用器物有关:比如某个人想要打井,会请来占卜者或巫师,他们会用传统的去皮柳树叉来占卜是否有水。结果总是比商业钻井更加有效。还有传统的疗法。"有些人,"她回忆说,"被认为具备止血之功,也就是说,只要你告诉他们,他们便可以让血止住,比如流鼻血或手被割伤。有些人甚至可以通过电话远程施展法力。"[8]这门绝技十分必要,因为农场里经常发生事故。

"还有一些信仰,"她补充说,"是关于算命的,再有一些是关于千里眼的,尤其是对灾难的预感。"如果谁不小心邀请了13个人来吃饭,一定得安排好第14个位置,否则其中一个客人会在两周内死去。阿特伍德的邻居可以告诉她许多类似的例子。吉布森还记得隔壁农场的一位女士,她说在有人快死时,她会在楼梯上闻到血腥味,她确实闻到了血腥味。不出三天,一个邻居的拖拉机侧翻,把自己压死了。

当地人对如何对付鬼魂也有颇为实用的建议。"我们很早就被告知,如果被鬼魂打扰,最好的办法就是在晚上给它留点儿食物。这样它就会知道自己的存在得到认可,同时你也认可了它与你分享空间的权利,这样它就会感到自己是受欢迎的,便会离开。"[9]阿特伍德将这一民间传说与威尔士的食罪者传统联系起来,她小说中的主人公就是以这个名字命名的。

阿特伍德和吉布森真的遇见了鬼魂。吉布森觉得太有趣了,鬼魂居然会来拜访他,因为他是最不相信此类事的人。农舍房屋当中有一个楼梯,直通到房子的后面,连接着一个绕到前面的阳台。他记得是一个冬日的夜晚,阿特伍德去了加利福尼亚,他独自躺在床上。听到有人在楼下的门厅里。

那天我和佩姬通过电话,知道她不可能在那么短的时间内回来。按照我们的车道设计,如果有车驶来,车灯会直接照进卧室窗户。只听麦克——那是我们养的蓝蜱猎犬,对什么疯狂地吠叫。接着便听到木楼梯上有脚步声。可以断定那是女人的脚步声。如果是男人,我早就起床了——并会采取防御措施。但想到是一个女人的脚步声,并且门是锁上的,我有点儿不知如何是好。她朝前厅门口走去,我喊了几声:"谁啊?"她在卧室门外停了下来,走进了以前想必是育儿室的地方。我意识到得走到她前面才能开灯。于是我躺在那里想:闹鬼的是房子,不是人。我们在这里待的时间还不够长,这东西不会对我有什么不利的。所以我祝它好并最终睡着了。第二天早上醒来,我问自己喝了多少。难道是梦?这事就这么过去了。我跟佩姬说过,然后两人就都忘了。

有许多互不相关的事例证实这个鬼魂的确存在。多年之后,当这个话题被重新提起,一位曾经照看过这栋房子的客人说,这个幽灵曾在他面前出现过三次。一个为阿特伍德和吉布森做家务换取膳宿的年轻互惠生曾遇见一个身穿蓝色长裙的女人,表情悲伤。他们离开农场后,把房子租给了一个来自北爱尔兰的人家。吉布森去收房租的时候,年轻的爱尔兰女人说:"给我讲讲那个鬼魂吧。"因为她丈夫曾看见一个穿着睡衣的女人走进育儿室。

吉布森说:"不知道该如何讲述这样的经历,因为它略显凌乱。无法解释,我只能说事情确实发生了。"这个鬼魂的过往之谜从未被揭开过,但阿特伍德和吉布森认为它一定与某个死去的孩子有关。他们试图在当地做一些调查,看看可能是谁的鬼魂,但他们的房子里没有暴力死亡的传说。不过,确实有人告诉他们,他们的地窖里曾经有一块大理石墓碑,是从附近的一个墓地偷来的,用来做冰镇糖。穆尔穆小镇的生活确实有一种哥特式风格。

在农庄的第一年,阿特伍德创作了许多诗歌,这些诗最终结集成为她在 1974 年出版的诗集《你很幸福》。她如饥似渴地迅速吸收了乡村风景的各种意象,精准定位了过去几年留下的复杂情感:

《春之诗》

春天来了,我作此说,大地

膨胀,有如发酵的面包

或垃圾,我们在焚烧

上一年的杂草,路上

浓烟闪耀,

一簇簇茎茬发出微弱的灼光,

如同懒洋洋的凤凰 / 并不只是

我的错 / 鸟儿的歌声

从它们身上羽状豆荚中迸发出来,蒲公英

叶片向上旋转,腐烂的木板下

一条蛇蜿蜒而过,

链条系住的兽皮

散发着爬行动物的气味 / 母鸡

在尘土中打滚,幸福地眯着眼睛,青蛙的身体

像膀胱一样鼓胀、收缩,

果冻一般的眼睛

成串成串,布满池塘

我会如此

冷酷吗？把手和胳膊伸进淤泥，

在石头和蚯蚓之间游弋，

拿出来似狐狸般恶臭，

辗转难安。夜晚，树苗在我的头边发芽，

我梦想着和解

与那些被我伤得

无法忍受的；我们静静地移动

触摸绿油油的田野，未来的

伤口像种子一样折叠

在我们柔嫩的指缝里，一日日

我在烧焦的路基

碎茬上恶毒地散步

欣赏风景，避开

那些我尚未伤害过的

然而，劫难的启示在我舌尖盘旋，

春天来了，我在寻找

合适的语汇：

        结束了

        结束了

好让我重新开始

再一次，某一年

我要让这个语汇持续不断[10]

就连挖粪肥也可以成为一种冥想过程:

《挖掘》

在这个院子里,我用铁锹挖着
牲畜棚

一旁是能让死者起死回生的
"开口仪式"女神的庙宇:腐烂的
干草,冒着热气
在潮湿的阳光下,散发着
发霉的纸板气味,

用腐败的粪便装满盒子
培植瓜果。

我挖是因为怀恨
我挖是因为愤怒
我挖是因为饥饿,
粪堆上蝇虫飞舞。

我努力忽略自己汗酸的衣裳,
狼吞虎咽早餐时色泽暗淡的面包,
喝着橙黑色的酸汁,黄油
散发着淤泥味,冰箱味,

往日的痛悔涌上心头……[11]

就好像她把迄今为止积累的所有意象全都汇集到了一起。在名为《变形之歌》的组诗中，她重新回到了对变形的痴迷，这一点与其父亲如出一辙。她发现这种痴迷在古典神话中得到了证实。但现在她写的是农场和田野里的家禽。她写了《老鼠之歌》《乌鸦之歌》《猪之歌》《猫头鹰之歌》《蠕虫之歌》《狐狸之歌》《母鸡头之歌》，都是从动物的角度出发的。她玩的是精心设计的游戏，极其严肃的游戏。蚯蚓歌唱自己的爱情，"憎恶靴子的鞋底／它们的皮革是严苛的宗教"，梦想着对人类进行报复。老鼠是寄生虫，以人类的残羹为食，但人类也以残羹为食。乌鸦觉得受骗上当，他歌唱着"希望"，但困惑的人们只听到"胜利"一词。但最具哥特式风格的还是《母鸡头之歌》。其他诗人可能会写牲畜棚里一只鸡被斩首的故事，但很少有人会想到从被砍下的头的视角来说话。阿特伍德当然是这一农家院落事件的目击者，她的描述精确无比：

> 那个词，与刀刃，
> 猛然碰撞之后
> 我靠在木块上，眼睛
> 缩回到如软体动物般
> 透明的蓝色外壳里；
> 我默念着那个词
>
> 而身体的其他部分
> 却完全不受
> 控制，无言地

依旧在
草地上恣意奔跑
恳求怜悯
胸脯重重摔下,

咕哝着埋怨生命无常
用变得黏稠的血腥嗓音。

手脚并用追逐着,食腐的动物们
蓄意踩躏:
它们想要它身上的珍宝,
它温暖的肉质,变成诱人的香肠
黄色的葡萄,它的肌肉
塌陷,化为可爱的五英镑现钞,
还有它的汁液和胶状的肌腱。
它试图逃跑,
从脖子里喘气,死命地。

它应该欢迎它们的到来吧
我默念着那个词,
我自身可有可无,平和安宁。

那个字母是"O",
是已然毫无用处的鸡头在呐喊,
纯净的空间,空旷却激烈,

那是我说的最后一个词。

那个词是"不"（No）。[12]

阿特伍德对脖子情有独钟。她希望自己能继承女巫祖先玛丽·韦布斯特的脖子。她会说脖子就像一个地峡，把精神和身体分开，让理性的头脑感觉不到身体的痛苦和爱意。我们生活在自己的头脑中，与世隔绝。在这首恐怖的诗中，被丢弃的鸡头喊着"不"，而它的身体，用血腥的声音埋怨着生命的无常，却可以变为可爱的钞票。阿特伍德的黑色幽默十分精准。

但贯穿《你很幸福》的还有另一种基调。阿特伍德从不轻易把自己的私生活展现给外人，但她的朋友们却都很清楚，她和吉布森非常相爱。蒂莫西·芬德利清楚记得他与阿特伍德和吉布森第一次会面的情形。到农庄的第一年秋天，与阿特伍德关系已非常亲密的吉布森把她带到斯通果园，那是芬德利和他的同伴比尔·怀特黑德住的农舍。

芬德利记得阿特伍德坐在他的客厅里编织；她在织一张彩色软毛毯或者是一条围巾。芬德利之前除了与她握过手之外并不认识她，对她的背景也一无所知。他们正在讨论成群的苍蝇，因为斯通果园正在遭受苍蝇的侵袭。阿特伍德问，这些苍蝇是在房子里过冬，还是在春天产卵孵化。他被逗乐了，意识到阿特伍德有意认识他，但又不想直接问他是谁。她是在邀请芬德利进入她那充满生物事实描述的神秘世界。他们带着狗在田野里散步，芬德利还记得他第一次看到他们俩在一起的样子。"佩姬和格雷姆上了车，带着害羞的神情披上斗篷走了，样子很滑稽，我一下爱上了他们。他们在一起非常美好，格雷姆和她一样聪明，显然两人都觉得对方很有趣。"芬德利为之感到高兴。随着《浮现》与《生存：加拿大文学主题指南》的出版，阿特伍德已声名鹊起，开始自带某种神秘感，让人敬而远之。但他发现"这位偶像也会咯咯傻笑"。[13]

事实上,从阿特伍德在 1972 年和 1973 年断断续续为其诗稿所写的笔记中可以看出,她写这些诗是出于新恋情所激发的情感。她为一首后来起名为《四种躲避》的诗写的几行笔记为"说不出我有多想你／欲说还休／我无能为力"。[14] 她想方设法使"爱"这个词复活。当爱这个词被陈词滥调掏空变得了无新意时,该如何谈论它?后来她写了《"爱"之词变奏曲》。

  这是我们用来填塞

  空洞的词。它的大小正适合填塞那些

  语言留下的温暖空白,适合填塞

  书页上那些看起来一点儿也不像

  真心的红色心形留下的空白。加上花边

  就可以出售。

  我们也可以用印刷体

  插入空白区域

  无须任何说明。有许多

  杂志没什么内容

  只有"爱"这个词,你可以

  用它来擦遍身体,也可以

  用它来烹饪做饭。我们怎么知道

  这不是在湿漉漉的硬纸板下

  鼻涕虫们的酷炫放荡?至于杂草幼苗

  它们在生菜中间伸出坚硬的鼻子,大声喊叫。

  爱!爱!士兵们唱着歌,举起闪闪发光的刺刀行礼致敬。

  然后就是我们

> 两个了。这个词
>
> 对我们来说太短太短，"Love"（爱）只有
>
> 四个字母，过于稀疏
>
> 无法填补那些以失聪
>
> 压迫着我们的恒星
>
> 之间深深的真空。
>
> 我们不想陷入的
>
> 并非爱情，而是那份恐惧。
>
> 这个词是不够的，但它只能
>
> 勉为其难。在这金属般的沉默中，
>
> 它是一个单元音，
>
> 一个在惊喜和痛苦中
>
> 一遍又一遍反复说"O"的嘴，
>
> 一次呼吸，一根手指抓住
>
> 悬崖峭壁的边缘。你
>
> 或是坚持，或是撒手。[15]

为了找到一种新的表达方式，她写了一首名为《万物唯此》的情诗，于1973年1月发表在《国家》杂志上。

> 不是普通的树，而是我们眼中的
>
> 那棵树，它将不复存在，会被狂风劈开，
>
>   在风中低头折腰
>
> 一次又一次。直至被推出地球而消失

后来,使之成为夏天的,将不会
是草,不会是树叶,年复一年,得有
其他词来形容。当我的

眼睛闭上,语言消失。那只猫
面孔一分为二,半黑半橙
在我破旧的毛皮大衣里筑巢,我喝着茶,

手指勾着茶杯,不可能
复制这些味道。桌子
和奇异的盘子发出柔和的光,慢慢消耗着自己,

我向外眺望,你便出现
在这个冬天的厨房里,就像树木或句子一样,
随意进入我的身体,也像它们一样消逝,最终销声匿迹

但你独自一人起舞的样子
在铺着瓷砖的地板上,随着一首陈旧的曲子,平淡而哀伤,
又如此快乐,勺子在手中挥舞,一缕缕
　　　　　　　毛糙的头发

从你头上竖起,这是你惊喜的
身体,我喜欢的快乐。我甚至可以说,
哪怕仅此一次,不再

持续：但此已为我所求。此已

为我所求。[16]

我们所谓的爱通常都是为了自己的安全而占有对方——这种对永恒不变的强求，是会令人窒息以至毁灭情感的。当吉布森被问及这首诗时，他回答说，如果坚持爱情永恒，"你就把它交给了命运的变幻莫测和危险。一旦开始这么做，就会落入被挟持和听天由命的俗套。足矣。就算此刻想要，此刻执意坚持，也还是索取过多了"。[17]

阿特伍德在她的书中总是仔细挑选最后一首诗，它通常作为前一首诗的结尾。她以一首名为《祖先之书》的诗作为诗集《你很幸福》的尾声。在诗中，爱情被视为一种牺牲自我、甘冒风险的倾情付出。爱是"去 / 冒险，付出生命并 / 活着，像这样敞开自己，成为整体"。[18]

与吉布森一起住在穆尔穆小镇期间，阿特伍德惊讶地发现自己的生活与父母给她设定的一同在"后院扫落叶模式非常接近"。这不是她原先为自己设想的生活。她曾经以为，即便到30岁没结束生命，至少也会效仿女艺术家的"红舞鞋模式"。事到如今她应该早已遍体鳞伤，性格扭曲，充满自杀倾向，至少已经因喝苦艾酒而弄坏了脑袋。在她刚起步的时候，人们认为既当女人又当作家，同时还能保持正常，根本就不可能。1975年，她告诉一位采访记者：

我不可能与任何不让我当作家的人一起生活。不过我要告诉你，我的确为此付出了巨大代价。我错过了其他女人拥有的许多东西——很长时间里我没有孩子，没有丈夫。现在我知我可能什么都没错过。但重点是，我曾经以为自己错过了。[19]

回过头来看，认为艺术家注定要失败的想法似乎是某种集体浪漫主义式的神经症。作家们唯一的共同点是他们都写作。现在她可以开怀大笑了："如果莎士比亚可以有孩子，又不用自杀，那见鬼的，我也可以。"

她解释说，她新获得的平静至少在一定程度上要归功于两件事：她"不仅得到了一些事务助理的帮助，还拥有了一个喜欢孩子和猫的大块头男人，格雷姆的自我意识非常坚定，不会受到我的威胁。这种状态不是未经挣扎就能实现的，其中有些是来自内心的挣扎，但最终还是实现了。"[20]

然而，在20世纪70年代中期，一个女人如何将其艺术和性别结合起来的问题仍然在社会的大背景中暗流涌动。阿特伍德经常被问及如何管理自己的私人生活。1975年，作为国际妇女年的特别报道，《公报》刊登了一篇长篇采访，当时还是一名年轻记者的苏珊·斯旺执着地质疑阿特伍德作为一名女性作家，何以能够表露出如此显而易见的自信从容。她问阿特伍德什么时候开始认为自己是艺术家。阿特伍德回答说："我不明白这话是什么意思，因为我真的不知道，可能我从未对此产生过怀疑。"[21]

阿特伍德向斯旺解释说，她的自信与"家庭背景"有关。父母允许她自由发展自己的喜好，从未给她施加任何压力，要求她和其他人一样。她说，童年"非常重要"，遗憾的是，"人无法改变自己的家庭"。人们可能要花数年的时间来克服从童年遗留下来、已经内化了的自卑情绪。她承认，作为一个年轻女性，她的自信和独立或许在她那一代女性中是一个例外。

斯旺联想到自己的一位作曲家朋友，便说，对一个女作家来说，最困难的事情之一就是"不把男人的事情放在自己的事情之前"。女性"很难把自己的工作放在第一位，或者在满足男性需求的同时给予工作同样多的时间"。

阿特伍德的回答直截了当：

我不知道。我不这么想。我喜欢能够照顾自己的男人——如果愿意,他们可以做饭。我也不会帮别人补袜子。如果格雷姆有急事要外出,我会照看农场。可在我要外出时,则由他来负责。我们就是这么过来的。这里没有我们两人应付不了的事情,除了夏天,有些机械方面的事情我还真不会。但我想,要是我说我不能出去喂牛,听起来会很奇怪,就像他说不会自己吃饭一样。我认为,作为一个成年人,无论喜欢与否,都得会做这些事情。男人们并没有那么无助。需要时若能做些家务,我会更尊重他们,而不是想当然地认为他们没有能力处理自己的生活琐事。

斯旺很想知道女性在与男性的关系中容易犯什么错,或许是女人老喜欢将男人视为白马王子,又或许她们总是想告诉男人她们是多么不可或缺。

阿特伍德开玩笑地回答说:"前些天我想到了灰姑娘。白马王子之所以选择灰姑娘,而不是另外两个姐姐,真正原因是只有她会做家务。她以为自己被带到了安逸的生活中,但事实上,她被带走是因为她会做家务,而两个姐姐不会。"

但她又若有所思地补充道:"我不认为女人对男人来说不可或缺。也不认为男人对女人而言不可或缺。这样很好,因为这意味着你不会感到束缚,因为你不是缺了这个人不行。如果你喜欢,尽可以和他们在一起。我想应该是这样的。否则,就可能滋生各种怨恨情绪。"

但是,斯旺很想知道,她是如何抵制女性的负罪感的?女性似乎深陷于负罪感无法自拔:"如果她们做自己想做的事,就会感到内疚;如果不做,她们也会感到内疚。这对你来说会是个问题吗?"

阿特伍德回答说:"在这种情况下,我会感到沮丧而不是内疚。我认为女性从小就认为别人的幸福取决于她们,如果别人不幸福,那便是她们的错。我当然也遇到过这种情况。但如果你心怀善意，努力尝试了，却仍然不起作用，你就会发现这些人的幸福并不取决于你。你无法让任何人快乐。你可以让他们不开心，但那是另外一回事了。"

有两点最为重要：一是找到做自己的内在力量，二是有幽默感。"我认为有件事对女性来说特别不好，那就是她们可能被认为过分自主——太具威胁性、咄咄逼人或过于霸道。"

然而，阿特伍德总是愿意承担责任。如果有人不管她做什么，总是感觉到她的威胁，她会决定我行我素，依然故我。因为这其实是他们自身的问题。

尽管如此，阿特伍德还是在采访的最后补充道，她不喜欢听起来好像是一个专门为失恋者加油打气的专栏作家。"我不知道什么对别人有好处。我不能说：'好吧，玛格丽特·阿特伍德说现在你可以开始一段良好的恋爱关系了。没事的，姑娘们，你们不必总是生气。'"

她既不是宣传家，也不是时尚评论家，更不是标新立异之人。她就是个作家，坐在凌乱的办公室里，在键盘上打字的人。这些问题与创作无关。但它们是时代的产物，她明白其中的缘由。

1972年秋天，当围绕阿特伍德新的小说的评论文章开始出现时，距离她最终在伦敦完成手稿已经过去一年多了。她花了几个月的时间考虑书名，否定了至少20个选项，包括《死亡之意》《伪装》和《一个水做的地方》，最后才确定了《浮现》。像所有的作家一样，她觉得自己把书丢进了一个空洞里。随后便坐等回音。没想到此书大获成功。

她被吹捧为女权主义者和民族主义者。（两者她都可以承认。）但在她自己看来，她写的不过是一个鬼故事。

她对一位采访者说："《浮现》是一个鬼故事，它遵循某种模式。女主人公……沉迷于寻找鬼魂，一旦找到，她就会从这种迷恋中解脱出来。

关键是我的主人公能看见鬼魂，而鬼魂却看不到她。"[22]

阿特伍德对鬼魂的事始终抱认真态度，并一直对其情有独钟。她解释说：

> 你能看到各式各样的鬼魂。你可以写一个简单直接的鬼故事，比如一个人见到了一个鬼，而这个鬼和他们没有任何关系。你也可以写某种原始神话，在这种神话中，死人和活人一样活着并被人们所接受。没有人会对此感到惊讶，因为这种事经常发生。或者你也可以写亨利·詹姆斯笔下的那种故事，在这种情况下，人们看到的鬼魂实际上是自己分裂出去的一部分，也就是分裂的自我。对我来说，这是最有趣的一种，显然这也是我正在融入的传统。但是我想写一个鬼故事的原因和我想拍一部优秀恐怖片的原因是一样的。这是一个有趣的领域，但相关主题的作品经常命运不济，下场往往是被化为纸浆。[23]

《浮现》中有三个鬼魂：主人公的父母和故事结尾的陌生鬼魂：

> 我不害怕；对我来说，一旦害怕，便将自己置于莫大的危险中；它用黄眼睛盯着我看了一会儿，狼一样的眼睛，深邃而明亮，就像夜晚在汽车前灯下看到的动物的眼睛一样，反射着……
>
> 　　随后它的头笨拙地、几乎像一瘸一拐地移动着；我漠然视之，不引起它的注意，我只是周边景物的一部分，我可以是一棵树、一具鹿的骨架、一块石头，可以是任何东西。[24]

很多年前，阿特伍德一直都是个生活在丛林中的孩子。她知道灌木丛里有什么可怕的东西。她也知道其强大魔力。北方的森林，对于任何在里面待过的人来说,似乎都像是万物有灵般的存在。总有某个人,某个东西,坐在你身后,看着你。

阿特伍德设想的鬼魂是一个自然之神,是人类自我丢失的一部分。正如她所解释的那样:"每个人都有自己信奉的诸神或某个神灵。"但这些神灵必须"来自你所在的地方,(来自)你生活的现实……这本书的假设——如果有的话,就是这里的确存在神,但没有人认识它们……我不知道这与本书有什么具体关系,但我确信与其有关。"[25]

阿特伍德曾想用一个警句来形容《浮现》,但后来放弃了这个想法。那警句引自1651年约翰·霍兰德的一篇文章,《无底洞的烟雾:对那些自称为咆哮者或疯子的人的教义更加真实全面的发现》(她喜欢读此类东西):"他们坚持认为,上帝本质上存在于每一个造物当中,每一种造物都和另一种造物一样有上帝的影子……我在《盗贼之书》里看到过这样的表述:上帝的本质在常春藤叶里和在无上荣光的天使身上一样存在。"[26]

要说她有什么主张的话,那就是应该重新排序,改变将人类凌驾于自然之上的等级制度。大自然不只是供人类开发利用的对象。它不是为人类技术或浪漫表达提供的原材料或素材。我们必须尊重它的自主权。一旦毁了大自然,人类将自食其果。

"小说中的思想,"她会说,"比你想象的更接近代数。有了'X',就有了'Y'。讲故事是一种人类活动,是有价值的活动。"[27]一旦设定了情节,故事就有了自己的逻辑。她遵循的逻辑是一个被鬼魂(流产的孩子、过世的父母和失去的神灵)附身的女人,她必须面对并收回这些鬼魂。

然而,当被问及《浮现》与她作为作家的生活有什么关联时,她回答说:"有很大关联……对我来说,这是来自压在加拿大人身上的沉重压力。两种对峙的语言不断拉扯,灭绝的威胁,身份的不确定性;在自然地理上,有北方地盾区的乡村地貌,由水和岩石组成,那里的湖泊仿佛迷宫,所到之处，处处有着自己的倒影和回声。"[28]

阿特伍德的出版商杰克·麦克莱兰曾警告过她，《浮现》不会像《可以吃的女人》那样好卖，但事实证明，在整个欧洲大陆，评论家们对这本书出奇地交口称赞。[29] 乔治·伍德科克在《国家》杂志中写道："阿特伍德的成就是要让我们了解，我们是如何与一些最深切的希望——对自己，也是对自己所在的大陆紧密相连。"[30]《麦考林》杂志称《浮现》"简直出类拔萃"。《纽约时报》将其描述为"首屈一指"和"极其出色"。《纽约时报书评》总结道："阿特伍德否定了爱默生的格言，即生活的真正艺术是在世界的表面滑行自如，她向我们展示了，倘若人想要在今天过一种内省的生活，就必须去探索其深度。"[31] 对于一个33岁的年轻作家来说，她已做到了极致。

然而，阿特伍德却认为，只相信成功，把成功作为衡量标准，这么做十分危险，往往会将成功从你身边夺走。唯有两件事至关重要：一是为写作而写作，二是以个人生活为中心。1972年秋，当记者问她想要什么时，她的答案不是名气。相反，她转身对吉布森微笑着说："哪个都差不多，没什么新奇的。我早已经有了。倒是有几根皱纹需要熨平。"[32]

按照吉布森的说法，这一点从未改变。他说：

> 佩姬是个作家，她必须写作。当然，她必须致力于此，但她可以尝试创作各种东西：她可以写诗，写散文，写儿童读物，也可以随意胡写乱写。从这个意义上讲，她是一个天生的作家。我们在一起这么久了，我很惊讶名气对她的影响如此之小。要说道德，个人道德，以及为了她自己的艺术道德，不论是什么，她都始终坚守，从未动摇。我不知道她是如何做到的，这一点在很大程度上从未改变。[33]

注释

1. 本书作者对特德·钱伯林的采访，1997年11月12日。
2. 玛格丽特·阿特伍德，《南安大略的哥特式风格》，阿特伍德文稿，91号档案盒，27号档案。
3. 本书作者对格雷姆·吉布森的采访，1997年11月4日。
4. 玛格丽特·阿特伍德，《南安大略的哥特式风格》，阿特伍德文稿，91号档案盒，27号档案。
5. 玛格丽特·阿特伍德，《有自杀倾向的鸡》，阿特伍德文稿，2号档案盒，6号档案。
6. 本书作者对格雷姆·吉布森的采访，1997年11月4日。
7. 瓦莱丽·迈纳，《玛格丽特·阿特伍德的多面人生》，选自《女主人》，1975年6月，第68页。
8. 玛格丽特·阿特伍德，《南安大略的哥特式风格》，阿特伍德文稿，91号档案盒，27号档案。
9. 同上。
10. 玛格丽特·阿特伍德，《春之诗》，选自《你很幸福》（多伦多：牛津大学出版社，1974年），第22页。
11. 玛格丽特·阿特伍德，《挖掘》，选自《你很幸福》，第19页。
12. 玛格丽特·阿特伍德，《母鸡头之歌》，选自《你很幸福》，第41页。
13. 作者对蒂莫西·芬德利和比尔·怀特黑德的采访，1997年10月26日。
14. 玛格丽特·阿特伍德，《四种躲避》，选自《你很幸福》（多伦多：牛津大学出版社，1974年），第77页。

15	玛格丽特·阿特伍德,《"爱"之词变奏曲》,选自《真实故事》(多伦多:牛津大学出版社,1981年),第82页。
16	玛格丽特·阿特伍德,《万物唯此》,选自《你很幸福》(多伦多:牛津大学出版社,1974年),第92页。
17	本书作者对格雷姆·吉布森的采访,1997年11月4日。
18	玛格丽特·阿特伍德,《祖先之书》,《你很幸福》(多伦多:牛津大学出版社,1974年),第96页。
19	瓦莱丽·迈纳,《玛格丽特·阿特伍德的多面人生》,选自《女主人》,1975年6月,第68页。
20	玛格丽特·阿特伍德,《巨大的意外之喜》,选自《女士》,1987年7月/8月,第196页。
21	苏珊·斯旺,《玛格丽特·阿特伍德:作为诗人的女性》,选自《公报》,1975年5月,1975年5月,第9—11页。
22	琳达·桑德勒,《访谈》,选自《马拉哈特书评》,第41期(1977年1月);转载于《玛格丽特·阿特伍德对话录》,厄尔·G.英格索尔编(安大略威洛代尔:萤火虫出版社,1990年),第43页。
23	格雷姆·吉布森,《玛格丽特·阿特伍德》,选自《十一位加拿大小说家》(多伦多:阿南西出版社,1973年),第18页。
24	玛格丽特·阿特伍德,《浮现》(多伦多:麦克莱兰-斯图尔特出版社,1972年),第201页。
25	格雷姆·吉布森,《玛格丽特·阿特伍德》,选自《十一位加拿大小说家》(多伦多:阿南西出版社,1973年),第19页。
26	玛格丽特·阿特伍德,《浮现》,阿特伍德文稿,21号档案盒,1号档案。
27	琳达·桑德勒,《访谈》,选自《马拉哈特书评》,第41期(1977年1月);转载于《玛格丽特·阿特伍德对话录》,厄尔·G.英格索尔编(安大略威洛代尔:萤火虫出版社,1990年),第43页。
28	玛格丽特·阿特伍德,《关于我》,阿特伍德文稿,56号档案盒,35号档案。
29	萨姆·索莱茨基编,《想象加拿大文学:杰克·麦克利兰书信选》(多伦多:基·波特图书出版社,1998年),第154页。

30 乔治·伍德科克,《书籍与艺术》,选自《国家》,1973年3月19日。

31 保罗·德拉尼,《清理出一个"加拿大空间"》,选自《纽约时报书评》,1973年3月4日,第5页。

32 马尔奇·麦克唐纳,《加拿大文学新星崛起》,选自《多伦多星报》,1972年10月21日。

33 本书作者对格雷姆·吉布森的采访,1997年11月4日。

第十五章　生存下来的女人

关于阿特伍德，我脑海中浮现的形象之一是：她住在穆尔穆小镇一个类似于她外婆家的农舍里，讲着她自己的厨房故事，重拾她的女性传统。但即便是这样一个无伤大雅的想象也会让她感到不快。她会说，让生活被神话挟持，或者把那个人变成楷模，均为危险之举。成为他人效仿的榜样从来都不是她所追求的目标。

到 1973 年，在《生存：加拿大文学主题指南》与《浮现》出版后，神话似乎像魔术贴一样轻易就附着在她身上。正如她自己形容的，她正在成为"人们随处携带的思想芯片之一"。一些评论家称她为古希腊神话中的蛇发女怪美杜莎，也有人称她为秘鲁木乃伊冰少女。对此她也许会付之一笑。"有人指责我仇恨女人。有人指责我仇恨男人。有人指责我对女人和男人都不够仇恨。"她告诉一位采访她的记者，"人们觉得我很可怕，（是因为）他们把我和我的创作混为一谈了。"[1]

塑造阿特伍德这一形象的需求似乎始于 1971 年，彼时她的诗集《权力政治》出版了。吉布森认为，阿特伍德的美杜莎形象始于自己为她拍摄的封底照片中她对公众的凝视目光：十分诱人，又如此直接，似乎把观众钉牢在她面前。对一些人来说，她是复仇女性的化身。为此他感到既好笑又懊恼，是他助推和造就了那个形象。许多评论家误以为这些诗是自传式的直接表达。在 20 世纪 70 年代，男性评论家似乎期待着女性的某种复仇。

当然，实际情形远不止这些。阿特伍德似乎的确让人畏惧。蒂莫西·芬德利认为：

> 人们如何解读佩姬身上的神秘感呢？那时候，她身上的确有些不同寻常的特质。只要一听到她的名字就会让人产生某种奇妙的感觉。玛丽安·恩格尔、玛格丽特·劳伦斯或阿黛尔·怀斯曼都不会给人这种感觉。佩姬完全是她自己，一个笼罩在某种——不是神秘的光芒，而是某种——我不想用"神秘感"这个词，因为不对，但玛格丽特·阿特伍德身上就是有一种东西，使她在那一刻与文坛的其他人完全区分开来。我记得有一次，作家联合会成立后，她在通讯简报上写了一句话："看在上帝的分上，别把我当母后对待了。"她获得了这种过分的尊重，对她而言却极感负担，并认为这样是大错特错的。但是，另一方面，这里也有可以理解的地方。她散发出一种其他人都没有的自信。她知道自己是谁，知道生活是什么，知道如何坚持写作。
>
> 我想我对她的第一波爱意产生在一次作家联合会会议结束之后，我们坐在央街的一家餐馆里。当时我们尚未真正了解彼此，所有人都坐在大桌子旁，一边喝酒，一边吃着意大利面。我看着她，一直在想："此人是世界上最有趣的女人之一。"而另一些人对待她的方式，则似乎是硬忍着"不该笑出声来"。她知道人们对她的看法，知道大多数人的看法多么可笑，不仅可笑，而且错误。他们只看到偶像。人们说她冷漠、孤僻、傲慢。那都是胡扯。她非常慷慨。总是给予，给予，再给予。[2]

对此，吉布森补充道：

这是一位魅力超群的年轻女性,她见解正确,同时又妙趣横生。有各式各样的人,不分男女,想方设法想要弄懂如何对付她。佩姬不会容忍傻瓜,即便他们不是傻瓜。她出言直率。作为一个女性的事实无疑强化了这种情绪。但即便是男人也会因为直言不讳而引人注目。虽然女人理应以养育者之类的形象出现,但她的确自带某种权威光环。从一开始,她的创作和公众形象就充满自信。有些人认为这是傲慢或颐指气使。但是,任何拥有这种聪明智慧和卓越能力的人,都会与神话般的形象联系起来。³

也许其中一种解释是,加拿大文化界从未见过她这样的女性作家。在远大志向面前她从不畏缩躲避。多年前,她曾对帕特里克·莱恩和约翰·纽洛夫说,他们不追求诺贝尔文学奖就是笨蛋。她认为加拿大作家和任何人一样都有机会成为伟大的作家。必须去奋力一试。她不承认曾有过自我怀疑的时候。

加拿大尚不习惯把拥有自己的作家视为理所当然的事情,没有赫尔曼·梅尔维尔或亨利·詹姆斯,也没有莎士比亚或弥尔顿这样伟大的作家,无从赋予自己的作家一种传统感。即便现实中存在许多加拿大作家——阿特伍德自己可以列举许多,如 P.K. 佩奇、玛格丽特·阿维森、杰伊·麦克弗森、罗伯逊·戴维斯、玛格丽特·劳伦斯——但他们的存在才刚刚开始进入公众想象。

在殖民文化中,阿特伍德为自己的自信也付出了代价。爱丽丝·门罗在她的一个短篇小说集《你以为你是谁》的标题中极其准确地描述了贬低他人的文化综合征。这就是所谓的"高大罂粟花综合征",一种对取得高成就者集体持批判态度的文化现象。社会对人们的期望是,不可以太自负,也不要太把自己当回事。

阿特伍德对《生存：加拿大文学主题指南》取得初步成功后出现的反弹毫无心理准备。到1972年12月，她开始感受到刺痛。罗伯特·里德在1972年12月的《加拿大论坛》上发表了一首极具攻击性的诗，名为《阿特伍德的针灸》。[4] 在诗中，里德想象自己在阿特伍德的权力之下，当阿特伍德把针扎进他的肉里时，他不堪重负。终于，阿特伍德那冰冷的喉咙吞下他那颗仍在跳动和流血的心脏。

这或许是对《权力政治》的讽刺性反击，却是一次令人不快的攻击。阿特伍德曾经嘲笑过男性诗人及其写诗如射精的理论，但从来都不曾进行过人身攻击，她发现自己被人将这颗跳动的心脏塞进喉咙，这让她有点儿受不了。她给《加拿大论坛》的编委会写信表示抗议，他们解释说，这首诗不知什么原因在圣诞节期间的忙乱中成了漏网之鱼，并未获得编辑部的集体通过。于是她就此作罢，不再追究。

很快，针对《生存：加拿大文学主题指南》的评论开始传到阿南西出版社。当这些文章出现在吉姆·波尔克的办公桌上时，他惊呆了。"有评论说，佩姬关于加拿大人对生存痴迷的论点，只是她自己神经症的一种表现，还说她想把它变成一种盲目的宗教。我开始怀疑，在加拿大，是否除了必须相信《圣经》，就不可能读到任何其他书籍。"[5] 与此同时，阿南西出版社将《生存：加拿大文学主题指南》称为一本评论专著、一个宣言、一本个人颠覆性言论专集。人们似乎并没有领会其中幽默和故意挑衅的意味。

当然，也有许多人，可以说是大多数人，对《生存：加拿大文学主题指南》的出版感到高兴。阿特伍德一定向玛格丽特·劳伦斯尽情倾诉了自己对这本书的担忧，因为劳伦斯寄来了一封私人短信。她评价道：

（这本书是）一个前所未有的尝试，首次力图说明为什么加拿大文学与美国或英国的文学存在不同。看得出来，写完这本书，你会有如下担忧：一是老师们可能会想——啊哈！加拿大文学全都在这里了，这正是我们需要了解的；二是作家们可能会想——我有合适的受害者——人或是动物吗？如果没有，我到底是怎么了？千万别这么想。这些都是我们必须抓住的机会……这本书很好，发人深省，而且（我认为）真实可信。[6]

小说家阿黛尔·怀斯曼也来了一封信：

顺便说一句，希望你不介意我提起，那帮人在过去一段时间里对你破口咆哮的方式把我吓坏了。很长一段时间以来，我一直持有这样一种观点：许多人在某种程度上自我窒息，无法忍受他们中有人表现出特殊的活力……[7]

朋友们可能对她过于保护了。毕竟，《生存：加拿大文学主题指南》在畅销书排行榜上连续占据了好几个月的时间，自1972年到1975年，它卖出了5万册。然而，一些评论文章的谩骂的确出乎意料。

最著名的民族主义者之一罗宾·马修斯在发表于另类政治杂志《这本杂志》的文章中对《生存：加拿大文学主题指南》进行了抨击。他一开始就说，这本书"必须认真阅读，必须抛开作家们通常为了保持朋友关系、为了在加拿大的小小文学世界里共同生存而相互之间惺惺相惜的曲意逢迎。……我们不能对彼此撒谎"。他认为阿特伍德选择了加拿大文学消极的一面，即"投降文学"，而忽视了本土的"斗争文学"。他觉得阿特伍德选择来讨论的书使用了美国的"斗争语言"，从而"接受了美国的行为方式"。她遗漏了那些以"完美的……家的感觉"来颂扬加拿大的作品。

阿特伍德把她的书题献给了诺思洛普·弗莱、伊莱·曼德尔和道格·琼斯，马修斯称他们为"知识界一些起引领作用的'黑人国王'"。他指责她过多地引用阿南西出版社出版的书，因为阿南西出版社是"痛苦、时髦、实验性、民族主义的作家们的家园，他们是一些束手无策，总认为我们很可能会输，所以不要'反美'，或者政治上太激进的人"。总之，玛格丽特·阿特伍德"贬低了加拿大人的想象力"。[8]

阿特伍德尚未有机会读完这篇文章，就接到《这本杂志》的邀请，让她作出回应。她最后的反驳长达21页。她哀叹道，罗宾·马修斯"认为（克服加拿大自卑感的）战役即将取得胜利，所以是时候欢呼了。可我认为这才刚刚开始，把你嘴里的唾沫浪费在欢呼上是一种奢侈，我们还享受不起"。

但在大多数情况下，她都表现得彬彬有礼。她是一个严肃的民族主义者。她觉得，只要加拿大人把自己视为受害者，在美国优越的经济和文化力量面前宣称自己无能为力，他们就永远不会承担起塑造自己文化的责任。她觉得，马修斯在多个加拿大大学聘用加拿大人参与民族主义运动，做了令人钦佩的工作。但他"有可能成为一个被自己的偏执所包围的一人卫戍社会，像潜望镜一样审视着评论界和文学界，一有风吹草动就予以猛烈抨击"。[9]

1972年秋天，阿特伍德被任命为多伦多大学的驻校作家。萨姆·索莱茨基当时是圣迈克尔学院的一名年轻教授，他还记得她在任期内上的春季必修课。听课者趋之若鹜。每个人都在谈论《生存：加拿大文学主题指南》《浮现》《苏珊娜·穆迪日记》。他回忆说，阿特伍德的讲座是对《生存：加拿大文学主题指南》的总结。"她和蔼、开放、机智、见多识广。"听众中最先发问的总是一些索莱茨基称之为圣迈克尔学院的"老顽固"。索莱茨基不清楚让他们耿耿于怀的，更多是因为她曾经是一个"离过婚"的女人呢，还是因为她没有把某些作家纳入她的加拿大文学研究的范畴。索莱茨基有种在一旁观看保守派审视新生代的感觉，双方表情都显得不开心。

马歇尔·麦克卢汉站了起来。他在思索关于面具的概念，关于把自己当面具戴上的概念。"对他来说具有麦克卢汉式的意义，尽管他在说什么，谁也不清楚。'阿特伍德小姐，'他发问道，'你是不是说，你把我们当面具戴上，你不仅戴面具，还有各种各样的自我？'这个问题持续了大约四分钟，玛格丽特倚靠在讲台上。她最终给出了一个关于作家和面具的回答。麦克卢汉回答说：'不，不，你完全没有领会我的意思。'她反驳道：'我没什么要补充的，或许我们可以过后再谈。'她在挑战伟大的马歇尔。这令人印象深刻。那种自信在当权者面前得以充分展露。"[10]

对《生存：加拿大文学主题指南》一书的攻击仍在持续。最激进的攻击由诗人弗兰克·戴维在1973年夏季版的《公开信》杂志上发起。戴维在一篇评论文章中谈到了《生存：加拿大文学主题指南》，文章是这样开头的："在玛格丽特·阿特伍德的诗歌中，压倒一切的主题一直是玛格丽特·阿特伍德个人的感受。"他接着攻击她的小说刻意操控、牵强做作。他声称阿特伍德屈服于"作家作为权力政治家"的诱惑。他写道，《生存：加拿大文学主题指南》"完全可以被冠以"阿南西文学出版社指南"的副标题。阿南西出版社目前出版的诗歌和小说中，多达42%的作品被列入书中推荐的各种阅读书目"。此外，还有阿南西出版社的格雷姆·吉布森，他似乎是阿特伍德最青睐的小说家。这篇评论写得十分露骨。戴维指责玛格丽特·阿特伍德天真幼稚；说她的研究"肤浅表面"，为的是讨好学术界，并采取"权力政治"的权宜之计，压制与她观点不同的作家。戴维声称，这部书的成功对那些没有表达""正确观点'，从而助推阿特伍德作品成为经典佳作的作家们来说，将是灾难性的"。[11]

这篇评论尖刻而恶毒，阿特伍德感觉受到了极大侮辱。她在回信中给出了自己的统计证据。在列举了每章的参考文献后,她指出大多数作家并非阿南西出版社的作者,而且关于有些作家的参考文献远多于格雷姆·吉布森。

对吉布森的旁敲侧击非同寻常。在此之前,他躲过了吉姆·波尔克在那些称他为阿特伍德先生的人手中曾经遭受的谩骂和反向性别歧视。在文学界,吉布森受到高度尊重,无论是因为他的写作,还是因为他在文化政治方面的工作。他只记得有一次(在为他的小说新作《永恒运动》做巡回宣传时),一位阿尔伯塔电视台的记者问他:"和玛格丽特·阿特伍德一起生活是什么感觉?"他的回答是:"这不关你的事吧。"事后,他说:"事实上,佩姬的成功从来没有给我造成困扰,因为我们在走到一起前就都已确立了各自的作家身份,而且我们都在一开始便取得了一定的成功,这是我们的婚姻得以维系的必要条件。"

还有其他一些关于《生存:加拿大文学主题指南》的评论文章,指责阿特伍德"追求时髦",批评这本书"粗制滥造"。有人说她是"加拿大爱好者";也有人认为她蔑视加拿大。她告诉乔治·伍德科克,她正在考虑印制一些小卡片,上面写着:"玛格丽特·阿特伍德身患恶疾,将不久于人世……无法与任何人以任何方式联系。"[12]

通过阅读佩里·米勒的《乌鸦与鲸鱼》,阿特伍德早已清楚,文化民族主义时期总是会在作家之间产生意识形态方面的谩骂攻击。她经常说,19世纪的民族主义文学战争对梅尔维尔的伤害有多么大。梅尔维尔被"年轻的美国人"(民族主义流派的作家这样称呼自己)诋毁为不够美国化,被亲英派的评论家批评为过于狭隘,并因此而失去了两个可能支持他写作的群体。佩里·米勒得出结论,梅尔维尔被他那个时代的文化政治摧毁了。在那场关于《白鲸》的激烈辩论之后,他的名声一落千丈,此后他沉寂了30年。

但阿特伍德并不打算就此沉默。她高举旗帜奋力反抗。有些人，比如丹尼斯·李，认为她在某些方面被迫有了改变。"她开始变得凶狠起来。她似乎把世界分成了'我们'和'他们'。我是我们的一员，所以我可以这么说。她想确定'我们'没有被人利用。这很复杂。她有一颗毋庸置疑的善良之心，非常慷慨，同时也伴随着'该给他们点儿教训'的另一个自我。"[13]

但很快，阿特伍德便游刃有余，可以拿整个混乱局面开涮了。1975年，她开始用笔名巴特·杰勒德为《这本杂志》的连环漫画《3K搞笑漫画》撰写文字稿，故意将标题"Canadian Culture Comics"（《加拿大文化漫画》）按照谐音错写为"Kanadian Kultchur Komics"，以示挖苦讽刺。女主人公名为"生存之女"，"又名飞翔的'高洁丝'（加拿大有限公司）"，住在布劳街高架桥下的生存洞穴里。作为滑稽无能的生存之女，阿特伍德可以取笑一切。从将她帮助建立起来的"Writers' Union"（作家联合会）戏称为"Writers' Onion"（作家洋葱）；到"Ceebeecee"（西比西，谐音为CBC，指加拿大广播公司）政治；再到她把自己视为加拿大文学的拯救者，奋不顾身前去救援："唠叨不休的海狸……这是呼救！"[14] 在她的一个连环漫画中，情节主线是美国中央情报局（文化渗透机构）试图渗透作家"洋葱"的努力。他们的内奸需要写一本书。他提出写《性的快乐》。"不够卡拿大，"他被告知，"这里有一本，《袜子的快乐》，亚历克斯·康特著……这是一本关于脚部生存的书。"阿特伍德总是说："问题在于幽默感——这是唯一能让你苟且活下去的东西。"[15]

从这个角度回首过往，20世纪70年代是加拿大民族主义激烈争论的十年。在他脍炙人口的《加拿大文学史》第一版的结语中，诺思洛普·弗莱曾说道："文化史有它自己的节奏。……必须有一个时期，达到一定的规模，社会想象力才可以扎根，并建立起一个传统。"[16] 他遗憾地说，加拿大从未经历过这样的时期。他写于1965年的这篇文章为我们敲响了警钟。

突然之间,从罗伯逊·戴维斯到玛格丽特·劳伦斯,每个人都在谈论加拿大的文化身份。戴维斯宣称,他的小说《多事之人》讲述的是"加拿大人离奇而充满激情的生活"。玛格丽特·劳伦斯曾说她的玛纳瓦卡系列小说是"回家"。草原小说家鲁迪·韦博谈到了承认文化神话的必要性,因为它们是基础根基。

同样的事情也发生在其他艺术领域。1973 年,查理·帕赫特正忙于创作一系列名为《向殖民心态致敬》的画作。全是伊丽莎白二世的肖像,千姿百态,画风十分诙谐:她或是骑在驼鹿上;或是叠加在劳伦斯·哈里斯的风景画上,一头驼鹿向她游来;或是像天使般的幽灵一样手拿提包和手套在森林里迎接加拿大人。他的观点似乎是,加拿大人想象中的核心形象是错误的,是舶来品。

1967 年,一群画家在杰克·钱伯斯的推动下,成立了加拿大艺术家代表组织,以保护艺术家的权利,一种民族主义思潮在视觉艺术领域生根。到 1971 年,几乎每个艺术社区都有知名当地人的身影。能量无处不在,但在多伦多发生的事情却别具深意。由艺术家经营的画廊开始开放,如电子画廊(1970)、空间(1971)和夜莺艺术委员会(1970)。各种杂志也纷纷创刊,包括《铁证》(1973)和《降落伞》(1975)。本土艺术开始得到认可。奥吉布瓦人诺弗尔·莫里素和阿尼西那比人卡尔·雷于 1973 年在马尼图林岛建立了由土著加拿大人经营的奥吉布瓦文化基金会。[17]

剧院也蓬勃兴旺起来。20 世纪 60 年代中期,加拿大的戏剧界似乎乏善可陈,波澜不惊,没什么大事发生。在年轻的激进分子看来,位于安大略省斯特拉特福德的斯特拉特福德剧院,以上演古典戏剧为主,显得既守旧又传统。但后来,一些有五六年舞台经验、相对成熟的演员,渴望新鲜事物,纷纷涌向多伦多新成立的演出公司,如墙外剧院、塔拉贡和工厂实验室,这些公司在 1968 年以后开始营业。于是乎,突然之间,天才出现了。1973 年,墙外剧院推出了里克·萨鲁蒂尼创作的实验剧《1837》,成为民族主义者的试金石。主题为加拿大史上唯一一次武装暴动。暴动发生在 1837 年,当时报纸编辑威廉·里昂·麦肯齐曾短暂担任多伦多市长,他带领约 750 名农村支持者发动了反对英国殖民政府的暴力起义。暴动以失败告终;许多反叛者遭流放,一些人被绞死。对于墙外剧院的导演保罗·汤普森来说,剧院可谓红运当头,一帆风顺。他向阿特伍德提出制作一部《生存:加拿大文学主题指南》音乐剧的想法,尽管这个项目在起草阶段便夭折了。

记者们也开展了关于民族主义的辩论。阿特伍德当时是《这本杂志》的特约编辑。(该杂志最初的名称是《这本杂志是关于学校的》,但后来缩写成了《这本杂志》,为此总是招来玩笑:哪本杂志?)她写的巴特·杰勒德连载漫画、诗歌,以及偶尔写的文章从未让人失望。加拿大一些最优秀的记者和作家,包括里克·萨鲁蒂尼、卡罗尔·科贝伊、苏珊·克林、默娜·科斯塔西、乔伊斯·纳尔逊、伊恩·亚当斯和斯坦·珀斯基,都是从《这本杂志》开启文坛生涯的。

即便是那些不认为自己是民族主义者的人,比如马车房出版社的作者,也被这种充满新奇可能性的前景所吸引。回首往事,迈克尔·翁达杰曾经说过:"给人一种实实在在、团结一心、自下而上、共同致力于同一项事业的感觉——就仿佛我们在当时的官方文化之下自行其是一样。有种一举攻陷城门的热烈气氛。"[18]

作家们发现他们有一个共同的文化计划,那就是在加拿大(就在短短十年前,有志向的艺术家们还被迫离开这个国家)本土创作艺术。公众也纷纷支持加拿大艺术。加拿大艺术委员会开始深度参与资助个人作家、杂志和出版社的事情。1972 年 12 月蒙特利尔《公报》上的一篇文章指出,

第十五章 生存下来的女人

加拿大书籍的数量增加了25%:"单从政府援助的角度来解释关于加拿大的创作的惊人增长未免过于简单。尽管如此,这种支持所激发的信心,却着实助力加拿大国有出版商成功扩大了这个一年前似乎还连生存都岌岌可危的产业。"[19]

最后,另一个重要的文化机构得以建成开放。这是1972年皮埃尔·特鲁多领导的自由党政府为赢得大选,玩弄伎俩、孤注一掷的产物。特鲁多曾呼吁举行选举,但随着竞选活动的展开,种种迹象表明,少数派政府似乎更有希望获胜。于是自由党想方设法来确保来自多伦多的选票。国家城市事务部长带着一张空白支票来到多伦多,征用了湖边两千米长的土地。这个废弃的旧港口将被改造成为一个文化公园。经过两年的场地清理和周密的文化论证(就连莫琳·福里斯特和马歇尔·麦克卢汉这样的大艺术家和大知识分子都被请来,率领80到100人的考察团进行实地走访,探讨场地的使用情况),多伦多海滨艺术中心于1974年6月开放,烟花表演和各种派对似乎持续了整个夏天。1973年3月,一位名叫格雷格·盖滕比的年轻作家离开了麦克莱兰-斯图尔特出版社,接手了这里的文学阅读系列项目,并很快将其发展成为一个全国性的论坛。大多数加拿大作家,无论是知名的还是神秘的,最终都来到这里阅读作品。"那是一个群情沸腾的民族主义时期,"盖滕比说,"我们希望听到自己的声音。听到自己的声音真是太令人兴奋了。"[20]

意识形态的冲突和内讧在所难免。民族主义者被指责为沙文主义者,反民族主义者则被视为叛徒。阿特伍德很不喜欢这类辩论。同许多人一样,她希望民族主义具有积极的推动力。她在给乔治·伍德科克的信中谈到了加拿大出版商的问题:"我唯一想传达的信息是,应该避免各种偏执倾向,地区和地区之间,老出版商和新出版商之间,新出版商害怕老出版商,还有不同政治观点的出版商之间,都应该避免彼此提防,彼此害怕。发行商不应该相互仇恨和竞争;他们应该共同努力改善整个氛围。用这个来做周日演讲的话题你觉得如何?"[21]

那是一个文学创作的黄金时期。如今回首过往,阿特伍德那一代的大多数作家都怀着强烈的怀旧之情看待20世纪70年代。蒂莫西·芬德利说道:"我们是非常幸运的一代。我比佩姬大十岁,但我有和她一样的兴趣爱好。我们都有一种自信,一种我们可以为之奋斗的感觉。大家经常相互支持。我们在创造自己和文化。"[22]

当然,在对过去的回顾中,人们往往会弱化当时经历的困难。实际上,在加拿大从事艺术创作仍然存在各种问题,但也许是争取获得关注的兴奋感和战斗中的团结感使他们干劲冲天。蒂莫西·芬德利在1978年出版突破性小说《战争》之前,经历了八年的干旱期,颗粒无收,那是一个"无比黑暗的阶段"。《战争》是他进行巡回宣传的第一本书。《环球邮报》发表了一篇毁灭性的评论。书评人唐纳德·杰克认为这本书"毫无价值。男人是不哭的,等等"。他的朋友兼合伙人比尔·怀特黑德回忆说,他们当时住在埃德蒙顿的一家酒店里。"蒂夫(对蒂莫西的昵称)还在因为《环球邮报》的评论而感到崩溃。这家酒店的大厅设计十分奇特,只有从拱形天花板上才能看到一小片天空。这时,蒂夫的出版商用快件寄来《金融邮报》,我们找不到合适的光线来阅读。于是蒂夫走进那一小块阳光普照的地方,想知道他们为什么把报纸寄给他。原来是佩姬对《战争》的评论。她说,在加拿大有很多书不像书的出版物(杰克·麦克莱兰对商业通俗读物的称呼),但这本书实至名归。此话重新开启了蒂夫的生活。"[23]

芬德利补充道:"这篇评论救了我的命。是对这本书最为深入的思考。如果只有《环球邮报》的评论,我怀疑我是否能完成剩下的巡回宣传。"

佩里·米勒在其《乌鸦和鲸鱼》一书中指出,许多伟大的美国文学奠基之作都是在1845年至1860年这15年写成的,其中包括梅尔维尔的《白鲸》、霍桑的《红字》、惠特曼的《自我之歌》、梭罗的《瓦尔登湖》，以及爱伦·坡的小说和艾米莉·狄金森的诗歌。那些年是自我意识觉醒的民族主义时期，是民族表达的时期，作家们抛弃了对英国殖民的顺从，创造了自己的文学。所有新世界的文化都经历了这个阶段，尽管对大多数文化来说，包括拉丁美洲、澳大利亚、新西兰和加拿大的文化，这个过程要缓慢得多。回顾过去，加拿大人会发现，很大程度上是由于1965年至1970年代末的民族主义运动改变了人们的观念，也因为加拿大艺术委员会在资金上给予支持，使加拿大成为一个有可能从事文学写作的地方。他们还发现，在此之前，也曾经有过一些先锋作家，他们基本上没有得到认可，或者被摒弃了。总之，加拿大文学传统的确存在。

对于赶上这一进程的阿特伍德和吉布森来说，民族主义是一种务实的承诺。如果这个国家的民族文学要生存下去，就必须保护作家，使他们能够以文学创作为生。一直以来，作家没有统一标准的合同，没有向出版商申诉的渠道，也没有文学经纪人。加拿大的版权模糊不清，适用于作家的税法也需要改革。小说家休·麦克伦南给阿特伍德讲过一个关于他的朋友、作家格威瑟琳·格雷厄姆曾经遭遇的可怕经历，可谓极端案例。1944年，格威瑟琳·格雷厄姆出版了一部小说《大地与天堂》。这本书成为国际畅销书，并为她赚得45万加元。麦克伦南解释说："因为当时作家的收入被视为'不劳而获'，而1945年是有史以来最高的税收年，所以政府留给她10 500加元。按照他们的说法，最后政府依照衡平法以大约3万加元达成和解。她最后死于贫困。"[24]

因此，成立作家联合会势在必行。对大多数人来说，能够组织这一机构的人显然非吉布森莫属。他懂得政治运作。1972年，他开始给全国各地的人写信，并与梅维斯·加伦特、法利·莫厄特、皮埃尔·伯顿、约翰·梅特卡夫、克拉克·布莱斯和罗伯逊·戴维斯等人会面，讨论建立作家联合会的问题。安大略艺术委员会一位名叫罗恩·埃文斯的开明艺术总监为会议提供了经费。年底，30位作家乘飞机来到多伦多，参加第一次会议。弗兰克·斯科特和一个包括哈罗德·霍伍德、玛丽安·恩格尔和奥斯汀·克拉克在内的委员会为作家联合会起草了一份章程。克拉克·布莱斯当时是多伦多和蒙特利尔之间的指定联络员，他回忆起那些筹备会："大家互相握手致意，带着一种过分的尊重，就像自以为是的年轻人自发兴起一场运动，刻意而为。……我们是文学的一代。"[25] 最初的讨论并不顺利。许多人对把作家组织起来的想法持质疑态度，尤其在允许哪些人加入这个方面。但最终章程获得通过，所有出版过作品的作家都被邀请加入。

加拿大作家联合会于1973年11月3日成立，到1974年吉布森当选主席时，其会员已经超过200人。

在支持他们所信仰的事业方面，阿特伍德和吉布森是值得信赖的人，他们付出的不仅是时间，还有金钱，即"献血"。1984年，在他们的大力协助下，成立了英国－加拿大笔会中心，这是一个致力于为人权受到侵犯的作家争取权益的国际组织。成立初期的许多会议就在他们家餐厅举行，当时面临的首要问题是椅子不够，为此蒂莫西·芬德利还专门带来了自己的轻便折叠桥椅。阿特伍德和吉布森想出了首个筹款项目，写一本如何制作加拿大文学的"烹饪食谱"。这本书赚了足够的钱，让他们得以聘用了一位执行理事。

就在阿特伍德和其他作家一道在加拿大国内为文化问题而斗争时，她发现自己的国际声誉正在提高。1973年，《生存：加拿大文学主题指南》美国版的出版计划开始付诸实施，准备于1975年面市。美国人居然对一本以加拿大文学为主题的书感兴趣，对此阿特伍德不无惊讶。她告诉乔治·伍德科克："难道美国正在加拿大化？与加拿大美国化一样的速度？嗯，速度应该不会一样。"[26] 她写信给哈珀－罗出版社的美国编辑弗朗西丝·麦卡洛,说自己对这本书将引领美国读者进入加拿大的前景兴奋不已。在商讨如何修订美国版时,麦卡洛为自己"对加拿大简单的基本事实表现出如此惊人的……无知"感到歉意,并请阿特伍德为一些比较晦涩的文字提供脚注,例如:"汤姆·汤普森(原文如此)杰克松、多伦多安那克斯、橙色日游行、罗斯代尔的一栋房子、长索保卫战和加拿大地盾。"[27] "你会不会觉得把地理、先民、谁说什么语言、印第安人,以及你会很快冻死之类的东西写进去是十足的愚蠢之举?……还有若阿尔语,或是叫其他什么?"[28] 她告诉阿特伍德,老鼠在她的乡间别墅里出没,但只吃掉了诺曼·梅勒关于玛丽莲·梦露那本书上梦露的左脸颊,没有吃床边的《生存:加拿大文学主题指南》。她喜欢这样的想法:就连美国乡下的老鼠也开始尊重加拿大书籍了。最终结果让人大跌眼镜,由于合同问题,《生存:加拿大文学主题指南》的美国版出版计划半途而废。

注释

1 《追根究底:玛格丽特·阿特伍德》,选自《生活与工作访谈录》,布鲁斯·迈耶和布赖恩·奥赖尔登编(安大略温莎:黑苔出版社,1992年),第2页。另见《作家写什么》,选自《开场白:与二十四位加拿大作家的对话》,艾伦·特威格编,(大不列颠哥伦比亚省马德拉公园:哈珀出版社,1981年),第228页。

2 本书作者对蒂莫西·芬德利和比尔·怀特海德的采访,1997年10月26日。

3 本书作者对格雷姆·吉布森的采访,1997年11月4日。

4 罗伯特·里德,《阿特伍德的针灸》,选自《加拿大论坛》,1972年12月,第10页。

5 本书作者对吉姆·波尔克的采访,1997年10月14日。

6 玛格丽特·劳伦斯致玛格丽特·阿特伍德的信(1973年11月3日),阿特伍德文稿。

7 阿黛尔·怀斯曼致玛格丽特·阿特伍德的信(1974年10月29日),阿特伍德文稿。

8 罗宾·马修斯:《加拿大文学中的生存与斗争》,选自《这本杂志》,第6/4期(1972—1973年冬季版):第109—124页。

9 玛格丽特·阿特伍德,《马修斯及其失实陈述》,选自《这本杂志》,第7/1期(1973年5—6月);转载于《次要的话:批评散文选集》(多伦多:阿南西出版社,1982年),第148—50页。

10 本书作者对萨姆·索莱茨基的采访,1997年1月3日。

11 弗兰克·戴维,《阿特伍德向后走》,选自《公开信》,第5期(1973年夏季版);第74—84页。

12 玛格丽特·阿特伍德致乔治·伍德科克的信（1972年11月30日），阿特伍德文稿。

13 本书作者对丹尼斯·李的采访，1997年3月7日。

14 玛格丽特·阿特伍德自1975年的1—2月到1978年的7—8月为《这本杂志》创作连环画。

15 苏珊·斯旺，《玛格丽特·阿特伍德：作为诗人的女性》，选自《公报》，1975年5月，第10页。

16 诺思洛普·弗莱，《加拿大文学史总结》，选自《灌木花园：论加拿大人的想象力文集》（多伦多：阿南西出版社，1971年），第219页。

17 丹尼斯·里德，《加拿大绘画简史》第二版（多伦多：牛津大学出版社，1988年），第375页。

18 布伦达·朗费罗，《影子制造者：格温德琳·麦克尤恩》，纪录片，格尔达制作公司，1998年。

19 莎拉·E.麦卡琴，《政府资助注入新的活力》，选自《公报》，1972年12月2日。

20 作者对格雷格·盖滕比的采访，1998年3月19日。

21 玛格丽特·阿特伍德致乔治·伍德科克的信（具体日期不详），阿特伍德文稿。

22 作者对蒂莫西·芬德利和比尔·怀特黑德的采访，1997年10月26日。

23 见阿特伍德的评论文章《蒂莫西·芬德利：〈战争〉》，选自《金融邮报》，1977年11月12日；转载于《次要的话：批评散文选集》（多伦多：阿南西出版社，1982年），第290—295页。

24 休·麦克伦南致玛格丽特·阿特伍德的信（1975年7月2日），阿特伍德文稿。

25 克拉克·布莱斯，《我曾有一个父亲：后现代自传》（多伦多：哈珀柯林斯出版社，1993年），第121页。

26 玛格丽特·阿特伍德致乔治·伍德科克的信，1973年9月1日，阿特伍德文稿。

27 杰克松，指加拿大短叶松。但在阿特伍德的笔下，被赋予了人名"汤姆·汤普森"，暗含了加拿大的自然风貌特点以及人与自然之间的和谐关系。

多伦多安那克斯社区，也译合并区，是多伦多最富裕和多样化的社区。居民包括成功商业人士、著名艺术家、多伦多大学学生和教师，以及来自各行各业的人。

橙色日，加拿大纪念日，每年 9 月 30 日举行，纪念被送到社区寄宿学校、被迫融入加拿大主流文化的加拿大原住民儿童。

罗斯代尔的一栋房子，指罗斯代尔学院。

长索（也译"郎苏"）保卫战，也称长索战役，指 1660 年加拿大国家形成时期，发生在位于蒙特利尔和渥太华市之间渥太华河沿岸的长索之战。该战役成就了魁北克民间英雄亚当·多拉德。

加拿大地盾，位于加拿大东北部的一片古老的岩石地区，是地球上最古老的地壳之一，主要由花岗岩和片麻岩组成。

——译者注

28 弗朗西丝·麦卡洛致玛格丽特·阿特伍德的信(1974 年 1 月 3 日)，阿特伍德文稿。

第十六章 未见火车呼啸而来

1974年,阿特伍德出版了她的第十本书《你很幸福》。至此,已经有许多人开始急切纠正原先附着于她身上的形象。23岁的年轻诗人苏珊·马斯格雷夫做出了最为明智的努力之一。马斯格雷夫在评论《你很幸福》时,一开始就把阿特伍德的新书出版形容为一个"大事件",就像"过去马龙·白兰度的新电影或鲍勃·迪伦的新唱片"一样。玛格丽特·阿特伍德总是和她的诗联系在一起,她对此耿耿于怀:"评判诗就是评判诗人。"神话一般的"类阿特伍德形象"是"言简意赅、严阵以待、泼辣凶悍……这对我们来说太不公平,只有生活在浪漫主义边缘的文化才会试图这么做",马斯格雷夫写道。[1]

艾伦·皮尔逊在《环球邮报》上对《你很幸福》发表评论文章,把神话般的"类阿特伍德形象"表现得淋漓尽致:

> 在书店海报中,她的形象被视为蛇发的美杜莎;瞥一眼那双钢铁般的眼睛,就知道它们身后的乡间旷野正深陷在永远的十一月的天寒地冻之中。这个女人是"不可以吃的"。当这个强大的女性释放出她所有的文辞武器时,男性灵魂便知道要倍加小心了。……即便她不是一个因民族主义和妇女解放运动而声名显赫的博阿迪西亚女王,那么她毫无疑问也是加拿大文学界一位长鸣警钟的迷人美女。

人们开始时看到的是阿特伍德幽灵般的人物形象：身穿长袍，出没在冰冷河岸上腐烂发霉的芦苇丛里，一个为害羞的小鹿喂食的古怪生物，小心翼翼地在雪地中行走，头发被吹乱，心中充满痛苦的思想，桀骜不驯，时而被恶魔所困扰，勃朗特式的身影，孑然伫立在荒凉的风景图当中，树枝光秃，天空铁灰色一片，空气中充满刺鼻的柴烟味。

意义……如云母般闪烁，难以确定。女妖的吟唱以具有极大诱惑力的声音告诉我们，女人不得不通过向男人示弱求助来吸引他们是多么无聊。……在夜读此书之后，我心怀感激，取了一杯红色玛丽鸡尾酒一饮而下。[2]

1971年，阿特伍德在约克大学教授加拿大文学课程时，参与了一个研究媒体性别偏见的项目。她给学生们布置了调研作业，让他们致信给作家们，询问其是否认为存在性别偏见，并研究了大量评论文章。在回答这个问题的男性作家中，75%的人表示没有证据表明存在性别偏见，而25%的人表示可能存在一些。但是，在女性中，50%的人给予了肯定回答；25%的人说可能存在；25%的人说不存在偏见。

然而，在对评论文章本身进行审核时，阿特伍德却口气肯定地说："说实话，根据研究发现，性别偏见并没有我们预想的那么严重。"她和学生们得出结论，实际情况对女性来说相当有利。性别偏见并不明显，但存在双重标准。

25年前，把男性风格和女性风格区分开来是一种时尚。阿特伍德称这种现象为"奎勒-库奇综合征"。奎勒-库奇是世纪之交牛津大学三一学院的评论家，他将男性风格定义为充满活力，而女性风格定义为模糊不清。在一篇描述学生调查过程的文章中，她幽默风趣地列出了人们对女性的刻板印象。例如，贬低性别的恭维："她写得像个男人。"贬低家庭生活：

"男作家写诸如洗碗之类的事情时,就是现实主义;而若女性作家这么做,便是不幸的女性基因局限性。"恐慌反应:"这本书威胁到了男性评论家。"还有奥菲莉亚综合征:"这个女作家要么是疯狂的怪胎,要么就是注定遭受失败的勃朗特。"

在某种程度上,全都是女性在追赶男性。正如她所说,"男性作家的刻板印象"包括"醉醺醺的爱伦·坡、流血的拜伦、注定失败的迪伦、淫欲无度的莱顿、被钉在十字架上的科恩等",而女性作家则是"难以捉摸的艾米丽""隐居的罗塞蒂"和"自杀的西尔维娅"。类似这样的刻板印象,即使作者尽力遵守,成为一个受人崇拜的人物,对其自身而言却没有任何好处。[3]

阿特伍德不希望写作被视为神奇魔法、疯狂之类或欺骗伎俩,或是为传递信息而作的隐晦伪装。相反,这是一种合法的职业:"目前女作家生存的社会是,尽管它可能会把某些人变成受人尊敬的崇拜对象,但它对写作这个职业几乎没有任何尊重,对女性作家也是如此。"她解释说,评论家和媒体深刻地影响着职业生涯的有形资产,例如女作家的受欢迎程度,作品得到的评论好坏,以及她有多少收入,等等。但它们是"一个虚假的竞技场。真正的竞技场在她的头脑中,她真正的战斗是每天与文字的斗争,与语言本身的斗争。……作家是书的缔造者"。[4]

直到1978年,乔伊斯·卡罗尔·欧茨在一次采访中问阿特伍德:"记者们试图将你归类,把你包装成'加拿大文学女王'、国家级女预言家,甚至美杜莎。对此你一定深受其扰。你的反应是什么?"

阿特伍德回答说:

> 我不喜欢你提到的那些头衔;我觉得"女王"这个称呼特别无礼,因为它暗示着文学——至少是女性创作的文学,要么是君主制,要么

是蜂巢式。在任何情况下，唯有"女王"可以颐指气使，一手遮天，掌控所有空间。当她无法再产卵时，则可能会被蜇死。这样的头衔是对这个国家许多优秀女作家（玛丽安·恩格尔、爱丽丝·门罗、玛格丽特·劳伦斯等）的侮辱，也是对我本人的威胁。我想加拿大很渴望看到一些引人注目的"明星"，因为它已经太久没有明星了。作家面临的危险是过早明星化——她可能变成一个汽化球。当然，前提是她沉迷于自我形象。幸运的是，我在这里的形象，正如媒体所反映的那样，没多少吸引力，至少对我来说是这样。没有美杜莎的形象我也可以。[5]

这个世界上的皮尔逊们在抨击美杜莎，而女权运动抓住她不放，又在另一方面造成了问题。

小说家兼记者莱斯利·克鲁格还记得1973年12月与阿特伍德的相遇，那是在加拿大大学出版社为期一周的会议上。克鲁格当时19岁，是大不列颠哥伦比亚大学《校刊》的新闻编辑。加拿大大学出版社举行的妇女核心会议邀请阿特伍德在一个小组讨论上发言，并请她参加筹备会议，讨论会议议程。克鲁格回忆道：

> 大家都兴奋异常，因为玛格丽特·阿特伍德崭露头角，刚刚开始出现在每个人的意识当中。然而，我清楚地记得，当我听着讨论的时候，越来越感觉到人们并没有向她请教任何问题。她们只是拼命向她灌输想借她的口说的话。公平地说，当时对女权主义者的诋毁非常之多，甚至在像加拿大大学出版社这样具有激进左翼原则的组织内部也是如此。这些都是精力充沛、充满自信的年轻女性激进分子，但依然发现自己不断被派去煮咖啡。而此刻有一位公认的女权主义偶像来发

表演讲,每个人都希望她能为之代言,说出她们信奉的立场。她们尊敬她,但对听她讲话并不感兴趣;而只是想把自己的信仰灌输给她。[6]

莱斯利·克鲁格被选为小组主席,她觉得阿特伍德不知何故把她当成了盟友,似乎很感激她的出现。当然,她自己也对阿特伍德"印象深刻到半死",并怀疑自己是否真的读懂了阿特伍德的写作动机。但在第一次见面后,她认为阿特伍德感觉自己需要一个辩护人。她显得很紧张,这使年轻的克鲁格大为震惊。因为阿特伍德年纪比她大了很多,足可以当她的教授了。

在小组讨论之前,克鲁格一直计划去见一位住在多伦多的朋友。她已经好几年没见过她了,也没能通过电话联系到她。终于有人接了她的电话,却告诉她,她的朋友那天上午意外去世了。她朋友并未生什么疾病,而是死于动脉瘤。克鲁格崩溃了。她从没见过像她这样年纪的人死得那么突然。那个下午变得毫无真实感。克鲁格记得:

> 那是在赖尔森大学,我去了楼里的洗手间。很常见的那种,有白色隔间和白色水槽,地砖略带黄色。我清楚地记得我坐在地上,玛格丽特·阿特伍德走了进来。她问我还好吗,我告诉她,朋友刚刚去世,我无法主持小组讨论,没法参会了。她看上去既震惊又沮丧。我在地上抬头望着她。突然注意到她的手开始颤抖。我能清晰地看到她双手在颤抖。她安慰着我,对小组讨论的事只字未提,但我突然觉得她肯定意识到了,她将孤身一人面对狮群——面对那些渴望她的年轻女性,她们想占有她,想让她代言,说出她们自己的想法。而那个曾经作为盟友出现的人却不在场。那一刻,我对另一个人的个性顿然有了一个清晰的认识——就像人在周期性的某个时候会经历的那样。我想:她

需要为此付出多大的代价啊！对我们来说，这是一个名望如日中天、令人敬仰不已的人，但她却出人意料地富有人情味。她显得悲伤、紧张、孤独、年少。记得当时我觉得她根本没有多大年纪。

阿特伍德称自己为女性主义者，她当然是想借此帮助年轻女性。但她不想被迫充当谁的喉舌。她认为："女作家的正确道路不是全力以赴攻破男性设置的街垒。（也不是企图操控一切，唯女性为大。）……正确的道路是让自己成为一个更好的作家。"7

阿特伍德只有一个抱负：成为一名好作家，对她来说，这意味着成为一名自食其力的职业作家。这就是为什么从一开始，她就涉足各种写作，从中学时代的广告歌和木偶剧到成熟之后的杂志新闻和电视剧本。到20世纪70年代中期，她开始以作家的身份过上了舒适的生活，并于1976年以"O. W. Toad"之名——"Atwood"（阿特伍德）拼写的变形注册成立了自己的公司。除了一个经纪人，她还有能力雇用了一位助手来处理与她工作有关的所有咨询。事实上，众多学者和研究人员开始涉足后来成为"阿特伍德研究"的领域。

她把自己视作认真的艺术家，这实际上需要更大的勇气和独创性，而不像乍看起来那么显而易见。这里有两个问题。一是许多女性仍然很难相信自己能成为作家，因为对天才充满浪漫色彩的崇拜依旧附着于作家，如影随形。要有足够的自信，例如，要求拥有自己的房间，这些都需要勇气。但是，自以为是地让别人服从自己的工作，自以为是地认为助理、研究员、经纪人和公关人员都是自己职业生涯的附属品，却是一种背离。

再有就是一种挥之不去的陈词滥调，认为把自己的艺术视为一种职业活动，会在某种程度上削弱灵感的来源。艺术是纯粹的。它与生活在这个世界上的实用性没有什么关联。其他人生来就要呵护照顾艺术家。事实上，这种浪漫主义的观念经常奏效，尤其是对男性艺术家。在那个年代，如果人们愿意看看幕后，他们就会发现许多男性作家背后确实有人在协助他们——以妻子或情人的形式出现的无偿助手，不仅为他们处理信件，还经常从事外面的工作，以赚取足够的收入，让作家有时间写作。在众多男性艺术家，尤其是男性诗人的背后，是让他们的艺术行为得以继续的女性。

阿特伍德对这类波希米亚艺术家的浪漫幻想不屑一顾。她曾经说过："在一个资产阶级的工业社会里，如相关理论所言，有创造力的艺术家应该为读者或观众表达被压抑的欲望和被禁止的活动。"[8]她则追随一个完全不同的模式：维多利亚时代的男女文学家（像狄更斯或乔治·爱略特），他们积极参与社会，以自己的作品为生。她不会让自己的伴侣来养家糊口。不会强迫吉布森充当自己的助手或经济后盾。作为一个作家，她有责任自己谋生，毕竟，吉布森也有自己的事业。

然而，即便是这一专业素质也引发了质疑。有许多人认为阿特伍德掌握了文化脉搏，她的写作主题是由她精明的眼光决定的。一位评论家说，她"被赐予了永不落伍的天赋"。她认为有必要为自己辩护。她告诉一位采访的记者："我所做的一切都与市场需求无关，除了电视剧本。……我总觉得自己的写作有些古怪。"[9]

一位名叫琳达·桑德勒的采访者对她说："你似乎捕捉到了正确的预示，因为《可以吃的女人》早于女权主义；《浮现》讲述的是荒野；《神谕女士》讲述的是一个受人高度追捧的人物，这些都是人们想听的故事。"

阿特伍德回答说："我没有什么特别的洞察力。作为'预言者'，读我的书就像去找占卜者。她凝视着自己的水晶，嘴里念念有词：'巴别巴别巴别，胡言加乱语。'你可能差不多完全忘了，但后来你真的遇到了一个神秘的陌生人，于是你会说，'哎呀，那占卜者果真洞察力非凡！'融入大众情感并非为我独有。"[10]

阿特伍德始终密切关注大众情感，以及她所谓的"社会意象"，即隐藏在人们假设之下的神话。这可以一直追溯到她的童年，那个从丛林世界里走出来的年轻女孩，作为一个社会习俗的局外人。她是一个接触社会习俗太晚的人，永远不会将它们误认为是自然的存在状态。

吉姆·波尔克最为贴近地表达了这一点，他解释道："她是名副其实的丛林之子。这种生活背景，让她看待事物的眼光仿佛与事物隔开很远……她似乎可以通过自己独特的视角看待一切。可以随心所欲地将其变成一出喜剧，或者以一种奇特的、超现实的、安静的、哥特式的方式看待普通事物。"[11]

她曾经说过，她觉得自己"像一个好奇的、经常困惑、有时沮丧的社会观察者"。[12] 1971 年，以"十一位加拿大小说家"为主题，她曾经对吉布森进行过一次采访。采访中间她问道："有人能做到这一点（成为人）吗？"成为人似乎不可避免地"遥不可及"。[13]

她对这一主题最丰富的思考之一是《你很幸福》的核心部分——《喀耳刻或泥土之歌》。人类的许多故事都与战争、性征服和杀戮有关。从女人的角度来看，这是一段无情的历史。从 4 000 年前荷马的《奥德赛》开始，这个故事模式就已经固定下来了。两个代表性的形象相遇：男性是战士，女性是诱惑者。对阿特伍德而言，这两个"伪造"的意象定义了一条通往许多困扰人类心灵之疾病的道路。虽然人们认为她的眼光充满讽刺或愤世嫉俗，但事实上它们往往是黑暗的。在那些诗中，她以希腊神话中的巫术女神喀耳刻的声音诉说着绝望、孤独和愤怒：

> 长着鹰头的男人
> 我不再感兴趣……

我转而寻找其他人，

那些留下来的人，

那些逃离了这些神话

几乎没有生命的人；

他们有真正的脸和手

　　　却认为自己

有错，不知何故，他们宁愿是树。[14]

是什么让两个人生活在一起，并维持一段关系，即便面临着许多分离的压力？也许是因为他们必须共同关注这个世界。作为作家，阿特伍德和吉布森都对社会脱离正轨抱有一种悲观的看法，这一点从他们各自的作品中可以明显看出。《浮现》和《圣餐仪式》几乎可以看作两部相伴而生的作品，都是在他们彼此认识之前写的，都是对人类心灵扭曲的思考，都是对阿特伍德所说的"被困和受伤的生命能量"[15]的思考。吉布森观察男性的方式起初并没有被人们认识，一直到20年后，罗伯特·布莱才将这一主题推广开来。他们夫妇俩都是环保主义者，一起为加拿大公民自由协会做志愿者，两人都担任过英国-加拿大笔会的主席。虽然他们住在看似与世隔绝的阿利斯顿，却在公共生活中始终活跃如初。

阿特伍德在1973年至1976年所完成的工作量是惊人的。她常认为自己不够勤快。对此她后来略为改口，补充说："至少和我的家人相比。"[16]越来越多地方请她做自由撰稿人。《大西洋月刊》和《女士》等杂志对她穷追不舍，加拿大广播公司也很感兴趣。这些工作的佣金给她带来了很大一部分收入。她已经越过了那个看不见的天花板，在那里，她不再需要兜售自己的作品，而是坐等相关方面上门邀请。这当然是一个作家求之不得的。

乔治·乔纳斯是加拿大广播公司的电视制片人,也是电视剧《此剧不同凡响》的导演。他让玛格丽特寄点儿东西给他,1973年秋天,她写了一部两幕剧,起名为《女仆》,改编自多伦多北部里士满山一起轰动一时的谋杀案。1843年,16岁的女仆格蕾丝·马克斯被判谋杀了她的雇主及其情妇。阿特伍德第一次接触到这个故事是在八年前,当时她读到苏珊娜·穆迪在《荒野生活》中对这个故事的描述。阿特伍德通过查阅当时的报纸和实际的监狱记录开始研究,发现穆迪对这个故事有很多误解。她的第一个想法是,这部戏可以从1850年穆迪拜访金斯顿监狱的女杀人犯格蕾丝·马克斯开始。阿特伍德的直觉很准。她绘制了厨房、客厅和卧室的平面图。剧中的部分场景可以放在精神病院和监狱。

该剧于1974年1月7日首播。20年后,阿特伍德在她情节更为错综复杂的小说《别名格蕾丝》中再现了这个故事,她解释道:"许多年过去了,格蕾丝·马克斯仍然在我的脑海里徘徊。……她一直坚持要求得到更充分的听证机会。"[17]于是突然之间,线性剧情得以延伸扩展。她还可以尽情玩颅相学和神智学,玩基础心理学,玩魔法和阶级制度。阿特伍德总是告诉年轻作家,写作是有机的活动。一个作品源于另一个作品。写作的第一法则是永远不要扔掉任何东西。

《浮现》的电影版权是由魁北克人导演克劳德·朱特拉买下的。1974年3月,她写信给乔治·伍德科克,说她正在写剧本,自己反而被剧本里的鬼戏吓傻了。[18]她还开玩笑说,她正在创作另一部"荒谬可笑的小说(如果你认为其他几部电影都公然背离了现实主义,那就等着看这部吧)"。它将被称为《神谕女士》。现在她有了一个研究员助手,她可以把"各种稀奇古怪的要求"列成清单发给这位助手:

1)一张意大利地图。

2）一本英意、意英词典。

3）一部意大利建筑或历史作品，里面需包含以下信息：哪位教皇在蒂沃利建造了喷泉式教皇住宅？（又是何时建造的）……

4）一本意大利摄影书……是通俗杂志，有点儿像《真浪漫》，只不过故事是用黑白照片讲述的，配上文字和卡通气球……

5）一本《简·爱》。[19]

玛戈·基德尔在《神谕女士》出版后买下了这本书的电影版权，虽然这部电影从未被制作出来。

不过，开心的时刻总是有的。查理·帕赫特一直在多伦多寻找一个地方，可以容纳他构想中的毕加索风格艺术家工作室。1974年，他在皇后街旁的赖尔森大道24号找到了一栋建筑。没有人认为市中心的二手商店、廉价的少数民族餐馆和空间宽敞的仓库有什么价值，而这栋楼也在降价。当他把此事告诉阿特伍德时，她很热心，帮他凑齐了首付款。他把自己这个地方称为"艺术家联盟"，邀请画家、版画家、建筑师、设计师、电影制作人、作家等任何需要一个地方落脚的人加入。很快，他解释说，"艺术家们就像老鼠一样住在角落和缝隙里，房子里有了梯子，厨房在下面，床铺在上面。有趣极了。"[20]人们开始称他为"皇后街之王"。

1975年，帕赫特就是在这个地方举办了《丑物秀》。知名和不知名的艺术家都被邀请提交自己创作或发现的最糟糕的作品。阿特伍德提交的是她在陶瓷课上做的一个蛋杯，它在窑里爆炸了。这是一个矮胖的女性形象，圆润的身体是史前生育形象的典型特征。它可能已经走出了她的《喀耳刻或泥土之歌》的景观。1976年，帕赫特又推出了一场《惊艳秀》，模仿了独家募捐者的黑领结拍卖会。每个人都穿着莎莉·安牌的燕尾服和礼服，画作的起拍价是 10 万加元。帕赫特买了十个餐前小点心，将它们粘在一个银托盘上，然后大家逐个把银托盘传递下去。

1976 年，帕赫特在奥罗买下了一个农场，位于巴里镇的北面，离阿利斯顿不远，他把这个农场称为奥罗定点农场，并将在 7 月 1 日举办的加拿大国庆日派对变成了"真实发生的事情"。吉布森和阿特伍德来的时候，经常去当地的面包店吃牛油蛋挞。很快，他们便前往各个农场参加当地的烘焙义卖筹款活动。帕赫特成了牛油蛋挞专家，发现了这种甜点的各种细分种类。长老会的牛油蛋挞更酥脆；天主教会的则更厚实。他的理论是，如同牛角包之于法国，甜甜圈之于美国，牛油蛋挞理应属于加拿大。

但工作仍在继续。阿特伍德当时正在写《叛军年代：1815 年到 1840 年》，这是一本面向中学生的历史书籍，于 1977 年出版。她还发表了一些短篇小说，这些小说后来被收录在《跳舞女郎》中。加拿大广播公司对《强奸幻想》这个故事特别感兴趣，委托她写一个适合广播节目的改编版。1976 年，她为加拿大广播公司写了一部电视剧剧本《大侦探回忆录》，但他们从未使用过。同年阿特伍德的第一本《诗选》由牛津大学出版社出版，《可以吃的女人》在意大利出版，这是众多欧洲译本中的首部。

稿约催得紧，她忙得不可开交。她和吉布森接下了为玛格丽特·劳伦斯的《占卜者》写剧本的工作。与此同时她还在为《女士》杂志写一篇关于亨利·摩根塔勒的文章，这位医生领导了加拿大的堕胎合法化运动。当编辑尼娜·芬克尔斯坦请她做第二篇关于玛格丽特·特鲁多的文章时，她终于拒绝了，但补充说："我可以毫无保留地推荐一位非常优秀的记者即琼·考尔伍德……顺便说一下，作家联合会里有许多优秀女作家。"[21] 她还给芬克尔斯坦寄了一本加拿大诗人帕特·劳瑟的诗集，劳瑟不久前被她丈夫谋杀了。"我认识帕特，"她写道，"她的死让我非常愤怒。她应该有更多的读者。"[22]

作家联合会总是要筹集资金。早前，他们曾考虑过编一部色情作品选集，但后来人们发现，优秀作家写的色情作品往往很是糟糕。虽然玛丽安·恩格尔的《熊》就是该计划播下的种子，但最后还是以失败告终。1977年，阿特伍德和吉布森萌生了创作讽刺戏剧的想法。全国各地的作家都被请来写短剧，墙外剧院的保罗·汤普森也被请来当导演。这场演出于5月9日举行，剧名为《兼收并蓄的打字杂耍》。

汤普森回忆说："我记得很清楚，整个过程充满了一种可爱的颠覆精神。佩姬在里面涂涂写写，创作作品。我最喜欢的是她和另外两位女作家跳着雪鞋舞纪念法利·莫厄特的短剧。鲁迪·韦博，还有乔治·里加的女儿合唱了一首关于安大略可怜小男童的歌。作家们拿自己开着玩笑，表现出一种新的自信。佩姬沉浸其中，快乐无比，精力充沛，那种状态真是美妙。大多数有趣的点子都是她想出来的。"[23]

汤普森逐渐意识到阿特伍德会是一个很好的合作者。他说："当我开玩笑地提出制作《生存：加拿大文学主题指南》音乐剧的想法时，想不到佩姬会觉得这个点子正合她意，对此非常神往。一直到大家做了《兼收并蓄的打字杂耍》，她似乎都被这种戏剧所代表的集体无政府状态深深吸引。"事实上，汤普森感到她完全被戏剧迷住了，她本可以更全面地转向戏剧，只是"她会因为从中获得了太多乐趣，而影响她的工作。毕竟，戏剧不好控制，也很难赋予其同样的情节波澜，同样的错综复杂性，而这些是她在其他作品中所要求的"。他觉得玛格丽特"看到了诱惑"，然后几乎是不情愿地转身回到了她那孤独、安静的艺术创作世界。

阿特伍德有作家的意志和自律。当她被反复问到"为什么写作"时，这个问题总是让她觉得百思不得其解。就好比问舞者为什么要跳舞，运动员为什么要跑步一样。她曾经对一个提问者回答说："为了写作本身的快乐。关于作家，人们没有意识到的是，他们所做的许多事情都是玩耍。你知道的，就是玩耍。但这并不意味着它不严肃，或者它没有严肃的意义或意图。"[24] 对另一个人她则说："写作很累，但不是不好的那种累。"

在1971年的采访中，吉布森曾经问她："你最喜欢自己写作的哪一点？"她回答说："写作过程……我想人们最喜欢的书就是准备要写的那本书。对自己写过的书，人们往往想的是，哪里写得还不够好，或者如果让你再写一次，你会怎么做，或者你是否会再写一次。"

当时他还问："你为谁写作？"她开玩笑地回答："过去，我总以为在什么地方会有个留着灰白胡子的老人通晓一切。如果我做得够好，他自然会告诉我。那个人实际并不存在，但我写作就是给这个人看的。天上的伟大批评家……我会说，这是某种无法实现的理想的化身。"[25]

她像长跑运动员一样，不停地写作，以超越自己的极限。

几年来，阿特伍德一直想要个孩子。1975年秋天，她发现自己怀孕了。这时她已接近36岁。当然，她担心自己年龄太大，担心自己是否等得太久了。当时有大量关于高龄产妇和她们生下的婴儿有先天缺陷风险的宣传。很快，她发现自己很难再继续阅读这类东西了——"这是一种考验，但不是一场灾难"。她的私人医生建议她把矫正视力的时间推迟到孩子出生以后。

她没有停止工作。1975年11月，哈佛大学一位年轻的加拿大教授戴维·斯坦斯邀请她去剑桥做一个关于加拿大文学的讲座。他也是在杰尔姆·巴克利的指导下完成论文的，第一次见到阿特伍德是在巴克利的一次感恩节晚宴上。巴克利为她组织了一次晚宴，并主持了她的讲座，题目为《加拿大怪物：加拿大小说中超自然现象的几个方面》。吉布森陪着阿特伍德一同前来，斯坦斯发现他们俩都喜欢吃龙虾，就带他们去吃龙虾。这是一段长久友谊的开始。斯坦斯不时地向阿特伍德聊起她未能完成论文一事，因为她当时已经写了三分之二。她说自己写太多东西了，无暇顾及论文，但斯坦斯还是听出她有点为此感到难以释怀。毕竟她不喜欢半途而废。当斯坦斯的论文成书出版时，他寄了一本给阿特伍德，并开玩笑说："我们中还是有些人的确完成了学位论文的。"[26]

在怀孕的第七个月，阿特伍德为《神谕女士》做了最后的润色工作。（写这本书她花了两年时间。）女儿杰丝出生于1976年5月17日。她告诉朋友说吉布森非常高兴。他非常想要一个女儿。

"一切都很顺利，宝宝棒极了。"她告诉尼娜·芬克尔斯坦。[27]尽管为此睡眠不足，她在信中还是说自己的身体已恢复正常，可以继续工作了。1976年5月底，她写信给乔治·伍德科克说，自己"比平时稍微累了些，但还好，准备重新开始（虽然开始时节奏不会太快）工作"。[28]

她必须面对一件拖延已久的实际问题。她从未正规学过开车："年轻时，我犯了一个错误，试图通过亲戚和朋友来学习。"现在有了孩子，她必须通过正规渠道学习，对此她没有多大自信。在学习驾驶课程的时候，她发现自己不太会写字母。"我常常感到自己好无能。"她解释说，但最终还是拿到了驾照。

贝丝·阿佩尔多恩对阿特伍德的评价可谓中肯："她非常实在。身上没有半点儿虚假。所见即所得，她展示给人的就是实实在在的她自己。"[29]

不久，有人请求阿特伍德解释为什么想要孩子，对她有什么意义。一位特别年轻，或者说特别迟钝、少不更事的采访记者问："怀孕在你的创作中意味着什么？"阿特伍德耐心地回答道："你不能说怀孕是单独的一件事。它与许多事相关，比如做爱。我的意思是，这不是一件应该只有一种含义的事情。它是一个意义深远的人类活动，可以是多面向的，和鸣共振的。它对一些人来说具有非常积极的意义，对另一些人来说则可能非常消极。"[30]毫无疑问，发现自己说的都是显而易见的事实，肯定令她恼火。更烦人的是，这样显而易见的事情还需要说出口来。

对她而言，想要孩子就跟想要写作一样，寻找原因是荒谬的。女儿出生后，阿特伍德写了短篇小说《分娩》。故事通过冥想有机地展开，把任何一个时刻单独提取出来都是在削弱那个时刻。小说细节既生动又真实，就像分娩过程本身一样神秘莫测。

阿特伍德能够为自己的故事找到一种奇妙的叙事方式，语气既直截了当又亲密贴近。"可谁来生，给谁生呢？"叙述者问道。动词本身似乎并不合适，她认为："语言，用它古老的话语喃喃诉说，但同时也在表达又一个需要重新命名的事物。虽然这件事不一定由我来做。"

是谁生了孩子？她想知道。叙述者分成了几个自我：说话的女人；"生下"孩子的女人（她此刻离叙述者很遥远，几乎是过去的自己）；那个像幽灵一样陪她去医院不想生孩子的女人；作家（玛格丽特·阿特伍德）；读者（无论她/他是谁）。所有这些，全都是脑海中的幽灵、回声、反响。生命本身是短暂的，身份是流动的。"但，"叙述者说，"足够真实。"

当然，分娩理应给人带来一些意想不到的启迪：

> 内心里，她隐隐地希望会有某种神秘的事情发生。不只是分娩，还应该有别的东西，某种启迪。毕竟她是在拿生命冒险，虽然她不太可能会死。不过，还是有一些女性因分娩死去。内出血、休克、心力衰竭，或是由于人为的失误，护士、医生，都有可能。她理应获得某种启迪，理应允许她从那个黑暗深处带回一些东西，因为此刻她正在黑暗中迅速下沉。……（她）像过去许多次那样，试着把手伸到婴儿身上，把爱、色彩和音乐，不断通过自己的脉动传递给婴儿。

但故事的进展并未出现什么启迪。"至于说有什么启迪，没有。（她）并未得到什么特别的启示。"

唯有母亲和孩子以爱的姿态相遇。"孩子没有哭；她在与妈妈的子宫不同的光亮下眯起眼睛。孩子的出生不是上天赐予的，她也不曾接受过这种馈赠。孩子的出生只是为了让她和女儿能这样相互致意。"

但阿特伍德确实以某种启迪结束了这个故事。因为刚刚"生完孩子"，女主人公还很虚弱，她从病房的窗户探出身子，看着窗外的城市：

> 从窗户望出去，她只能看到一栋楼。这是一座古老的石头建筑，沉重的维多利亚风格，铜屋顶已经氧化成了绿色。它牢固、坚硬，被烟灰熏得漆黑、灰暗，或呈铅灰色。可当她细看这座古老而看似永恒的建筑时，却发现它由水构成。水和一些果冻似的脆弱物质。阳光（太阳升起来了）从建筑后面穿楼而过，大楼显得十分单薄，弱不禁风，在清晨的微风中颤抖。珍妮想到，如果这座建筑是这样（轻轻一碰就能将其摧毁，大地泛起一丝涟漪，为什么没有人关注，从而防范此类事故发生？），那么世界的其他地方一定也是如此，整个地球，岩石，人，树木，所有这些都需要得到保护，呵护，关心。但这项艰巨的任务将她难住了；因为她根本无能为力，那么，到时候结果会怎样呢？

就像所有生过孩子的女人一样，她发现生命脆弱，并且珍贵。必须得到保护。不久，生活重新开始，各种日常需求接踵而来。孩子生病，得抱着上医院，真希望她"结实、挺拔，像苹果一样硬实"。[31]

对阿特伍德而言，公众生活重新开始。她苦恼地发现，成为母亲之后，人们对她的看法发生了变化：

> 人们对我的态度发生了很大变化。……难以相信。并不是我变了一个人。我还是原来的我，很好，不过就是一点儿渐进的变化。但这

并不是说，成为母亲会突然让你变成一个温暖、舒适、分发饼干的人，如果你以前不是这样的话。事实上，我向来都喜欢分发饼干。[32]

生孩子纯属个人选择。她已经足够年长，记得曾经有一个时代，女性被告知，只有怀孕和生子才能体现她们的女性气质。她也记得还曾有一段时期，女性被告知她们不应该生孩子，因为这么做是反女权主义的。这两种说法她都不喜欢。阿特伍德还记得曾经有一次，有了孩子的女人们不经意地将她排除在她们的参照系之外，仿佛排除了什么隐秘的知识或见不得人的阴谋。真是既无聊又残酷。她当时就发誓，绝不会对任何没有孩子的女人这么做。

在内心深处，她认为自己不过就是一个写书和生孩子的女人。但这已经足够神奇。她自己没有想到这一点。许多年以前，在她刚起步那会儿，《红菱艳》的寓意的确存在。人们对她说，她不可能既当女人又当文学艺术家，如果她敢贸然尝试，最终下场是跳到飞驰的火车面前，粉身碎骨。对此她半信半疑。

阿特伍德大胆尝试了，并未见到火车呼啸而来。她无须与之相撞。

注释

1 苏珊·马斯格雷夫,《阿特伍德:小心谨慎的低姿态防御》,选自《维多利亚时报》,1974年11月9日。

2 艾伦·皮尔逊,《〈你很幸福〉书评》,选自《环球邮报》,1974年9月28日,第33页。

3 玛格丽特·阿特伍德,《身为女性作家:悖论与困境》,选自《加拿大马赛克多元文化中的女性》,格温·马西森编(多伦多:彼得·马丁联合有限公司,1976年);转载于《次要的话:批评散文选集》(多伦多:阿南西出版社,1982年),第197—204页。

4 同上。

5 乔伊斯·卡罗尔·欧茨,《玛格丽特·阿特伍德访谈》,选自《安大略评论》第9期(1978—1979年秋冬);转载于《玛格丽特·阿特伍德对话录》,厄尔·G.英格索尔编(安大略威洛代尔:萤火虫出版社,1990年),第80页。

6 本书作者对莱斯利·克鲁格的采访,1997年12月11日。

7 玛格丽特·阿特伍德,《身为女性作家:悖论与困境》,选自《加拿大马赛克多元文化中的女性》,格温·马西森编(多伦多:彼得·马丁联合有限公司,1976年);转载于《次要的话:批评散文选集》(多伦多:阿南西出版社,1982年),第204页。

8 同上书,第200页。

9 杰夫·汉考克,《玛格丽特·阿特伍德访谈》,选自《工作中的加拿大作家:访谈录》(多伦多:牛津大学出版社,1987年);转载于《玛格丽特·阿特伍德对话录》,厄尔·G.英格索尔编(安大略威洛代尔:萤火虫出版社,1990年),第

205 页。

10 琳达·桑德勒,《访谈》,选自《马拉哈特书评》,第 41 期(1977 年 1 月);转载于《玛格丽特·阿特伍德对话录》,厄尔·G. 英格索尔编(安大略威洛代尔:萤火虫出版社,1990 年),第 43 页。

11 本书作者对吉姆·波尔克的采访,1997 年 10 月 14 日。

12 乔伊斯·卡罗尔·欧茨,《玛格丽特·阿特伍德访谈》,选自《安大略评论》第 9 期(1978—1979 年秋冬);转载于《玛格丽特·阿特伍德对话录》,厄尔·G. 英格索尔编(安大略威洛代尔:萤火虫出版社,1990 年),第 71 页。

13 格雷姆·吉布森,《玛格丽特·阿特伍德》,选自《十一位加拿大小说家》(多伦多:阿南西出版社,1973 年),第 26 页。

14 玛格丽特·阿特伍德,《长着鹰头的男人》,选自《你很幸福》(多伦多:牛津大学出版社,1974 年),第 47 页。

15 玛格丽特·阿特伍德,《生存:加拿大文学主题指南》,第 83 页。这段话为玛格丽特·阿特伍德对格雷姆·吉布森小说《圣餐仪式》的评论,她称之为"令人难忘的艺术之作"。

16 本书作者对玛格丽特·阿特伍德的采访,1997 年 2 月 12 日。

17 玛格丽特·阿特伍德,《〈别名格蕾丝〉的读者指南》,第 2 页。

18 玛格丽特·阿特伍德致乔治·伍德科克的信,1974 年 3 月 23 日,阿特伍德文稿。

19 玛格丽特·阿特伍德致多尼娅的信,1974 年 1 月 6 日,阿特伍德文稿。

20 本书作者对查尔斯·帕赫特的采访,1998 年 3 月 17 日。

21 玛格丽特·阿特伍德致尼娜·芬克尔斯坦的信,1977 年 2 月 23 日,阿特伍德文稿。

22 玛格丽特·阿特伍德致尼娜·芬克尔斯坦的信,1977 年 4 月 4 日,阿特伍德文稿。

23 本书作者对保罗·汤普森的采访,1997 年 11 月 11 日。

24 J. R. 斯特拉瑟斯,《访谈》,选自《加拿大写作论文集》第六卷,(1977 年);转载于《玛格丽特·阿特伍德对话录》,厄尔·G. 英格索尔编(安大略威洛代尔:萤火虫出版社,1990 年),第 65 页。

25 格雷姆·吉布森,《玛格丽特·阿特伍德》,选自《十一位加拿大小说家》(多伦多：阿南西出版社，1973年），第7页。

26　本书作者对戴维·斯坦斯的采访，1997年2月15日。

27　玛格丽特·阿特伍德致尼娜·芬克尔斯坦的信，1976年8月8日，阿特伍德文稿。

28　玛格丽特·阿特伍德致乔治·伍德科克的信，1976年5月29日，阿特伍德文稿。

29　本书作者对贝丝·阿佩尔多恩和苏珊·桑德勒的采访，1997年8月26日。

30　乔·布兰斯，《玛格丽特·阿特伍德访谈》，选自《倾听他们的声音：与当代作家的对话》（达拉斯：南卫理公会大学出版社，1988年）；转载于《玛格丽特·阿特伍德对话录》，厄尔·G.英格索尔编（安大略威洛代尔：萤火虫出版社，1990年），第142页。

31　玛格丽特·阿特伍德，《分娩》，选自《跳舞女郎》（多伦多：麦克莱兰－斯图尔特出版社，1977年），第239—254页。

32　J. R. 斯特拉瑟斯，《访谈》，选自《加拿大写作论文集》第六卷（1977年）；转载于《玛格丽特·阿特伍德对话录》，厄尔·G.英格索尔编（安大略威洛代尔：萤火虫出版社，1990年），第65页。关于她对母性神话的看法，参见阿特伍德的评论《阿德里安娜·里奇：女人的诞生》，选自《次要的话：批评散文选集》（多伦多：阿南西出版社，1982年），第254—257页。

后记

回顾20世纪六七十年代，现在可以说那是英属加拿大文化最终克服殖民主义尴尬处境的年代。自那以后，年轻的作家们再也不用费尽心力去思考他们是否可以在加拿大展现自己的艺术才华了。众多留在本土、事业得到很好发展的艺术家可供他们学习效仿。

克拉克·布莱斯回忆道："在加拿大的那15年（1966年到1981年）里，我实现了许多梦想，远比我敢于想象的还多得多。作为年轻作家，我见证了加拿大当代文学的诞生。（这就像在巴黎的咖啡馆里一样；所有人都在同一时间、同一地点聚集在一起，有讨论写作计划的，有征文编书的，有创办出版社的。刚起步的年轻人，从欧洲归来的文学助产士，还有蹲在一旁守候、善良友好的记者们。）那是一个"有可能认识每一个人"的年代。[1]

那些年轻时的特立独行者如今已然成了当权力量。他们创办的许多机构——像墙外剧院、阿南西出版社，以及作家联合会等，都延续了下来，成为令人肃然起敬的对象；有些甚至变得陈腐过时。专门出售加拿大书籍的"长屋"书店也消失了。它已经没有了存在的必要。民族主义运动实现了自己的目标：为加拿大文化提供一面审视自身的镜子。

诺思洛普·弗莱所说的"长在想象力根基处的冻疮"，也就是一直困扰着加拿大文化的殖民主义问题，实际上是一个认识上的问题，任何后殖民主义理论家或女权主义理论家都会这么对你说。当你带着某种文化或个人的自卑感打太极时，你会不断地处于防守状态，由自我怀疑引起的矛盾和变幻无常往往会压抑能量，让人畏缩不前，或者转移到愤怒情绪当中。令人好奇的是，这个过程十分艰难，但最终"成年"意味着从边缘走出来，找到自己的位置。或者正如玛格丽特·阿特伍德所说："你进入了动态生存的第四阶段。泰然接受了自己的过去。开始目光向外，关注更广泛的世界。"

从20世纪80年代中期开始，加拿大作家成了国际舞台上的一员：罗伯逊·戴维斯、玛格丽特·劳伦斯、莫迪凯·里奇勒、爱丽丝·门罗、梅维斯·加伦特、玛格丽特·阿特伍德、迈克尔·翁达杰、罗欣顿·米斯特里、卡罗尔·希尔兹、蒂莫西·芬德利和简·厄克特。在20世纪90年代中期，甚至像安妮·迈克尔斯、迪翁·布兰德和安-玛丽·麦克唐纳这样的年轻作家也在国际上崭露头角。在大后方，原先以盎格鲁-撒克逊白人新教徒为主导的封闭文化开始对外敞开。本土作家走到了前台，同样走到前台的还有来自世界其他各地的作家，他们把家安在了加拿大。

遗憾的是，进入"成年"并没有使生活变得更轻松些。而只是意味着继承新的问题，那些困扰每个人的问题。加拿大作家现在可能觉得加拿大是一个很好的起点，但接下来呢？现在开始写作面临不同的潜在危险。出版社生生灭灭，不断出现又不断消失，往往是跨国公司在利润率驱使下的心血来潮。认为自己在世界各地都能找到生意上的好伙伴，不过只是一种小小的安慰罢了。创意艺术如何在消费社会中生存，可能是新一代面临的困境。也许会出现明星大腕，但他们背后会有文化吗？20年前，刘易斯·海德在其著作《天赋：想象力和财产的激情生活》中坚持认为，除非我们在市场驱动的经济中为创造力提供一席之地，并将艺术作品视为天赋而不是商品，否则我们就不可能把事情做好。艺术是人类的活动。人类大脑似乎需要艺术来保持心理平衡。正如阿特伍德曾经说过的，关于写作和所有其他艺术活动，真正的问题不是为什么有些人创造艺术，而是为什么不是每个人都创造艺术。

那么，阿特伍德自己在过去的20年里过得如何呢？她的生活果真就像塔罗纸牌上预言的那样展开了。

1980年，她和吉布森离开了阿利斯顿，搬回了多伦多，最初住在多伦多唐人街的沙利文街。后来有一段时间居住在加拿大以外的地方：苏格兰、德国、亚拉巴马州和法国。

阿特伍德对每天的写作时间做了精心安排。她雇了一个看孩子的保姆，每天四小时，每周五天，她利用下午时间专门来写作。倘若是专注于一本新小说，她可能也会在晚上写。她通常在别处的办公室工作，而不在家里。20世纪80年代初，她在曼宁大街有一间办公室，距离沙利文街只有几个街区。写作好比一种纪律约束：清空头脑中的一切，让正在写的小说、诗歌或散文将其填满。

带孩子外出旅行时则会有一些调整。1978年在苏格兰期间，她每周两次用推车把女儿送到圣公会教堂大厅里的亲子游戏小组，那里专门有地方留给外国人。当她提到自己写小说时，有人会问她是否有出版商出她的书，这时，她会发现，尽管对方游离的目光彬彬有礼，自己却立刻会变得戒备起来。她完全可以用"我丈夫在大学里有份工作"（吉布森到此参加苏格兰-加拿大作家交流活动）来解释自己的出现，那样会轻松得多，但她没有这么做。她从未用别人的名义来解释自己所做的事情。然而，令她不无诧异的是，一旦离开了熟悉的环境，她必须坚持自己是作家的事实，以使自己继续保持自信。成功的虚饰竟然消失得如此之快，这是她没有预料到的。[2]

她描述了自己的三个优先事项：家庭、写作和环境。她曾经认为，她必须放弃家庭梦想，因为家庭生活会摧毁作家。年轻时，她就警告过自己："萨特、萨缪尔·贝克特、卡夫卡和尤内斯库……他们不使用大型家用电器。"现在她可以修改一下:"我会(居然有胆承认)烤巧克力饼干,我发现在洗衣机、烘干机的协助下洗衣服是我一周里更放松的事情之一。"虽然家、丈夫、两个继子和一个女儿有时会成为她和打字机之间的障碍,但成就感远远大于挫折感。然而,她会补充说:"家庭和写作是可以兼顾的,甚至边工作边写作也是可以的。但工作、家庭和写作三者无法兼顾。只能三选二,那才是可控的。"[3]

1978年,阿特伍德和吉布森前往澳大利亚参加作家大会。途中,他们决定绕道而行,在伊朗、阿富汗和印度停留。这次旅行为期九个星期,和他们同行的还有他们20个月大的女儿。他们装了奶粉、橘子晶、毛绒玩具和书。却忽略了一个主要问题,一旦女儿在酒店客房里睡着了,他们该怎么办?于是他们在相连的浴室里塞了一把椅子,在那里他们可以一边看书,一边写东西,同时还能观察到孩子。只能如此,要么他们就只能干坐在关上灯的黑暗里。

在一篇名为《居家男人游记》[4]的文章里,吉布森写到了这次旅行经历。在阿富汗,最令他震惊的是妇女,或者更准确地说,是妇女的缺席。在喀布尔的街道上,行人大多是男人和男孩。少数敢于外出的妇女穿着穆斯林长袍,不愿透露姓名。(阿特伍德还真给自己买了一件紫色长袍。想知道穿上它是什么感觉。)他们偶遇的一个年轻人邀请他们喝茶,并给他们看了新娘缺席的结婚照。在这个世界里,阿特伍德被当作隐形人对待。而在澳大利亚,情况则正好相反。见到吉布森在阿特伍德工作时照看孩子的情景,作家们——其中男女都有——均对他表示安慰。在这篇文章中,他思考了性别角色和性别刻板印象的本质,并在文章的结尾声称,这次迷人之旅最棒的一点是他和妻子能够与他们的孩子共同分享,一起度过。在这篇游记中,他给人的印象是,这是一个有思想的男人,通过自己的坚持不懈,达到了某种波澜不惊、泰然处之的心态。普通生活也有它的美好之处。在被问及夫妻关系时,格雷姆·吉布森明确表示他不相信任何浪漫的隐喻说法。如果非要找一个还说得通的类比,他最多会说"两个人之间的关系可以像地衣",地衣是一种与藻类共生的叶状体苔藓植物。换句话说,这是两种相互交织但又完全独立的生物。[5]

阿特伍德的写作向来以自我意识为主要关注点,这一点始终没有改变。在过去的20年里,她新写了四本诗集,四本短篇小说集,六本长篇小说,四本儿童读物,以及多篇杂志文章。她的成功连她自己也没有料到。1978年,她说:"我的书一直卖得很好,这一点始终让我感到惊讶——不是假谦虚。我认为的确离奇古怪。"她认为自己是"为数不多的幸运的文学作家之一"。[6]

作为一个作家,她的魅力是什么?显然和她与读者的共情有关。她的书似乎总是与人们生活中的真实事物紧密相连。

1978年出版的《神谕女士》讲述了女性的浪漫幻想与现实生活之间的冲突。主人公琼·福斯特不为人知地悄悄写着逃避现实的哥特式浪漫小说,并把自己的生活当作一种想象中的生活来过。阿特伍德说:"她是一个试图演绎浪漫神话的人,我们都是生活在一个毫无浪漫可言的世界中的女人。"[7]她清楚这些书的吸引力:"逃避现实的小说……是在清醒状态下做梦。"[8]这是我们每个人都暗自拥有的梦想——一切愿望最终都会实现。但是,她没有否定女性的幻想,而是加以肯定,说它自有其地位。我们需要带有一点幻想的乐观主义,才可能在一个过于单调平庸的世界里继续前进。写《神谕女士》时,遇到的真正问题是艺术方面的。她用第二人称写这部小说,不时地又切换回第一人称,奋力在错综复杂的人物之间理清关系,使情节得以顺利开展。

《神谕女士》在畅销书排行榜上占据了好几个月。同时,它也受到英国评论家布里吉德·布罗菲的猛烈抨击。他写道:"我觉得自己就像一个游客，虔诚地伫立在国家纪念碑前，良心使然脱口而出，'对不起，在我看来，这座纪念碑像是赝品。'"[9]

阿特伍德曾经说过，继之前出版的两部小说之后，《神谕女士》的出版完成了这个三部曲系列。《人类以前的生活》于1980年出版。1979年，她形容此书为另一个三部曲的第一部。她知道自己要去向何方。她必须这么做。时间依然宝贵，尽管现在有了不同用途。

根据她对皇家安大略博物馆的童年回忆，阿特伍德在《人类以前的生活》中塑造了一位研究恐龙的古生物学家。小说隐含着一种承认：人类也可能灭绝。她认为这是自己最具家庭意味的小说。因为它是关于两个女人和一个男人之间的三角关系，她必须创造一个等边三角形——三种观点，每一种都具有现实真实性。正如她常说的，现实是一种可塑的物质，它因体验它的人不同而迥然不同。她又一次被置于守势，这次是因为她塑造了一个软弱的男性角色。她回答说内特是书中唯一一位乐观主义者。事实上，令她着迷的是20世纪60年代的道德。"那个年代让人困惑。他们试着享受生活，不用担心人为的、清教徒式的方式会限制自己的生活。……当他们践踏道德时，伦理也被抛弃了。"[10]问题是，当人们必须形成自己的道德准则时，他们如何决定自己的行为方式。

对阿特伍德而言，就《人类以前的生活》一书，她最满意的评论是一篇发表在古生物学杂志上的文章，该文声称她对古生物学家的工作进行了非常准确的描述。"真是受宠若惊。我喜欢把事情做好。"她说。[11]

在整个20世纪80年代，阿特伍德的视野和她所写的社会领域不断扩大。1981年出版的《肉体的伤害》，探讨了对我们文化中身体的兴趣，以及我们如何根据所受到的文化熏陶对身体产生不同的迷恋。这是她第一部以北美以外的地区为背景的小说。1973年，她和吉布森第一次去加勒比海旅行，当时一位朋友邀请他们去贝基亚岛。他们后来又去了几次，而她却花了七年时间收集那里的风景和图片,直到她对那里的景观熟悉到足以让其进入她的诗歌和小说。这本小说连她自己都为之吃惊:"如果你在1960年告诉我,我会写一部关于西印度群岛的侵犯人权的小说,我会说你头脑不正常。"[12] 然而,她的关注点与其说是岛上的政治,不如说是主人公伦尼对所处环境的扭曲认知。阿特伍德为伦尼设定的角色为一名时尚生活记者,一位制造时尚的人。她解释说:"我们有能力关注自己的个人健康、个人健身和个人浪漫生活。"而世界上大多数国家的人还做不到。"我想从我们的社会中选取一个人,把她放在那个角色中,引起共鸣。"[13] 阿特伍德想说的是,我们对自由的信仰——"认为自由意味着对一切可以任意选择"——是幼稚的,是一种自恋和剥削。总之,它是帝国主义的思维。世界上大多数人都不是这样生活的,实际上,我们也不是。"你可以选择A、B或C,"她说,"这就是属于你自己的生活。"[14] 在加勒比海,伦尼突然发现她一样不能免于痛苦。

人们对这部小说的反应褒贬不一。一些人认为它商业性和严肃性兼而有之。然而,令女性评论家感兴趣的是,这部小说将其人物角色带入了政治行动的世界,这是许多女性角色从未涉足过的领域。

20世纪80年代初,阿特伍德出版了两本新诗集《真实故事》和《不见月亮的时候》。在《为一首永远不能写出的诗所作之注释》等诗中,很明显,她的工作经历使她与20世纪70年代拉丁美洲革命战争的悲惨事件不期而遇。这首诗是献给一位名叫卡洛琳·佛雪的年轻女诗人的,她和阿特伍德成了朋友。她为佛雪的杰出之作《我们之间的国家》写了一篇新书简介,认为其作品是"充满勇气与同情心的诗篇"。[15] 佛雪曾于1978年应诗人克拉丽贝尔·阿莱格里亚的邀请在萨尔瓦多待过一段时间,在那里目睹了敢死队的暴行和官方的暴力镇压行为。1980年,在大主教奥斯卡·罗梅罗的敦促下,她离开了这个国家,六天之后,罗梅罗在圣普罗维登斯医院的教堂里做弥撒时遭人暗杀。她可能是最后几个和他在一起的外国人之一。没有哪个诗人比佛雪更加淋漓尽致地刻画了那个世界的残酷。阿特伍德也觉得有必要大声说出来，而不是将目光移开，视而不见。

阿特伍德曾经想过要不要把多伦多作为她第一部（未出版）小说的背景。有人能认出这座城市吗？20年后，她可以选择任何地方作为自己小说的背景。自1981年以来，她一直在构思一部暂名为《奥芙弗雷德》[16]的小说。十几岁的时候，她在家里的地下室里读过"二战"历史，并对极权主义制度着迷不已。她和吉布森去过阿富汗。写一本关于在不久的将来，政权被极权主义取而代之的小说会怎么样？诱惑她的是挑战。她总是想做一些她过去从未做过的事情。她能成功吗？

这样一部小说的背景应该设置在哪里？她先是想到多伦多和蒙特利尔。但这种事在加拿大行不通；因为加拿大擅长让步和妥协，不会走这样的极端。她又想到马萨诸塞州的剑桥市，她在那里度过了四年。她笔下虚构的基列国的心态与她曾经研究的17世纪清教徒的心态非常接近。毕竟，他们是她的祖先。她开始收集各类剪报：关于邪教；关于环境污染，如铅中毒、有害垃圾、橙剂和多氯联苯；关于不孕。这些剪报全是骇人听闻的大标题，例如："宫内节育器与不孕症有关"，"西方的繁殖危机"，"性工程和希特勒死后留下的超级人种孩子"，"16 500个胎儿在洛杉矶被埋葬"，等等。她注意到本·J. 瓦尔滕贝格的一本书，名为《出生匮乏》。她一边写，一边和吉布森讨论小说的一些细节。"他以为我疯了，"她说，"但又怂恿我继续。"[17]

大多数人想到的是传统形式的独裁，例如斯大林、希特勒或皮诺切特以新面孔出现。但人们显然犯了方向性错误。倘若是污染导致不孕会发生什么？阿特伍德设想了一个由"信奉《圣经》的原教旨主义"者统治的极权社会。在这个社会里，女性被迫成为生育的奴隶。在阅读《创世记》时，她终于确定了书名，她在儿时的荷兰洁面露瓶身上找到了使女服装的原型——其标志为一个把脸藏在帽子下面的女人,这个形象曾一度让她感到恐惧。

在写《使女的故事》时,阿特伍德曾担心人们会认为她只是个偏执狂。实际上,人们的反应多种多样。加拿大人会问:这种事有可能发生在这里吗?英国人称这是一本现实主义小说。美国人则很想知道,还要多久此事会真正发生。[18]

1985年出版的《使女的故事》为阿特伍德带来了国际声誉,也是她第一部进入布克奖获奖名单的小说。它登上了《纽约时报》畅销书排行榜,得到了约翰·厄普代克的盛赞和玛丽·麦卡锡的猛烈抨击。它被拍成了电影,由菲·唐纳薇、罗伯特·杜瓦尔和娜塔莎·理查德森主演,哈罗德·品特编剧。

作家并不总是能成为一个有说服力的代言人。但阿特伍德却可以。加拿大有一些政治问题需要作家的关注,如北美自由贸易协定、审查制度、版权法、反淫秽法、妇女地位问题、环境问题等。总有一些事业需要获得支持,如非洲人国民大会、加印乡村援助协会、国际笔会等。1981年至1982年,她担任作家联合会主席,1984年至1986年担任国际笔会主席。20世纪90年代,她参与了关于联邦制和是否承认魁北克为独立省份的辩论。

1988年《猫眼》出版时,评论家们注意到阿特伍德的作品新添了一份从容。回想起来,她解释说,在写这本书的时候,她"想建造一个文学之家,来存放那些从我童年时代消失的东西——弹珠、伊顿百货的商品邮购目录、《看着你的守望鸟》漫画书,还有各种气味、声音、颜色和纹理气韵"。[19]

她曾经说过,她有时会被一些故事吸引,是因为她注意到存在某个缺失——为什么没有人写小女孩?她们大多被排除在小说之外。她们为之激动的事情,她们的秘密、背叛和残忍,都不被视作为严肃的文学素材。写那部小说感觉像是一种冒险——不可避免地会有人说这个主题微不足道，或者说她描绘得过于黑暗。然而，她设法把童年的世界，以及它所有的紧张和不确定都刻画了出来。

1993年阿特伍德的《强盗新娘》问世，这部作品被形容为"最复杂、最精心构思、隐喻最密集的英语作品之一"。[20]在英国的一项民意调查中，她与安杰拉·卡特和托妮·莫里森一起成为英国校园里最多人研究的三位作家。她的故事讲述了三个女人互相支持，度过了被第四个女人掠夺性破坏造成的情感灾难。她又一次想要填补这个空缺。她曾经开玩笑说，邪恶的女人在战后从小说中消失了，把她们重新带回来十分有趣。评论家称《强盗新娘》是"这位作家迄今为止最温暖、最感人的书"。

1995年，她出版了《早晨在烧毁的房子里》。人们曾一直问她为什么放弃了诗歌，她总是回答说自己被诗歌抛弃了。但如今，她的诗歌重新归来，带着一如既往的力量，魅力丝毫不减。她曾说过，诗歌常常来自大脑忧郁的一面。卡尔·阿特伍德在经历了一场旷日持久的疾病后，于1993年去世，书中弥漫着一种哀婉的失落感，一种对逝去父亲的爱。她把这本书题献给自己的家人。

当阿特伍德在欧洲为新书《强盗新娘》做宣传时，她遭遇了一次无法解释的心灵访晤。望着酒店的窗外，她想起了格蕾丝·马克斯，大约20年前她曾写过一部关于她的剧本。她眼前突然出现马克斯在加拿大农舍地窖里的样子，那是她被指控于1843年犯下谋杀案的现场。于是阿特伍德坐下来，开始在酒店的信纸上奋笔疾书。她对这种方式的写作早已习以为常。她经常说，在飞机上或酒店房间里，没有人能联系到你，这十分有利于写作。再有也可能是时差的原因。《别名格蕾丝》是她的第一部历史小说。她忠于所有能够获得的事实，然后进行创造。小说就是从那些无法证实的事情中诞生的。她所做的研究包括回到谋杀案的实际地点，寻找死者的坟墓，追踪家谱，阅读关于维多利亚时代监狱改革和招魂术的小册子，以及19世纪中期报纸上关于审判的报道，其中包括政治评论。格蕾丝·马克斯在她那个时代声名狼藉，她是一名女杀人犯，这一点既吸引了下流粗鄙的关注，也有人对此表示伤感。就像拉美莫尔的露琪亚。至少阿特伍德是这样看待她的：“（她）既是一个穿着白色睡衣的无辜之人，也是一个刚刚杀死了她新郎的有罪之人。”[21] 看待这部小说的一种方式是，格蕾丝·马克斯总是试图抵制人们对她的编造，逃避对她的定义，但她注定要成为这些虚构的素材。有人会想，是的，就如同"别名阿特伍德"。

《泰晤士报》的一位评论员写道：

> 玛格丽特·阿特伍德身材娇小，彬彬有礼，似乎不太可能擅长写恶毒怨恨的题材。她住在多伦多郊区，那里绿树成荫，靠近大学，街道草坪修剪得整齐有序。最有趣的是教授们在晚宴上充满学究气的闲聊。然而，坐在她家的后花园里，阴沉的天空下，你会感觉到一丝野性，某种黑暗的、充满戏剧性的感觉。哥特式的。[22]

那些了解这座城市的人只能对这位评论家关于多伦多市中心多愁善感的描绘嗤之以鼻，因为实际上阿特伍德就住在多伦多市中心。

人们持续不断地对她进行编造。当她被授予纽约市的国家艺术俱乐部文学荣誉勋章时，报纸打出的标题是"纽约热情款待阿特伍德"。"美国人可能会抱怨加拿大的坏天气，可当玛格丽特·阿特伍德昨晚被授予纽约最时髦的文学奖项之一时，他们对来自加拿大的尖酸空气却欣然表示欢迎。"玛格丽特用法语开始了自己的获奖感言，接着介绍另一位加拿大获奖者罗伯逊·戴维斯，随后飘然吟唱道："不要自负。不可忘记你所在民族的黑暗习俗。"[23]

在某种程度上，阿特伍德已经成为她害怕成为的榜样人物：她证明了一个作家可以在加拿大取得成功。她已经成为一个形容词，甚至是知识竞赛类电视节目《危险边缘》竞赛题的答案。（"我选作家，600加元，亚历克斯。"）[24] 奖励来了，荣誉学位来了，她的一切都变得重要起来。她珍惜自己的国际读者群。但她仍然拒绝榜样作用。为什么要限制自己的声音？回想起高中时参加木偶剧的日子，她说："你可以扮演小红帽，也可以扮演大灰狼。"[25] 她依旧有一种令人望而生畏之威，拒绝一概而论、泛泛而谈。她要求精准到位，不存疑义。

我记得关于玛格丽特·阿特伍德的两件逸事。因为很少有人能透过他们对覆盖在这位著名小说家身上的认知外衣来真正了解她，所以这些逸事当然只会呈现部分真相。不过，这并不奇怪。我们对陌生人的看法，往往也都是经过过滤之后的印象。

1987年，阿特伍德参加了"拯救蒂莫加米荒野"运动。蒂莫加米位于北湾的西北部，是安大略省在北纬50度线以南最大的荒野地区。小说家M.T.凯利萌生了一个想法，划独木舟穿越荒野地带的水域，亲眼考察伐木业对该环境的影响。整个旅行将持续五天，同行者包括阿特伍德、她11岁的女儿、M.T.凯利和凯利的朋友戴维·卡彭特。吉布森的膝盖受伤，不得不在最后一刻退出。来自雷尼里弗地区的一名议员也在其中。他们几个人一组，分别乘坐一架美国产的四座塞斯纳水上飞机，将独木舟绑在浮筒上，飞往弗洛伦斯湖。计划是乘独木舟沿伊芙琳夫人水系顺流而下。

简陋的露营极具挑战性。搬运物品十分困难，要爬上约六米高的悬崖，还要在浅水河床上划独木舟，水仅齐腰深，他们只能在黏糊糊的岩石中摸索着艰难前行。沿着伊夫林夫人水系而下，可以看到许多瀑布景观，还有纵横交错的"纳斯塔根"道路网络——传统印第安人用于交通运输的小径，这些陆地桥基本完好无损，保持了原貌。他们还见到了各种象形文字。途中，每个人都对森林被砍伐殆尽所造成的影响震惊不已。

戴维·卡彭特这样描绘本次旅行:"佩姬状态极佳,但旅行中的其他人很快就累得全身散架了一般。向导布鲁斯·霍金斯把大家催得太紧了。"

卡彭特尤其记得途中休息时,大家全都跳进河里给身体降温,让自己凉快凉快。

> 那是一种我们不复存在的感觉。佩姬和女儿一起游泳的样子,就好像她们都是五岁的小孩。在水中嬉戏。美好的母女关系。看起来可爱极了。她还和女儿一起唱一些过时的电视广告歌:"白速得"牙膏和下水道清洁产品"通乐"等。完全没有兴致谈什么书本。
>
> 到最后一天,气氛突然变得高度紧张。两位划独木舟的人掉进河里,被淹死了。最后,佩姬想挑战一下向导霍金斯的好胜心,毕竟他一直催促我们,她建议我们提前打个电话,让他在最后一个陆地桥的起点处接我们,把我们拖进营地。这当然意味着霍金斯必定办不到。不过通过协商,我们还是达成了共识,对佩姬的作乱行为实施压制。她对此并不生气。当晚还给我和凯利做了颈部按摩。我们在暴风雨中划桨通过了最后一个海湾。她真是好样的。她承担起自己的责任,全力以赴。[26]

在旅行结束时,他们拜访了蒂莫加米的部落首领加里·波茨酋长,他正在部落土地上进一步开发丛林道路。阿特伍德做了力所能及的事:她为《多伦多星报》写了一篇文章,题为《北方真正的脆弱和濒危地带:压力下的蒂莫加米荒野》。

我想到的第二件逸事是关于一个年轻博士生的。他当时正在写一篇关于玛格丽特·阿特伍德的论文,并参加了多伦多一个以其作品为主题的会议。其中一名参与者建议他们进行一次短途旅行，探索他所谓的"阿特伍德专属领地"。他觉得有点儿奇怪，就加入了这个队伍，大约有八到十人吧，一同向地铁走去。在换乘的圣克莱尔公共汽车上，他们分头而坐。在车的前端，一位妇人静静地坐着，羊毛帽拉得很低以抵御寒冷。她完全融合在众人当中，过了好一会儿他们才认出她来。原来是玛格丽特·阿特伍德。她就这么突然出现在大家面前，仿佛是她的书中主人公苏珊娜·穆迪再现。在《苏珊娜·穆迪日记》的结尾，穆迪乘坐着圣克莱尔公共汽车，向人们揭示了这座城市是一个尚未被人探索的荒野地带，危险四伏。其中一个学生怯怯地走近她，颤声说他们打算去看看她笔下的峡谷。她马上回答："我带你们去。"

众人走到桥前，她说："这是新建的混凝土桥。"自她童年起，那座旧桥就摇摇晃晃，险象环生。那是12月，隆冬时节，阳光明媚，但天气很冷，阿特伍德似乎很享受她当导游的角色。她指着河水，带着一种有趣、淘气的笑容看着他们："水是从芒特普莱森特公墓下面流过来的。这里就是桥下的尸体被冲刷的地方。"至少这个年轻人是这么记得的。他们走到峡谷的另一边，她指着附近的房子对他们说，她自小就住在那儿。接着他们便分手告别了。这群人继续向芒特普莱森特公墓走去，她则转身朝她母亲家的方向离开。这感觉就像一个哥特式的时刻。当这位年轻人想起桥上的谈话时，始终不明白她神秘的笑容背后是什么。她是在和他们开玩笑吗？她是认真的吗？阿特伍德对他始终是个谜，这也是再正常不过的。[27]

她的书就摆在那里。玛格丽特·阿特伍德的作品代表着她的心声。她涉猎的主题如此之广，我们无法预测她将走向何方。唯一可以肯定的是，除了已经出版的35部书之外，她还不断会有其他书出版。她已然扛起了重任，便将永不停步。

注释

1 克拉克·布莱斯,《我曾有一个父亲:后现代自传》(多伦多:哈珀柯林斯出版社,1993年),第121页。

2 玛格丽特·阿特伍德,《帝国边缘的游乐场》,阿特伍德文稿,第56号档案盒,37号档案。

3 朱迪思·蒂姆森,《阿特伍德的成功》,选自《麦考林》,1988年10月3日,第61页。

4 格雷姆·吉布森,《居家男人游记》,选自《女主人》,1979年3月,第36页。

5 本书作者对格雷姆·吉布森的采访,1997年11月4日。

6 乔伊斯·卡罗尔·欧茨,《玛格丽特·阿特伍德访谈》,选自《安大略评论》第9期(1978—1979年秋冬);转载于《玛格丽特·阿特伍德对话录》,厄尔·G.英格索尔编(安大略威洛代尔:萤火虫出版社,1990年),第76页。

7 卡拉·哈蒙德,《访谈》,选自《关于诗歌》,1978年7月8日;转载于《玛格丽特·阿特伍德对话录》,厄尔·G.英格索尔编(安大略威洛代尔:萤火虫出版社,1990年),第107页。

8 比阿特丽斯·门德斯-埃格勒,《访谈》,选自《玛格丽特·阿特伍德:反思与现实》(泛美大学出版社,1987年);转载于《玛格丽特·阿特伍德对话录》,厄尔·G.英格索尔编(安大略威洛代尔:萤火虫出版社,1990年),167页。

9 布里吉德·布罗菲,《一个相反立场的批评家对〈神谕女士〉的抨击》,选自《环球邮报》,1976年10月9日,第35页。

10 艾伦·特威格,《访谈》,选自《强音:与五十位加拿大作家的对话》(大不列颠哥伦比亚省马德拉公园:哈珀出版社,1988年);转载于《玛格丽特·阿特伍德对话录》，厄尔·G. 英格索尔编（安大略威洛代尔：萤火虫出版社，1990年），第123页。

11　莱斯利·怀特，《玛格丽特·阿特伍德访谈》，选自《纽约时报》，1992年4月16日。

12　伊丽莎白·米斯，《采访》，选自《黑色战士评论》第12期（1985年）；转载于《玛格丽特·阿特伍德对话录》，厄尔·G. 英格索尔编（安大略威洛代尔：萤火虫出版社，1990年），第179页。

13　邦尼·莱昂斯，《访谈》，选自《谢南多厄》第37期（1987年）；转载于《玛格丽特·阿特伍德对话录》，厄尔·G. 英格索尔编（安大略威洛代尔：萤火虫出版社，1990年），第227页。

14　伊丽莎白·米斯，《采访》，选自《黑色战士评论》第12期（1985年）；转载于《玛格丽特·阿特伍德对话录》，厄尔·G. 英格索尔编（安大略威洛代尔：萤火虫出版社，1990年），第189页。

15　卡洛琳·佛雪，《我们之间的国家》（纽约：哈珀－罗出版社，1981年）。

16　Offred，该名由"Of""Fred"两词拼缀而成，暗指"弗雷德家的"。——译者注

17　杰夫·汉考克，《玛格丽特·阿特伍德访谈》，选自《工作中的加拿大作家：访谈录》（多伦多：牛津大学出版社，1987年）；转载于《玛格丽特·阿特伍德对话录》，厄尔·G. 英格索尔编（安大略威洛代尔：萤火虫出版社，1990年），第200页。

18　《使女的故事——写作前后》，阿特伍德文稿，第96号档案盒，11号档案。

19　厄尔·G. 英格索尔，《访谈》，选自《安大略评论》第32期（1990年春夏）；转载于《玛格丽特·阿特伍德对话录》，厄尔·G. 英格索尔编（安大略威洛代尔：萤火虫出版社，1990年），第236页。

20　瓦尔·罗斯，《玩阿特伍德猜谜游戏》，选自《环球邮报》，1993年10月7日。

21　格拉汉姆·伍德，《魔女》，选自《泰晤士报》，1986年9月14日。

22　同上。

23　《纽约热情款待阿特伍德》，选自《环球邮报》，1997年2月5日。

24　格雷格·盖滕比致玛格丽特·阿特伍德的信，1994年12月12日，格雷格·盖

滕比私人收藏。

25　梅尔·古索,《生活与艺术中的另类人格》,选自《纽约时报》,1996 年 12 月 30 日。

26　本书作者对戴维·卡彭特的采访,1998 年 1 月 29 日。

27　本书作者对赫尔穆特·瑞生的采访,1998 年 3 月 20 日。

译者后记

对加拿大著名作家玛格丽特·阿特伍德的喜欢源于1999年为译林出版社翻译《使女的故事》。这一情愫当然首先是因为该作品给人的强烈震撼力所引发。这部小说是阿特伍德发表于1985年的经典反乌托邦作品（但又并非典型的反乌托邦作品），说的是未来（20世纪末、21世纪初）的故事，以及未来的未来对已成过去的未来的描述。但它不是科幻小说，而是文化小说。书中涉及的许多内容，包括宗教极端主义、环境恶化、人口数量下降、不育不孕、代孕、试婚等问题，以及专制政权对人的迫害和对人性的扼杀，早已成为当今世界令人触目惊心、恐怖不安的现实。小说中看似荒唐遥远的未来世界就在我们身边，令人不禁要为阿特伍德哲人般的远见卓识和深刻思考所惊叹和折服。与此同时，这种喜欢也来自翻译过程。这是一本在题材和表现手法上都十分独特复杂的作品，书中陌生的宗教背景，大量未标明出处、直接引用的《圣经》原文，历史掌故，文学典故和内涵丰富的比喻，各种专业知识和德文、法文、拉丁文穿插其间，大量当今美国社会生活、文化现象和事物，以及作者创造的新词等，涉及宗教、文学、社会、历史、医学、美术、经济、电子、生物、人类学、遗传学、心理学、音响学、网络学等，包罗万象。所有这些都给翻译带来了巨大挑战。如译者之前所言，"翻译此书，时时有如履薄冰之感，因为书中似乎字字暗藏玄机，意味深长"。

整个翻译过程堪比课题研究,每攻克一个翻译难题,对译者而言,都意味着获得一份难以言表的喜悦。自 2001 年 9 月由译林出版社问世以来,该译作共出了至少 5 个不同版本:2001 年译林版,2002 年台北天培文化公司中文繁体版,2008 年译林世纪经典版,2017 年上海译文出版社新版(附阿特伍德全新序言),2020 年 7 月上海译文新封面版,一直得到读者的喜爱和关注。译者不仅通过这部译作与该书作者玛格丽特·阿特伍德有了"一书之交",更因后来的相关研究和读书交流活动不断重温,对其深邃的思想、令人叹为观止的先知灼见、敏锐的洞察力和精辟的文字印象更加深刻。因此,当中信出版社的曹雪萍老师来电联系,商谈玛格丽特·阿特伍德传记一书的翻译时,几乎立刻便欣然应允。不为其他,就为了对阿特伍德的那份喜欢。

《永不停步:玛格丽特·阿特伍德传》(*Margaret Atwood:Starting out*)为加拿大评论家兼传记作家罗斯玛丽·沙利文所著阿特伍德传记的第二版书名,于 2019 年出版。该书初版于 1998 年,以《红舞鞋:永不停步的玛格丽特·阿特伍德》(*The Red Shoes:Margaret Atwood Starting Out*)为题。第二版书名的微调显然是为了避免引发"红舞鞋"(电影译名:《红菱艳》)故事隐含的悲惨结局,也即为事业奋斗的女性,尤其是女艺术家,必然下场可悲的可能联想。

如作者所言,此书并非传统意义上的人物传记,而是一本"非传记"的传记,聚焦阿特伍德的创作生活。作者将其定位为"从中距离的角度来写,在塑造她的文化及其创作思想之间建立连接","旨在探索一个特定女性对她所在文化及其读者所具有的意义,[……]旨在通过探索,努力发现造就作家及其写作生活的奥秘,同时伴随着喜悦之情,欣赏一位杰出作家的职业生涯图景徐徐展开"。但作者又告知读者,她还有更深层次的动机。"我想写第三本书,使前两本的叙事得以完整。前两本书都是名副其实的传记,也都是关于女性作家,其中充满了挫折,甚至痛苦,最后归于沉默。这是我始料未及的。"第一本传记的主人公伊丽莎白·斯马特在 27 岁时写了一部杰作,之后因为缺乏自信,沉寂了 30 年;第二本传记是关于女诗人格温德琳·麦克尤恩的,她下场可悲:"[……]深信艺术不值得女性去付出孤独的代价。"因此,作者表示,"我希望能写一个不同的版本。我觉得有必要写一个既独立自主,又能很好掌控艺术与生活的女性作家"。在书中,作者向我们展示了阿特伍德如何从一个在电影院里观看《红菱艳》的小姑娘,到成为一名在国际上闻名遐迩的成功作家,其成长历程在作者看来,也是几十年来女性作家集体叙事的一部分。

的确,通过作者的努力,这本传记得以让读者看到并深刻了解,是什么背景和动力驱使玛格丽特·阿特伍德不断前行,前进的道路上又曾经存在哪些疑虑与困惑,她又如何战胜这些疑虑与困惑,获得了辉煌的文学成就和幸福的家庭生活。阿特伍德的创作才华、艺术自信、洞察力、责任感、环保意识,以及在写作工作与家庭生活之间游刃有余的淡定从容与平衡能力等源自何处,又如何得以持续。这些都在书中得到很好的展现。"她一直都有一种内在的自信,对自己的创作深信不疑。事实上,她的信念始终如一。她的声音属于加拿大人,属于女性,最重要的是,她的声音能在读者心中唤起某种独特的影像,引起某些深刻的共鸣。"

此书将阿特伍德置身于其所处的时代,那一代人曾经齐心协力,共同改变了加拿大文学的样貌,使之从寂寂无闻到被世人认识并在国际文坛占据一席之地。它让我们看到,阿特伍德作为加拿大人,如何立足加拿大,发展加拿大本土文学,并与其他作家一道,致力于在加拿大国内为获得民族文化身份而斗争。她始终认为,为加拿大文化事业贡献自己的绵薄之力是自己的义务,并身体力行,坚持在加拿大本土创作艺术。她不是一个盲目的民族主义者,而是在看到自己国家不足的同时,努力运用自己手中的笔,发现、弘扬和发展加拿大本土文化。在阿特伍德和其他加拿大作家的共同努力下,曾经被著名加拿大文学批评家诺思洛普·弗莱失望地称为"长在想象力根基处的冻疮"的殖民主义思想已然复温痊愈,充满自信的加拿大本土文化得以蓬勃发展。

阿特伍德不是普通意义上的加拿大作家。她的写作既坚持民族和本土,同时又具有国际眼光,关注人类共同面临的现实问题。她善于从实际出发,从不刻板为之。例如,书中解答了为什么《使女的故事》选择美国为故事发生场景,而不是加拿大。阿特伍德曾经说过,小说发生的场景必须是她去过或熟悉的地方,如书中所言,"她先是想到多伦多和蒙特利尔。但这种事在加拿大行不通;因为加拿大擅长让步和妥协,不会走这样的极端。她又想到马萨诸塞州的剑桥市,她在那里度过了四年。她笔下虚构的基列国的心态与她曾经研究的17世纪清教徒的心态非常接近"。但我们看到,小说结尾"踏进黑暗抑或光明之中"和《史料》一章中说到的被解救的使女逃往加拿大努纳瓦特地区,却暗示了这片尚未遭到污染的加拿大北极地区是有可能给人类希望的地方。

阿特伍德具有强烈的社会责任感。她在浪漫主义的传统中长大,这种传统认为文学只关乎作家的自我表达。但她在深入思考中发现,所有的文学经典都充满了政治远见;作家们仅仅通过考察社会力量如何与个人相互作用,便在试图寻求改变社会结构。因此,她认为,艺术家应该积极塑造社会,而不是成为社会的受害者:"我认为诗歌不是,也不应该是任何幼稚和个人意义上的'自我表达'。相反,我把它看作一个镜头,通过它,人类世界可以看到自己。"她坚持作家肩负社会责任。除了致力于加拿大本土文化的发展,她还关注女性问题、环境问题、人与自然的关系、两性关系、夫妻相处之道等更具有普遍性的人类问题。

阿特伍德从小在丛林中生活,对人与自然的关系有切身体会和深入思考。她主张:"应该重新排序,改变将人类凌驾于自然之上的等级制度。大自然不只是供人类开发利用的对象。它不是为人类技术或浪漫表达提供的原材料或素材。我们必须尊重它的自主权。一旦毁了大自然,人类将自食其果。""自然万物的存在并非必然。人们有时会想,它们究竟是如何让自己做到生生不息的。"阿特伍德曾经说过:"何以为人?我们是否当之无愧?"人们并不经常会想到,生而为人是活在世上必须达到的条件。而我们应该有这种认识。在26岁的时候,阿特伍德已经开始撰写有关物种大规模灭绝的文学作品。在她的小说《浮现》中,叙述者看到了黑皮肤森林之神曼尼图。它凝视着她,"黄眼睛,狼的眼睛,深邃而明亮"。阿特伍德通过自己的诗歌和小说,强调人类只是大自然的一部分。纵然这一说法"未免令人扫兴,但这却是人类因其狂妄自大而尚未达到的认识。大自然是不分等级的;人类并非高高在上、俯视众生的万物之首。[……]与其他生物一样,人类也可能灭绝"。

阿特伍德强调女性的自主独立,认为:"女性最好从二人世界之外的角度思考自己,创造性地参与世界。[……]我们都必须为自己负责,因为我们手中掌握的唯一命运就是我们自己。只有我们能够掌握自己的命运。""她不会让自己的伴侣来养家糊口。不会强迫吉布森充当自己的助手或经济后盾。作为一个作家,她有责任自己谋生,毕竟,吉布森也有自己的事业。"

她对爱情和两性关系有独到见解。"她幻想中的爱情即两个人以旗鼓相当的身份相遇,保持各自的差异,而不是像古老的浪漫比喻中那样,称某一对恋人是一体两半,注定要相遇,注定要合二为一。""我不认为女人对男人来说不可或缺。也不认为男人对女人而言不可或缺。这样很好,因为这意味着你不会感到束缚,因为你不是缺了这个人不行。如果你喜欢,尽可以和他们在一起。我想应该是这样的。否则,就可能滋生各种怨恨情绪。"

她在《"爱"之词变奏曲》《万物唯此》等诗歌中,对"爱"这个词和两性关系做了富有新意的生动描述:"这是我们用来填塞 / 空洞的词 [……]。/ 这个词对我们来说太短太短 [……] / 它是一个单元音 / 一个在惊喜和痛苦中 / 一遍又一遍反复说"O"的嘴 / 一次呼吸,一根手指抓住 / 悬崖峭壁的边缘。你 / 或是坚持,或是撒手。""不是普通的树,而是我们眼中的 / 那棵树,它将不复存在,会被狂风劈开 / 在风中低头折腰 / 一次又一次。直至被推出地球消失 / [……] 一缕缕 / 毛糙的头发 / 从你头上竖起,这是你惊喜的 / 身体,我喜欢的快乐。我甚至可以说 / 哪怕仅此一次,不再 / 持续:但此已为我所求。此已 / 为我所求。"她通过这些诗告诉读者,我们所谓的爱通常都是为了自己安全而占有对方——这种对永恒不变的强求,是会令人窒息、毁灭情感的。而在《使女的故事》中,她虽然写的主要是女性,但同时也展示给读者,在压制人性的基列共和国中,男性也同样深受其害。她关注的是整个人类,包括女性和男性。男女是一个共同体,他们的命运不可分割,一荣俱荣,一损俱损。这样一个态度更符合人类特性,更有利于人类的健康发展,也赋予她的作品更大意义和价值。

她强调夫妻平等相处,相互支持。"我喜欢能够照顾自己的男人——如果愿意,他们可以做饭。我也不会帮别人补袜子。如果格雷姆有急事要外出,我会照看农场。可在我要外出时,则由他来负责。我们就是这么过来的。这里没有我们两人应付不了的事情,除了夏天,有些机械方面的事情我还真不会。但我想,要是我说我不能出去喂牛,听起来会很奇怪,就像他说不会自己吃饭一样。我认为,作为一个成年人,无论喜欢与否,都得会做这些事情。男人们并没有那么无助。需要时若能做些家务活,我会更尊重他们,而不是想当然地认为他们没有能力处理自己的生活琐事。"这些语言平实无华,却道出了夫妻得以幸福相处之道的精髓。她基于自身经历,对初为人母的刻画细腻独特:"孩子没有哭;她在与妈妈的子宫不同的光亮下眯起眼睛。孩子出生不是上天赐予的,她也不曾接受过这种馈赠。孩子的出生只是为了让她和女儿能这样相互致意。"

最后谈谈翻译。首先是该传记书名 "Margaret Atwood：Starting out" 的译文选择, "start out" 为动词短语,指 "出发、开始,着手某项工作" 等。"ing"（现在进行时）的使用不仅是为了合乎语法,更是突出强调了动态性和进行性,应视为具有特殊象征内涵。通过仔细研读全书,我们看到的阿特伍德是一个笔耕不辍、不断前行的形象,如 "她像长跑运动员一样,不停地写作,以超越自己的极限","我们无法预测她将走向何方。唯一可以肯定的是,除了已经出版的 35 部书之外,她还不断会有其他书出版"。基于分析,最后确定书名译为《永不停步：玛格丽特·阿特伍德传》。对内容基调的把握,对确保译名的准确性的确至关重要。其他还有如 *Procedures for Underground*。这是阿特伍德一本诗集,也是其中一首诗的名称,国内多见《地下铁路的手续》的译名。但从书中我们看到,阿特伍德对表层之下的所在特别感兴趣,该诗提到了西北海岸的印第安神话,它们提供了走向地下的仪式。诗中还提出了这样一个问题：我们如何由思想表面进入心灵深处？生活中虚假的事物在公然发生,而在那之下,自我不可满足的需求却藏而不露,欲说还休。同样,在人类和爬虫的大脑之下,鬼怪和神灵在我们身上合居一体。许多文化都有遁入地下的神话,人类可以从中学到智慧和力量。因此,正确的译名应为《地下的程序》。同样,诗歌 "*Cliff Dwellers in the Heart of the City*"（《城市中心的洞穴人》）,也不可以望文生义地译为 "城市中心的悬崖居民"。 "Cliff Dwellers" 在英语中实指 "洞穴人",与阿特伍德对 "地下" 的痴迷也相契合。

其次,传记本身属于文学范畴,而这部传记又是关于文学巨匠玛格丽特·阿特伍德的,其中不可避免地会引用许多来自其语言和作品的例子,以展现阿特伍德的思想和艺术特色。因此,在翻译中,努力保留原作的文学性就显得格外重要。阿特伍德写作题材和体裁涉猎广泛,诗歌、短篇小说、长篇小说、儿童读物、杂志文章等,其中充分体现了阿特伍德细致入微的观察力、生动准确的比喻意象、机智幽默的语言和大胆的想象力,这些都给翻译带来了不小的挑战。译者既需要尽量保留原文特色,又要避免生涩,努力用中国读者能够理解的方式,促使原作的文学性对译语读者产生预期艺术感染力,从而对阿特伍德的艺术成就有更加切实的体会。如《春之诗》一首:

It is spring, my decision, the earth

ferments like rising bread or refuse, we are burning

last year's weeds, the smoke

flares from the road, the clumped stalks

glow like sluggish phoenixes

春天来了,我作此说,大地

膨胀,有如发酵的面包

或垃圾,我们在焚烧

上一年的杂草,路上浓烟闪耀

一簇簇茎茬发出微弱的灼光,如同懒洋洋的凤凰

[……]

the hens

roll in the dust, squinting with bliss, frogbodies

bloat like bladders, contract, string

the pond with live jelly

eyes...

母鸡
在尘土中打滚,幸福地眯着眼睛,青蛙的身体
像膀胱一样鼓胀、收缩,
果冻一般的眼睛
成串成串,布满池塘

这首诗为阿特伍德和吉布森住在农庄期间所写。原诗充满了许多生动的意象,比喻独特而新奇。译者努力保留了原文意象,同时尽量选用对读者而言容易理解的词汇,使这些意象符合逻辑,也有助于读者对阿特伍德形象化的语言和接地气的想象力印象深刻。又如:

She said that in Canada there were many KOOBS (Jack McClelland's word for commercial pop books) but this was a real book.

她说,在加拿大有很多书不像书的出版物(杰克·麦克莱兰对商业通俗读物的称呼),但这本书实至名归。

此例涉及文字游戏。原文中"KOOBS"为英语词"books"的逆向书写,通过对语言形式表层的变形,传达否定的内涵意义。纯粹从表层来看,此类文字游戏似乎无法翻译。对此,译者努力把握其深层含义,译为"书不像书",在一定程度上兼顾了该文字游戏的形式和内涵,用译语读者熟悉的表达方式,使译文有可能对其产生预期的文学感染力。

同样,对书中的描述性文字,译者也努力根据汉语受众熟悉的行文惯例,使用文学性语言,增加文字的感染力。如:

That July, they drove down to Miles City, Montana, to visit Jim's folks. She wrote to George Bowering of their "hallucinatory drive thru mountains & Waterton Pk in early, chill dawn; great actually. On the road all day, injecting ourselves with cokes & tea etc to keep awake, thru wild territory; first mountains, then rolling grass-covered flesh-like hills, then thru jagged rock formations; often not another car in sight."

那年7月，他们开车去蒙大拿的迈尔斯城看望波尔克的家人。她写信给乔治·鲍尔林："我们于拂晓出发，清晨寒意料峭，驾车穿越山脉和沃特顿公园，如梦如幻，感觉好极了。一整天驱车在路上，不停地往嘴里灌可乐和茶水等，以保持清醒。我们穿越了茫茫荒野；先是山脉，然后是绵延起伏的大小山丘，像一座座血肉之躯，被植被覆盖着；再往后是坎坷不平、嵯峨突兀的岩层；视线所及之处，常常见不到任何其他车辆。"

这是阿特伍德给朋友的信中描述旅途经历的一段文字。译文根据中文读者对文学语言的期待重新组织，较为生动地呈现了在茫茫荒野中驱车前行的周围景致和空旷辽阔，有助于使读者更好地领略阿特伍德细致入微的观察力和想象力。

再次，充分考虑译语读者的认知局限，通过在翻译过程中与读者的隐性互动，对一些带有深意的表达做必要和适度的明晰化处理，把原文信息和其中蕴含的动机传达给读者，避免因文字上的艰涩造成意义上的隐晦不清。以下略举几例：

Beth Appeldoorn might have been right in her assessment of Margaret: "She's totally down to earth. There is no crap around her. What you see is what you get."

贝丝·阿佩尔多恩对阿特伍德的评价可谓中肯:"她非常实在。身上没有半点儿虚假。所见即所得,她展示给人的就是实实在在的她自己。"

What you see is what you get(所见即所得)原为计算机技术用语,现常用来描述产品的直观性,形容其外观和实际功能相符。这里用作暗喻,形容阿特伍德表里一致的为人。若只译这一表达,译文在中文语境中可能显得突兀。为此,译文做了必要的补衬,既保留了这一生动说法,又将隐藏在字里行间的意义明晰出来,使其内涵得到进一步明示和强调,容易给读者留下更深印象。

Margaret made a distinction: personally, art was a vocation, a gift, which required all her imagination and commitment. But publicly, it was also a profession, with rights and responsibilities.

阿特伍德进一步做了区分:就她个人而言,艺术是一种自己选择、擅长并喜欢的职业,是天职也是天赋,需要她发挥所有的想象力,全力以赴。但面对公众,这也是一种需要专业技能的社会职业,有权利也有责任。

这里阿特伍德就文学艺术对个人以及社会的意义表达了自己的观点。在英汉词典里,原文中的"vocation"和"profession"两词一般对应译文均为"职业",但在英语中,这两个词的象征义不同,也即在人内心唤起的联想不同——"vocation"通常指自己喜欢的职业,暗含天职、人生使命之意;而"profession"是需要专业知识和技能的职业,是谋生的手段。英语读者面对"vocation"和"profession",一下便能读出两者之间的不同深层含义;而若都只译"职业",中国读者将无法体会其中的象征义,从而也就无法深入领会阿特伍德关于文学艺术对个人意义和社会意义的独到见解和其中深意。基于这些考虑,译者做了必要的补衬。

By the time Margaret arrived, Pratt could still be found at High Table in the dining room.

阿特伍德刚来的时候,还能在餐厅里被称为"高桌"的教授和贵宾用餐区见到普拉特。

原文中的"High Table"(高桌)涉及英国(包括英联邦国家)高校的一个特有现象,指大学餐厅里一种较高的桌子,专门供学院的大牌教授和重要客人使用,是一种身份的象征。对此文化空缺现象,有必要在保留原说法的基础上,增补相关信息。不仅只是为了解决表层文化理解问题,更是为了增进读者对原语文化的了解。

In a colonial culture, Margaret's confidence brought its own cost. Alice Munro described the cultural syndrome of cutting people down to size most accurately in the title of one of her collection of stories, *Who Do You Think You Are?* It was "the tall poppy syndrome." One was expected not to get too far above oneself or take oneself too seriously.

在殖民文化中,阿特伍德为自己的自信也付出了代价。爱丽丝·门罗在她的一个短篇小说集《你以为你是谁》的标题中极其准确地描述了贬低他人的文化综合征。这就是所谓的"高大罂粟花综合征",一种对取得高成就者集体持批判态度的文化现象。社会对人们的期望是,不可以太自负,也不要太把自己当回事。

原文的"the tall poppy syndrome",是多见于澳大利亚和新西兰的一个流行用语和文化现象,用来形容一种在社群文化中,集体地对某类人取得的成就和抱负,尤其是对在智力或文化财富方面取得显著成就的人持批评、怨恨和贬低态度。通常被认为是平等主义文化价值观的副产品。该说法源自古希腊哲学家亚里士多德著作《政治学》中所述暴君故事,把最高大的那棵罂粟花顶部切去(将最成功的人铲除),这样它就不会在其他罂粟中脱颖而出。这一现象在中国并不陌生,但其比喻性表达却是中国读者可能陌生的。对此,译者也进行了语境化处理,做了必要的意义增补。

在沙利文的笔下,我们了解到,阿特伍德毕生都反感、惧怕和拒绝被人视作楷模,但她的做人和作品的确具有值得我们效仿的榜样作用。身为作家,其诗歌和小说在思想性、艺术性和可读性上堪称一流;而作为人,作为妻子,作为妈妈,她也当之无愧,尽善尽美。但她从未因此止步,而是不断奋力前行,对写作始终保持热爱与坚持。她的身上,有许多东西值得我们学习借鉴。通过阅读这部传记,相信读者们能够更加全面深刻地了解阿特伍德的创作生活,更加全面深刻地认识阿特伍德的成长经历、思想内涵和艺术成就,并从中汲取到生活、思想和工作的智慧和力量。

最后,感谢程利盼和邱郁两位编辑老师认真负责、精益求精的工作态度和辛勤付出,同时也再次引用旧文的一句话:该书翻译虽非急就之作,但因本人水平有限,也难保不无舛谬之处。敬请有识者批评指正。

陈小慰
2023 年 7 月于榕城

图书在版编目（CIP）数据

永不停步：玛格丽特·阿特伍德传 /（加）罗斯玛丽·沙利文著；陈小慰译 . -- 北京：中信出版社，2024.4
书名原文：Margaret Atwood: Starting Out
ISBN 978-7-5217-6179-5

I. ①永… II. ①罗… ②陈… III. ①玛格丽特·阿特伍德－传记 IV. ① K837.115.6

中国国家版本馆 CIP 数据核字（2023）第 227279 号

Margaret Atwood: Starting Out by Rosemary Sullivan
Copyright © 1998, 2019 by Rosemary Sullivan
Published by arrangement with HarperCollins Publishers Ltd.
Simplified Chinese translation copyright © 2024 by CITIC Press Corporation
ALL RIGHTS RESERVED
本书仅限中国大陆地区发行销售

永不停步：玛格丽特·阿特伍德传
著者： ［加拿大］罗斯玛丽·沙利文
译者： 陈小慰
出版发行：中信出版集团股份有限公司
（北京市朝阳区东三环北路 27 号嘉铭中心 邮编 100020）
承印者： 北京盛通印刷股份有限公司

开本：880mm×1230mm 1/32 印张：14.25
插页：12 字数：373 千字
版次：2024 年 4 月第 1 版 印次：2024 年 4 月第 1 次印刷
京权图字：01-2023-4451 书号：ISBN 978-7-5217-6179-5
定价：79.00 元

版权所有·侵权必究
如有印刷、装订问题，本公司负责调换。
服务热线：400-600-8099
投稿邮箱：author@citicpub.com